EARLY SEGA & GAMBOY PERFECT CATALOGUE

세가 초기 게임기

세가 초기 게임기 & 겜보이 퍼펙트 카탈로그

마에다 히로유키 감수
조기현 옮김

samho MEDIA

머리말

2018년 5월(일본 기준) '메가 드라이브 퍼펙트 카탈로그'를 발간하고 난 후, 독자 여러분 덕분에 일본을 넘어 타국에서까지 커다란 반향을 얻어냈다. 메가 드라이브가 일본에 발매된 지 딱 30주년이라는 뜻 깊은 해에 맞춰 내놓았다는 절호의 타이밍 덕이었겠으나, 세가 팬들의 강하고 뜨거운 열의에도 새삼 놀라게 되었다. 동시에, 나 역시도 또 하나의 야망에 불이 붙었다.

"이 타이밍이라면, '이전부터 꼭 해보고 싶었던 그 기획안'을 실현할 수 있지 않을까?"

'이전부터 꼭 해보고 싶었던 그 기획안'이란 두말할 것 없이 바로 이 책이며, 구입하여 지금 읽고 계시는 독자 여러분의 성원 덕에 드디어 실현된 기획이다. 이 지면을 빌어 깊은 감사를 드리고자 한다.

이 책에서는 SG-1000부터 게임 기어까지를 '세가 초기 게임기'라는 단어로 묶어 통칭했다. 이는 역시 개별 기종 단독으로는 책으로 낼만한 분량이 되기 어렵다는 구성상의 필요성이 최대 이유이나, 그 외에도 중요한 의미가 하나 더 있다.

이 책에 게재된 기종들은 개별적으로는 VDP 강화 등의 차이가 있긴 하나, 실은 모두 동일한 아키텍처의 연장선상에 있는 제품군이다. 즉 세가의 가정용 게임기 역사 전체를 통틀어 특히나 밀접한 관련성을 띠는 기종들로서, 각 기기의 기획의도부터 마케팅, 설계사상에 이르기까지 모두가 하나의 연속된 흐름으로 이어져있었다. 그 '흐름'이야말로 세가 팬이 사랑해마지 않는 세가라는 회사의 매력이라고 나는 생각하기에, 단순한 하드웨어·소프트웨어 소개를 넘어서 이러한 '흐름'에 따라 내용을 묶어 편집하는 구성이어야만 '퍼펙트 카탈로그'라는 이름에 걸맞게 한 걸음 더 진보된 책이 될 수 있다는 결론에 도달한 것이다.

꾸준히 업무용 아케이드 게임 제작의 외길만을 걸어왔던 당시의 세가 입장에서, SG-1000을 발매한 계기는 그저 '시장이 있으니 일단 내보자' 정도에 불과했을지도 모른다. 허나 그 한 대의 게임기가 세가의 이후 운명을 크게 바꾸어, 무려 18년간이나 가정용 게임기 제조사라는 측면으로도 업계에서 활약하게 되는 대장정으로까지 연결되었다. 결과적으로 세가는 끝까지 시장의 패권을 쥐어보지 못한 채 그 여정을 끝냈으나, 18년에 걸쳐 팬들의 마음에 남겨준 유산은 결코 작지 아니하였다 할 것이다.

이 책에 게재된 세가 초기 게임기들은, 이러한 세가의 정신이 특히 짙게 반영된 '원점'이라고 나는 생각한다. 이 책을 통해 세가의 투혼을 간접적으로나마 느끼게 되었다면, 기획·집필자로서 그야말로 더할 바 없는 행복이리라.

2019년 1월, 마에다 히로유키

GRAPH
SEGA MASTER SYSTEM
CARTRIDGE
POWER
CARD
CONTROL 1
POWER
START
SEGA
PORTABLE
VIDEO GAME
SYSTEM
SEGA
Power
AI COMPUTER

Chapter 1
제 1기 세가 하드웨어 대연구

C O N T E N T S

Chapter 2
제 2기 세가 하드웨어 대연구

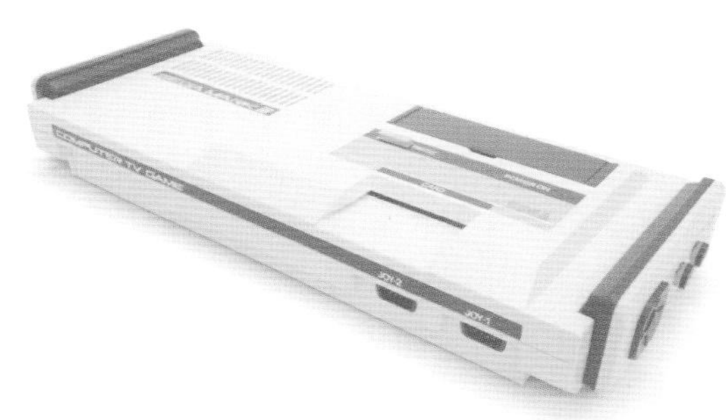

Chapter 3
제 3기 세가 하드웨어 대연구

Chapter 4
한국의 세가 초기 게임기 이야기

Chapter 1

제 1기 세가 하드웨어 대연구

SG-1000
SC-3000
SG-1000 II

해설 업소용 오락기기 제조사에서 종합 오락기업으로

COMMENTARY OF SG-1000 #1

세가가 가정용 게임기 시장에 뛰어든 날

때는 1980년대 초두. NEC의 PC-8001이 히트하면서 일본 시장에서 본격적으로 불이 붙은 '마이컴(역주 ※) 붐'은, 어른들에게는 '컴퓨터를 다루지 못하면 시대에 뒤처진다', 아이들에게는 '컴퓨터만 사면 직접 게임 프로그램을 짜서 마음껏 즐길 수 있다'라는 식의 꿈과 환상을 불어넣어, 당대의 컴퓨터 제조사는 물론 가전회사·완구회사들까지도 팔을 걷고 홈 컴퓨터 제조·판매에 앞 다투어 뛰어드는 거대한 사회현상으로까지 발전했다.

당시 아케이드 게임 제조사로서 일약 명성을 날리던 세가 엔터프라이지스(현 세가) 사 역시 차세대 사업으로서 홈 컴퓨터라는 신규 시장에 주목하여, PC사업부를 발족하고 어린이를 위한 입문기 포지션의 취미용 홈 컴퓨터 개발을 시작했다. 전년에 발매된 토미 사의 퓨타(54,800엔)와 소드 사의 M5(49,800엔)보다 훨씬 저렴한, 3만 엔 전후의 홈 컴퓨터. 이 상품은 'SC'(세가 컴퓨터)와 3만 엔이란 가격대에서 따온 숫자 '3000'을 결합시킨 'SC-3000'으로 명명되었다.

하지만 SC-3000의 개발이 거의 완료되어가던 시점에, 세가는 닌텐도가 신형 게임기 '패밀리 컴퓨터'(이하 패미컴)를 개발 중이라는 정보를 입수한다. 전용 VDP를 탑재하여 「동키 콩」을 거의 완전한 형태로 이식할 만큼의 성능을 지닌, 게임 용도에 특화된 신기종이라는 정보는 세가에 큰 충격을 주었다. 이를 접한 당시 세가 사장 나카야마 하야오는 즉시 가정용 게임기 개발을 지시했고, 세가는 SC-3000에서 게임에 직접적인 필요성이 없는 기능을 덜어낸 게임 전용기를 서둘러 개발해 이를 'SG-1000'으로 명명했다. 명칭의 유래는 'SG'(세가 게임)와 1만 엔대의 소비자가격을 의미하는 '1000'(당초에는 2만 엔을 상정했었기에 '2000'이 붙을 예정이었다고 한다)을 결합한 것이다.

이리하여 패미컴과 동일한 발매일인 1983년 7월 15일 SC-3000과 SG-1000이 발매됨으로써, 2001년 시장에서 철수하기까지 무려 18년에 걸친 세가 가정용 게임기 사업의 역사가 비로소 막을 열게 된 것이다.

(역주 ※) 80년대 당시 일본에서는 개인용 컴퓨터(PC)를 '마이크로컴퓨터'의 준말인 '마이컴'으로 통칭했다. 이 책에서는 독자의 이해를 돕기 위해 '홈 컴퓨터'라는 명칭도 병용했다.

당초의 사업 중심축은 컴퓨터 쪽이었다

SG-1000이 발매되기 직전인 1980년대 초두 시점의 일본 사회는 TV·냉장고·세탁기 등 일반적인 가전기기들이 전국의 가정에 충분히 보급 완료된 시대였기에, 각 가전 제조사들은 전자기술을 응용한 차세대 가전의 가능성을 모색하고 있었다. 그중에서도 특히 유망하게 여겨졌던 카테고리가 'TV에 연결하는 전자 가전기기'로서, 여기에는 오디오·VTR과 함께 홈 컴퓨터와 가정용 게임기도 포함되어 있었다.

이 중에서도 특히나 미래적인 이미지가 느껴지고 '뭐든지 할 수 있는' 기기라는 인상을 주곤 했던 홈 컴퓨터의 존재감은 각별해 '차세대 가전의 핵심'으로 여겨졌기에, 앞서 서술했던 '마이컴 붐'으로까지 연결되는 것이다.

그 반면 다소 비싼 장난감 정도로나 치부되곤 했던 쪽이 지금의 '가정용 게임기'로서, 이 당시만 해도 후일 홈 컴퓨터를 압도적으로 능가할 거대 산업으로까지 성장하리라고는 아무도 예측하지 못했었다. 게임기 한 대 팔아봐야 고작 1~2만 엔이다. 여기에 소프트 몇 개 더 팔린다 한들, 이 정도로 도대체 큰 사업이 되겠냐는 것이 당시 경영자들의 전망이었다. 오히려 홈 컴퓨터야말로 주변기기부터 소모품까지 지속적으로 사줄 양질의 고객들을 잡을 수 있을 터이니, 이쪽이 아이들 장난감을 만들어 파는 것보다 훨씬 수지가 맞으리라고 제조사들이 예상했던 것도 무리는 아니었으리라 하겠다.

세가 역시 그런 인식은 마찬가지였

豊富な周辺機器で、システムアップ自由自在

システムアップすると、楽しさもアップ!SC－3000は、豊富な外部機器との接続が可能。たとえば、専用のディスプレイをお持ちにならなくても、ご家庭用のテレビでＯＫ。ビデオモニターテレビにも接続可能です。また、プリンターなど、用途に応じて多彩にシステムアップすれば、楽しいパソコンライフが演出できます。

〈お父さま、お母さまへ〉

これからの時代、コンピュータは必須条件です。頭が柔軟な子供のうちから、パソコンを生活の一部として使いこなせるように、21世紀をになうお子さまのために今から考えてあげたいものですね。

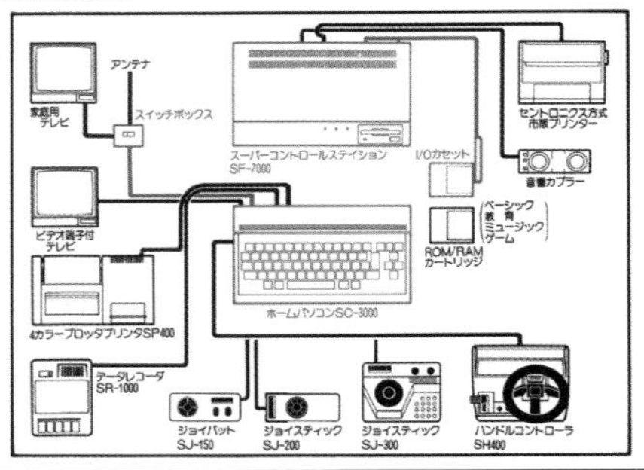

▲ SC-3000의 시스템 구성도. 당시의 10만 엔대 홈 컴퓨터에 필적하는 확장성을 지니고 있었다.

을 테니, SG-1000은 닌텐도의 패미컴에 대항마 삼아 발매했을 뿐 '비즈니스'적인 관점에서의 중심축은 어디까지나 SC-3000 쪽에 두었던 것으로 보인다. 이를 반영하듯, 세가는 SC-3000을 본격적인 컴퓨터로 업그레이드시켜주는 어댑터 용도인 슈퍼 컨트롤 스테이션(26p)과 컬러 플로터 프린터(27p) 등, 입문 단계에서 벗어나 상위로 올라가려는 유저를 상정한 주변기기를 동시에 출시했다. 심지어는, 아쉽게도 프로토타입 단계에서 접혀 상품화되지는 못했으나 SC-3000의 파생기종으로서 'SC-5000'이라는 상위 모델까지도 개발했었다고 하니, 당시 세가가 컴퓨터 사업에 얼마나 심혈을 기울였는지가 엿보인다.

그런데 실제로 SG-1000과 SC-3000을 동시에 시장에 내놓아보니, SC-3000도 충분히 호조의 스타트를 끊긴 하였으나, 이를 훨씬 능가하는 판매량을 기록한 쪽은 오히려 SG-1000이었다. 세가가 이제까지 판매해 오던 아케이드 게임의 세계에서는 수천 개를 팔면 대히트로 꼽혔다. 물론 단가의 자릿수부터가 다르기에 동등한 비교 자체가 무리이긴 하나, SG-1000의 발매 첫 해 출하대수는 '5만 대나 팔면 다행'이라던 사내 예측을 한참 웃도는 수치인 16만 대였던 것이다. 아무리 봐도 아케이드 게임보다 한참 뒤떨어지는 스펙의 제품이 이리도 날개 돋친 듯 팔리는 결과를 목도한 세가 입장에서는, 아마도 생각지 못한 금광을 발견해낸 듯한 느낌이 아니었을까.

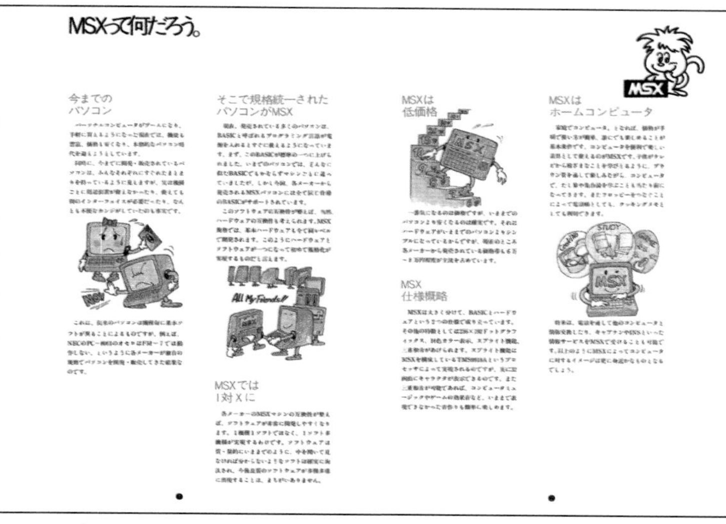

▲ MSX 규격을 제창한 아스키 사가 제작한, MSX의 세일즈 프로모션 가이드 내용 중 일부. MSX의 등장은, 세가를 비롯한 홈 컴퓨터 시장 제조사들이 제각기 전개하고 있던 취미용 홈 컴퓨터 경쟁의 당위성을 급속히 해체하는 결과로 이어졌다.

이 시절에 저렴한 취미용 홈 컴퓨터를 사려고 마음먹은 초·중학생이라면, '컴퓨터로 프로그래밍을 배우겠다'는 건 어디까지나 핑계거리이고 실은 '집에서 게임을 마음껏 즐기고 싶다'는 게 본심이었으리라. 어차피 컴퓨터나 게임기나 돌아가는 게임 소프트가 똑같다면, 훨씬 저렴한 게임 전용기 쪽을 택하리라는 것은 불 보듯 뻔한 일이었다.

게다가 SC-3000이 발매된 지 3개월 후엔 가전 제조사 14개사가 결집하여, 홈 컴퓨터 업계의 '공통규격'을 내세운 MSX를 대대적으로 발표했다. 같은 MSX 컴퓨터끼리라면 제조사가 달라도 소프트웨어가 공통으로 동작한다는 압도적인 편리성은, 세가의 컴퓨터 사업에 결과론적으로 커다란 방해물이 되었다. 덕분에 염가 홈 컴퓨터 시장이 차츰 MSX에 먹혀들어가게 되자 MSX 진영 이외의 군소 제조사들은 잇달아 컴퓨터 사업에서 철수했고, 세가 역시 마이너 체인지 모델인 SC-3000H를 추가 투입했을 뿐, 이후부터는 SG-1000 시리즈의 옵션(20p) 급으로 규모를 축소시켰다. 당연히 후속 모델 발매도 백지화될 수밖에 없었다.

이리하여, 결국 세가의 가정용 기기 사업은 게임 전용기인 SG-1000 중심으로 굳어졌다.

일개 게임기가, 아케이드 기기 제조사를 엔터테인먼트 기업으로 바꾸다

현재의 세가는 파친코·파치슬로 등의 유희기기 사업을 펼치는 사미 사와 2004년 합병한 결과, 세가사미 그룹의 일원이 되어 종합 엔터테인먼트 기업으로 활약하고 있다. 2017년도 그룹 연간실적에서 세가의 단독 매출액은 2,057억 엔이며, 그중 아케이드 게임 관련(AM기기·AM시설)을 제외한 가정용 게임 등의 소비자용품 관련(영상물·완구 포함) 매출액이 1,171억 엔이다. 즉, 아케이드 게임을 웃도는 56%의 수익을 자랑하는 든든한 버팀목으로까지 성장했다고 할 수 있다.

물론 이 수치가 순수한 가정용 게임 분야만의 성과는 아니며, 아케이드 게임 등 타 사업과의 시너지 효과도 섞여 있다고 봐야 한다. 하지만 1983년 발매했던 SG-1000이라는 일개 게임기가, 이후의 세가에 얼마나 커다란 영향을 미쳤는지를 잘 보여주는 결과이기도 하다.

애석하게도 2001년 1월 드림캐스트 생산종료와 함께 가정용 게임기 하드웨어 사업 철수를 결행한 것을 기점으로, 지금의 세가는 타사 게임기에 소프트를 공급하는 소프트 제작사의 길을 걷고 있다. 하지만 18년이라는 장기간에 걸쳐 단독으로 가정용 게임기 플랫폼을 운영해본 노하우만큼은 더할 바 없는 큰 자산이며, 세가가 지금까지도 세계 일류급의 개발력을 보유하고 있는 원천 역시 거기에 있다고 해도 과언은 아니리라.

기념비적인 세가의 가정용 게임기 제 1호

SG-1000 SG-1000

세가 엔터프라이지스 1983년 7월 15일 15,000엔

원래는 SC-3000의 파생기종이었다

SG-1000은 1983년 7월 15일 세가가 일본에서 처음 발매한 가정용 게임기다. 선행 개발되고 있었던 홈 컴퓨터 SC-3000의 아키텍처를 그대로 가져와, 키보드 및 컴퓨터로서의 필요 기능을 삭제하고 게임 기능에 특화시켰다는 개발경위가 있다. 이렇다보니 CPU는 당시의 홈 컴퓨터들에 널리 쓰였던 Z80A를 채용했고, VDP(비디오 디스플레이 프로세서)는 콜레코비전(콜레코)·퓨타(토미)·M5(소드)·MSX에도 사용되었던 미국 텍사스 인스트루먼츠 사의 TMS9918A인 등, 좋게 보면 '일반적인 구성'이고 나쁘게 보면 '특출할 것 없는 구성'이 되었다.

본체 디자인은 윗면에 홀드(일시정지) 버튼, 뒷면에 전원 스위치만이 존재할 만큼 극도로 심플하다. 또한 컨트롤러로서, 패미컴 발매 이전까지는 매우 표준적인 형태였던 '손으로 감싸 쥐고 조작하는 디자인의 레버형 조이스틱'이 본체에 직결돼 있다. 조이스틱은 착탈이 불가능해, 유저 입장에선 사용이 불편한 감이 있었다.

SG-1000의 사양

형식번호	SG-1000
CPU	Z80A (3.58MHz)
메모리	RAM : 1KB, VRAM : 16KB
그래픽	15색+1색 발색 가능(가로 8픽셀 내에선 2색 제한), 16×16픽셀 단색 스프라이트 32개 (가로 방향으로 4개까지)
사운드	SN76489 (DCSG) PSG 3음 + 노이즈 1음
조이스틱 단자	플레이어 2용으로 1개 내장
홀드 버튼	게임 도중 포즈(일시정지)가 가능
슬롯	2개 (ROM 카트리지 슬롯, 확장용 슬롯)
전원 / 소비전력	전용 AC 어댑터 (DC 9V) / 약 7.7W
외형 치수	294(가로) × 152(세로) × 40(높이) mm
부속품	AC 어댑터, TV 전환 스위치, TV 케이블, 조이스틱 1개, 취급설명서, 보증서

▲ 초기 모델은 어째선지 본체 전면 레이블의 색깔이 후기 모델과 다르다.

FRONT VIEW

REAR VIEW

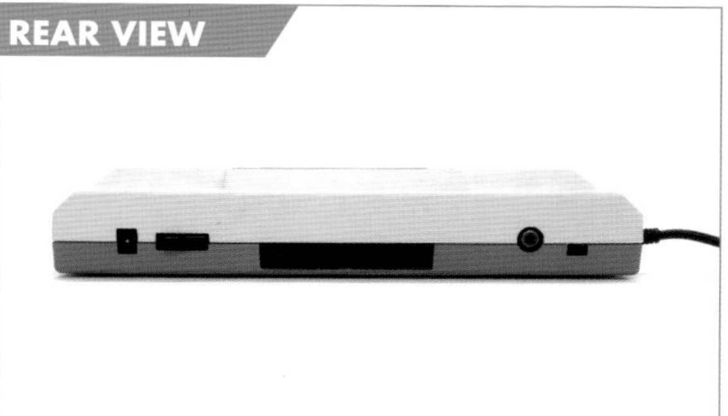

TOP VIEW

BOTTOM VIEW

LEFT SIDE VIEW

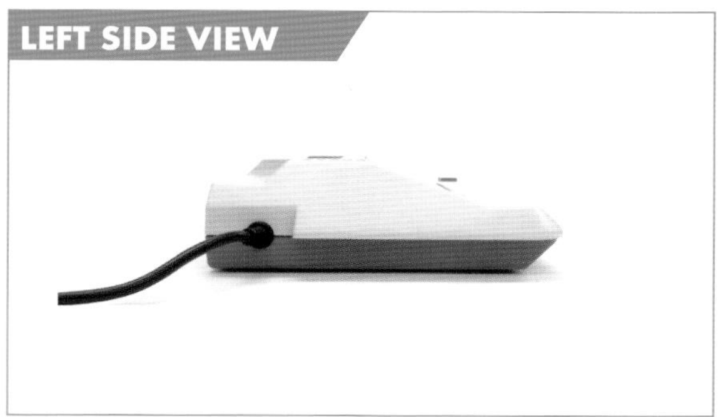

RIGHT SIDE VIEW

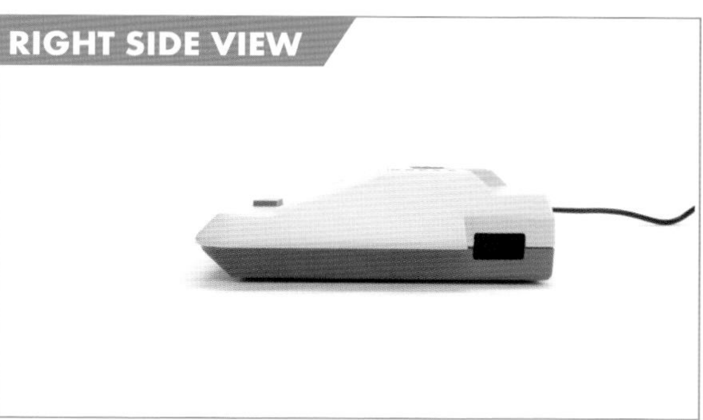

마치 묘비석 같다!? 디자인은 그다지

풍부한 아케이드 타이틀 자산을 보유한 세가인지라 소프트는 제법 많이 발매되었으나, 범용 칩들만 사용하여 제작한 탓에 타 기종들과 그래픽이 엇비슷해져버린 데다 하드웨어 스크롤 기능도 없었던지라, SG-1000은 당시의 게이머들에게도 딱히 큰 놀라움을 주지 못했다. 본체 디자인도 '마치 묘비석 같다'란 혹평이 많았기에, 세가는 이를 발판삼아 제대로 준비해 가정용 게임기 시장에 본격 도전하기로 결단한다. 이후 세가가 펼치는 기나긴 가정용 게임기 사업 역사의 첫 발자국이 된 셈이다.

패키지 종류가 많았던 SG-1000

SG-1000은 레이블 색깔뿐만 아니라, 외장 패키지 디자인에도 여러 바리에이션이 있다. 왼쪽은 초기판이며, 오른쪽이 가장 후기판이다. 로고와 사진이 변경되었음을 알 수 있다.

조이스틱

SG-1000의 컨트롤러는 패미컴 등장 이전까지만 해도 일반적이었던 레버형 조이스틱이다. 8방향 디지털식 레버 하나와, 좌우 2개의 트리거 버튼으로 구성돼 있다.

본체에는 조이스틱 1개가 부속돼 있는데, 조이스틱이 본체에 직결된지라 탈착은 불가능하다(2명이 함께 즐기려면 별매품인 플레이어 2용 조이스틱을 연결해야 하기에, 조이스틱 단자도 별도로 1개 준비돼 있다). 이런 이유로, 세가가 발매한 각종 컨트롤러 류 역시 1P 쪽에서는 사용할 수 없는 사양이 되었다.

컨트롤러 확장성이 나쁘다는 점 외에도 컨트롤러가 고장 나면 본체 째로 수리를 맡겨야 하는 등 이런저런 태생적 불편함이 많았기에, 세가 직판 한정이긴 하나 아예 본체를 분해해 1P 컨트롤러를 포트 형태로 개조하는 '익스텐션 케이블 킷'(JC-100)이 발매되기까지 했다.

FRONT VIEW

REAR VIEW

▲ 별매품인 플레이어 2용 조이스틱 SJ-200(18p). 단자는 D-SUB 9핀 형태다.

▲ 플레이어 1 쪽은 본체에 직결돼 있으나, 플레이어 2 쪽은 조이스틱 단자로 연결한다.

너무 솔직하지 않나? 아타리 기종까지도 지원하는 조이스틱

SG-1000의 조이스틱 단자는, 1980년대 홈 컴퓨터 시장에서 사실상 표준이었던 아타리 사양 D-SUB 9핀 커넥터 규격이다. 하지만 실제로는 단자 형태만 같을 뿐 기종마다 세부적인 신호체계가 달라 상호 호환이 안 되는 일도 많았기에, SG-1000용 조이스틱처럼 아예 대놓고 대응기종에 '아타리'라고 명기돼 있는 경우는 오히려 드물었다.

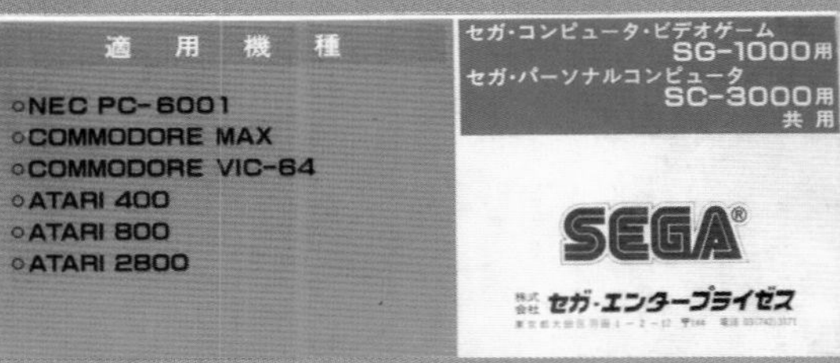

適 用 機 種
○NEC PC-6001
○COMMODORE MAX
○COMMODORE VIC-64
○ATARI 400
○ATARI 800
○ATARI 2800
セガ・コンピュータ・ビデオゲーム SG-1000用
セガ・パーソナルコンピュータ SC-3000用
共 用
SEGA
株式会社 セガ・エンタープライゼス

ROM 카트리지

SG-1000의 소프트 매체는 검은색 ROM 카트리지로서, 같은 시대의 아타리 VCS와 콜레코비전을 연상시키는 세로로 긴 직육면체형이었다. 뒷면에는 메모지 등을 끼울 수 있는 포켓도 마련돼 있어, 여기에 취급설명서를 접어 끼워두는 유저도 있었다.

외장 패키지는 종이상자였지만 동일 타이틀이라도 발매시기에 따라 여러 버전이 존재하는데, 이 책에 게재된 패키지 사진의 경우 최초 발매판을 우선하였다.

◀ 초기와 후기의 외장 패키지 사이즈 비교. 초기판은 아타리 VCS용 소프트와 유사한 A5 사이즈였으나, 후기판은 패미컴용 소프트에 가까운 소형으로 바뀌었다.

카트리지 레이블도 2종류

외장 패키지에 2가지 사이즈가 존재했던 것처럼, 내용물인 ROM 카트리지에 붙는 레이블 디자인 역시 2가지 버전이 존재한다. 초기에는 검은색 바탕에 노란색 타이틀명만 넣은 단조로운 구성이었으나, 이후 패키지 일러스트가 들어간 디자인으로 변경되었다. 모든 레이블이 검은색 바탕이면 밋밋하고 구별도 힘드니, 변경한 것도 납득이 간다.

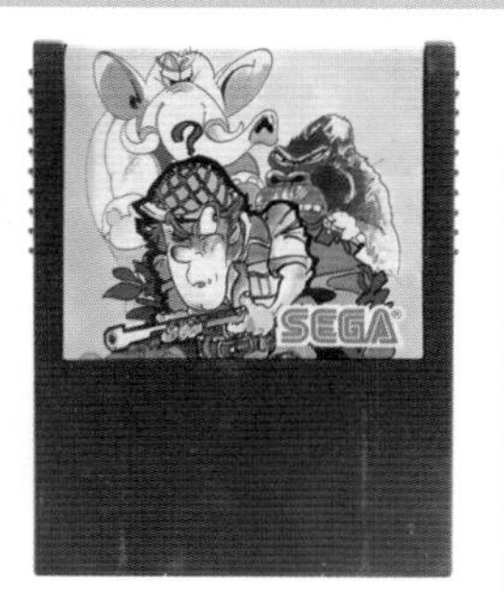

▶ 카트리지 상단의 타이틀명은 초기·후기 공통으로 검은 바탕에 노란색 문자를 사용했다.

희귀한 청색 패키지 박스

일반적인 SG-1000용 ROM 카트리지 소프트의 외장 패키지는 검은색 기조이지만, 어째선지 「홈 마작」만은 청색 버전이 존재한다. 설마 조판시에 착오가 생긴 걸 모르고 그냥 유통한 탓일까!?

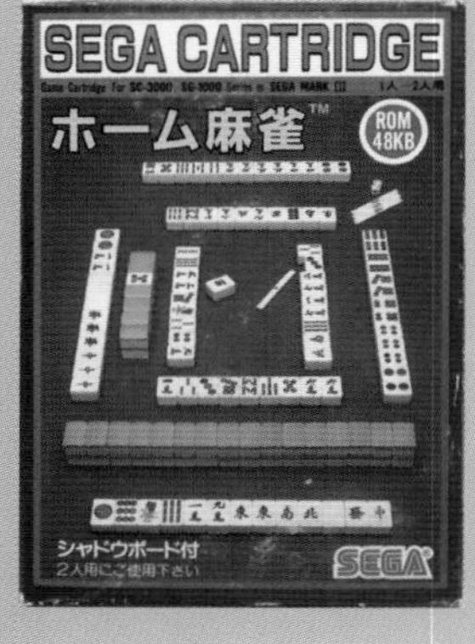

중기판 패키지

초기와 후기 사이에도, 외장 패키지의 디자인이 다른 중기 버전이 존재했다. 14종의 타이틀이 확인돼 있는데, 그중엔 「마작」처럼 재킷 일러스트가 완전히 다른 타이틀도 있다.

세가 마이 카드

'세가 마이 카드'란, 미쓰비시 수지사가 개발한 2mm 두께에 신용카드 크기인 소프트 매체를 말한다. 플라스틱으로 ROM 기판을 완전히 봉합해 성형하는 구조라, 사이즈가 작을 뿐만 아니라 복제가 어렵기에 차세대 매체로서 주목받았다.

세가도 이 점을 높이 평가해 1985년 「드래곤 왕」과 「줌 909」에 처음 도입했으며, 이전 발매작들도 마이 카드판으로 재발매했고 이후의 소프트는 모두 마이 카드로만 발매하겠다며 의욕을 보였다. 하지만 후일 대용량 ROM 카트리지가 보편화되자 '대용량화에 매우 불리하다'라는 마이 카드의 결점이 두드러져, 골드 카트리지(65p)로 주력 매체가 옮겨가면서 서서히 명맥이 끊겼다.

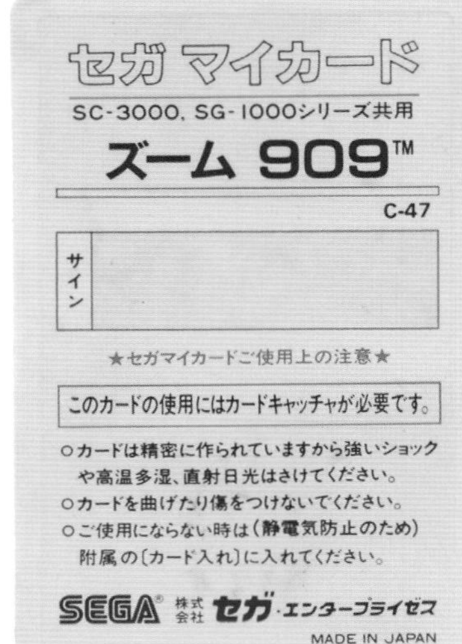

환상의 규격, EP 마이 카드

1986년경엔 '게임을 재기록할 수 있는 카드'인 EP 마이 카드의 발매가 예정되기도 했었다. 하지만 세가가 마이 카드 자체를 포기한데다 판매점들도 시스템 도입에 시큰둥해, 애석하게도 정식 발매는 백지화되었다. 일부 점포에서 시범도입까진 했었기에, 극소량이지만 실물이 돌았던 적은 있었던 듯하다.

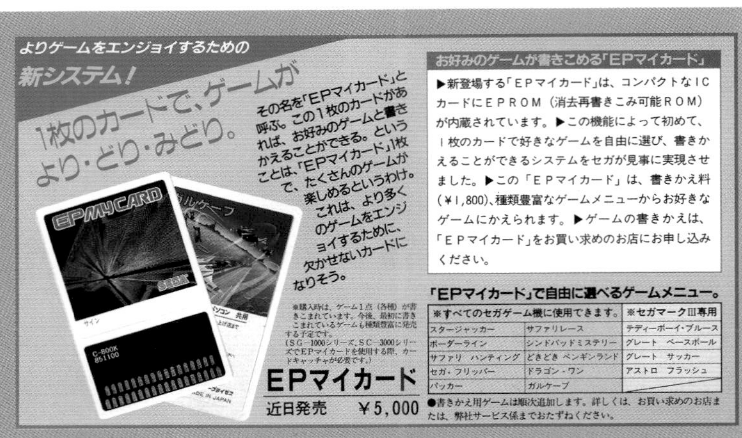

CATALOGUE

확장 슬롯

SG-1000의 뒷면에는 엣지 커넥터형의 확장 슬롯이 마련돼 있다. 실질적으로는 ROM 카트리지 슬롯의 기능 축소판이지만, 오삽입 방지를 위해 ROM 카트리지 슬롯의 암수를 뒤바꾼 설계이다.

SC-3000에서 삭제했던 기능을 보완할 목적으로 마련한 슬롯이며, 구체적으로는 세가 키보드 SK-1100(20p)을 연결할 수 있다. 다만 이 슬롯을 사용하는 주변기기가 그것 외에 딱히 나오지 않았기에, 결국 세가 키보드 전용 커넥터가 되어버렸다.

CPU

SG-1000에 채용된 CPU는, 미국 자일로그 사가 개발한 8비트 CPU인 Z80A다. 실제로는 샤프 사가 제조한 세컨드소스(호환품) 칩인 LH0080A가 사용되었다.

Z80은 1970년대 후반부터 1980년대에 이르기까지, 당대의 8비트 홈 컴퓨터들에 널리 사용된 인기 CPU였다. 일본에서도 PC-8001을 비롯한 NEC의 컴퓨터 전반부터 샤프의 MZ/X1 시리즈와 여러 제조사의 MSX까지, 채용된 사례를 일일이 다 열거하려면 끝이 없을 정도다. 세가 역시 SG-1000 개발 당시의 원점이 홈 컴퓨터인 SC-3000이었던 데다 당시 아케이드 기판에도 널리 사용된 칩이다 보니, Z80A를 자연스레 고른 것이라 여겨진다.

오히려 가정용 게임기 쪽에서는 의외로 Z80을 채용한 사례가 적어, 세가 외에는 고작해야 콜레코비전과 게임보이(엄밀히 따지면 Z80 기반의 커스텀 칩), 또는 네오지오의 서브 CPU로 쓰인 정도다.

▲ 샤프의 LH0080A. 오른쪽에 'Z80A-CPU'라는 실크인쇄 마킹이 보인다.

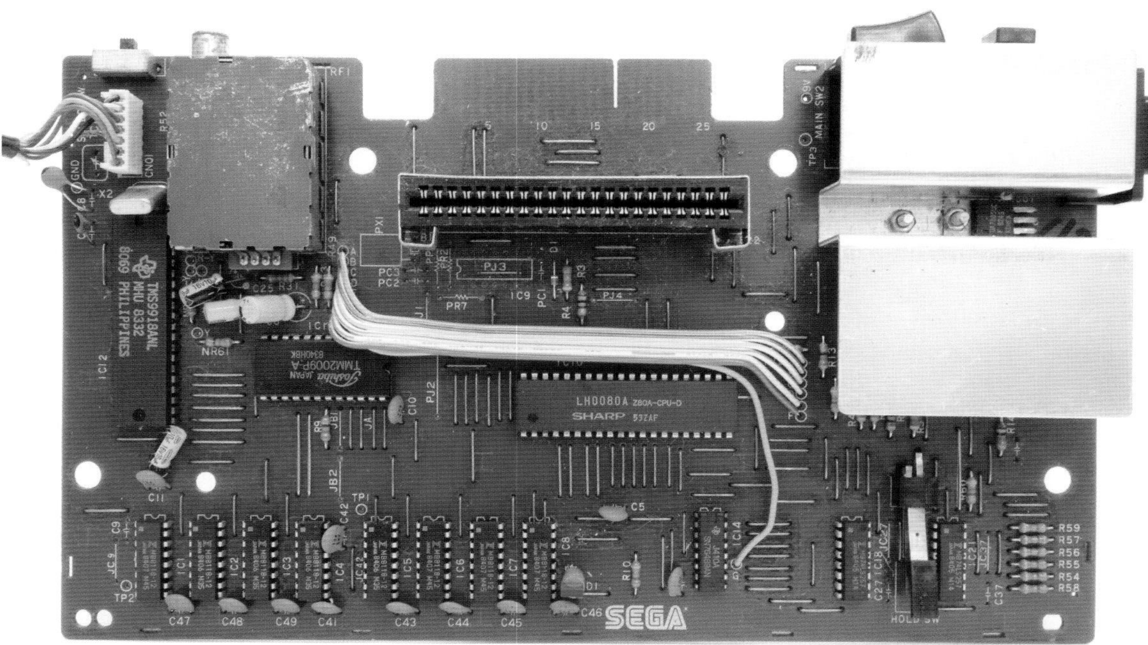

그래픽

SG-1000의 VDP로는 미국 텍사스 인스트루먼츠 사의 TMS9918A가 채용되었다. 1981년에 발표된 칩으로, 가격이 저렴했던 탓에 1980년대 중반까지의 염가형 홈 컴퓨터와 게임기에 흔하게 쓰였던 인기 VDP였다. 칩 내부적으로는 MODE 0~3까지의 스크린 모드가 존재하지만, SG-1000용 게임은 대체로 MODE 2를 사용했다.

스프라이트 기능

'스프라이트'란 다양한 캐릭터를 픽셀 단위로 화면에 배치하거나 겹칠 수 있는 기능으로, 이 당시에 액션 게임 등을 제작하려면 이 기능이 필수적이었다. 8×8픽셀 또는 16×16픽셀 단위의 스프라이트를 한 화면 내에 최대 32개, 가로 일렬로는 4개(이를 넘길 경우, 우선순위가 낮은 스프라이트는 사라져버린다)까지 표시할 수 있다. 스프라이트는 가로세로 2배 사이즈로 확대도 가능하지만, 모든 스프라이트에 일괄 적용되어 버리므로 활용성이 나빠, 실제로 사용된 사례는 거의 없다시피 하다.

한 스프라이트 내에 사용 가능한 색수는 1색뿐이며, 팔레트 기능이 없어 '다른 색깔의 동일한 캐릭터'조차도 별도 캐릭터로 정의해야만 했다. 캐릭터 어트리뷰트(상하좌우 반전 등) 기능도 없으므로, 캐릭터의 왼쪽 모습과 오른쪽 모습조차도 각각 별도로 만들어 넣어야만 한다.

▲ SG-1000의 VDP인 TMS9918A. 텍사스 인스트루먼츠 사의 순정품을 사용했다.

백그라운드

BG(백그라운드)란, 8×8픽셀을 1패턴으로 삼아 이 패턴들을 빈틈없이 다닥다닥 배치해 그림이나 문자를 표시할 수 있는 기능이다. BG 화면은 1장이며, 해상도 및 패턴 정의 개수는 하단에 정리했다.

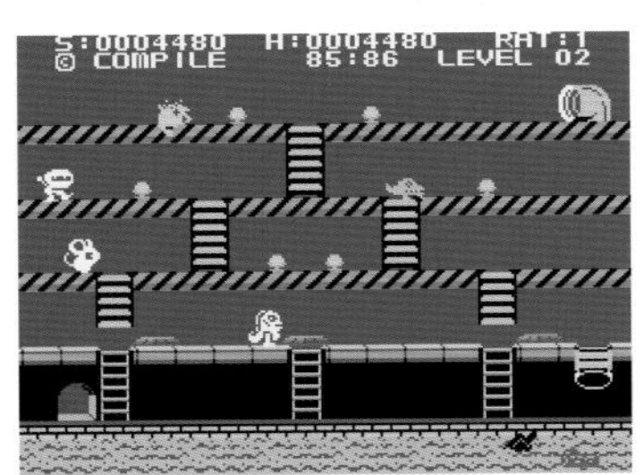

▲ 16×16픽셀의 단색 스프라이트로 캐릭터를 묘사하는 극히 평범한 구성인 「허슬 처미」.

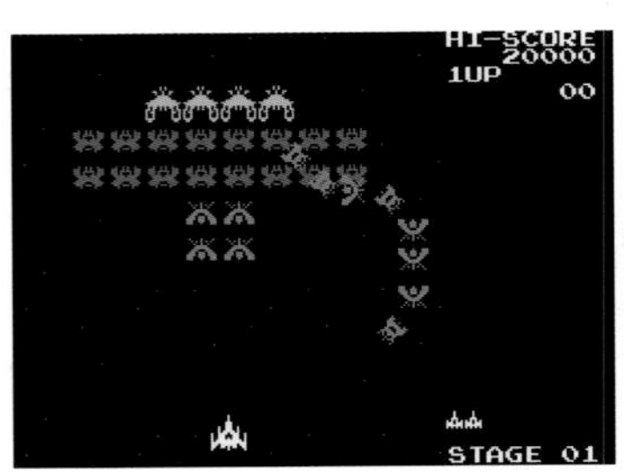

▲ 스프라이트는 가로로 4개까지만 표시되니, 대열은 BG로 그리고 비행시엔 스프라이트로 전환하는 「세가 갤러그」.

▲ 스프라이트로는 묘사할 수 없는 대형 캐릭터를 BG로 표현해낸 「챔피언 복싱」.

SG-1000의 그래픽 화면 기능 개요

TMS9918A의 화면 모드

MODE 0	256×192픽셀, 16색 중 2색 (TEXT1)
MODE 1	256×192픽셀, 16색 (GRAPHIC1)
MODE 2	256×192픽셀, 16색 (GRAPHIC2)
MODE 3	64×48픽셀, 16색 (MULTI COLOR)

사용 가능한 스프라이트 사이즈

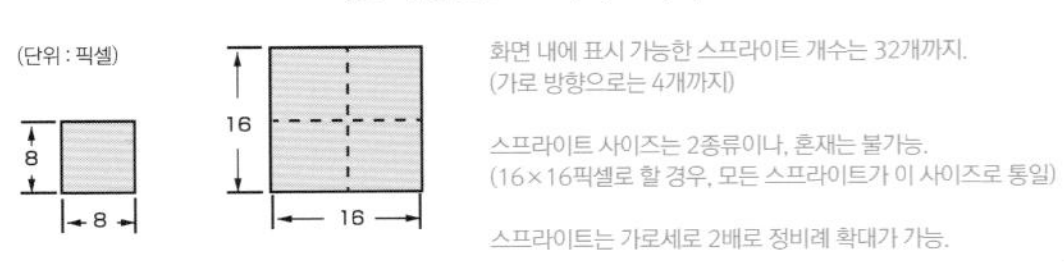

화면 내에 표시 가능한 스프라이트 개수는 32개까지.
(가로 방향으로는 4개까지)

스프라이트 사이즈는 2종류이나, 혼재는 불가능.
(16×16픽셀로 할 경우, 모든 스프라이트가 이 사이즈로 통일)

스프라이트는 가로세로 2배로 정비례 확대가 가능.

컬러 팔레트에 대하여

0	1	2	3	4	5	6	7
8	9	10	11	12	13	14	15

0번은 투명색.

16색은 고정이며, 팔레트 변경은 불가능.

SG-1000의 화면표시 개념도

BG
스프라이트 최대 32개까지

패턴 정의 개수에 대하여

스프라이트 : 패턴 정의 개수는 8×8픽셀 사이즈일 경우 최대 256개까지,
16×16픽셀 사이즈일 경우 64개까지 정의 가능.

BG : 패턴 정의 개수는 8×8픽셀을 1패턴으로 간주하여 최대 256개까지.
MODE 2 한정으로, 768개까지 정의 가능.

'8픽셀 내 2색'이라는 제한을 엄수하며 그려낸 그래픽

TMS9918A의 그래픽은 8×8픽셀 규격의 패턴들을 다닥다닥 붙여 표현하는데, 가장 표현력이 높은 MODE 2조차도 가로 8픽셀 내에서는 2색만 사용 가능하다는 제한이 있다. 「로레타의 초상화」의 화면 하나를 예로 삼아, 어떤 연구와 테크닉으로 하드웨어적 제한에도 불구하고 풀스크린 그래픽을 구현해냈는지를 사진을 참고하며 확인해보자. 참고로 메시지창 역시 같은 화면에 표시되므로, 동일한 제한 하에 그려져 있다.

15	15	15	8	15	15	8	8

8픽셀

▲ 숫자는 왼쪽 페이지 아래의 컬러 코드 번호다. 어느 부분이든, 이와 같이 2색만 사용되어 있다.

보통 게임에서는 BG를 배경화면으로 사용하는 경우가 일반적이지만, 스프라이트만으로는 다 표현할 수 없는 대량의 캐릭터나 큼직한 캐릭터를 표시하기 위해 BG를 응용하기도 했다(단 8×8픽셀 단위로만 표시할 수 있는데다, 1장뿐이므로 BG끼리 겹치는 테크닉도 불가능하다).

하드웨어 스크롤 기능도 없으므로, 스크롤 표현을 위해서는 BG를 계속 갱신해 그려야만 했다. BG는 8픽셀 단위로만 배치할 수 있으니, 당연히 스크롤도 8픽셀 단위로만 가능하다. 상하좌우 하드웨어 스크롤 기능을 내장한 패미컴에 비해 SG-1000이 가장 뒤떨어져 보이는 것이 바로 이 부분으로서, 특히 패미컴으로도 발매된 「스타 포스」 등에서 확연히 비교당하는 약점이 되었다.

그럼에도, 8픽셀 단위 스크롤이긴 하나 안쪽과 바깥쪽의 스크롤 속도에 차이를 주어 다중 스크롤을 구현해낸 「갈케이브」 등, 빡빡한 제한 하에서 최대한의 표현력을 추구한 타이틀도 있었다.

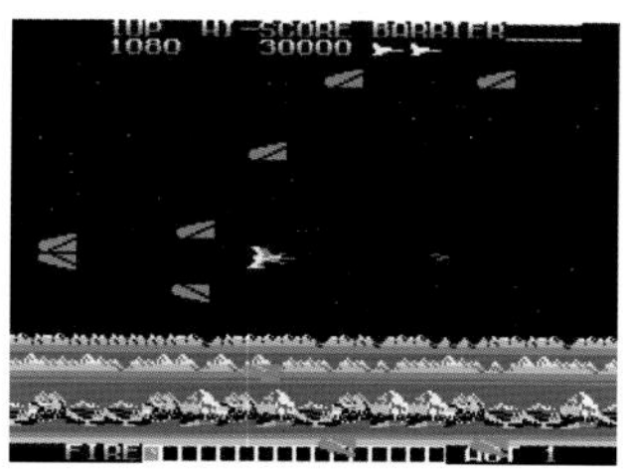

▲ 다중 스크롤로 게이머를 놀라게 한 「갈케이브」. 컴파일 사의 명작 슈팅 게임이다.

표시 색수 관련

표시 색수는 16색 고정으로서 왼쪽 페이지 하단 박스 내에 나열된 색만을 사용할 수 있는데, 가정용 TV로 화면을 표시한다는 것을 전제로 설계했으므로, 디지털 화면다운 강렬한 원색이 아니라 독특한 분위기의 발색이 나오게 된다. MODE 2에서는 8픽셀 범위 내에서 2색만 사용 가능하다는 제한이 있어 개별 픽셀 단위로 모든 색을 자유롭게 사용해 그래픽을 그릴 수는 없으나, 픽셀 배치를 잘만 연구하면 제법 화려한 표현도 가능했다.

사운드

SG-1000의 사운드 기능은 미국 텍사스 인스트루먼츠 사가 제조한 SN76489라는 칩을 이용해 연주된다. 이 칩은 DCSG(Digital Complex Sound Generator)라는 별명으로도 불리며, 넓은 의미에서는 PSG(이른바 뿅뿅음)의 일종이기도 하다. 구형파 3채널+노이즈 1채널이 내장돼 있어, 이를 이용하여 소리를 내거나 음악을 연주할 수 있다. 엔벨로프(음량 변화에 의한 파형) 기능은 없으므로, 그럴싸한 음악을 표현하려면 연주 데이터 제작에 공을 들일 필요가 있었다.

당시 세가의 아케이드 게임 기판이었던 시스템 1·시스템 2에도 사용된 칩이라, FM 음원으로 주축이 옮겨가기 전까지는 세가 유저들에게도 친숙했던 음원이기도 하다.

당대에 SN76489와 쌍벽을 이뤘던 구형파 음원 칩으로는 미국 제너럴 인스트루먼츠 사가 제조한 AY-3-8910이 유명한데, SN76489 쪽이 전반적으로 음이 부드럽다는 느낌을 준다.

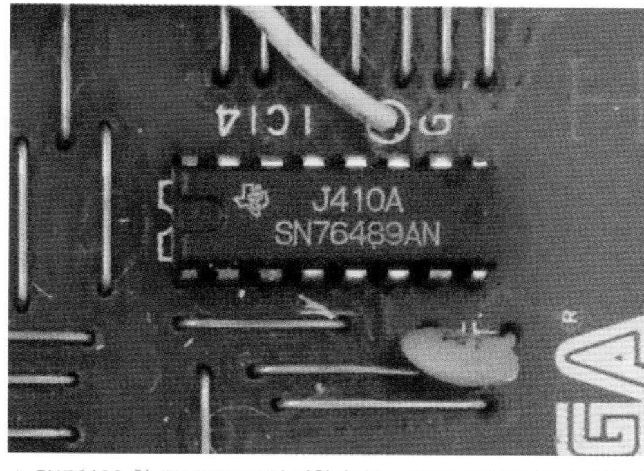

▲ SN76489 칩. TMS9918A와 마찬가지로, 텍사스 인스트루먼츠 사의 순정품을 탑재했다.

SG-1000뿐만 아니라, 이 책에서 소개된 모든 게임기를 거쳐 메가 드라이브에 이르기까지 오랫동안 애용되어 온 장수 음원이라 할 수 있다.

SG-1000의 주변기기

조이스틱 JOYSTICK

SJ-200 세가 엔터프라이지스 2,000엔

SG-1000은 조이스틱이 1개만 기본 제공되었기 때문에, 2명이 함께 플레이하려면 이것도 구입해야 한다. 세가의 게임기 외에 PC-6001과 코모도어 사의 맥스 머신, 아타리 400 등에서도 사용 가능했다.

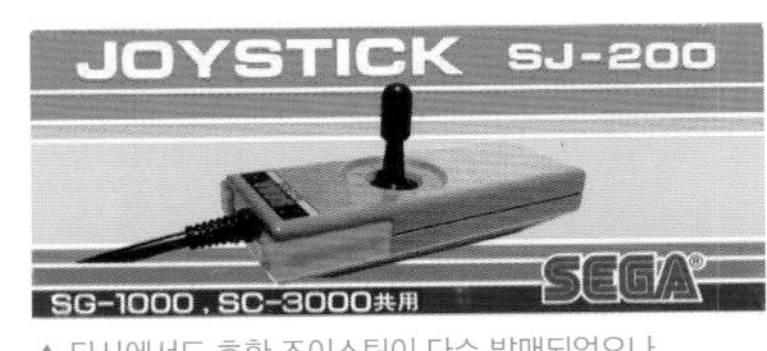

▲ 타사에서도 호환 조이스틱이 다수 발매되었으나, 역시 순정 조이스틱이 가장 어울린다.

조이패드 JOYPAD

SJ-150 / SJ-151 세가 엔터프라이지스 1,000엔

SJ-150은 SG-1000Ⅱ에 동봉된 것과 동일품으로서, 버튼이 타원형 고무 재질이다. SJ-151은 세가 마크 Ⅲ가 등장하기 전에 단기간 판매된 버전으로서, 버튼이 플라스틱 재질로 바뀐 개량판이다. 판매기간이 짧았던 탓인지 제법 레어한 편. 당시 발군의 퀄리티로 호평을 받았던 패미컴의 컨트롤러와 비슷한 디자인이지만, 게임기 옆면에 수납하는 구조상 케이블이 컨트롤러 오른쪽으로 빠지도록 설계된 게 특징이다.

AC 어댑터 AC ADAPTOR

SA-150 세가 엔터프라이지스 1,500엔

세가 게임기 전용으로 제작된 전력 공급용 어댑터. 세가 마크 Ⅲ와 마스터 시스템에는 이 제품이 표준 동봉되었다. 일본 내수 사양이므로 전원 입력은 100V이며 50/60Hz 양대응이다. 전원 출력은 DC 9V 850mA. 세가 마크 Ⅲ와 마스터 시스템은 메가 드라이브 동봉품인 SA-160으로도 동작한다.

SEGA
ACアダプター
SA-150
株式会社 セガ・エンタープライゼス

▲ SC/SG 시리즈와 마스터 시스템에서 사용 가능하고, 게임 기어용으로도 쓸 수 있다.

조이스틱 JOYSTICK

SJ-300 / SJ-300M　세가 엔터프라이지스　3,000엔

SG-1000 시리즈 / SC-3000 시리즈용으로 개발된 세가 순정 조이스틱으로서, 설계·제조사는 호리 전기(현 호리)다. 당시의 주류였던 슈팅 게임용으로 디자인됐으므로, SJ-200 및 SJ-150과 비교하면 부피가 훨씬 크고 듬직해 조작하기 쉽다. SJ-300과 SJ-300M의 2종류가 존재하는데, 성형색 차이와 전환 스위치 추가가 주 변경점이다. 전환 스위치를 이용하면, MSX 등의 여러 타사 컴퓨터·게임기에서도 사용할 수 있었다.

◀ SJ-300M은, 조이스틱 포트가 아타리 사양이라면 코모도어 등의 타사 기종에서도 사용 가능하다.

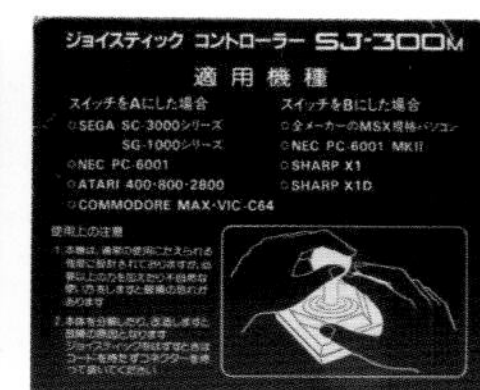

▶ 상자 뒷면에는 지원 기종 리스트도 있다. 당시의 주요 기종을 지원.

핸들 컨트롤러 HANDLE CONTROLLER

SH-400　세가 엔터프라이지스　4,000엔

당시엔 매우 진귀했던, 스티어링 휠 사양의 컨트롤러. 내부적으로는 디지털 입력이라 스티어링이 좌우 방향, 시프트 레버가 상하 방향 입력에 대응된다. 차량을 운전하는 분위기를 내는 데 적합한 아이템이다.

◀ 특이하게 상품명을 전용 로고로 디자인한, 핸들 컨트롤러의 외장 패키지.

■ 지원 타이틀

- 「모나코 GP」
- 「지피 레이스」
- 「모나코 GP」(세가 마이 카드판)
- 「지피 레이스」(세가 마이 카드판)
- 「사파리 레이스」
- 「GP 월드」
- 「줌 909」
- 「행온」
- 「행온 II」
- 「엔듀로 레이서」

세가 키보드 SEGA KEYBOARD

SK-1100 세가 엔터프라이지스 13,800엔

SC-3000 이외의 기기를 SC-3000과 동등한 수준까지 업그레이드시켜주는, ASCII 키배열 준거의 외장형 키보드. 지원 기종은 같은 시기에 발매했던 SG-1000을 비롯해 SG-1000 II, 세가 마크 III까지도 포괄한다.

뒷면에 1200baud 카세트레코더 포트 및 프린터 포트도 마련하여, 별매 옵션인 컬러 플로터 프린터(SP-400)와 카세트 데이터레코더(SR-1000)도 연결할 수 있다. 따라서 SC-3000용으로 나온 거의 모든 소프트를 사용할 수 있게 될 뿐만 아니라, 「로드 러너」처럼 유저가 직접 스테이지 데이터를 편집하거나 카세트테이프에 저장하는 기능을 지원하는 소프트도 있었다.

▶ SG-1000에 SC-3000의 기능을 추가하는 주변기기이지만, 비지원 소프트도 일부 존재한다.

FRONT VIEW

REAR VIEW

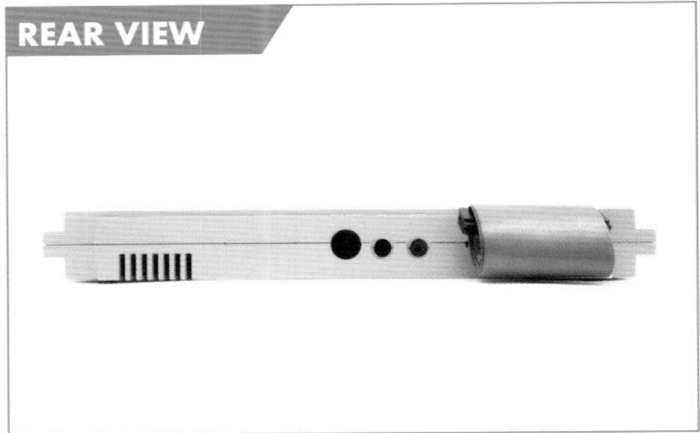

카드 캐처 CARD CATCHER

C-1000 세가 엔터프라이지스 1,000엔

카드 슬롯이 없는 기종에서도 세가 마이 카드를 구동하기 위해 필요한 어댑터. ROM 카트리지 슬롯만 존재하는 세가 마크 III 이전의 기종들을 비롯해, 오델로 멀티비전 등의 타사 호환기종에서도 사용 가능하다.

▲ 카드 슬롯이 기본 내장된 세가 마크 III와 세가 마스터 시스템에서도, 실은 사용이 가능하다.

TV 그림판 TV OEKAKI

GB-800　세가 엔터프라이지스　8,800엔

TV 화면에 자유롭게 그림을 그릴 수 있는, 요즘 말로 하면 펜 태블릿형 주변기기다. 부속된 전용 펜으로 그래픽 보드 상에 있는 투명한 플라스틱 면 위에 직접 그리면, TV 화면상에 똑같이 그림이 만들어진다. 감압식 터치패널을 사용했으므로 꼭 전용 터치펜을 써야만 하는 건 아니기에, 만약 분실했더라도 적당히 가는 촉의 막대로 대용할 수 있다. 심지어는 전용 펜이 아예 없어도 조이패드만으로 조작이 가능한 데다, 조이패드와 펜을 동시에 잘 사용하면 훨씬 효율적으로 그림을 그릴 수 있었다.
아쉽게도 그림을 저장하는 기능은 없기에, 당시엔 VTR로 화면을 녹화하는 것을 권장했다.

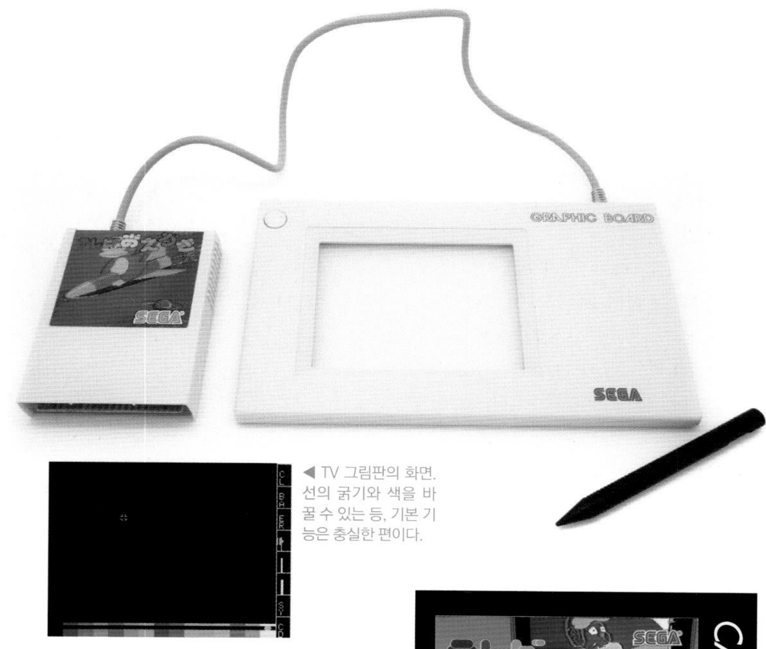

◀ TV 그림판의 화면. 선의 굵기와 색을 바꿀 수 있는 등, 기본 기능은 충실한 편이다.

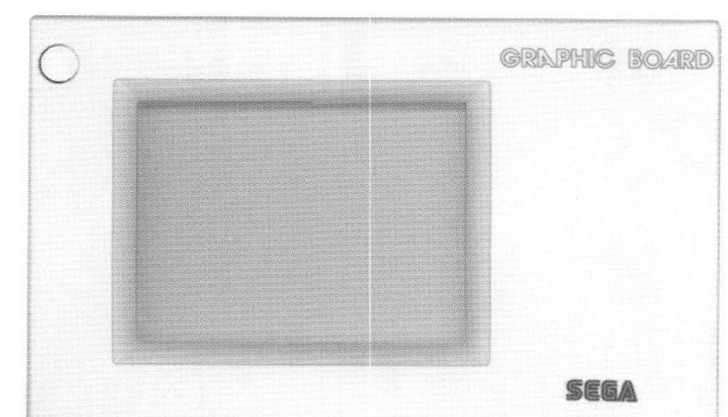

▲ 케이블로 연결된 카트리지와 그래픽 보드, 전용 펜으로 심플하게 구성했다.

마이 카드 홀더 MY CARD HOLDER

C-1001　세가 엔터프라이지스　비매품

염화비닐 재질의 카드 홀더. 마이 카드 및 마이 카드 마크 Ⅲ 소프트를 최대 6개까지 수납 가능하다. 당시 캠페인으로 제공했던 비매품으로서, 응모대상 소프트의 매뉴얼 마지막 쪽에 인쇄된 응모권을 오려내 4장을 모아, 응모요령에 따라 관제엽서에 붙여 세가에 보내면 응모자 전원에게 증정하는 식이었다.

▶ 당시엔 유저들 사이에 필수품처럼 여겨져 응모자가 꽤나 많았기에, 비매품이라곤 하나 보유율이 제법 높았다.

세가의 야심이 가득 담긴 퍼스널 컴퓨터

SC-3000 SC-3000

세가 엔터프라이지스　1983년 7월 15일　29,800엔

▶ 기본 패키지 외에, BASIC과 게임 소프트 하나를 동봉한 특별판 패키지도 존재했다.

SG-1000보다도 선행 개발된 기기

SC-3000은 세가가 최초로 개발했던 취미용 홈 컴퓨터다. 앞서 서술한 대로 스펙이 동등한 SG-1000과는 형제기 관계이며, 오히려 SC-3000 쪽이 선행 개발되었다는 경위가 있다.

상품명의 유래는 'SC'(세가 컴퓨터) + 목표가격대였던 3만 엔 전후에서 딴 '3000'이다. 3만 엔을 밑도는 29,800엔이라는 가격설정이 당시 동급 성능인 타사 홈 컴퓨터들의 5만 엔 전후에 비해 꽤나 저렴했던 덕에, 발매 전부터 수만 대에 달하는 수주예약을 받아 좋은 스타트를 끊는 데 성공했다.

염가화를 이룩한 비결은, 제조단가에 큰 영향을 끼쳤던 BASIC을 별매품으로 돌린 데 있다. 심지어는 RAM도 BASIC 카트리지 쪽에 내장해버린다는 대담한 설계로서, 즉 '직접 프로그램을 짜기보다 시판되는 소프트만 즐기고픈 사람에겐 초기투자비용이 싸게 느껴지는' 홈 컴퓨터였던 것이다.

프로그래밍·학습 따위는 어디까지나 핑계거리이고 실제로는 게임용으로서 컴퓨터를 갖고 싶다는 속셈이었던 아이들 입장에서도 이러한 구성은 부모를 속여 넘기는 데 매우 안성맞춤인지라, BASIC 별매화는 실제 판매에서 그리 마이너스로 작용하지 않았다. 게다가 세가부터가 아케이드 게임 회사였던지라 경쟁기종 대비로 다채로운 소프트를 직접 제작해 공급한 덕에, 시판용 게임 소프트만 마음껏 즐기면 되었던 아이들의 수요를 충분히 만족

SC-3000의 사양

형식번호	SC-3000
CPU	Z80A (3.58MHz)
메모리	RAM : 2KB, VRAM : 16KB
그래픽	텍스트 표시 : 최대 40자×25행, 그래픽 표시 : 15색+1색 발색 가능(가로 8픽셀 내에선 2색 제한) 스프라이트 표시 : 16×16픽셀 단색 스프라이트 32개 (가로 방향으로 4개까지)
사운드	SN76489 (DCSG)　PSG 3음 + 노이즈 1음
인터페이스	RF 신호, 컴포지트 비디오, 모노럴 음성, 카세트레코더, 프린터, 조이스틱×2개, 카트리지 슬롯
전원 / 소비전력	전용 AC 어댑터 (DC 9V) / 약 7.7W
외형 치수	353(가로) × 210(세로) × 46(높이) mm
부속품	AC 어댑터, TV 전환 스위치, TV 케이블, 취급설명서, 보증서

TOP VIEW

BOTTOM VIEW

FRONT VIEW

REAR VIEW

LEFT SIDE VIEW

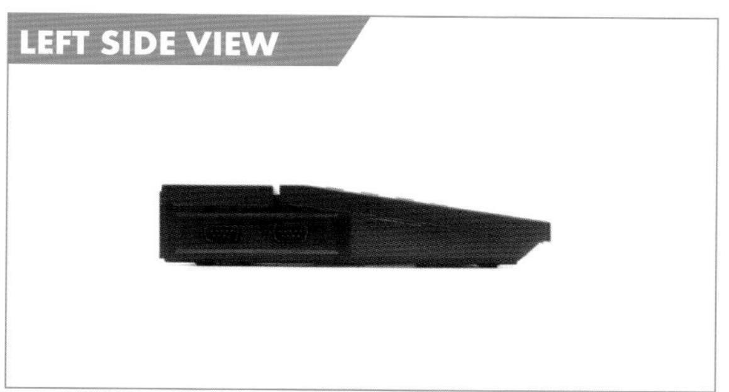

RIGHT SIDE VIEW

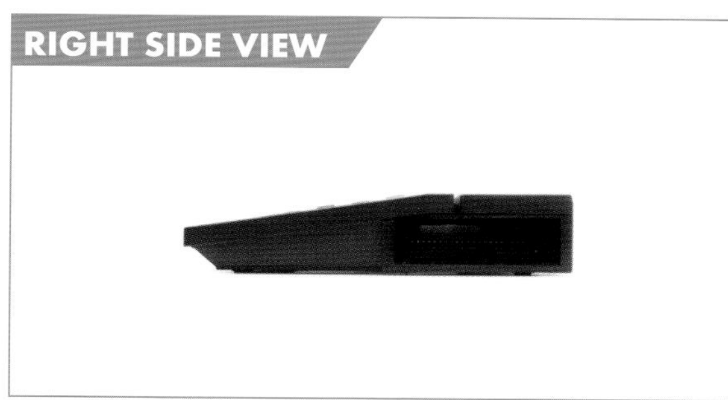

시킬 수 있었다.

이 시대에는 아직 보기 드물었던 컬러 바리에이션 개념도 일찍부터 도입하여, 블랙·레드·화이트 3색 모델을 전개해 방의 환경에 어울리는 색의 본체를 고르는 즐거움도 연출했다. 또한, 당시 인기였던 「로드 러너」를 응모자 전원에게 증정하는 캠페인도 펼쳐 큰 효과를 거두었다.

CATALOGUE

예산과 용량에 맞춰 고르는 BASIC

SC-3000은 앞 페이지에서 서술한 대로, 본체에 BASIC을 내장하지 않고 별매품으로 돌렸다. 종류도 많아, SC-3000용인 「BASIC LEVEL Ⅱ」·「BASIC LEVEL Ⅲ A」·「BASIC LEVEL Ⅲ B」, SK-1100용인 「BASIC LEVEL Ⅱ B」·「BASIC SK-Ⅲ」, 양대응인 「홈 베이직」이 존재한다. SC-3000과 SK-1100은 하드웨어 설계가 미묘하게 다른 부분이 있어, 「홈 베이직」 외의 BASIC은 상호 호환성이 없다.

「홈 베이직」은 경쟁기종이었던 닌텐도 패미컴용 「패밀리 베이직」의 대항마로 발매된 소프트로서, BASIC 본체 외에도 슈팅 게임인 '슈트 게임', 이 게임의 스프라이트를 변경할 수 있는 에디터인 '패턴 변경', 간이 계산기인 '계산 보드'가 ROM에 함께 기본 내장되어 있다.

형식번호	제품명	대응 기종	가격	RAM	ROM
B-10	BASIC LEVEL Ⅱ	SC-3000	5,000엔	-	32KB
B-21	BASIC LEVEL Ⅱ B	SK-1100	7,000엔	3KB	32KB
B-30	BASIC LEVEL Ⅲ A	SC-3000	12,000엔	16KB	32KB
B-40	BASIC LEVEL Ⅲ B	SC-3000	15,000엔	32KB	32KB
B-41	BASIC SK-Ⅲ	SK-1100	15,000엔	32KB	32KB
B-50	홈 베이직	SC-3000 / SK-1100	9,800엔	16KB	32KB

▶ BASIC LEVEL Ⅲ B의 초기 기동화면. 1.0과 1.1의 2종류가 있다.

▼ BASIC LEVEL Ⅲ B의 매뉴얼. 제법 두꺼운 책이라 패키지 내에 넣을 수가 없었던지, 동일 사이즈의 매뉴얼과 패키지를 한 덩이로 묶어 비닐 포장했다.

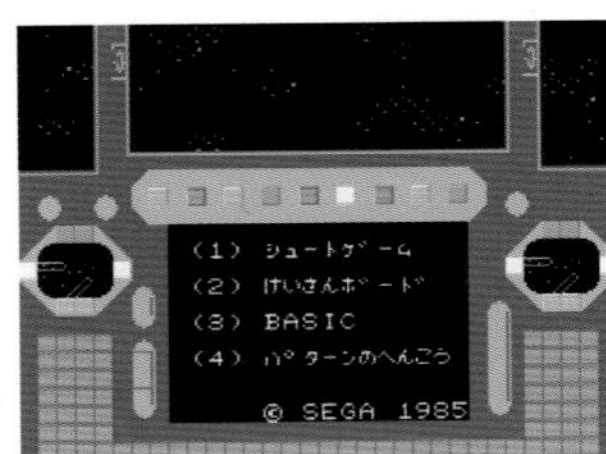

▶ 홈 베이직의 초기 기동화면. 메뉴 화면도 패밀리 베이직과 유사하다.

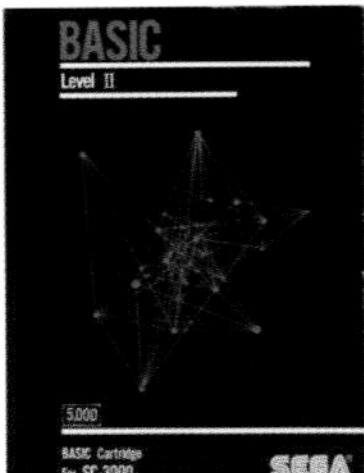

▲ BASIC LEVEL Ⅱ

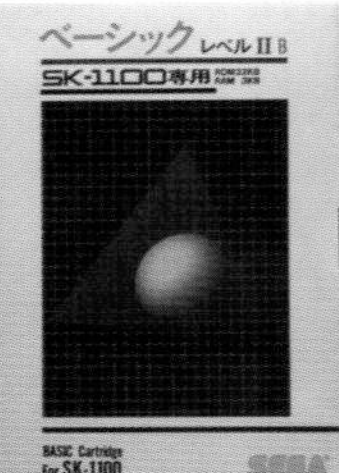

▲ BASIC LEVEL Ⅱ B

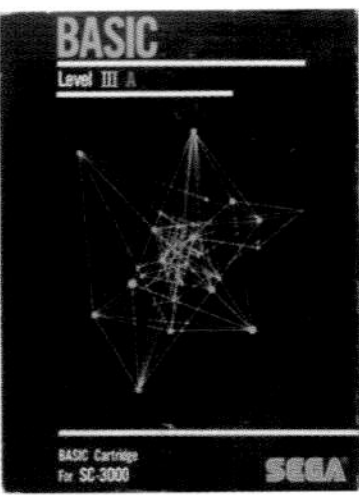

▲ BASIC LEVEL Ⅲ A

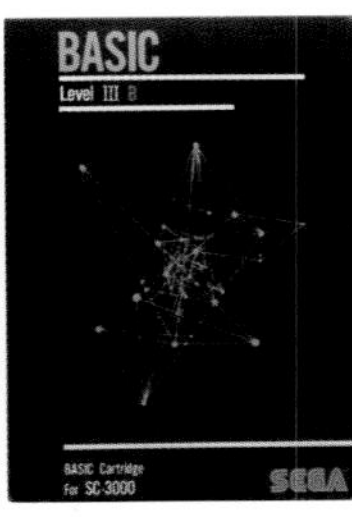

▲ BASIC LEVEL Ⅲ B

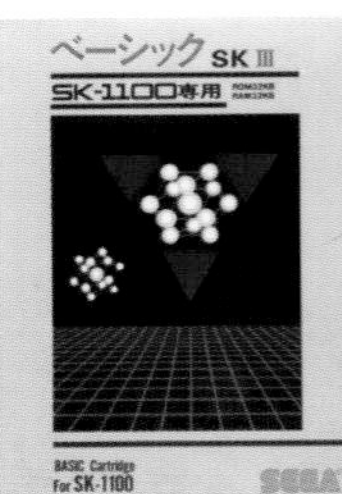

▲ BASIC SK-Ⅲ

▲ 홈 베이직

학습용 소프트웨어에 심혈을 기울였던 SC-3000

SC-3000은 동시대의 홈 컴퓨터들에 비해 학습용 소프트 공급에 특히 힘을 기울여, 초등학생부터 중학생에 이르기까지 주요 교과목을 제공했다. 단순한 학습용 소프트뿐만 아니라, 음악 제작 소프트 「뮤직」과 「점술 엔젤 큐티」 등에 이르기까지 다양성 넘치는 타이틀이 발매되었다.

이들 타이틀은 키보드가 있는 것이 전제였기에 SC-3000이 대상기종이었지만, SK-1100을 연결한 SG-1000·SG-1000 Ⅱ·세가 마크 Ⅲ도 지원했다.

▲ 큼직한 패키지로 발매된 학습용 소프트들.

형식번호	제품명	가격
E-101	뮤직	12,000엔
E-103	중학 필수 영어단어 (중1용)	3,800엔
E-104	중학 필수 영어작문 (중1용)	3,800엔
E-105	중학 필수 영어문법 (중1용)	3,800엔
E-106	즐거운 산수 (초4용 상)	3,800엔
E-107	화학 (원소기호 마스터)	3,800엔
E-108	일본사 연표	3,800엔
E-109	세계사 연표	3,800엔
E-110	중학 필수 영어단어 (중2용)	3,800엔
E-111	중학 필수 영어작문 (중2용)	3,800엔

형식번호	제품명	가격
E-112	중학 필수 영어문법 (중2용)	12,000엔
E-113	즐거운 산수 (초4용 하)	3,800엔
E-114	즐거운 산수 (초5용 하)	3,800엔
E-115	즐거운 산수 (초6용 하)	3,800엔
E-116	즐거운 산수 (초5용 상)	3,800엔
E-117	즐거운 산수 (초6용 상)	3,800엔
E-119	점술 엔젤 큐티	4,300엔
	물리 (운동과 힘 편)	3,800엔
	물리 (에너지 편)	3,800엔

타이프라이터식 키보드를 탑재한 본격 모델

SC-3000H SC-3000H

세가 엔터프라이지스 1983년 33,800엔

▶ 컬러 바리에이션인 블랙 모델.

형식번호의 'H'는 하드 키 타입을 의미

SC-3000H는 SC-3000과 같은 해에 발매된 파생 모델이다. 키탑이 고무 재질인 치클릿 키보드 구조였던 SC-3000과 달리, 플라스틱 재질의 본격적인 타이프라이터식 키보드를 채용했다. 키보드 재질의 단가 상승이 반영되어 가격이 4,000엔 올랐지만, 그만큼 장시간의 프로그래밍에도 적합한 실용적인 컴퓨터로 탈바꿈했다.

하드웨어 자체는 SC-3000과 완전히 동일하므로, SC-3000용 및 SG-1000용 소프트는 물론 주변기기도 전부 그대로 사용 가능하다. 오히려 세가에겐 이 모델 쪽이 본심이었던 게 아닐까 싶을 정도였다.

아쉽게도 세가의 컴퓨터를 고른 유저는 프로그래밍보다 시판 게임을 노리고 사는 경우가 많았기 때문인지, SC-3000보다 살짝 비싼 가격대였던 SC-3000H는 유통량이 적었던 듯하다. 컬러 바리에이션은 블랙·화이트 2색으로 전개했으나, 카탈로그 상엔 없는 레드 버전도 일부 유통되었던 것 같다.

▲ 우주를 이미지화하여, SC-3000에 비해 고급스러운 느낌을 늘린 SC-3000H의 외장 패키지.

컬러 바리에이션

SC-3000의 주변기기

슈퍼 컨트롤 스테이션 SUPER CONTROL STATION

SF-7000 세가 엔터프라이지스 79,800엔

SC-3000 전용으로 출시된 기능 확장용 유닛. 전면에는 당시에도 보기 매우 드물었던 3인치 플로피디스크 드라이브를 장착했다. 후면에는 센트로닉스 준거 8비트 패러렐 포트와 RS-232C 시리얼 인터페이스 포트를 마련하고, 한층 대용량으로 증강한 64KB RAM까지 내장했으니, 말 그대로 '슈퍼 컨트롤 스테이션'이란 이름에 걸맞은 제품이다. SC-3000 본체와 함께 구입하면 무려 10만 엔을 넘겨버리는데, 그만큼의 돈을 쓸 수 있었던 사람이라면 차라리 대세인 NEC·샤프·후지쯔 기종을 골랐을 터이다 보니, 실제 보급률은 시원찮았다. 플로피디스크판 BASIC이 동봉되었다.

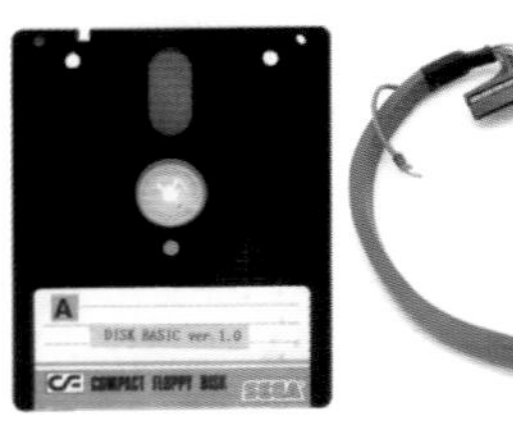

▲ 3인치 디스크 BASIC, 그리고 이 제품과 SC-3000을 연결할 때 사용하는 I/O 카세트.

FRONT VIEW / **REAR VIEW**

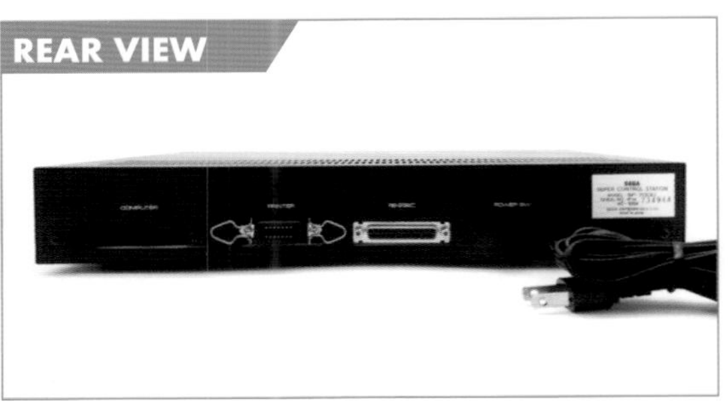

비디오 입력용 코드 A/V CABLE

SD-80 세가 엔터프라이지스 800엔

SC-3000용으로 발매된 비디오 출력 케이블. 비디오 출력 단자가 표준 내장된 세가 마크 Ⅲ와 마스터 시스템, 메가 드라이브(단, 메가 드라이브 2는 사용 불가)에서도 쓸 수 있었기에, 이 당시 발매된 주변기기들 중에선 수명이 길었던 축에 든다.

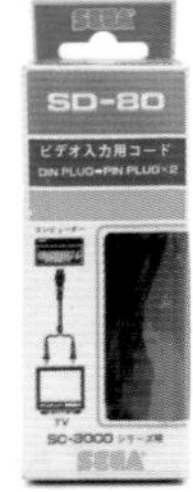

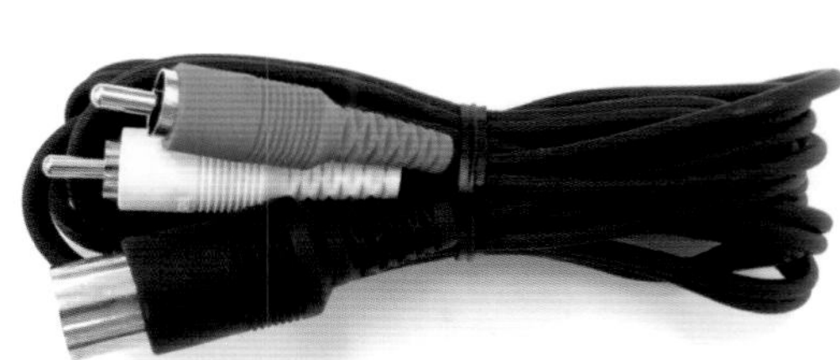

컬러 플로터 프린터 4 COLOR PLOTTER PRINTER

SP-400　세가 엔터프라이지스　39,800엔

SC-3000용으로 개발된 4색 컬러 플로터(역주 ※) 프린터. 인쇄용 팁은 수성 볼펜 타입으로서, 흑색·청색·적색·녹색 인쇄가 가능하다. 텍스트·그래픽 2가지 모드가 있어, 스위치로 전환 가능하다. 컬러 지정 등, 13종류의 커맨드도 내장했다. 본체 색으로 블랙·화이트 2종류의 컬러 바리에이션을 제공했다.

(역주 ※) 펜을 가로축으로 움직이고 종이를 세로축으로 움직여 선을 그리는 방식으로 인쇄하는 프린터. 그래프나 기하학적 도형을 그리는 데 유리하다. 80년대 중반까지의 홈 컴퓨터용 프린터 중엔 플로터 방식이 제법 있었다.

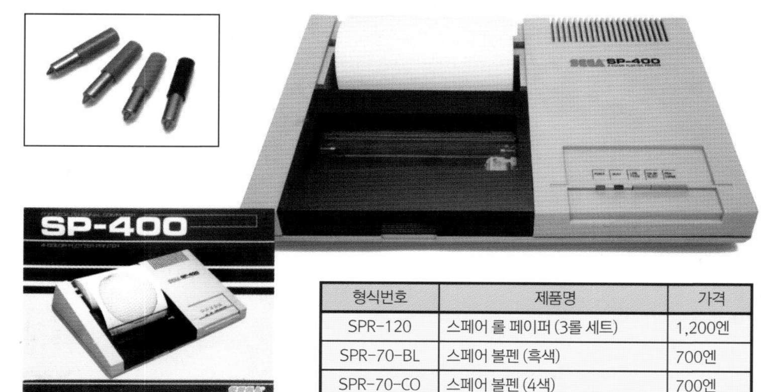

형식번호	제품명	가격
SPR-120	스페어 롤 페이퍼 (3롤 세트)	1,200엔
SPR-70-BL	스페어 볼펜 (흑색)	700엔
SPR-70-CO	스페어 볼펜 (4색)	700엔

카세트 데이터레코더 DATA RECORDER

SR-1000　세가 엔터프라이지스　9,800엔

SC-3000용으로 발매된 전용 데이터레코더. 가볍고 컴팩트한 부피이면서도 신뢰성 높은 기록·저장·로딩이 가능하다. 자작 프로그램을 저장하기 위한 필수 아이템이며, 이전 페이지에서 소개한 슈퍼 컨트롤 스테이션이 워낙 고가였던지라 SC-3000의 데이터 저장수단으로는 이쪽이 보편적이었다.

참고로, 아쉽게도 테이프 매체로는 세가제 시판 소프트가 발매된 적이 없다.

▲ 다른 제품과는 분위기가 꽤나 다른 외장 패키지. 물론 SK-1100에서도 사용 가능하다.

데이터레코더용 코드 TAPE RECORDER CABLE

SM-60　세가 엔터프라이지스　600엔

SC-3000과 위의 SR-1000을 연결하기 위해 필요한 케이블. 일반적인 3.5파이 2극 미니 플러그 규격이므로, 순정품 대신 시중의 시판품으로 대체할 수도 있다.

SC-3000에는 리모트 단자가 없으므로, 적색·백색 2라인 구성이다.

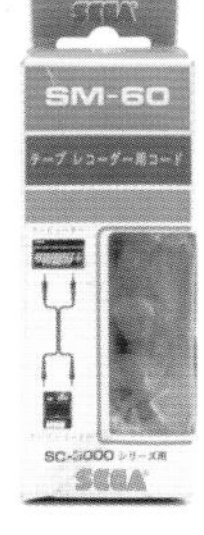

스타일리시하게 재탄생한 세가 가정용 2호기

SG-1000II SG-1000II

세가 엔터프라이지스 1984년 7월 1일 15,000엔

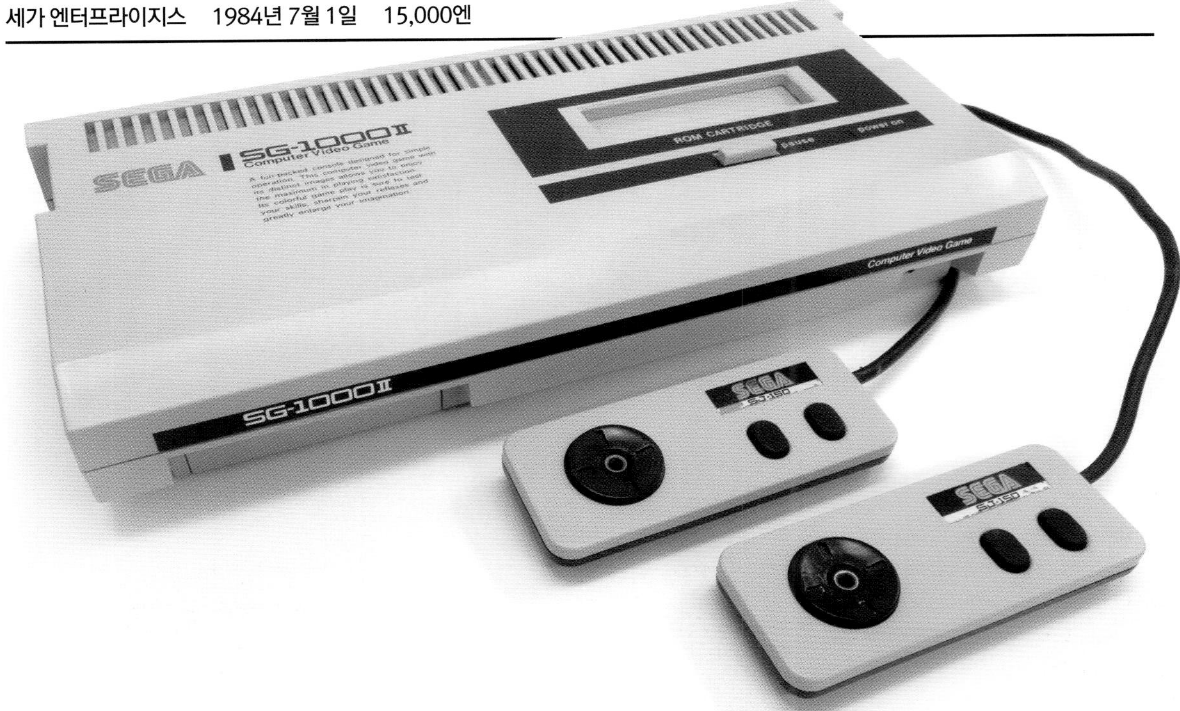

디자인을 리뉴얼해 마이너 체인지

SG-1000Ⅱ는 SG-1000의 성공을 발판으로 삼아, 당시 라이벌 관계였던 패미컴에 대항하기 위해 세가가 신규 투입한 마이너 체인지 모델이다. SG-1000의 최대 결점이었던 '멋없는 외관'을 전면 리뉴얼하여, 직선 위주의 솔리드한 디자인을 도입했다. 카트리지 슬롯을 오른쪽으로 치우치게 배치하는 좌우 비대칭 디자인 개념도 도입했다. 이 레이아웃은 단순히 시각적인 멋뿐만 아니라, 왼손으로 본체를 잡고 오른손으로 ROM 카트리지를 뽑도록 유도하는 합리성을 추구한 것이라, 이후 소프트 하위호환성을 지닌 메가 드라이브에 이르기까지 오랫동안 계승되는 디자인이 되었다.

탈착식 조이패드 2개를 동봉

이 기종의 평범해 보이면서도 커다란 개량점으로 꼽히는 것이, 탈착 가능한 조이패드의 도입이다. SG-1000 항목에서도 서술했듯이, 패미컴 등장 이전까지는 조이스틱이 조작계로서 일반적이었고 세가도 이를 따라 조이스틱을 채용했었다. 패미컴의 등장은 그

SG-1000Ⅱ의 사양

형식번호	SG-1000Ⅱ
CPU	Z80A (3.58MHz)
메모리	RAM : 1KB, VRAM : 16KB
그래픽	15색+1색 발색 가능(가로 8픽셀 내에선 2색 제한), 16×16픽셀 단색 스프라이트 32개 (가로 방향으로 4개까지)
사운드	SN76489 (DCSG) PSG 3음 + 노이즈 1음
조이스틱 단자	2개 사용 가능 (본체에 2개 동봉)
홀드 버튼	게임 도중 포즈(일시정지)가 가능
슬롯	2개 (ROM 카트리지 슬롯, 확장용 슬롯)
전원 / 소비전력	전용 AC 어댑터 (DC 9V) / 약 7.7W
외형 치수	340(가로) × 155(세로) × 49(높이) mm
부속품	AC 어댑터, TV 전환 스위치, TV 케이블, 조이패드 2개, 취급설명서, 보증서

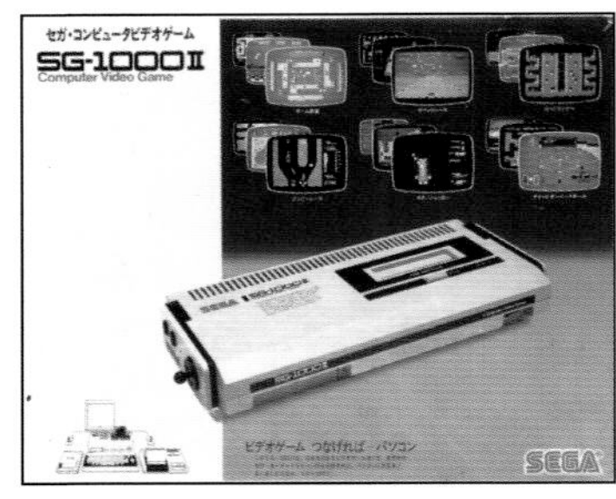

▲ 이전 모델의 디자인을 답습하면서도 훨씬 멋지게 리뉴얼한 SG-1000Ⅱ의 외장 패키지.

TOP VIEW

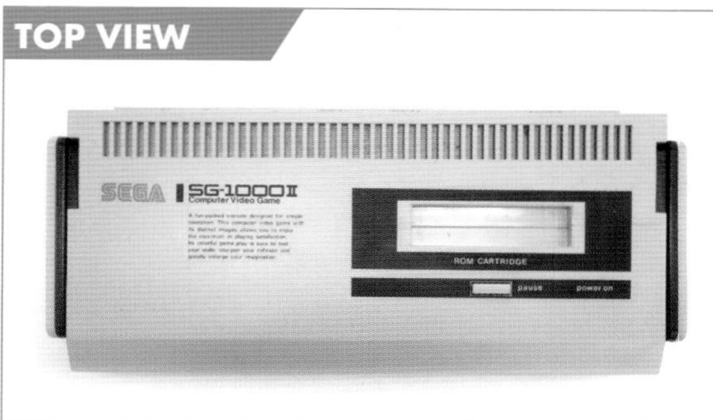

CONTROL PAD

FRONT VIEW

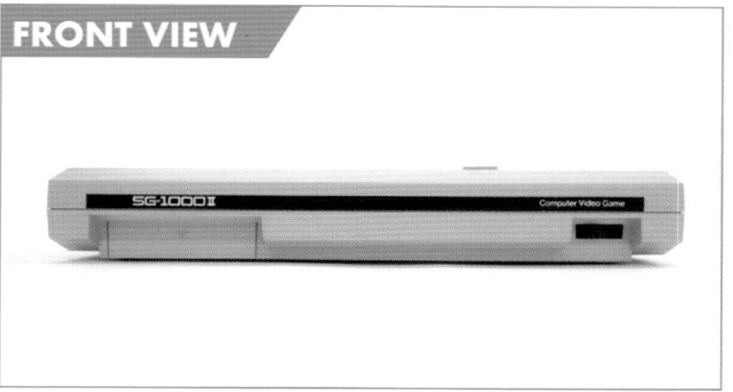

REAR VIEW

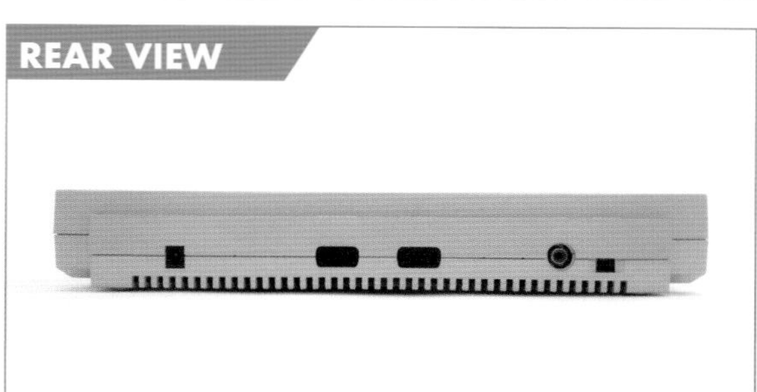

SIDE VIEW

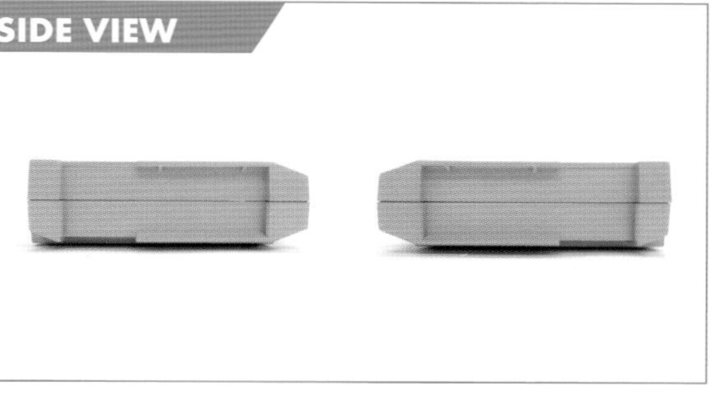

런 당시의 조작계 문화를 뿌리째 뒤집어엎을 만큼 커다란 영향을 끼쳤으니, SG-1000Ⅱ가 패미컴을 따라 본체 좌우에 조이패드를 수납하는 구조로 바뀐 것만 보아도 그 영향력의 크기를 가늠할 만하다.

반면 제조단가 면의 불리함을 감수하고, 패미컴과는 달리 탈착식 구조를 채용했다는 차이도 있었다. 덕분에 장기간 혹사로 조이패드가 망가져도 단품을 구매해 교체할 수 있었고, 핸들 컨트롤러 등의 각종 특수 컨트롤러 연결도 가능해졌다. 다만 조이스틱 연결용 커넥터를 본체 뒷면 중앙에 배치한데다, SG-1000에 비해 케이블 길이도 짧아진 건 결점이다. 이는 본체 전면부의 깔끔함을 우선시한 결과로 보이지만, 아무래도 불편함이 있는 디자인이었다.

또 하나 독특한 장치가 있는데, 조이패드의 방향키 중앙에 나사구멍이 있으며 여기에 소형 조이스틱을 돌려 끼우면 조이스틱과 같은 조작도 가능하다는 것이다. 이 구조는 세가 마스터 시스템에도 계승되었다.

CATALOGUE

해설 세가가 단독 공급했던 초기 소프트 라인업

COMMENTARY OF SG-1000 #2

아케이드 이식 타이틀은 의외로 많지 않았다?!

세가가 최초로 배출해낸 가정용 게임기 SG-1000의 경우, 지원 소프트는 모두 세가가 단독 발매했었다. 서드파티를 늘려 소프트 라인업을 강화하는 것이 최우선 과제인 지금의 가정용 게임기 관점에서 보면 얼핏 이해가 가지 않을 수도 있으나, SG-1000이 발매되던 1983년경엔 오히려 하드웨어 제조사가 직접 전용 소프트 라인업을 자급자족해 꾸리는 경우가 일반적이었다. 당시엔 닌텐도조차도 서드파티 타이틀 제 1탄인 「너츠 & 밀크」(허드슨)가 나오기까지 1년이나 걸렸으며, 그 전까지는 닌텐도 혼자서 패미컴용 소프트를 공급했던 것이다.

당연히 세가 역시 당시 관례를 따라 자사가 직접 소프트를 제작해 공급했는데, 예나 지금이나 '세가=아케이드 게임 이식'이라는 이미지가 강했고, 실제로도 「사파리 헌팅」·「스타 재커」처럼 당시의 자사 아케이드 게임 이식작이 하드웨어 견인력의 중심이었던 측면을 부정할 수는 없다. 하지만 실제 발매된 소프트 수를 놓고 따져보면 총 79개 타이틀 중 아케이드 이식작은 30종에 불과하며, 예상외로 오리지널 타이틀(+컴퓨터용 게임의 이식작) 쪽이 더 많다는 점을 알게 된다.

세상의 모든 스포츠를 게임화하겠다는 듯한 기개가 느껴지는 「챔피언~」 시리즈도 그렇고, 이전까지는 전혀 만들어본 적이 없었던 「마작」·「파친코」 등의 가정용 오리지널 소프트까지도 과감하게 도전했으니, SG-1000의 성공은 안이한 아케이드 게임 이식에 의존하지 않고서 다양한 장르를 의욕적으로 내놓았던 노력의 승리라고 보는 게 옳을지도 모른다.

▼ 스포츠 게임을 총망라할 기세로 내놓았던 연작인 「챔피언」 시리즈.

초기의 세가 라인업에 크게 기여한 컴파일 사

세가 하드웨어 팬에게는, 「알레스터」·「뿌요뿌요」까지 가지 않아도 오랫동안 세가와 동고동락해 온 고참 유력 서드파티로서 더없이 유명한 회사가 바로 컴파일일 터이다. 그런데 그 컴파일이, 소프트 라인업이 아직 두텁지 못했던 초기의 SG-1000 때부터 이미 다대한 공헌을 해왔다는 점은 그리 알려져 있지 않다.

MSX용으로 병행 발매했던 「C-SO!」나 「갈케이브」는 물론이고 「N-SUB」·「보더라인」·「사파리 헌팅」에 이르기까지, SG-1000의 초기 타이틀 중 상당수가 실은 컴파일이 외주 개발했던 작품들이다. 심지어 「로드 러너」·「챔피언십 로드 러너」·「차플리프터」와 같은 메이저한 작품의 이식도 맡았었으니, SG-1000의 라인업이 구축되는 데 컴파일의 개발력이 기여한 바는 실로 크다 아니할 수 없다.

그 외에도 알파 전자·잘레코·오르카 등 여러 아케이드계 게임 개발사가 SG-1000용 소프트 개발에 관여했는데, 작업 특성상 개발사명이 드러나지 않긴 하나 세가는 자사 단독으로 다 커버할 수 없는 다양한 소프트의 개발을 외주 형태로 타사에 발주해 진행했다.

이런 외주 개발 형태가 많았던 데에도 사정이 있는데, 다수의 개발사를 상대로 서드파티제를 운영할 수 있을 만큼의 개발환경과 서포트 체제가 당시의 세가에는 아직 미비했던 탓도 있고, 소프트 제조·판매를 세가 브랜드로 일원화하는 쪽이 컨트롤하기 쉽다는 점도 작용했을 것이다.

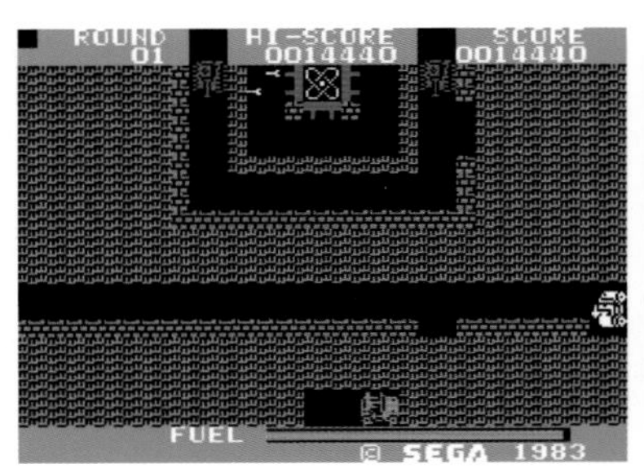

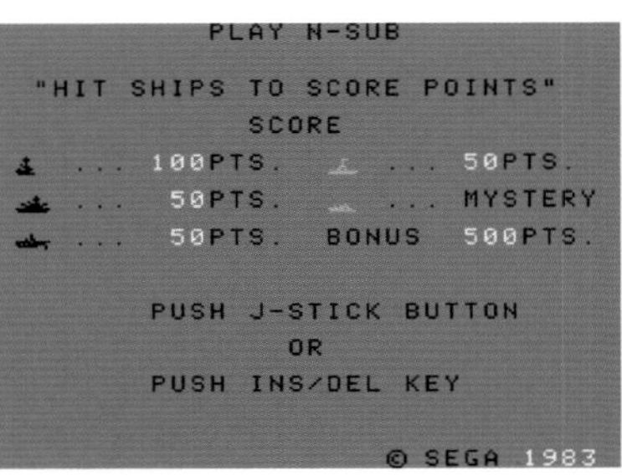

SG-1000용 소프트들의 발매일이 명확치 않은 이유

다음 페이지부터 소개하는 SG-1000용 소프트 중 대부분은 명확한 발매일 표기가 없는데, 이에 의문을 품는 독자가 많으리라 여겨진다. 이는 당시의 유통 사정상 지금과 같은 소프트 유통망이 확립되기 전이었고, 특정일에 소프트를 전국 소매점에서 일제히 판매할 수 있도록 체계적으로 배급해 주는 총판체제도 미비했기 때문이다.

당시의 세가는 아케이드 게임이 사업 주축이었고, 가정용 게임기 사업에서는 어디까지나 신참이었다. 당연히 완구 유통망 및 소매점과도 유대관계가 없었기에, '발매일 전의 주문영업' → '생산량 결정' → '발매일까지의 스케줄에 맞춰 소매점에 일제 배급'이라는 시스템 없이 주문이 들어오는 대로 각 점포에 세가가 직접 전달했으므로 '발매일'이란 개념이 있을 수가 없었다. 가정용 게임기 여명기답게 유통체계가 주먹구구식이었던 시대의 에피소드라 하겠다.

이후 게임잡지 창간, 완구 유통망에서 독립해 나온 게임 전문 유통망 등장 등의 시대 변화에 맞춰 발매 전 홍보 등도 시도되는 등, 서서히 발매일을 사전 예고하고 게임을 발매하는 체제가 정착되어 갔다.

이 장에 게재된 카탈로그의 범례

① ROM 용량 마크

ROM 카트리지의 용량을 구별하는 마크. 아래의 5종류가 있으며, 세가 마이 카드는 독립된 아이콘으로 표시했다.

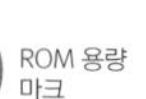

ROM 용량 마크

세가 마이 카드 대응 게임 (17p)

② 게임 타이틀명

③ 기본 스펙 표기란

발매 회사, 발매일, 가격. 매체(ROM 카트리지인 경우 용량도 표기). 지원 주변기기 등의 특이사항도 여기에 표기한다.

④ 패키지 표지

패키지가 여러 버전으로 발매된 적이 있는 타이틀은 가장 최초 버전으로 게재했다.

⑤ 게임 화면

⑦ 플레이 가능 명수 아이콘

해당 게임을 즐길 수 있는 사람이 최대 몇 명까지인지를 아이콘으로 표시했다. 오른쪽의 2종류가 있다.

⑧ 장르 아이콘

게임의 장르를 10종류로 분류한 아이콘.

슈팅 게임

액션 게임

퍼즐 게임
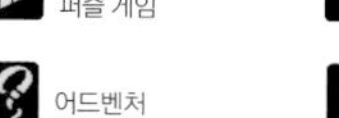

롤플레잉 게임

시뮬레이션 게임

스포츠 게임

드라이브 게임

어드벤처 게임
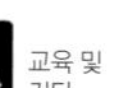

교육 및 기타

홈 게임

① ROM 32KB **스타 재커** ②

세가 1983년 7월 15일 4,300엔 32KB ROM ③

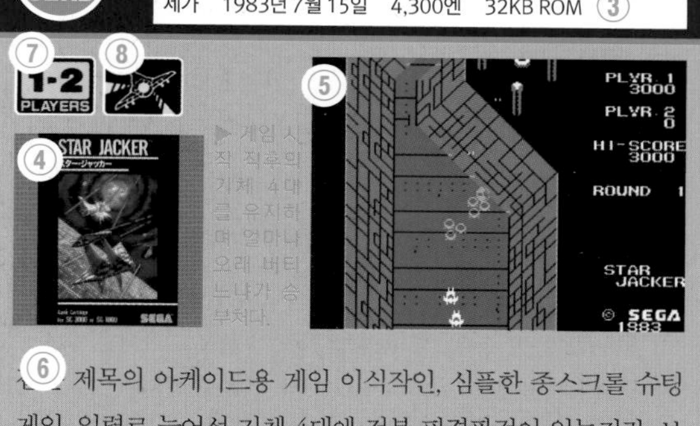

⑥ 같은 제목의 아케이드용 게임 이식작인, 심플한 종스크롤 슈팅 게임. 일렬로 늘어선 기체 4대에 전부 피격판정이 있는지라, 보기보다 의외로 난이도가 높다. 탄을 맞을수록 기체 갯수가 줄어드는 시스템이라, 1대로 진행하면 공격이 약하지만 피격판정도 작아져 회피가 용이하다.

⑥ 내용 설명

1인용

1~2인용

1983

SG-1000 / SC-3000 SOFTWARE ALL CATALOGUE

1983년은 세가가 가정용 게임기 시장에 처음으로 제품을 투입한 기념비적인 해다. '세가의 인기 아케이드 게임을 집에서도 즐긴다'라는 강렬한 메시지는 이후의 세가 게임기에도 공통되는 전략이지만, 어드벤처·RPG가 아직 장르로서의 존재감이 희박했던 이 시대에는 한층 더 그 위력이 강했다.

자사 제품에 그치지 않고「갤러그」·「지피 레이스」등 타사 인기 타이틀도 라이선스를 따내 발매하는 등, 자사에 부족한 장르까지 적극 투입하는 열의가 충만했던 것도 이 해의 특징이라 하겠다. 마작·핀볼·스포츠 게임 등 가정용다운 라인업에 다양하게 도전한 것도 바람직했다.

보더라인

ROM 16KB

세가 1983년 3,800엔 16KB ROM

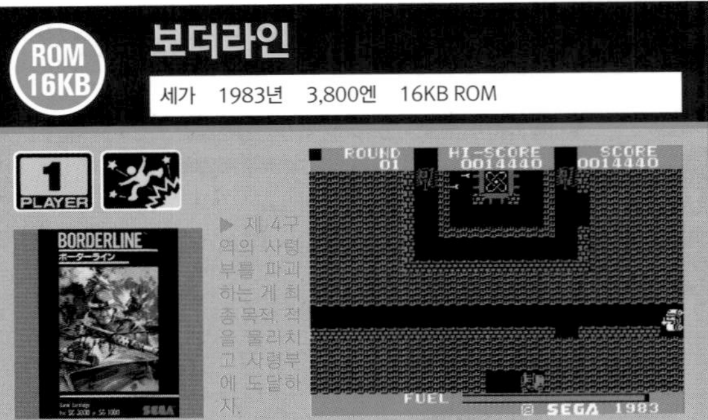

▶ 제 4구역의 사령부를 파괴하는 게 최종 목적. 적을 물리치고 사령부에 도달하자.

새빨간 지프차를 조종해 단신으로 적 기지에 침투하는 액션 슈팅 게임. 각 라운드별로 총 4개 전투구역의 스테이지를 공략하자. 제 1구역만 종스크롤 레이싱 게임풍의 슈팅 스테이지이며, 제 2구역부터는 플레이어가 전방향으로 움직이며 적을 물리친다. 경쾌한 BGM이 인상적이다.

사파리 헌팅

ROM 16KB

세가 1983년 3,800엔 16KB ROM

▶ 풀숲에서 갑작스레 나타나는 동물이 간담을 서늘케 하는, 긴장감 넘치는 게임.

아케이드용 게임「트랭퀼라이저 건」의 이식작. 플레이어는 사냥꾼이 되어, 정글의 풀숲에서 나타나는 동물을 라이플로 쏘아 잡는 게 목적이다. 동물은 풀숲을 자유로이 이동하나 사냥꾼은 통로로만 이동 가능하기 때문에, 동물의 이동을 미리 예측해 움직이는 것이 공략 포인트다. 이식은 컴파일 사가 맡았다.

N-서브

ROM 16KB

세가 1983년 3,800엔 16KB ROM

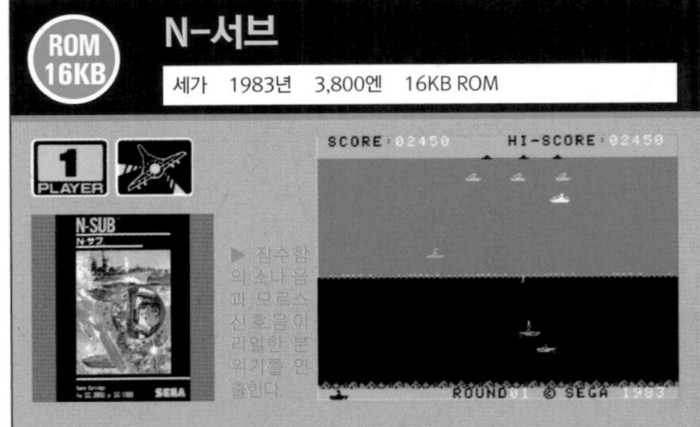

▶ 잠수함의 소나음과 모르스 신호음이 리얼한 분위기를 연출한다.

푸른 바다를 잠항하는 잠수함 'N-서브'를 조작하는 슈팅 게임. 화면 중앙을 기준으로 위쪽은 해수면 위를, 아래쪽은 해저를 묘사하여, 제법 입체감 있는 화면을 구성했다. 플레이어 조작은 적 잠수함을 공격하는 가로방향 샷과, 해상의 배를 공격하는 윗방향 샷으로 나뉜다.

마작

ROM 32KB

세가 1983년 4,300엔 32KB ROM

▶ 심플하고 한 판 동안의 시간도 비교적 짧아, 즐기기 간편한 마작 게임이다.

전형적인 룰의 2인 대국식 마작 게임. 이른바 동풍전 형식으로 진행한다. 화료시에 부수를 포함한 점수계산과 플레이 시간까지 보여주는 친절 설계(?)지만, 가끔 부수 계산이 틀리는 해프닝도 일어난다. 참고로 도라 표시는 현물패 형태로만 보여주니 주의할 필요가 있다.

 슈팅 게임
 액션 게임
 퍼즐 게임
 롤플레잉 게임
 시뮬레이션 게임
 스포츠 게임
 드라이브 게임
 어드벤처 게임
 교육 및 기타
 홈 게임

챔피언 골프

ROM 32KB

세가 1983년 4,300엔 32KB ROM

▶세가 컨트리클럽을 꼭 공략해 보자!

아직 가정용 게임기에 골프 게임이 드물었던 시대에, 고정화면으로 플레이하는 골프 게임으로서 등장한 귀중한 작품. 볼을 치는 방향은 화면 외곽의 캐디를 움직여 결정하고, 샷의 강도는 애니메이션 패턴을 보며 선택한다. 게임성이 단순하여, 누구나 쉽게 즐길 수 있는 작품이다.

세리자와 8단의 박보장기

ROM 16KB

세가 1983년 4,300엔 16KB ROM

▶프로 쇼기 기사가 감수한 박보장기 문제집이라, 제법 어려운 문제도 많다.

아케이드로 출시된 「세리자와 8단의 박보장기 : 왕장」의 이식판. '세리자와 8단'이란, 프로 쇼기(일본 장기) 기사인 고 세리자와 히로부미를 말한다. 초급·중급·상급을 골라 박보장기 문제를 풀어보자. 아케이드판에 있었던 시간제한을 없앴으므로, 충분히 숙고하며 즐길 수 있다.

콩고 봉고

ROM 24KB

세가 1983년 3,800엔 24KB ROM

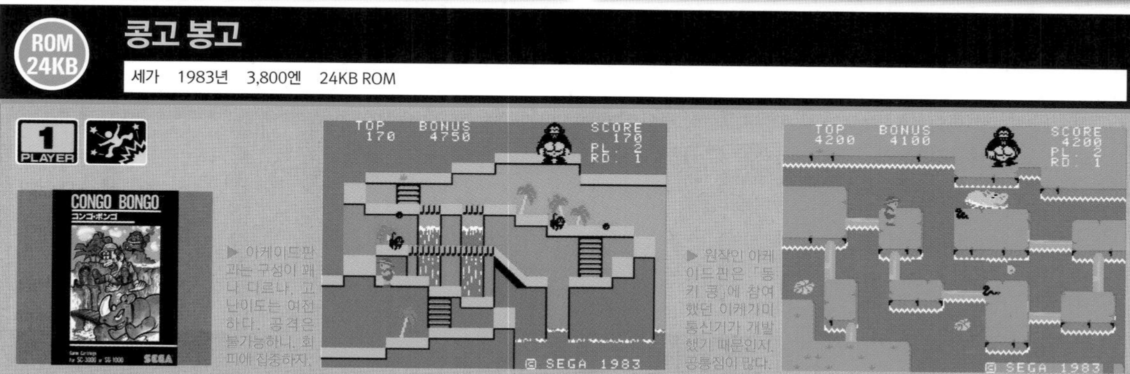

▶아케이드판과는 구성이 꽤나 다르나, 고난이도는 여전하다. 공격은 불가능하니, 회피에 집중하자.

▶원작인 아케이드판은 「동키 콩」에 참여했던 이케가미 통신기가 개발했기 때문인지, 공통점이 많다.

원작은 아케이드로 출시되었던 「팁 탑」이란 액션 게임으로서, 이식 과정에서 타이틀명을 서양판 명칭이었던 「콩고 봉고」로 변경했다. 아케이드판은 쿼터뷰 시점의 4스테이지 구성이었지만, SG-1000판은 사이드뷰 2스테이지 구성으로 개변되었다.

플레이어인 사냥꾼이 화면 최상단에서 기다리는 고릴라까지 도달하면 스테이지 클리어다. 산을 오르는 스테이지와 섬들을 건너가는 스테이지, 2종류가 교차 반복되는 루프형 게임이다.

YAMATO

ROM 16KB

세가 1983년 4,300엔 16KB ROM

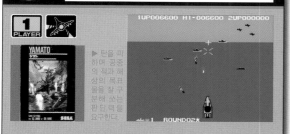

▶탄을 피하며 공중의 적과 해상의 목표물을 잘 구분해 쏘는 판단력을 요구한다.

대양을 오가는 적함·잠수함과 하늘을 나는 전투기들로부터의 공격을 피하며, 대포와 속사포로 싸워나가는 전함 야마토가 주인공인 슈팅 게임. 플레이어는 화면 아래를 좌우로 이동하며 조준기를 상하로 조작해 적을 노린다. 해상의 적과 공중의 적을 동시에 상대하는 싸움이 만만찮다.

챔피언 테니스

ROM 8KB

세가 1983년 3,800엔 8KB ROM

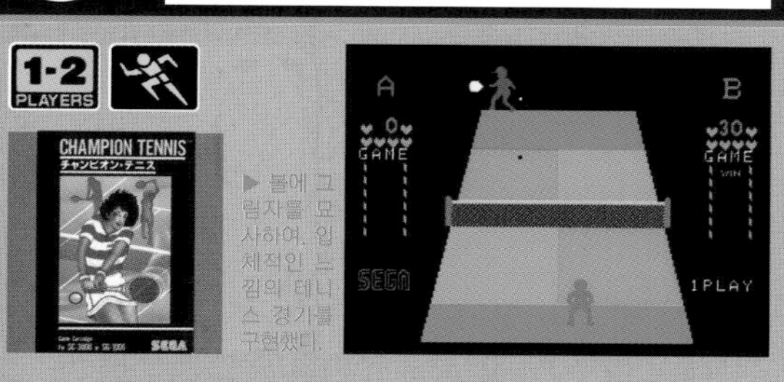

▶볼에 그림자를 묘사하여, 입체적인 느낌의 테니스 경기를 구현했다.

컬러풀하게 색을 입힌 코트에서 시합을 펼치는 테니스 게임. 당시의 게임치고는 의외로 속도감이 대단해, 순간의 판단력으로 랠리를 잇는 시합 전개가 긴장감이 넘친다. 캐릭터는 비상구 표지판마냥 심플한 디자인이지만, 다채로운 모션으로 테니스다움을 잘 연출했다.

 1인용 1-2 PLAYERS 1~2인용

스타 재커

세가　1983년 7월 15일　4,300엔　32KB ROM

▶ 게임 시작 직후의 기체 4대를 유지하며 얼마나 오래 버티느냐가 승부처다.

같은 제목의 아케이드용 게임 이식작인, 심플한 종스크롤 슈팅 게임. 일렬로 늘어선 기체 4대에 전부 피격판정이 있는지라, 보기보다 의외로 난이도가 높다. 탄을 맞을수록 기체 갯수가 줄어드는 시스템이라, 1대로 진행하면 공격이 약하지만 피격판정도 작아져 회피가 용이하다.

챔피언 베이스볼

세가　1983년　4,300엔　16KB ROM

▶ 타자의 이름과 타율이 표시되는 시스템이 플레이어를 흥분시켰다!

알파 전자가 개발하고 세가가 판매한 같은 제목 아케이드 게임의 이식작. 화면 왼쪽에 투수와 타자가 그래픽으로 표시되며, 투구·타격·수비만을 조작하는 심플한 야구 게임이다. 원작의 팀 선택 시스템이 삭제된 것은 아쉬우나, 아케이드판을 충실하게 이식해냈다.

신드바드 미스터리

ROM 32KB

세가　1983년　4,300엔　32KB ROM

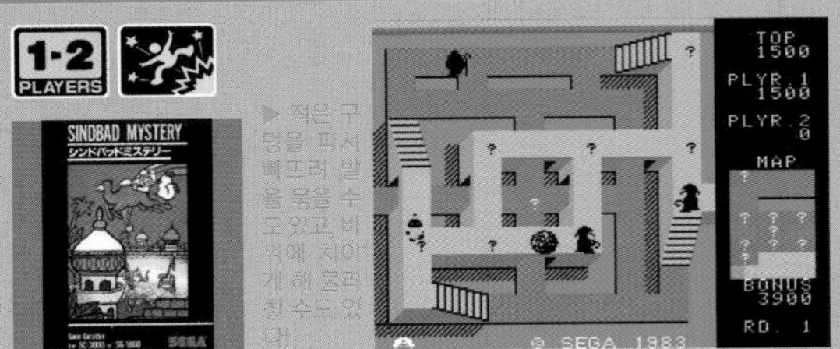

▶ 적은 구멍을 파서 빠뜨려 발을 묶을 수도 있고, 바위에 치이게 해 물리칠 수도 있다!

화면상의 '?' 마크를 모두 획득하면 완성되는 보물지도를 힌트 삼아 숨겨진 보물상자를 찾아내야 하는, 같은 제목 아케이드 게임의 이식판. 각 스테이지의 보물상자 위치는 매번 변화해 신선한 재미를 준다. 게임성·사운드 모두 아케이드판을 충실히 이식한, 심플하면서도 오래 즐길 수 있는 작품.

모나코 GP

ROM 24KB

세가　1983년　4,300엔　24KB ROM

▶ 후방에서 출현하는 구급차가 상당할 정도로 빠르다!

같은 제목의 아케이드용 타이틀 이식작. 이식하면서 점프 시스템을 새로 추가했기에, 원작과는 공략방법이 완전히 달라졌다. 방해하는 적 차량보다 오히려 장애물이나 돌연 변화하는 코스 자체가 게임 난이도를 높이지만, 빈틈을 파고들며 진행하는 재미가 대단하다!

세가 플리퍼

ROM 16KB

세가　1983년　3,800엔　16KB ROM

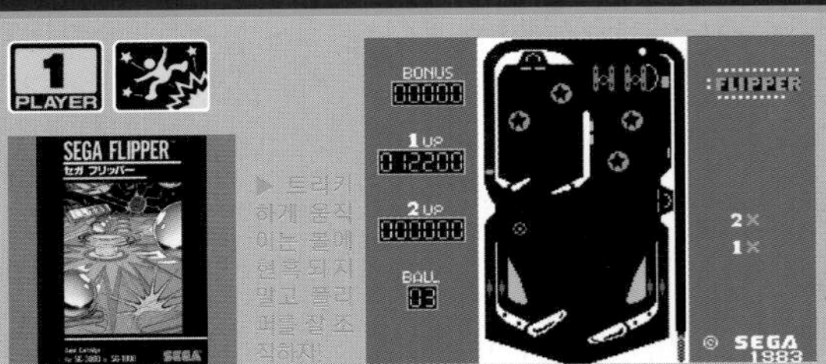

▶ 트리키하게 움직이는 볼에 현혹되지 말고 플리퍼를 잘 조작하자!

하드웨어가 발매된 해에 함께 판매된 타이틀. 심플하지만 실제 핀볼 기체를 잘 흉내 낸 작품으로서, 각종 장치의 점멸이나 그라데이션 색변화 등으로 나름의 화려함을 연출했다. 스테이지가 하나뿐이라 볼륨이 부족한 감은 있으나, 가정용 핀볼 게임의 대표작이다.

팝 플레이머

ROM 16KB

세가　1983년　4,300엔　16KB ROM

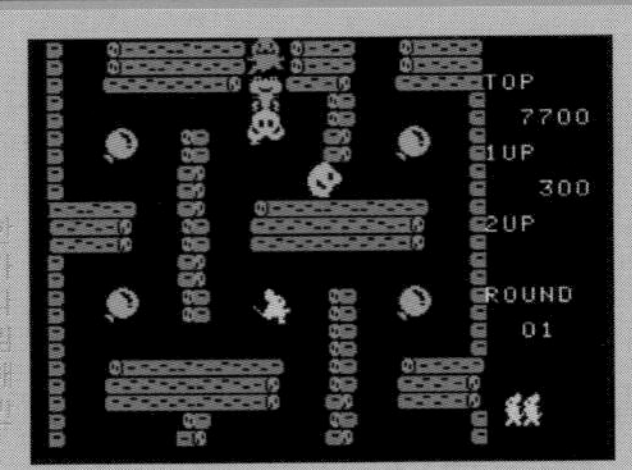

▶ 코믹한 캐릭터가 많지만, 다들 움직임이 교묘해서 꽤 만만찮다!

원작은 잘레코 사가 출시했던 같은 제목의 아케이드 게임. 주인공은 화염방사기를 조작하는 생쥐 군으로서, 종스크롤되는 화면을 이동하며 풍선을 터뜨려 연료를 보급해가며 화염으로 적을 물리친다. 드링크를 마시면 슈퍼 마우스로 변신해, 적 몬스터를 흡수 퇴치할 수 있다.

 슈팅 게임
 액션 게임
 퍼즐 게임
 롤플레잉 게임
 시뮬레이션 게임
 스포츠 게임
 드라이브 게임
 어드벤처 게임
 교육 및 기타
 홈 게임

ROM 16KB

파카

세가 1983년 3,800엔 16KB ROM

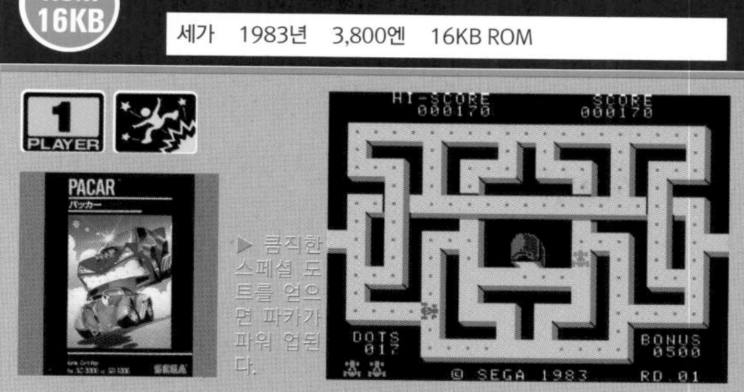

▶ 큼직한 스페셜 도트를 얻으면 파카가 파워 업된다.

개구쟁이 자동차 '파카'가 적 차량을 따돌리며 미로 내의 모든 도트를 획득하는 도트 먹기 게임. 2종류의 코스 중 하나는 입체적으로 교차되는 형식의 '3차원 미로'다. 플레이어 차량은 버튼으로 가속한다. 종종 나타나는 큼직한 도트를 얻으면 적 차에 충돌해 공격할 수 있게 된다.

ROM 16KB

세가 갤러그

세가 1983년 4,300엔 16KB ROM

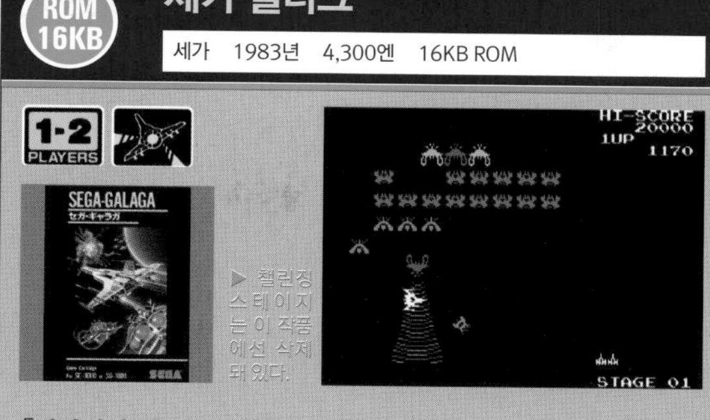

▶ 챌린징 스테이지는 이 작품에선 삭제돼 있다.

「갤럭시안」의 속편인 「갤러그」의 이식작. 적 캐릭터의 '트랙터 빔'에 포획된 아군기를 탈환하여 파워 업하는 고정화면 슈팅 게임이다. 단색인데다 배경이 우주인지라 그래픽이 조금 칙칙한 느낌도 있으나, 남코의 명작을 세가의 게임기로도 집에서 즐길 수 있게 해준 고마운 작품.

스페이스 슬라롬

세가 1983년 4,300엔 8KB ROM

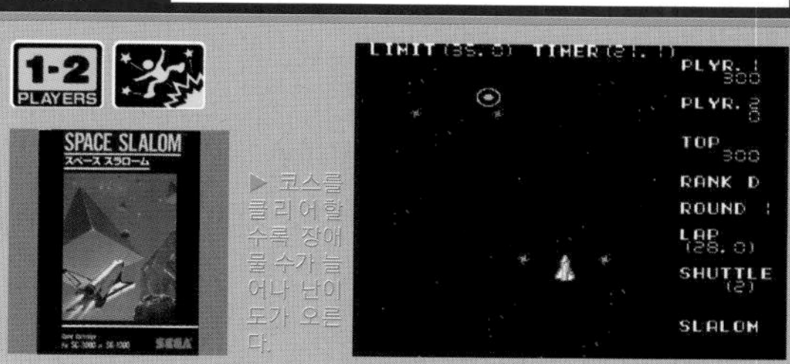

▶ 코스를 클리어할수록 장애물 수가 늘어나 난이도가 오른다.

스페이스 셔틀을 조작해 대우주에서 슬라롬 경기를 펼치는 게임. 종스크롤 화면에서 스키의 슬라롬 경기처럼 색깔이 있는 두 별 사이를 통과하며 전진한다. 원형 장애물에 충돌하면 셔틀이 크게 튕겨나가며, 자칫하면 타임 로스와 스타게이트 통과 실패로 이어지고 만다.

지피 레이스

세가 1983년 4,300엔 32KB ROM

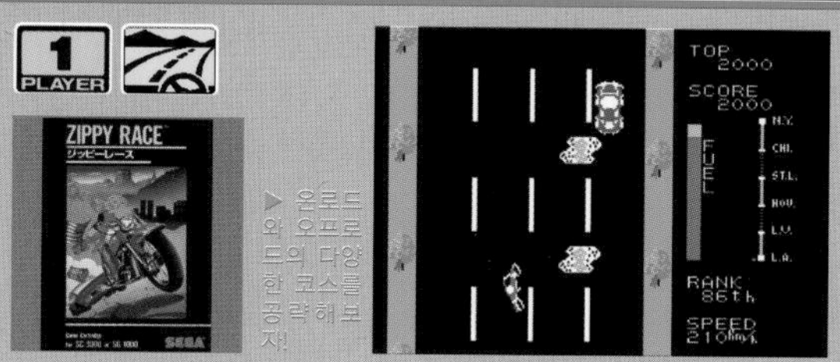

▶ 온로드와 오프로드의 다양한 코스를 공략해보자!

아이렘 사의 같은 제목 아케이드 게임 이식작. 탑뷰 시점으로 바이크를 조작해 연료를 잘 채우고 적 차량을 피하며 골인하자. 체크포인트에 근접하면 바이크 후방 시점의 유사 3D식으로 전환되는, 당시엔 매우 드물었던 연출도 있다. 게임 자체는 심플하나, 독특한 BGM이 인상적이다.

ROM 16KB

파친코

세가 1983년 3,800엔 16KB ROM

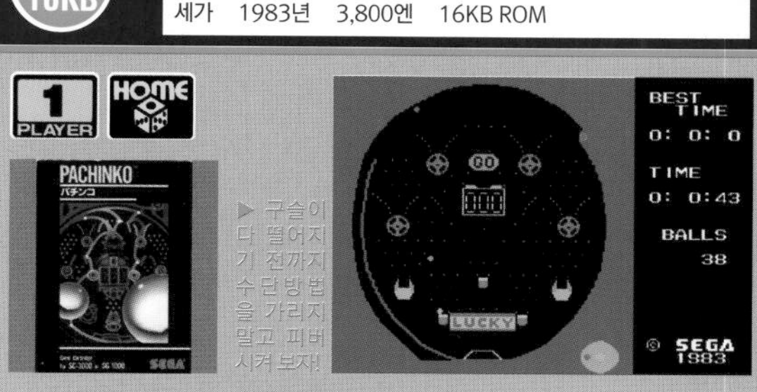

▶ 구슬이 다 떨어지기 전까지 수단방법을 가리지 말고 피버시켜 보자!

파친코를 집에서 즐기고 싶다! 그런 파친코 팬들의 열망을 실현시켜준 게임. 상단에 있는 투입구에 구슬을 집어넣으면 슬롯이 작동하며, 피버가 터지면 추가 구슬을 얻게 된다. 여러 색깔의 파친코 구슬들이 화면에서 어지럽게 엇갈리는, 비디오 게임스러운 연출도 있다.

엑세리온

세가 1983년 4,300엔 16KB ROM

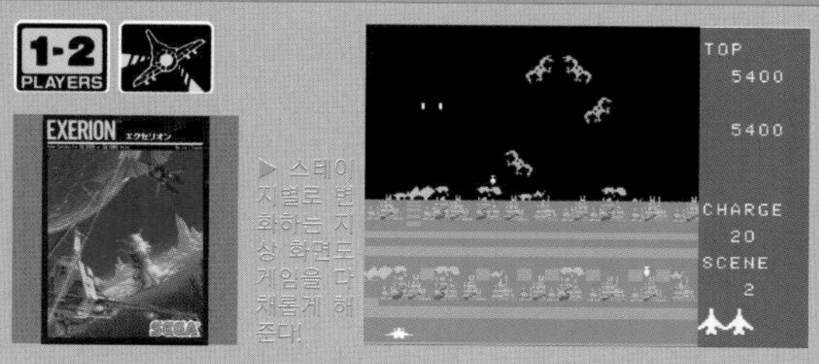

▶ 스테이지별로 변화하는 지상 화면도 게임을 다채롭게 해준다!

잘레코 사의 같은 제목 아케이드 게임의 이식작. 단발로 발사되는 샷과 연사 가능한 샷을 잘 활용해 적을 파괴하는 전략성을 도입한 슈팅 게임이며, 플레이어의 이동에 관성이 붙는 독특한 조작감도 특징이다. 오락실에서 가동 개시된 해에 바로 이식되었기에, 세가 팬들을 열광시켰다.

1 PLAYER 1인용 1-2 PLAYERS 1~2인용

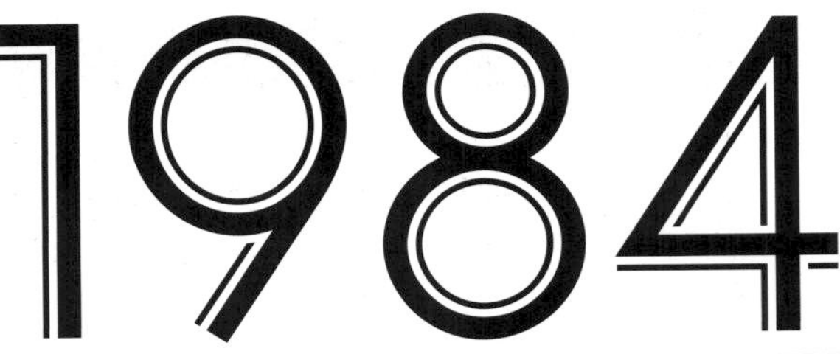

SG-1000 / SC-3000
SOFTWARE ALL CATALOGUE

발매 타이틀 수는 전년보다 줄긴 했으나, 1984년은 「고르고 13」·「오거스」 등 애니메이션·만화 원작이 있는 판권물 타이틀이 처음으로 배출된 해다. 지금의 가정용 소프트 라인업에서도 미디어믹스물의 영향력은 절대 무시할 수 없는데, 이미 이 시기부터 세가는 그러한 판권물 타이틀의 중요성에 주목해, 이후 자사의 가정용 게임기 전략의 전환점으로 삼았다.

또한 이 해는 「챔피언 복싱」의 스즈키 유와 「걸즈 가든」의 나카 유지라는, 후일 세가를 대표하게 되는 양대 게임 크리에이터들이 데뷔작을 낸 해이기도 한다. 발매된 작품 수는 적으나, 이후의 세가 가정용 게임기 역사에 중대한 영향을 끼친 매우 의미 깊은 해가 아닐 수 없다.

고르고 13

ROM 32KB

세가 1984년 4,300엔 32KB ROM

▶ 헬리콥터의 공격을 잘 피하며 열차 내의 인질을 구하라!

인기 만화를 게임화한 작품. 후일 다양한 기종으로 게임화되었으나, 이 작품의 경우 내용이 완전히 오리지널이다. '고르고 13'을 조작해 열차 내에 갇힌 인질을 구출하자. 밝게 빛나는 창문을 총으로 모두 파괴해 사로잡힌 인질을 구출한다는 스토리와 설정으로 진행된다.

파친코 II

ROM 16KB

세가 1984년 3,800엔 16KB ROM

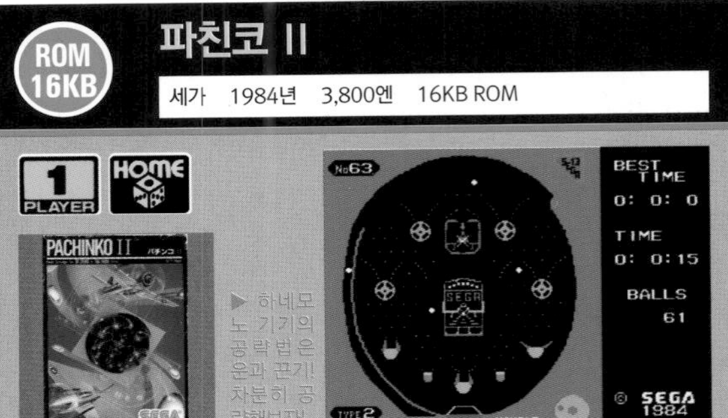

▶ 하네모노 기기의 공략법은 운과 끈기! 차분히 공략해보자!

전작 「파친코」에 파친코 스테이지를 2종류 더 추가하여 합계 3종류로 늘린, 업그레이드판 형태의 작품. '하네모노 기기'라 불리는 스테이지도 추가했고, 전작의 슬롯머신 추첨식 외에도 플레이를 통해 구슬을 얻는 방식이 다양해져 게임성이 한층 강화되었다.

오거스

ROM 32KB

세가 1984년 4,300엔 32KB ROM

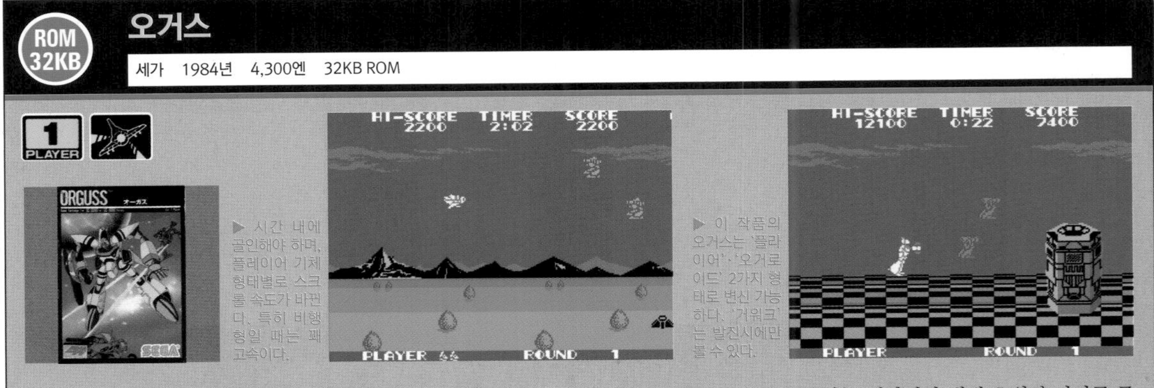

▶ 시간 내에 골인해야 하며, 플레이어 기체 형태별로 스크롤 속도가 바뀐다. 특히 비행형일 때는 꽤 고속이다.

▶ 이 작품의 오거스는 '플라이어'·'오거로이드' 2가지 형태로 변신 가능하다. '거워크'는 발진시에만 볼 수 있다.

하드코어한 SF 설정으로 인기였던 로봇 애니메이션 '초시공세기 오거스'를 기반으로 제작한 슈팅 게임. 플레이어는 비행형태 '오거스 플라이어'와 로봇형태 '오거스 오거로이드'로 변신할 수 있는 기체 '오거스'를 조작해, 앞을 가로막는 치람 인의 병기를 파괴해간다. 2분 30초라는 제한시간 내에 초원과 바다를 주파하여 적의 시공진동병기까지 도달해 파괴하는 심플한 시스템이 제법 경쾌하며, 난이도가 비교적 낮은 편이라 어려움 없이 즐길 수 있다.

 슈팅 게임  액션 게임  퍼즐 게임 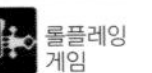 롤플레잉 게임  시뮬레이션 게임  스포츠 게임  드라이브 게임  어드벤처 게임  교육 및 기타  홈 게임

로드 러너

ROM 32KB

세가 1984년 3,800엔 32KB ROM SC-3000 / 세가 키보드 SK-1100으로 스테이지 에디트가 가능

▶ 이 작품은 '번겔링 3부작' 중 하나로서, 「번겔링 베이」·「차플리프터」와 같은 세계관을 공유한다.

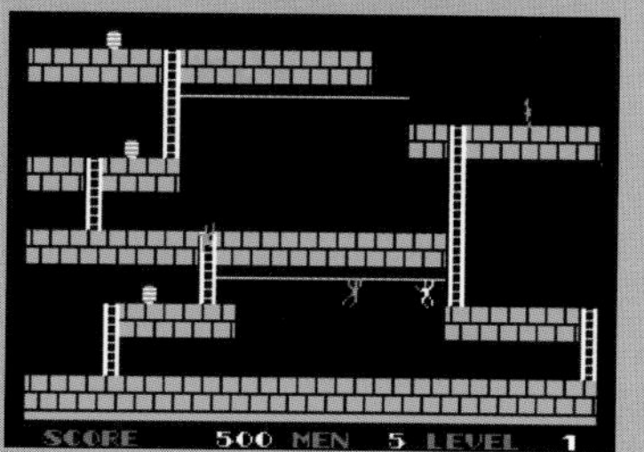

▶ 맵에 배치된 금괴들을 모두 입수해 탈출하자. 적의 알고리즘을 간파해 잘 유도하는 것도 공략 포인트였다.

미국에서 컴퓨터용 게임으로 처음 나와, 일본에서도 수많은 PC와 게임기로까지 이식된 명작 퍼즐 액션 게임. 세가판은 컴파일 사가 이식했다. 플레이어는 가드맨의 추적을 피해 화면 내에 흩어져있는 금괴를 전부 입수해야 한다. 바닥에 구멍을 파서 적을 빠뜨리거나 자신의 탈출구를 뚫을 수 있다. 세가판은 고정화면인 원작을 충실히 이식해, 정통파 「로드 러너」다운 담백한 재미를 제공한다. 에디트 모드도 탑재해, 직접 스테이지를 제작할 수도 있다.

홈 마작

ROM 48KB

세가 1984년 4,800엔 48KB ROM

▶ '바빠서 마작할 틈도 없는 아빠를 위해'라는 선전 문구를 내세웠다.

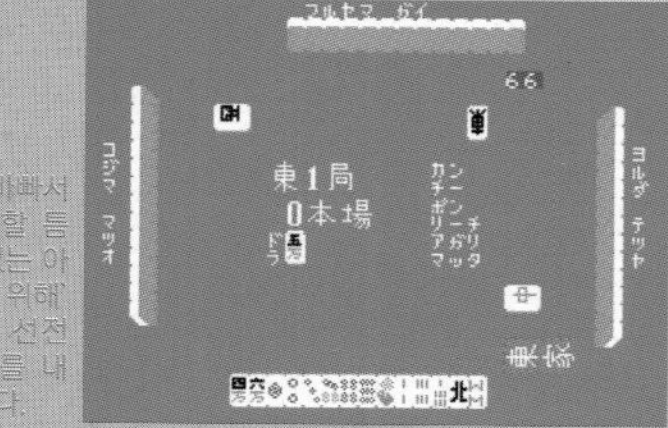

세가의 마작 게임 제 2탄. 이번에는 4인 대국식이며, 대전 상대별로 개성과 플레이스타일을 선택할 수 있도록 한 본격 마작 게임이다. 패키지에 동봉된 '섀도우 보드'라는 녹색 가림판을 TV 화면에 붙이면, 인간 2명 대 CPU 2명이라는 조합으로 대전할 수도 있었다.

사파리 레이스

ROM 32KB

세가 1984년 3,800엔 32KB ROM

▶ 적 차량보다, 느닷없이 사각에서 치고 들어오는 동물이 더 위협적인 게임.

명차 '란치아 스트라토스'가 연상되는 타이틀 화면이 기분을 고조시키는 유사 3D 시점의 레이싱 게임. 대초원이 무대인 코스에선 적 차량은 물론이고 야생동물까지 난입해와 쉴 틈이 없다. 가솔린 잔량도 주의해야 하며, 가끔 등장하는 가솔린 스탠드에서 주유할 수 있다.

챔피언 복싱

ROM 32KB

세가 1984년 4,300엔 32KB ROM

▶ 공격은 스트레이트·잽·어퍼컷 3종류다. DCSG로 표현한 효과음이, 펀치가 꽂히는 느낌을 제대로 전달해준다.

▶ 상대의 공격을 간파해, 가드한 후 잽으로 몰아붙여 결정타를 날리자. 그야말로 권투다운 시합을 만끽할 수 있다.

큼직한 캐릭터로 유저들을 놀라게 한, 본격적인 권투 게임. 후일 「버추어 파이터」로 유명해지는 스즈키 유가 처음으로 디렉터를 맡은 작품이다. 잽·어퍼컷·스트레이트를 구사하여 대전 상대를 넉아웃시키자. 권투선수는 코믹하게 묘사했지만, 모션이 실로 다채로워 리얼한 시합 느낌을 전해준다. 1라운드가 불과 1분 30초이나, 손에 땀을 쥐는 뜨거운 시합이 펼쳐진다. 배경의 관객석까지도 역동적으로 묘사하는 등, 화려한 그래픽도 인상적이다.

ROM 16KB

챔피언 사커

세가 1984년 3,800엔 16KB ROM

1·2 PLAYERS

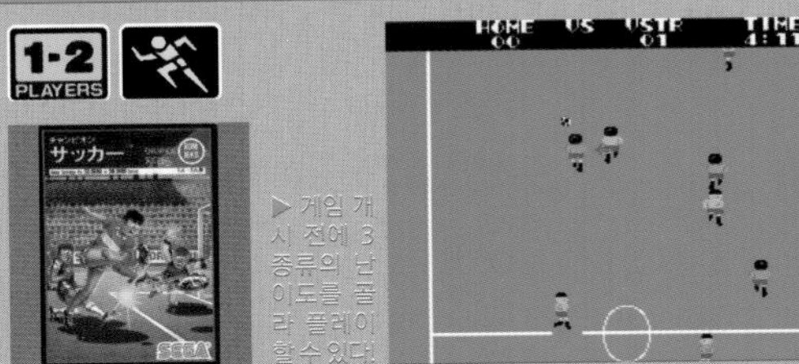

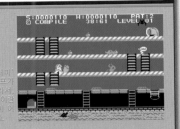

▶게임 개시 전에 3종류의 난이도를 골라 플레이할 수 있다!

세가가 SG-1000용으로 개발한 오리지널 축구 게임. 하드웨어 발매 다음해에 출시된, 아직 스포츠 게임이 드물던 시절의 작품이다. 축구 게임 자체가 당시엔 아직 미개척 장르였던지라, 진행시의 변수가 적어 단조로웠기에 개량할 여지가 있었다. 후일의 스포츠 게임과도 연결되는 귀중한 타이틀이다.

ROM 16KB

허슬 처미

세가 1984년 4,300엔 16KB ROM

1 PLAYER

▶'처미'는 점프가 재빨라서, '허슬'이란 별명이 어울린다.

귀여운 새끼쥐 '처미'를 조작해, 화면 내의 음식을 모두 자기 소굴로 가져오는 게임. 사다리로 연결된 각층을 오가며 음식을 획득해야 하나, 너무 음식을 많이 가지면 처미의 움직임이 느려진다. 조금씩 옮겨올지, 최대한 한 번에 다 갖고 돌아올지는 플레이어의 전략 나름.

ROM 32KB

플리키

세가 1984년 4,300엔 32KB ROM

1 PLAYER

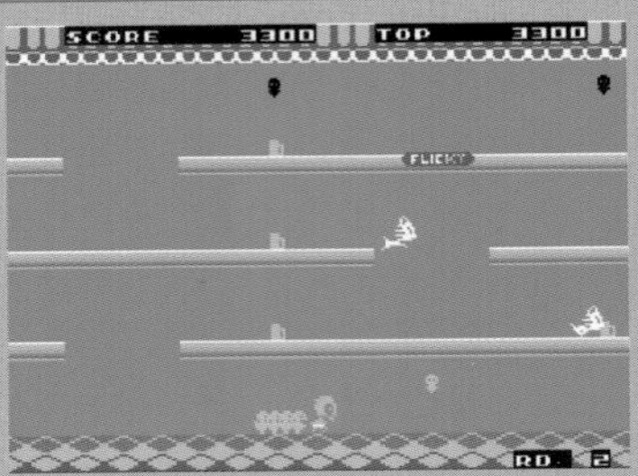

▶맵 도처에 흩어진 '삐약삐약'을 대량 귀환시키면 고득점이다. 다만 대열이 길수록 방해로 공길 위험도 커진다.

▶보너스 라운드에서는, '야옹야옹'이 시소에 튕겨내 날려 보내는 삐약삐약들을 그물로 모두 받아내야 한다.

아케이드에서 인기가 많았던, 귀여운 아기새 '삐약삐약'과 어미새 '플리키'가 주인공인 액션 게임의 이식판. 플리키는 좌우로 스크롤되는 화면 내에서 미아가 된 삐약삐약들을 데리고 출구까지 데려다줘야 한다. 플리키가 '야옹야옹'에 사로잡히면 아웃. 데리고 다니는 삐약삐약이 많아질수록 플리키 뒤에 꼬리를 물고 길게 늘어서는 모습이 귀여워 꽤나 인상적이다. 닿으면 목숨이 줄어드는 고양이 '야옹야옹'은, 바닥에 놓인 아이템을 던지면 격퇴할 수 있다.

ROM 32KB

걸즈 가든

세가 1984년 12월 4,300엔 32KB ROM

▶곰을 피하며 꽃을 모으는 파프리. 가끔 날아오는 꿀벌은 유용한 도움 아이템을 떨어뜨려준다.

▶원래는 나카가 신입사원 연수시에 짰던 습작 프로그램 중 하나였는데, 완성도가 높아 상품화까지 됐다고.

후일 '소닉 팀'의 리더가 되는 나카 유지가 프로그래밍을 맡은 첫 작품. 말괄량이 '파프리'를 조작해 횡스크롤 형태의 초원을 이동하여, 핸섬 보이 '민트'에게 꽃 10송이를 선물한다는 내용의 액션 게임이다. 화면 내를 돌아다니는 곰 '얌피'와 큼직한 개울이 파프리의 앞길을 막아서는데다, 화면 위에는 제한시간을 알려주듯 민트에게 접근하는 위험한 라이벌 캐릭터 '코코'도 등장한다. 파프리의 사랑을 성취시켜, 화면에 가득히 꽃을 피우자.

 슈팅 게임
 액션 게임
 퍼즐 게임
 롤플레잉 게임
 시뮬레이션 게임
 스포츠 게임
 드라이브 게임
 어드벤처 게임
 교육 및 기타

홈 게임

1985

SG-1000 / SC-3000 SOFTWARE ALL CATALOGUE

1985년에 발매된 타이틀 수는 30종으로서, 전년의 11종에 비해 일거에 3배 가까이 늘어났다. 이는 마이 카드를 신규 소프트 매체로 도입하면서, 과거 발매작 중 인기가 많았던 게임들을 마이 카드로 재발매했기 때문이다. 이후 SG-1000용 게임은 일부 대용량 ROM 타이틀 외에는 마이 카드 중심으로 발매되었다.

또한, 이 해에는 세가 여명기의 양대 인기 슈팅 게임이었던 「잭슨」·「줌 909」도 발매됐다. 이 두 작품 때문에 SG-1000을 일부러 사는 매니아가 나오는 등, 하드코어 세가 유저가 늘어난 것도 이 해부터다. 타사 아케이드 게임의 이식작도 많아져, 아케이드 게이머에게도 풍년이었다.

잭슨

ROM 32KB

세가 1985년 4,300엔 32KB ROM

▶ 아케이드판에는 없었던 BGM도 추가하여, 우주적인 느낌을 한층 더 강조했다.

▶ 우주공간은 마땅한 지형지물이 없어 적을 가늠하기 어렵다. 산탄에 맞지 않도록 조심하는 게 먼저다.

플레이어는 사상 최강의 전투기 '잭슨'을 조작해, 인공두뇌병기 '젝트론'을 파괴하려 적의 요새도시로 침입한다. 시작하자마자 입체적으로 묘사된 미래적인 느낌의 그래픽이 눈을 사로잡는, 쿼터뷰 시점의 슈팅 게임이다. '고도'와 '연료' 개념이 있는 등 시스템이 리얼하고, 유사 3D 공간에서 기체를 상하좌우로 움직여 고도 미터를 참고하며 적에게 정확하게 공격을 맞혀야 하는 독특한 디자인이 일품이다. 차례차례 등장하는 무기질적인 구조물이 거대 요새의 위용을 보여준다.

챔피언 프로레슬링

ROM 32KB

세가 1985년 4,300엔 32KB ROM

▶ 월드 챔피언이 너무나 강해, 도전을 포기한 사람도 당시엔 많았다.

프로레슬링 게임이 아직 드물던 시대에 발매된 기대작. 복면 레슬러에 맞서, 버튼으로 기술을 골라 타이밍에 맞춰 발동시켜 상대의 체력을 줄여야 한다. 좌우로만 이동 가능해 단조롭긴 하였으나, 초기의 프로레슬링 게임으로서 수많은 게이머를 매료시킨 작품이다.

GP 월드

ROM 32KB

세가 1985년 4,300엔 32KB ROM

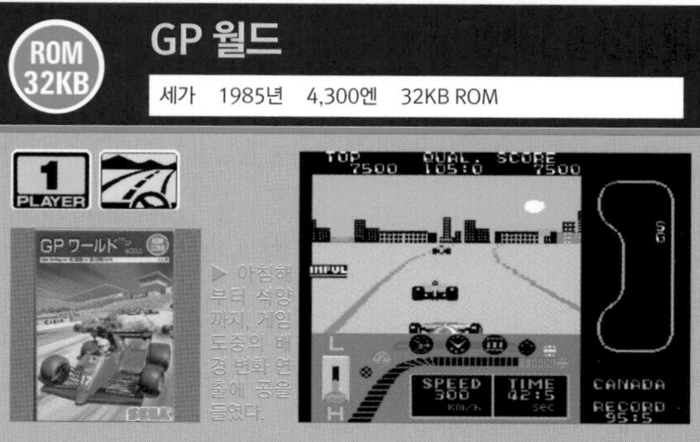

▶ 아침해부터 석양까지, 게임 도중의 배경 변화 연출에 공을 들였다.

1984년에 발매된 같은 제목의 레이저디스크 게임을 이식한 작품. 3D 시점으로 즐기는 카 레이싱 게임으로서, 원작은 LD 플레이어로 실사 동영상을 게임 배경에 깔아 사용했다. 원작과는 그래픽도 게임성도 완전 별개이나, 게임 자체로는 제법 즐길 만한 완성도의 작품이다.

1 PLAYER 1인용 1-2 PLAYERS 1~2인용

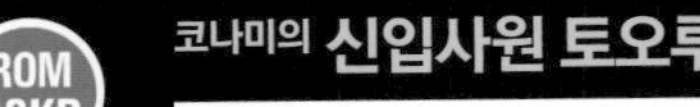

코나미의 신입사원 토오루 군

ROM 32KB

세가　1985년　4,300엔　32KB ROM

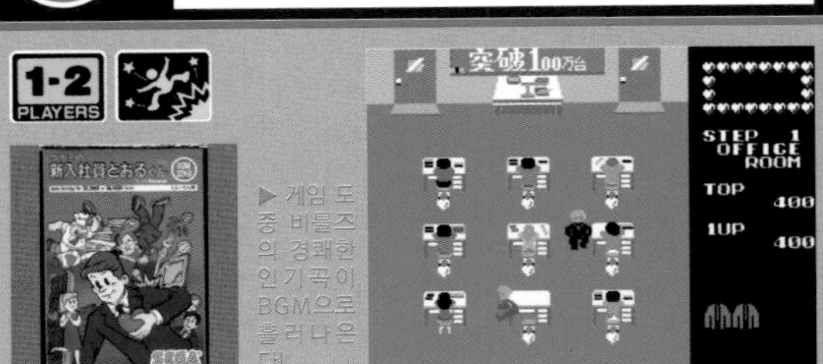

▶ 게임 도중 비틀즈의 경쾌한 인기곡이 BGM으로 흘러나온다!

사랑하는 애인과 데이트하기 위해 회사를 조퇴하려 노력하는 당돌한 주인공 '토오루 군'. 들키지 말고 회사를 빠져나오자. 같은 제목 아케이드용 게임의 이식작이지만, 당시 서드파티 소프트가 적었던 탓이었는지 굳이 게임 타이틀명 앞에 원작 개발사의 이름을 붙였다.

코나미의 하이퍼 스포츠

ROM 32KB

세가　1985년　4,300엔　32KB ROM

▶ 마스터 시스템에 기본 탑재된 연사기능을 이용하면 득점이 대폭 오른다.

올림픽 경기를 TV 게임으로 즐길 수 있도록 제작한, 같은 제목 아케이드 게임의 이식작. '높이뛰기'·'도마'·'트램폴린'·'철봉' 4종목을 수록했으며, 타이밍에 맞춰 버튼을 조작하거나 연타하여 각종 경기 클리어를 노린다. 컨트롤러를 혹사시키는 게임으로도 유명했다.

스타 포스

세가　1985년　4,300엔　32KB ROM

▶ 게임 내 어딘가에는 고득점을 주는 숨겨진 캐릭터가 존재한다는데!?

같은 제목 아케이드 게임의 이식판. 1종류의 샷으로 공중·지상의 적 기지를 파괴하며 진행한다. 숨겨진 보너스 요소를 찾는 것도 이 작품의 매력. 캐릭터와 그래픽은 단조롭지만 게임성·사운드는 타 기종 이식판보다 아케이드판에 가까워, 세가판을 높이 치는 팬도 많다.

오델로

ROM 32KB

세가　1985년　4,300엔　32KB ROM+2KB RAM

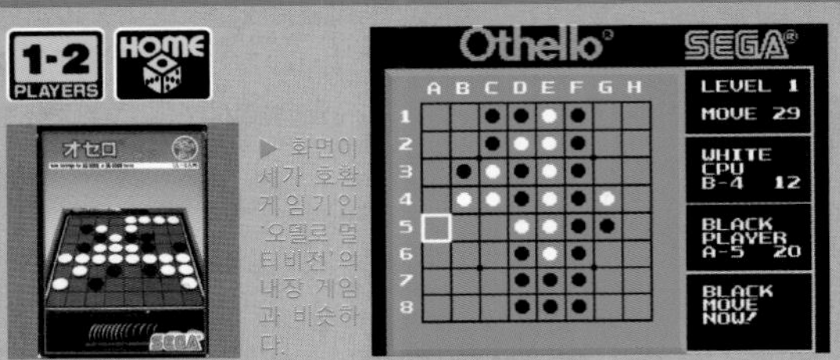

▶ 화면이 세가 호환 게임기인 '오델로 멀티비전'의 내장 게임과 비슷하다.

츠쿠다 오리지널의 라이선스를 받은 정통파 오델로 게임. 5단계로 레벨을 선택하며, 대전 저장 기능도 탑재했다. 돌을 뒤집을 때 입체적인 애니메이션도 나오는 등, 연출이 디테일해 인상적이다. 선전문구는 '슈팅으로 야생의 삶을 살까, 오델로로 지적인 삶을 살까?'였다.

스페이스 인베이더

ROM 16KB

세가　1985년　4,300엔　16KB ROM

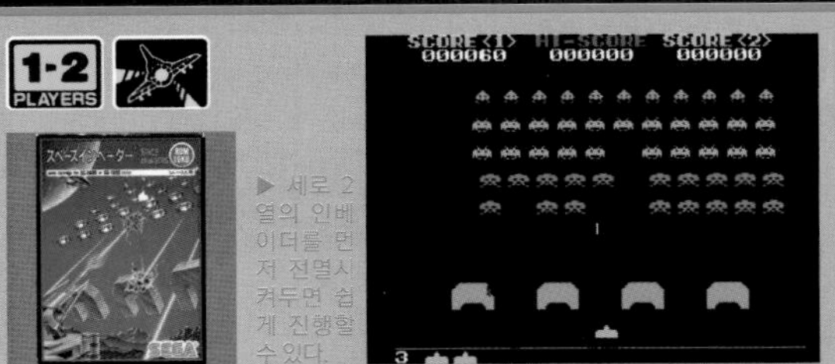

▶ 세로 2열의 인베이더를 먼저 전멸시켜두면 쉽게 진행할 수 있다.

당시 일본의 오락실과 다방을 점령하며 국민적인 붐을 일으킨 「스페이스 인베이더」의 이식작. 화면 아래에서 좌우로 이동하는 포대를 조작해, 압박해오는 인베이더를 격추하자. 마지막 적 하나의 좌우이동 스피드가 불규칙한 등의 아쉬운 점도 있지만, 이식은 잘 된 편이다.

챔피언 골프

SEGA MY CARD

세가　1985년　4,300엔　32KB ROM

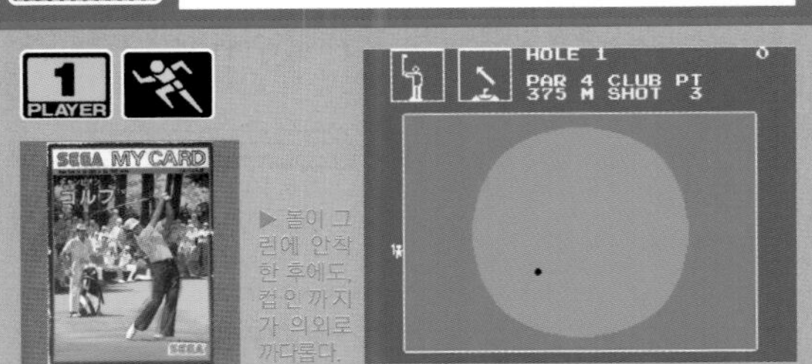

▶ 볼이 그린에 안착한 후에도, 컵인까지가 의외로 까다롭다.

ROM 카트리지로 발매된 같은 제목 타이틀의 마이 카드판. 각 그린을 전부 한 화면으로 구성했다. 재미있는 시스템은, 샷의 방향 결정을 화면 바깥에서 움직이는 캐디로 표현한다는 점. 좌상단의 애니메이션을 보며 샷의 강도를 결정해 컵인을 노리는, 심플한 골프 게임이다.

 슈팅 게임
 액션 게임
 퍼즐 게임
 롤플레잉 게임
 시뮬레이션 게임
 스포츠 게임
 드라이브 게임
 어드벤처 게임
 교육 및 기타
홈 게임

모나코 GP

세가 1985년 4,300엔 32KB ROM

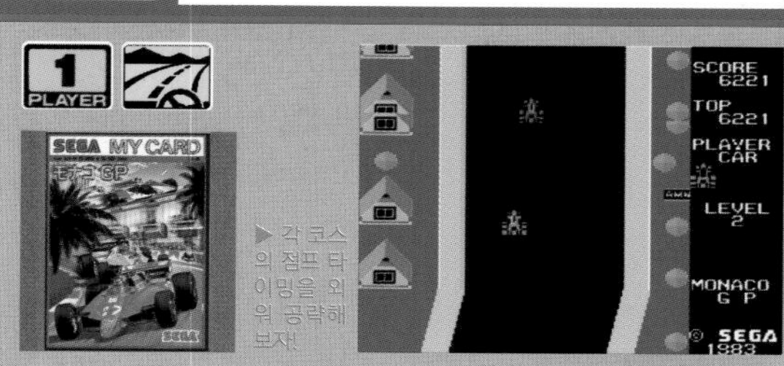

▶ 각 코스의 점프 타이밍을 외워 공략해 보자!

ROM 카트리지로 과거 발매되었던 같은 제목 타이틀의 마이 카드판. 종스크롤 레이싱 게임으로서, 내용은 ROM 카트리지판과 동일하다. 원작인 아케이드판에 없었던 추가요소인 점프 조작을 잘 활용하여, 적 차량과 장애물을 피해 골인하는 심플한 게임이다.

지피 레이스

세가 1985년 4,300엔 32KB ROM

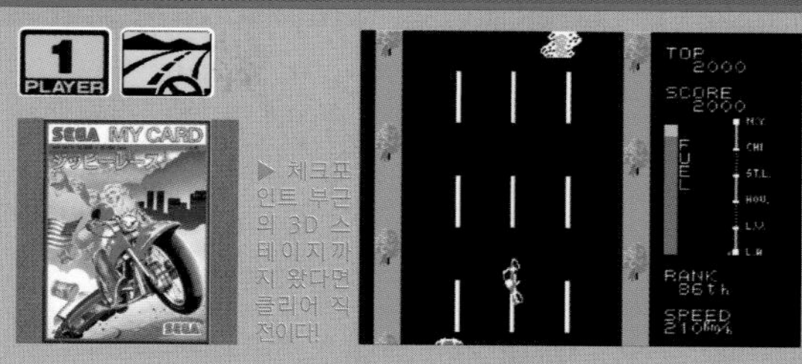

▶ 체크포인트 부근의 3D 스테이지까지 왔다면 클리어 직전이다!

ROM 카트리지로도 발매되었던 같은 제목 타이틀의 마이 카드판. 연료를 보급하면서 라이벌 머신을 피해 골인해야 하는, 심플하면서도 재미있는 종스크롤 레이싱 게임이다. 골인 직전엔 3D 스테이지로 바뀌는데, 이 모드에서는 적 바이크를 피하기가 의외로 어렵다.

챔피언 복싱

세가 1985년 4,300엔 32KB ROM

▶ 화면 하단의 기술명을 전환해 상대에 날릴 공격을 결정한다. 침착하게 효과적인 공격을 고르자.

▶ 게임 내용은 ROM 카트리지판과 동일하다. 방심하면 순식간에 다운돼버리는 것도 마찬가지.

IC 카드형 ROM인 마이 카드로 재발매된 작품. 큼직한 캐릭터로 유저를 압도하는 본격적인 권투 게임이다. 잽·어퍼컷·스트레이트를 잘 구분 사용해 대전 상대를 넉아웃시키자. 권투선수는 코믹하게 디자인했지만, 모션이 제법 다채로워 시합 느낌이 리얼하다. 1라운드가 1분 30초에 불과하나, 손에 땀을 쥐는 뜨거운 시합이 펼쳐진다. 배경의 관객석도 생동감 넘치는 그래픽으로 묘사했는데, 당시로서는 제법 화려한 화면이어서 인상적이었다.

스타 포스

세가 1985년 4,300엔 32KB ROM

▶ 고득점을 주는 숨겨진 보너스를 얻으려면 연사가 필수다!

ROM 카트리지판으로도 발매되었던 작품의 마이 카드판. 다양한 기종으로 이식된 작품이나 실은 가장 최초의 이식판이 바로 SG-1000판인데다, 타 기종판 대비로 아케이드판의 참맛을 잘 재현한 부분이 매우 많다. 수수께끼의 지상 그림은 당시 유저들 사이에서 화제였다.

드래곤 왕

세가 1985년 4,800엔 32KB ROM

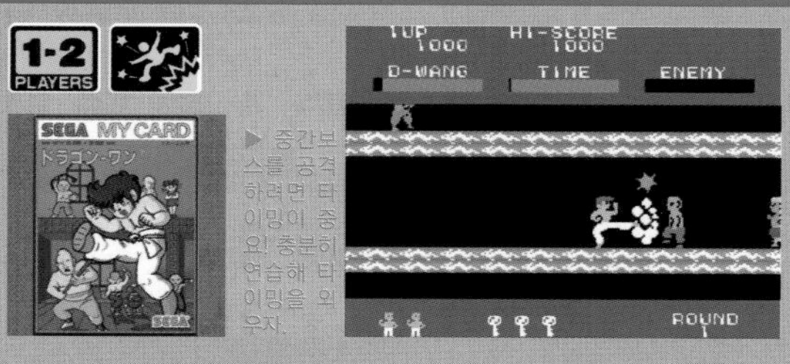

▶ 중간보스를 공격하려면 타이밍이 중요! 충분히 연습해 타이밍을 외우자.

기념비적인 세가 마이 카드 오리지널 타이틀 제 1탄으로서, 쿵푸를 소재로 삼은 액션 게임. 주인공 '드래곤 왕'을 조작해, 졸개와 각종 중간보스를 물리치며 최상층까지 오르자. 공격수단은 킥뿐. 여기에 점프·앉기 조작을 잘 조합하여, 다양한 적 캐릭터를 상대해야 한다.

1 PLAYER 1인용 1-2 PLAYERS 1~2인용

줌 909

세가 1985년 4,800엔 32KB ROM

▶ 원작보다 훨씬 적은 색수로, 그래픽을 나름 입체적으로 표현했다. 일반 스테이지는 완성도가 뛰어나다.

▶ 이식하면서 추가한 2D 슈팅 스테이지. 설명서의 아소빙 교수 말마따나, 매우 난이도가 높다.

세가 초기의 아케이드용 유사 3D 슈팅 게임의 이식판. 유사 3D로 묘사된 입체적인 통로 내를 비행하는 멋진 그래픽이 인상적이었던 작품이다. 적기는 원근감을 부여해 화면 멀리에서 접근해온다. 스테이지는 통로에서 우주로 넘어가, 거대 전함과의 전투로 이어진다. 이식하면서 추가했던 전방위 스크롤의 2D 슈팅 스테이지는 별로 좋은 평을 받지 못했으나, 아케이드판에 없었던 BGM과 파워 업 아이템이 새로 추가된 점만큼은 게이머들로부터 호평을 얻었다.

차플리프터

세가 1985년 4,300엔 32KB ROM

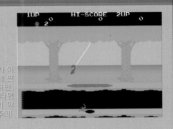

▶ 적 탱크와 전투기의 방해를 피해, 아군 포로 전원을 구출하라.

브로더번드 사가 APPLE Ⅱ용으로 출시했던 횡스크롤 헬기 액션 게임의 이식작. 플레이어는 움직임에 관성이 붙는 헬리콥터를 조종해, 적지에 사로잡힌 아군 포로들을 구출해야 한다. 구출한 포로를 아군의 헬리포트까지 무사히 데려오는 것이 게임의 목적이다.

핏폴 II

세가 1985년 4,300엔 32KB ROM

▶ 광차 이동은 꽤 편리하지만, 잘못 타면 진행이 막히니 주의!

주인공을 조작해 다양한 함정을 돌파하며 전진하는 액션 게임. 전작과 마찬가지로 정확한 타이밍에 점프 버튼을 눌러 로프를 잡고 넘어가는 장면 등, 다양한 장치가 있다. 광차를 타고 고속 이동하는 장면은 당시로서는 꽤나 멋진 연출이어서 팬들의 호평도 많았다.

두근두근 펭귄 랜드

세가 1985년 4,800엔 32KB ROM

▶ 알은 4블록 이상의 높이에서 떨어지면 깨져버리니 조심하자.

주인공 펭귄이 애인에게 줄 선물이 든 알을 가져가는 액션 퍼즐 게임. 종스크롤 형태의 길을, 도중에 구멍을 파고 발판을 만들어 알을 옮기며 내려간다. 적이 알을 깨지 않도록 주의하며 애인이 기다리는 지점까지 도달하면 스테이지 클리어. SG-1000용 게임 중에선 최고의 명작으로 꼽힌다.

드롤

세가 1985년 4,300엔 32KB ROM

▶ 점프를 활용하여 적에게 정확히 샷을 맞히는 게 포인트다.

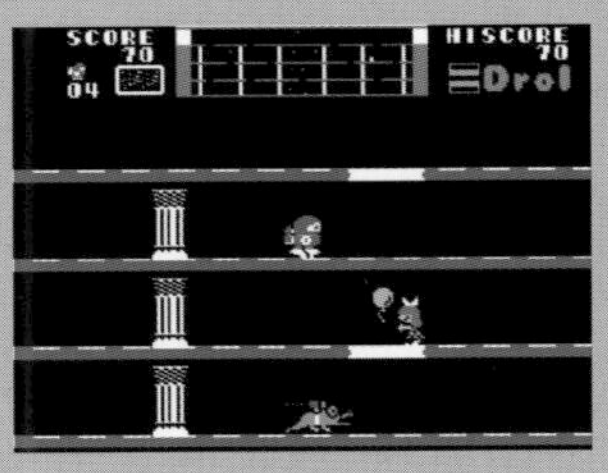

브로더번드 사의 APPLE Ⅱ용 횡스크롤 액션 게임의 이식작. 로봇 '드롤'은 사이드뷰 4단 미로를 돌아다니며 샷을 무기삼아 적을 물리치고 납치당한 가족과 애완동물을 구출해야 한다. 원작이 미국 게임이라 난이도는 높은 편. 다채로운 캐릭터와 경쾌한 BGM이 훌륭하다.

 슈팅 게임  액션 게임  퍼즐 게임  롤플레잉 게임  시뮬레이션 게임  스포츠 게임  드라이브 게임  어드벤처 게임  교육 및 기타  홈 게임

차큰 팝

세가 1985년 4,300엔 32KB ROM

▶ 복잡한 지형을 어떻게 이동하여 하트를 해방시킬지 궁리해보자.

같은 제목 아케이드 게임의 이식판. 이식하면서 타이틀명을 영어에서 가타카나로 바꿨다. 주인공 '챠큰'은 몬스터가 빼앗은 하트를 되찾아야 한다. 고정화면 미로 내를 이동해, 폭탄으로 적을 물리치거나 하트가 갇혀있는 우리를 파괴하자. 단, 폭탄의 연기에 닿으면 죽으니 주의하도록.

뱅크 패닉

세가 1985년 4,300엔 32KB ROM

▶ 순간의 판단력이 필요한, 명작 아케이드 게임의 이식작이다.

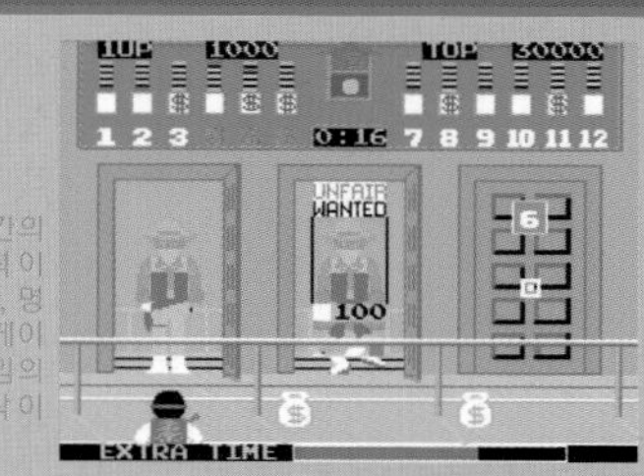

서부영화에 등장할 법한 은행이 무대인 액션 게임. 문을 열고 창구 앞에 서는 고객들을 잽싸게 감별해, 강도라면 총으로 물리쳐야 한다. 당연히 일반 고객을 쏘면 목숨이 줄어든다. 문은 화면 바깥쪽에도 있으니, 좌우로 화면을 스크롤해 전체를 관찰하는 판단력도 중요하다.

로큰볼트

세가 1985년 4,300엔 32KB ROM

▶ 빌딩 건설을 위해 철골의 볼트를 조인다는 게임 디자인이 독특하다.

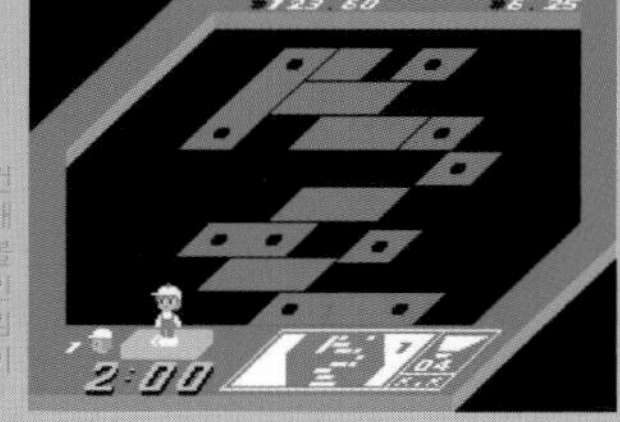

쿼터뷰 화면 내에서 떠다니는 바닥판을 건너다니며, 볼트를 조여 모든 바닥판을 고정하는 퍼즐 게임. 화면 아래에 표시된 설계도를 보며 그 배치대로 바닥을 고정시켜야 하는데다 제한시간까지 있다 보니, 신속한 판단으로 움직여야 하는 게임이다.

창고지기

세가 1985년 4,300엔 32KB ROM

▶ 버튼을 누르고 있으면 고속 이동도 가능하나, 조작을 실수하면 치명적이다!

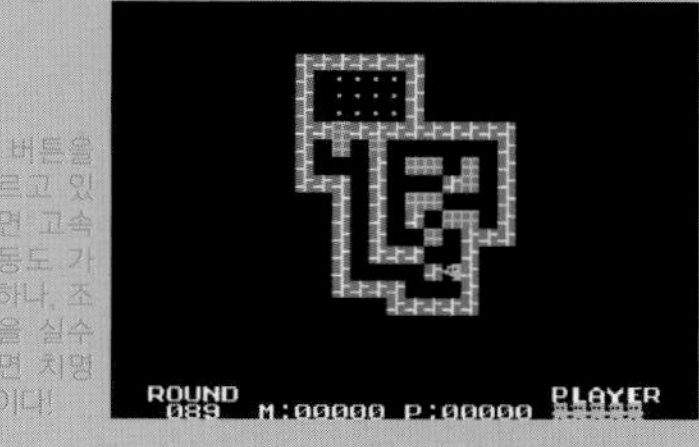

싱킹 래빗 사가 개발한 컴퓨터용 퍼즐 게임의 이식판. 원작은 컴퓨터판 히트 후 다양한 기종으로 이식됐다. 지정된 장소로 화물들을 모두 이동시키는 심플하면서도 질리지 않는 게임성이 특징이며, 데모 화면에선 세가 로고가 모티브인 스테이지로 게임 규칙을 안내해준다.

엘리베이터 액션

세가 1985년 4,300엔 32KB ROM

▶ 앉아서 총탄을 피하거나, 엘리베이터로 적을 뭉개는 등 액션이 다채롭다. 조명을 쏴 캄캄하게 만들 수도 있다.

▶ 붉은 문의 방에는 기밀서류가 숨겨져 있다. 모든 기밀서류를 훔쳐내 최하층까지 내려가 탈출하자.

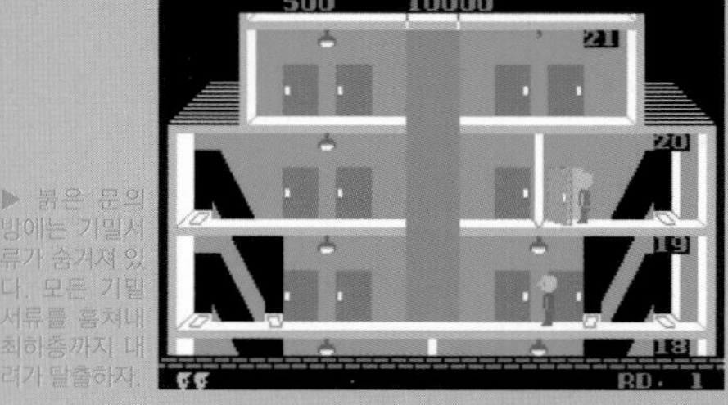

타이토 사가 출시했던 같은 제목 아케이드 게임의 이식작. 플레이어는 스파이가 되어 빌딩 옥상으로 침입한 뒤, 기밀서류를 모두 훔쳐내고 최하층으로 무사히 탈출하는 임무를 완수해야 한다. 붉은 문의 방에 들어가 서류를 훔쳐 나오자. 도중엔 적 스파이들이 방해해오니, 조명을 쏴아 혼란시키거나 점프 킥으로 물리치며 돌파하도록. 때에 따라선 총을 쏴야 할 경우도 있다. 조작은 심플하지만 스파이 활동이란 독특한 테마를 잘 버무려낸 액션 게임이다.

1 PLAYER 1인용 1-2 PLAYERS 1~2인용

챔피언십 로드 러너

세가 1985년 4,300엔 32KB ROM

▶ 컴퓨터판에는 없었던 BGM을 만끽하며 스테이지를 공략하자.

브로더번드 사가 개발한 컴퓨터용 명작 게임의 이식작. 바닥에 구멍을 파 적을 빠뜨리며 금괴를 모두 획득하고 탈출하는 심플한 게임이지만, 액션·퍼즐 요소를 절묘하게 조합해 세계적인 인기를 끈 작품이다. 유저가 스테이지를 직접 만들 수 있는 에디트 모드도 탑재했다.

히어로

세가 1985년 4,300엔 32KB ROM

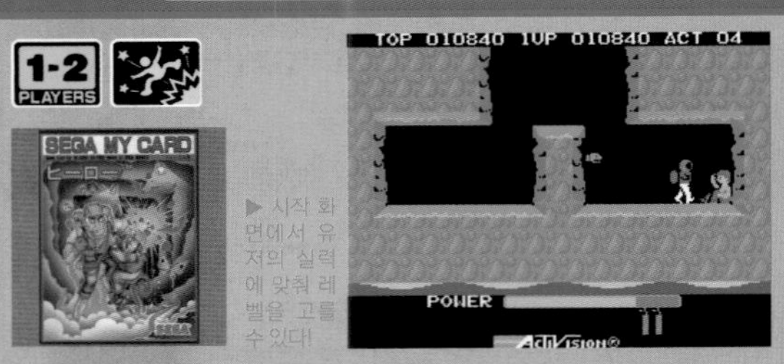

▶ 시작 화면에서 유저의 실력에 맞춰 레벨을 고를 수 있다!

액티비전 사가 출시했던 같은 제목 타이틀의 이식작. 지하 깊은 곳에서 구조를 기다리는 동료를 찾아내 구출하는 것이 목적인 액션 게임이다. 수량이 제한된 폭탄을 사용해 장애물을 파괴하거나, 도중 둘로 나뉘는 루트를 택일해 전진하는 등, 신중한 판단도 필요하다.

챔피언 아이스하키

세가 1985년 4,300엔 32KB ROM

▶ 상대 선수를 잘 유인해, 타이밍을 노려 슛을 날려라!

아이스하키를 소재로 삼은 스포츠 게임. 축구 등의 타 스포츠 게임과 달리 빙판 위에서 움직인다는 특징을 살려내 선수의 이동에 관성이 붙으므로, 이를 감안해 조작하는 것이 키포인트다. 점수를 따기가 꽤 어려우나, 상대의 골문 구석 쪽을 노리면 의외로 잘 먹힌다!

행온 II

세가 1985년 4,300엔 32KB ROM

▶ 라이벌을 억지로 추월하기보다, 최대한 충돌을 피하며 골인하도록 하자!

세가 체감 시리즈 제 1탄인 아케이드 게임의 이식작. 같은 시기에 발매된 세가 마크 Ⅲ판과 이 SG-1000판을 구별하기 위해, 타이틀명을 「행온 Ⅱ」로 붙였다. 3인칭 시점의 바이크 레이싱 게임이며, 장거리 코스를 주파해 골인 지점까지 도달하면 게임이 클리어된다.

봄 잭

세가 1985년 4,300엔 32KB ROM

▶ 흥겨운 BGM과 함께, 다양한 스테이지를 공략해 보자!

아케이드의 같은 제목 타이틀을 이식한 작품. 주인공이 각 스테이지에 배치된 폭탄을 모두 모으는, 지극히 심플한 게임이다. 파워 업할 때 주인공 캐릭터가 단색으로 표시되는 게 아쉽기는 하나, 원작을 충실하게 이식했기에 제대로 파고들며 즐길 수 있는 작품이다.

C-SO!

세가 1985년 4,300엔 32KB ROM

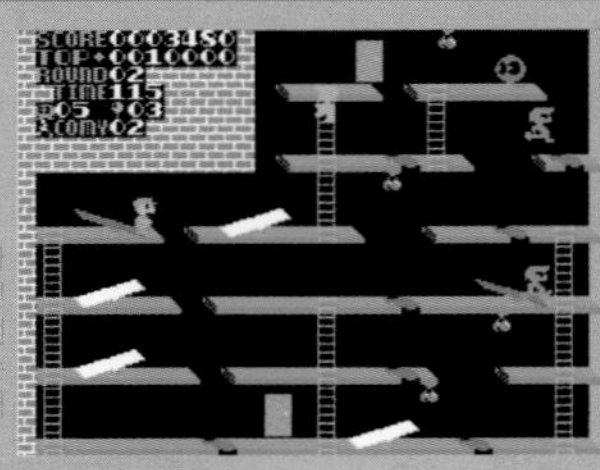

▶ 모든 아이템을 얻고 적도 전멸시키는 게 클리어 조건이다.

시소를 사용해 적을 물리쳐 클리어하는 고정화면식 퍼즐 액션 게임. '시소'란 단어를 일부러 알파벳 표기로 비튼 타이틀명이 인상적이다. 공략요소도 풍부해, 당시 인기가 많았다. 게다가 스테이지를 직접 에디트하여 카세트테이프에 저장도 가능했기에, 오래 즐길 수 있었다.

 슈팅 게임  액션 게임  퍼즐 게임  롤플레잉 게임  시뮬레이션 게임  스포츠 게임  드라이브 게임  어드벤처 게임  교육 및 기타  홈 게임

1986

SG-1000 / SC-3000 SOFTWARE ALL CATALOGUE

1986년에는 타이틀 수가 갑자기 급감해, 불과 7종만이 발매되었다. 이유는 전년에 발매된 세가 마크 Ⅲ 쪽으로 소프트 라인업이 순조롭게 넘어가, 그 영향이 SG-1000용 라인업에 직격탄으로 작용했기 때문이다.

한편, SG-1000의 스펙을 최대로 끌어낸 고퀄리티 소프트도 등장해 개발력을 과시하기도 했다. 카트리지에 ROM뿐만 아니라 RAM까지 탑재해 완성해낸 컴퓨터 원작의 대인기 액션 퍼즐 게임「더 캐슬」과 부드러운 다중 스크롤을 구현한 컴파일 사 혼신의 횡스크롤 슈팅 게임「갈케이브」등, 소수이나마 유저를 만족시킨 뛰어난 타이틀이 빛난 해였다 하겠다.

더 캐슬

ROM 32KB

세가 1986년 5,000엔 32KB ROM+8KB RAM

1 PLAYER

▶ 초반에 성의 지도를 입수하는 데 성공하면, 드넓은 성을 효율적으로 공략할 수 있다.

▶ 얼핏 쉬운 캐주얼 게임처럼 보이지만, 모든 장치를 철저히 이용해야 하는 고난이도 액션 퍼즐이다.

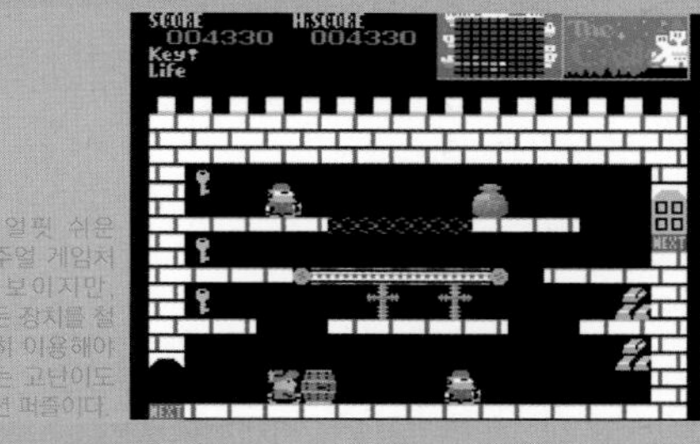

원작은 제 2회 아스키 소프트웨어 콘테스트의 그랑프리 수상 작품. 사로잡힌 공주를 구하러, 주인공 라파엘 왕자가 성내를 탐험하는 퍼즐 액션 게임이다. 성 내의 방 하나가 화면 하나에 해당되며, 색깔이 있는 문을 열려면 같은 색 열쇠가 필요하다. 윗단으로 올라가려면 배치된 물건들로 발판을 만들어야 한다. 컴퓨터판보다 해상도가 낮지만 게임성은 제대로 재현해, 원작의 플레이 감각을 해치지 않고 훌륭하게 이식했다. BGM에는 노이즈로 퍼커션을 넣었다.

갈케이브

세가 1986년 4,300엔 32KB ROM

1-2 PLAYERS

▶ 파워 업은 많이 얻는다고 꼭 유리한 게 아니다. 쓰기 편할 만큼으로 일부러 억제하는 것도 중요하다.

▶ 스코어 어택 시에는 어떤 파워 업을 고를지도 중요하다. 제대로 공략하면 꽤 점수를 벌 수 있다.

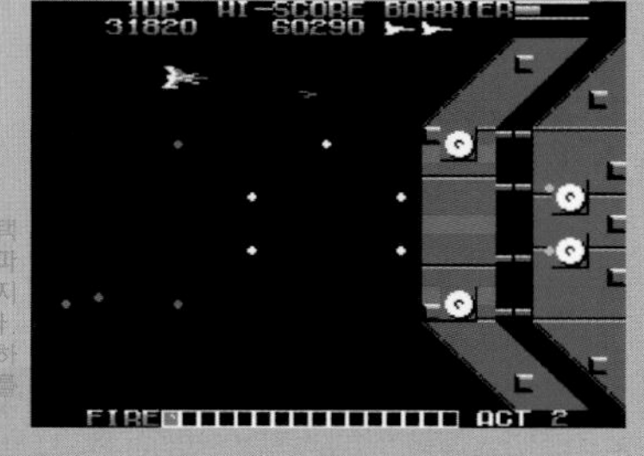

컴파일 사가 개발한 횡스크롤 슈팅 게임. 적인 갈바스의 8대 요새를 파괴하는 게 목적이다. 입체감이 있는 스크롤과 부드럽게 움직이는 캐릭터, 꽤나 파고드는 맛이 있는 게임성 덕에 지금도 팬이 많은 작품. 독특한 파워 업 방법도 이 게임의 참맛이며, 스테이지 종반의 보스전도 공략에 매진하던 수많은 팬들을 매료시켰다. 보너스 획득시의 사운드 등은 같은 회사의 대표작「자낙」과 유사성이 많아, 두 작품이 같은 시기에 개발되었음을 알 수 있다.

1 PLAYER 1인용  1-2 PLAYERS 1~2인용

닌자 프린세스

SEGA MY CARD | 세가 1986년 4,300엔 32KB ROM

▶ 적 닌자는 움직임이 잽싸다. 현혹되지 말고 바로 물리치자.

칸텐 성을 탈환하기 위해, '쿠루미 공주'가 닌자가 되어 반역자 '교쿠로자에몬'을 토벌하러 떠나는 액션 슈팅 게임. 종스크롤 맵을 위쪽으로 올라가면서, 단도와 수리검을 던져 적을 물리친다. 쿠루미 공주는 일시적으로 몸을 감춰 적의 공격을 피하는 인술도 쓸 수 있다.

챔피언 검도

SEGA MY CARD | 세가 1986년 4,300엔 32KB ROM

▶ 선택 가능한 기술은 머리·손목·허리·찌르기 4종류. 사실 제일 강한 것은…?!

세가 '챔피언' 시리즈 중 하나인 대전형 스포츠 게임. 게임업계 최초의 검도 소재 작품으로서, 주인공을 조작해 버튼으로 기술을 골라 대전 상대를 공격한다. 개인전·단체전 등도 선택할 수 있으며, 2인 대전도 가능. 스포츠 게임 중엔 검도가 꽤 드무니, 레어한 작품이 아닐 수 없다.

슈퍼 탱크

SEGA MY CARD | 세가 1986년 4,300엔 32KB ROM

▶ '헤비 메탈'의 공격방법은 정면 공격, 대각선 공격, 미사일의 3종류다. 각기 잘 활용해 진행하자.

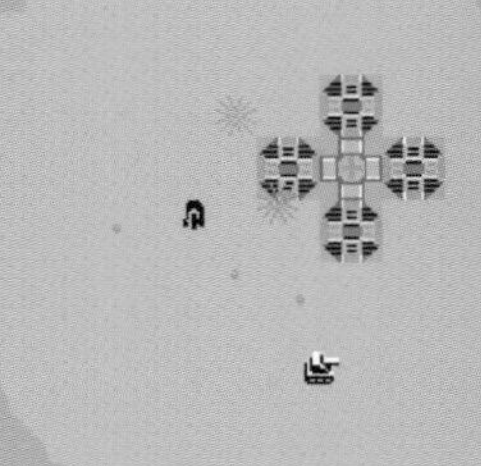

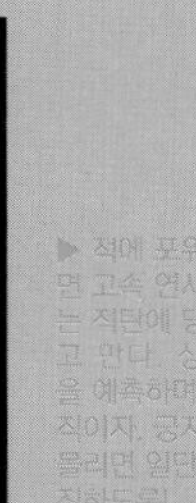

▶ 적에 포위되면 고속 연사되는 적탄에 당하고 만다. 상황을 예측하며 움직이자. 궁지에 몰리면 일단 전진하도록!

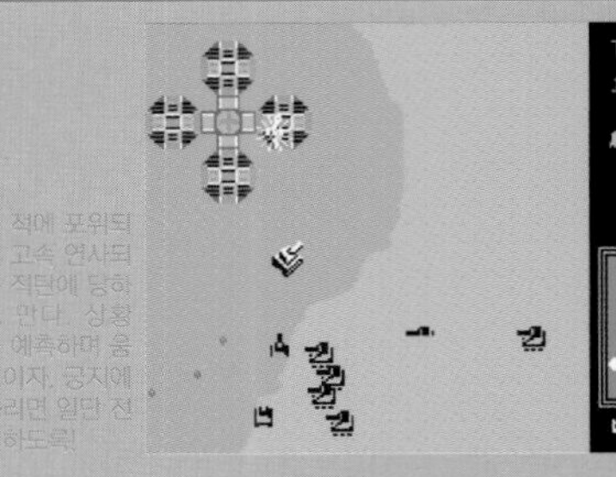

아케이드용 게임 「헤비 메탈」의 개변 이식작. 전략형 슈퍼 탱크 '헤비 메탈'을 조작해, 적진 깊숙한 곳에 배치된 대요새 '자일로그'를 파괴하는 탱크 슈팅 게임이다. 웅장한 BGM과 함께 종스크롤되는 필드를 전진하며, 화면 내의 적을 연사되는 기관포로 파괴하자. 오른쪽 레이더에 보이는 큼직한 적은 화면 바깥까지 공격 가능한 주포로 미리 파괴할 수 있다. 레이더로 전황을 예측하면서 2종류의 무기를 유효 적절히 활용해 싸우는 것이 승리의 첩경이다.

원더 보이

SEGA MY CARD | 세가 1986년 4,300엔 32KB ROM

▶ 각 스테이지엔 숨겨진 아이템이 있어, 이를 발견하는 것도 큰 재미다.

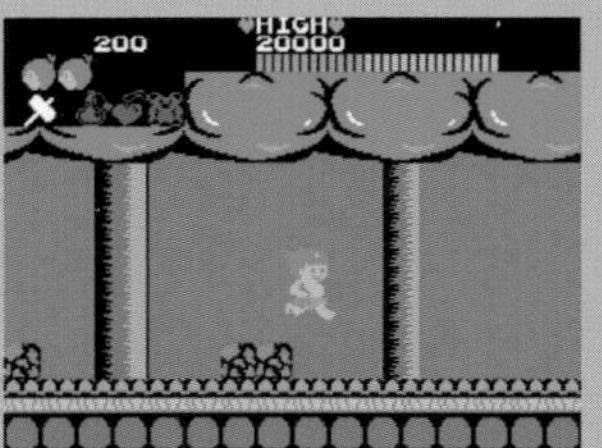

납치된 애인을 구출하러 나서는 횡스크롤 액션 게임으로서, 같은 제목 아케이드 게임의 이식작. 아케이드판에 비하면 사실상 별개 작품이 돼버렸다. 스테이지 수도 대폭 줄었고 스케이트보드도 나오지 않는 등 부족한 부분이 많으나, 당시의 SG-1000용 액션 게임으로선 잘 만들어진 편이다.

챔피언 당구

SEGA MY CARD | 세가 1986년 4,300엔 32KB ROM

▶ 샷을 친 후 큐볼에 브레이크를 거는 기술도 사용할 수 있다.

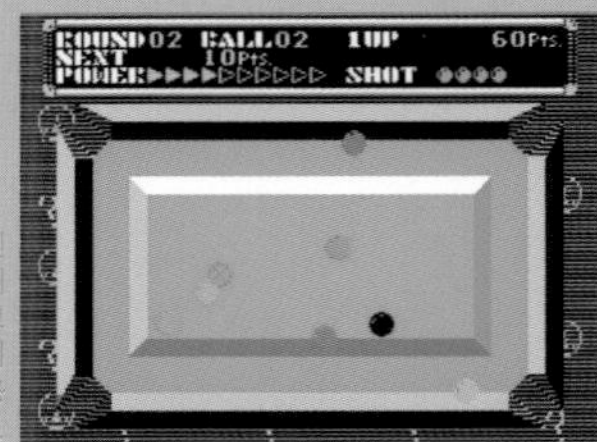

스테이지별로 당구대 디자인이 변화하는, 그야말로 '챔피언'이란 타이틀명에 어울리는 난이도의 당구 게임. 2인 대전 플레이도 가능하다. 모든 볼을 포켓에 넣는 단순한 룰이지만, 고저차를 넣은 테이블도 있는 등 공략하기가 만만찮다. 라인을 정확히 읽는 실력이 필요하다.

 슈팅 게임  액션 게임  퍼즐 게임  롤플레잉 게임  시뮬레이션 게임  스포츠 게임  드라이브 게임  어드벤처 게임  교육 및 기타  홈 게임

1987

SG-1000 / SC-3000 SOFTWARE ALL CATALOGUE

1987년에 발매된 SG-1000용 타이틀은 불과 2종뿐. 주 전장이 이미 세가 마크 Ⅲ·세가 마스터 시스템으로 넘어간 데다, 다음해에는 차세대기인 메가 드라이브가 등장하기 때문이었다.

뒤집어 말하자면, 그만큼이나 고성능 하드웨어들이 치열하게 격전하던 시대에 1983년 발매된 SG-1000이 이만치까지 싸워왔다는 사실이 오히려 대견스러울 정도로서, SG-1000용 소프트로는 유일한 골드 카트리지인 「로레타의 초상화」는 무려 1M의 대용량이었다. 색수가 적다는 하드웨어적 한계는 넘지 못했으나, 그래도 대용량을 아낌없이 사용한 어드벤처 게임이 나온 것엔 감동하지 않을 수 없다. 그야말로 유종의 미를 거둔 타이틀이 아닐까.

로레타의 초상화

1M 메가

세가 1987년 2월 18일 5,000엔 1M ROM

▶ 세가 게임기 최초의 어드벤처 게임. 공들인 만듦새가 화면만으로도 전해진다. 유일한 전기종 대응 소프트로도 유명하다.

▶ 이 작품의 스토리는 세가의 오리지널이다. '셜록 홈즈' 시리즈의 팬이라면 한 번 플레이해볼 만한 작품.

어느 비 오는 날 누군가가 홈즈의 사무실을 방문해, 도둑맞은 닐 에반스의 그림 '붉은 모자의 소녀'를 찾아달라고 의뢰한다. 하지만 의뢰 도중 살인사건이 발생하는데……. 이 시대의 가정용 게임으론 파격적이게도 풀스크린 가득히 영국의 정경을 묘사한 그래픽을 표시하며, 그래픽 상에 등장하는 인물과 대화하여 스토리를 펼쳐나간다. 런던 지도까지 준비했을 정도로서, 작품 내의 모든 요소가 추리소설을 읽는 듯한 분위기를 한껏 풍겨내는 어드벤처 게임이다.

더 블랙 오닉스

SEGA MY CARD

세가 1987년 3월 4,300엔 32KB ROM

▶ 당시엔 강적 '크라켄'과 미궁의 벽에 관한 수수께끼가 큰 화제였다. RPG를 처음 접한 아이들을 매료시킨 작품.

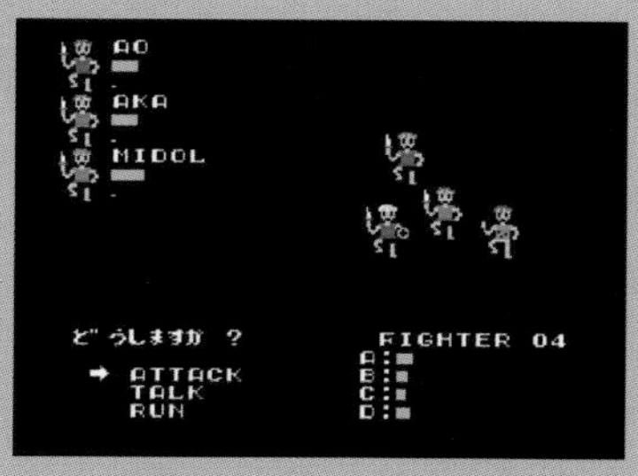

▶ 타이틀명이기도 한 '블랙 오닉스'는, 소유자에게 영원한 젊음과 막대한 부를 준다는 수수께끼의 보석이다.

일본 RPG 여명기에 명작 PC 게임으로서 이름을 남긴 「더 블랙 오닉스」의 이식작. 플레이어는 도시 '우츠로'에 찾아온 모험가다. 도시 중앙에 높이 선 블랙 타워에 오르기 위해, 수수께끼의 보석 '블랙 오닉스'를 입수해야 한다. 도시부터 미궁까지 전체를 3D 표시로 묘사했으며, 지금 기준으로 보면 맵 자체는 그리 넓지 않다. 하지만 당시 게이머들에게는, 그야말로 모든 것이 수수께끼투성이인 장대한 모험의 세계가 눈앞에 펼쳐져 있는 듯한 작품이었다.

전용 TV에 삽입하면 SG-1000용 게임을 즐길 수 있다!

비디오 게임 팩 SD-G5

VIDEO GAME PACK SD-G5

파이오니아 1983년 19,800엔(별매품 : 발전형 컴포넌트 TV 'SEED' 21인치형 : 189,000엔 26인치형 : 259,000엔이 필요)

게임 외에도 다양한 용도에 대응

파이오니아 사가 발매했던 비디오 게임 팩 SD-G5는, SG-1000과 소프트 호환성이 있는 가정용 게임기다. 이 회사의 발전형 컴포넌트 TV 'SEED'의 옵션 팩 중 하나로서 발매됐기에, 단독으로는 구동할 수 없다. SEED는 비디오 게임 팩 외에도 노래방 팩이나 RGB 시스템 컨트롤 팩 등의 다양한 옵션 팩을 제공하여, '진화하는 다목적 시스템 TV'를 제창했던 제품이었다.

비디오 게임 팩 자체는 SG-1000 호환기를 자임한 대로 모든 소프트웨어가 동작하긴 하나, 확장 포트가 없는 데다 조이패드 단자가 오리지널 사양인지라 조이스틱을 비롯한 주변기기류는 일체 사용할 수 없다. 또한 조이패드 단자가 하나뿐이라, 2인용 게임을 즐길 수 없는 것도 약점이었다.

파이오니아는 후일 유사한 컨셉의 기기인 '레이저액티브'를 발매하기도 했으니, 두 제품 간의 관련성이 궁금해지기도 한다.

▲ SEED의 전면 패널 내부. 중앙에 팩 삽입구 슬롯이 보인다.

▲ 비디오 게임 팩의 전면.

▲ 비디오 게임 팩의 후면.

오델로의 츠쿠다 오리지널 사가 발매한 SG-1000 호환기

오델로 멀티비전 OTHELLO MULTIVISION FG-1000

츠쿠다 오리지널 1983년 11월 30일 19,800엔

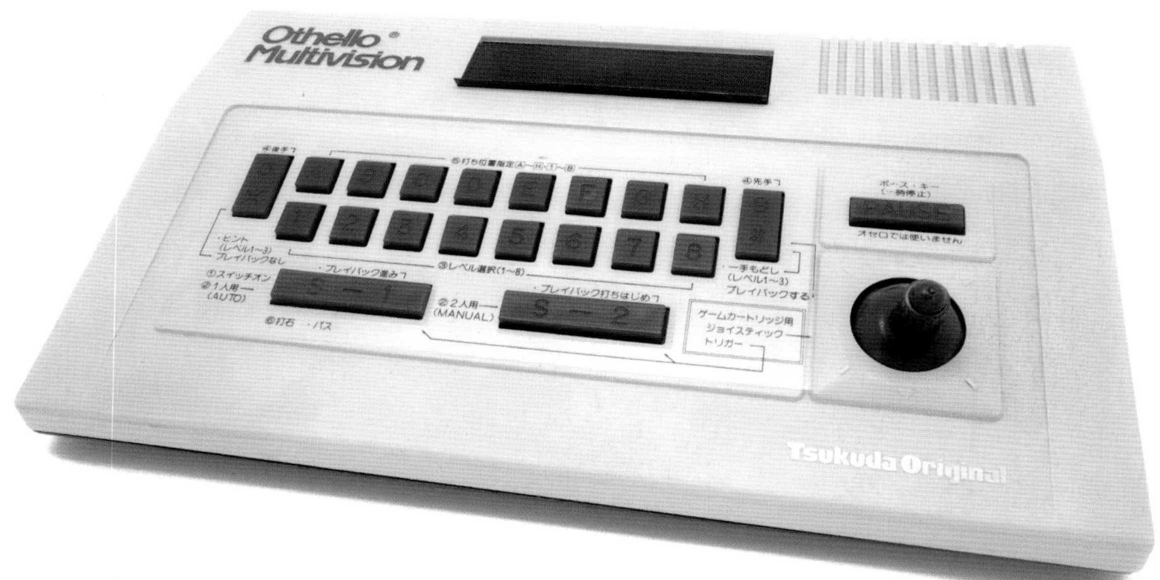

본체 내에 기본으로 오델로 게임을 내장

유명한 테이블 게임 '오델로'(역주 ※)의 일본 상표권을 보유한 츠쿠다 오리지널(현 메가하우스) 사. 이 회사는 다양한 기종으로 오델로를 게임화해 발매해왔는데, 아예 오델로를 즐길 수 있는 가정용 오델로 게임기를 직접 자사 상표로 발매하기도 했었다. 그 기기가 바로 이 지면에서 소개하는 오델로 멀티비전이다.

이 기기는 세가가 생산해 OEM으로 공급한 제품으로서, 내부구조는 사실상 '오델로를 ROM에 미리 내장시킨 SG-1000'이었다. 본체에 오델로 게임 전용으로 세팅한 수많은 버튼들을 제외하면 하드웨어 사양 자체는 SG-1000과 똑같기에, SG-1000용 소프트·주변기기를 모두 그대로 사용 가능하다.

츠쿠다 오리지널도 오델로 멀티비전을 다각도로 홍보하여 후속기종까지 발매한 것은 물론, 당시 일본 최고의 여성 프로 골퍼였던 오카모토 아야코를 TV광고 모델로 기용했고 그녀의 이름을 내건 골프 게임까지 발매했다.

(역주 ※) 서양권에서는 'Reversi'로 통칭되는 게임으로서, 일본에서 '오델로'라는 상표명으로 정규 상품화되면서 한국에도 이 이름으로 퍼져 유명해졌다.

또 하나의 오델로 멀티비전

오델로 멀티비전의 후계기종에 해당하는 FG-2000도 존재했다. 본체 컬러링이 SG-1000Ⅱ와 동일하며, 조이패드 역시 SG-1000Ⅱ용과 동일한 형상으로 1개 동봉했다.

오델로 멀티비전 FG-2000
츠쿠다 오리지널 1984년 19,800엔

오리지널 작품을 적극적으로 투입

오델로 멀티비전은 OEM 제품임에도 츠쿠다 오리지널 역시 본격적인 판매전략을 전개하여, 앞서 언급한 오카모토 아야코 기용뿐만 아니라 TV광고 투입과 독자적인 오리지널 타이틀 발매 등, 상당한 예산과 노력을 투입했다. 발매작은 총 8종으로서 수는 얼마 되지 않으나, 그중엔 「Q*bert」와 「거즐러」처럼 아케이드 게임을 자체 이식한 작품부터 「007」처럼 유명한 판권물 타이틀까지 있어, 그야말로 버라이어티하기 이를 데 없는 게 특징이다.

하지만, 세가의 게임까지도 그대로 즐길 수 있다는 풍부한 라인업의 이점이 정작 소비자들에겐 전달되지 못했던 것인지, 아니면 SG-1000보다도 비쌌던 정가 때문이었는지, 츠쿠다 오리지널의 영업활동에도 불구하고 애석하게도 '무명 게임기'로 치부되는 걸 면치는 못했다.

SG-1000과 마찬가지로, 패키지 디자인이 다양했다

오델로 멀티비전용 소프트는 SG-1000과의 호환성을 의식해서인지, 외장 패키지도 SG-1000과 동일한 사이즈를 채용했다. 덕분에, SG-1000 쪽이 패키지 사이즈를 변경하자 이쪽도 마찬가지로 소형 사이즈의 패키지로 변경됐다.

소형 사이즈 중에는 테두리가 검정색인 버전도 존재했다.

오델로 멀티비전 오리지널 9개 타이틀 소개

오델로

츠쿠다 오리지널 1983년 11월 30일 본체에 내장

▶ '리버시'가 아니라, 제대로 '오델로' 명칭을 쓴 타이틀이다.

본체에 내장된 소프트. 카트리지를 꽂지 않은 상태에서 전원을 켜면 이 작품이 구동된다. 본체에 배치된 A~H 및 1~8 버튼을 사용해 조작하게 된다. 참고로, '오델로 멀티비전'의 정가인 19,800엔은 이 「오델로」의 가격을 4,800엔으로 간주하여 계산한 것이라고 한다.

Q*bert

츠쿠다 오리지널 1983년 11월 30일 4,300엔 16KB ROM

▶ 스테이지에 따라서는, 정상까지 옮겨주는 이동 발판이 있는 경우도 있다.

두 다리로 이동하는 문어형 외계인 'Q버트'를 조작해, 모든 블록을 밟아 색깔을 통일시키면 클리어되는 액션 게임. 적과 접촉하거나, 큐브의 산 밖으로 나가버리면 아웃이 된다. Q버트는 대각선 이동만 가능해, 외통수에 걸리기 쉬워 난이도가 높다. 퍼즐성이 꽤 강한 게임이다.

거즐러

츠쿠다 오리지널 1983년 11월 30일 3,800엔 16KB ROM

▶ 거즐러는 체내의 물 양에 따라 방수시 비거리와 캐릭터의 이동속도가 바뀐다.

아케이드용으로 출시되었던 같은 제목 타이틀의 이식작. 패키지의 그림대로, 맵에 존재하는 불씨를 끄는 게 목적인 액션 게임이다. 플레이어는 '거즐러'를 조작해 몸에 축적된 물을 사용하여 불을 꺼야 한다. 물이 부족해지면, 맵 곳곳의 물웅덩이에서 보충하자. 세계관이 독특한 게임이다.

 슈팅 게임  액션 게임  퍼즐 게임  롤플레잉 게임  시뮬레이션 게임  스포츠 게임  드라이브 게임  어드벤처 게임  교육 및 기타 HOME 홈 게임

츠쿠다 오리지널 1983년 3,800엔 16KB ROM

스페이스 마운틴

▶ 기지 스테이지의 목적은 검은 '+'를 격추하는 것. 포스를 믿어볼까?

당시엔 드물었던, 3D 시점의 슈팅 게임. 타이틀 화면이 아예 없고 버튼을 누르면 바로 시작돼버리는 탓에 당시 놀랐던 유저도 많았을 듯한데? 게임은 우주공간을 날며 적기를 격추하는 식으로 시작하여, 10기를 격추하면 하늘색 '기지'에 도착해 여기를 파괴하는 식으로 반복된다.

츠쿠다 오리지널 1984년 4,300엔 16KB ROM

3인 마작

▶ 3명의 패를 나란히 보여주는 시스템. 지금은 보기 드물지만 당시엔 제법 흔했다.

3인 대국 마작을 소재로 삼은 마작 게임. 일반적인 3인 대국 마작에서는 쓰지 않는 이만~팔만도 사용하며, 특히 패가 줄어들지 않는다. 룰도 딱히 바꾸지 않아, 4인 대국 마작을 3명이서 치는 듯한 느낌이다. 패도 보기 편하게 표시하여 플레이하기 쉽도록 배려했다.

츠쿠다 오리지널 1984년 3,800엔 16KB ROM

챌린지 더비

▶ 등장하는 말은 무려 256두. 마음에 드는 말이 하나는 있을 듯도.

경마를 소재로 삼은 시뮬레이션 게임. 우승마 투표권을 구입해 레이스를 관람하며 결과에 따라 벌거나 잃는 등, 경마장의 분위기를 유사 체험할 수 있다. 최대 8명까지 참가해 총 48레이스를 진행하여, 더비를 제패하는 말을 맞히는 자는 누가 될지를 겨루는 게임이다.

츠쿠다 오리지널 1984년 4,980엔 16KB ROM

오카모토 아야코의 매치플레이 골프

▶ 오카모토 아야코는 오델로 멀티비전의 이미지 캐릭터로 활동했다.

일본 여자골프계를 논할 때 반드시 거론되는 유명한 여자 프로골퍼, 오카모토 아야코를 기용한 골프 게임. 오카모토가 브리티시 오픈에서 우승했을 때는 본체동봉판까지도 발매됐다. 코스를 입체감 넘치는 각도로 플레이하는 3D 시점이 특징이며, 남은 거리도 친절히 표시해준다.

츠쿠다 오리지널 1984년 4,300엔 16KB ROM

스페이스아머

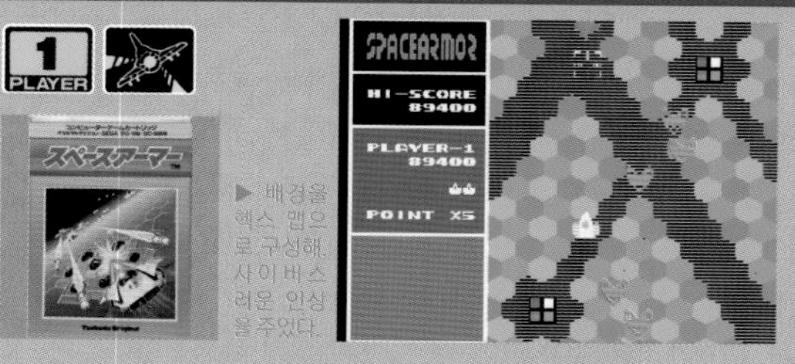

▶ 배경을 헥스 맵으로 구성해, 사이버스러운 인상을 주었다.

공중·지상 샷이 구분돼 있는, 「제비우스」와 비슷한 느낌의 슈팅 게임. 압도적인 병력의 침공으로 궤멸직전에 놓인 은하연방이 적 요새 파괴를 노린다는 스토리다. 게임은 종스크롤로 진행되며, 스테이지 최후에는 요새가 등장한다. 슈팅 장르의 기본에 충실한 게임이다.

츠쿠다 오리지널 1984년 4,300엔 16KB ROM

007 제임스 본드

▶ 007 시리즈 4개 영화가 소재다. 첫 스테이지는 '나를 사랑한 스파이'가 모티브.

원작은 아타리 2600용 타이틀로서, 츠쿠다 오리지널이 오델로 멀티비전용으로 이식한 횡스크롤 액션 슈팅 게임. 본드 카를 몰고 지상부터 우주까지를 달리며, 계속 등장하는 적의 신병기를 격파하자. 원작보다 색수는 줄었지만, 그럼에도 높은 이식도를 자랑하는 작품이다.

 1인용  1~2인용

SG-1000II 기반의 업무용 비디오 게임 캐비닛

SOFTDESK 10 SOFTDESK 10

코어랜드 테크놀로지 1985년

소프트 10종을 마음껏 즐기자

SOFTDESK 10은 코어랜드 테크놀로지(현 반다이남코 엔터테인먼트)에서 발매된 업무용 비디오 게임 캐비닛이다. 내부구조는 SG-1000Ⅱ와, ROM 카트리지를 10개 꽂을 수 있는 타이머 기능 내장형 제어기판 'SG-1000M2Y'로 구성돼 있으며, 동전을 넣으면 일정시간(1~30분까지 1분 단위로 설정 가능)동안 내장 게임을 마음껏 즐길 수 있는 시스템이다. 잔여시간이 15초가 되면 셀렉트 버튼 옆의 LED가 점멸하며, 그 사이에 추가로 동전을 넣으면 플레이를 계속할 수 있다.

ROM 카트리지의 경우 시판품 SG-1000용 소프트를 그대로 사용하므로, 운영자 쪽에서 별도로 시중의 카트리지를 구입해 장착해야 했다. 또한 본체 상단에 안내판(POP)을 설치할 수도 있으나, 안내판에 게시되는 내장 소프트 일람표는 소프트의 패키지 겉상자를 손수 오려내 대지에 직접 붙여 만드는 식이었다.

이 회사는 이 기기 외에, 5개 타이틀을 즐길 수 있는 세가 마크 Ⅲ 기반의 'SOFTDESK 5 MARKⅢ'라는 제품도 발매했다.

▲ 컨트롤 패널 부분.

캐비닛 내에는 시판품 카트리지를 탑재

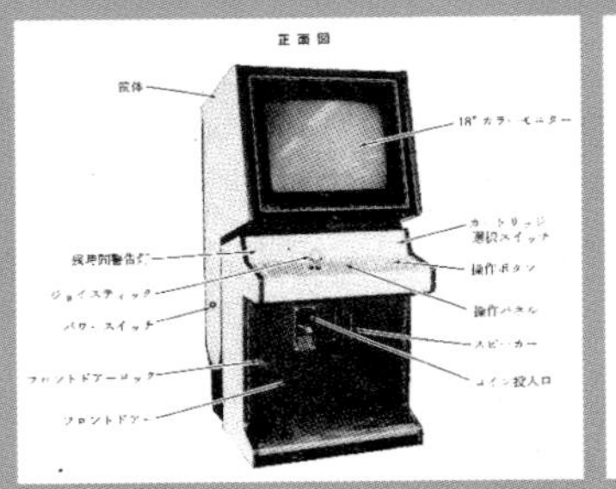

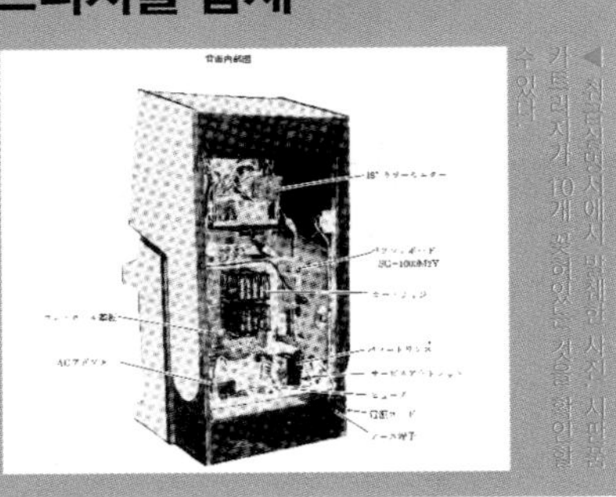

▲ 취급설명서에서 발췌한 사진. 시판품 카트리지가 10개 꽂혀있는 것을 확인할 수 있다.

▲ SOFTDESK 10의 옆면.

세계 각국에 발매되었던 SG-1000

SG-1000은 세가가 처음 발매한 가정용 게임기였던지라 지금과 같은 유통·판매망이 아직 제대로 확립되지 않았었다. 따라서 타 국가에선 각국의 유력 판매대행사를 통해 판매되었다. 특히 호주(오스트레일리아·뉴질랜드)와 유럽 일부(프랑스·이탈리아·핀란드 등)에서 큰 호응을 얻었고, 뉴질랜드에서는 SC-3000 전문 잡지까지 발매되었을 정도였다.

북미·아시아의 경우 이미 선행 발매되어 있던 타사 게임기에 가로막혀 점유율을 많이 확보하지는 못했고, 비트 코퍼레이션 사와 텔레게임즈 사의 비공식 호환기 'DINA'의 존재 탓에 '콜레코비전용 게임도 동작하는 무명 게임기' 정도의 인식에 그쳐, 본격적으로 이들 지역에 세가가 이름을 알리게 되는 건 차세대기인 세가 마스터 시스템 세대에 이르러서부터다.

▲ 뉴질랜드의 그랜드스탠드 사에서 발매했던 SC-3000용 테이프 소프트. 일본에선 발매된 적이 없다보니 상당히 희귀하다.

Sega 1000

1983년 발매

뉴질랜드의 판매대행사였던 그랜드스탠드 레저 사에서 발매됐던 SG-1000.

DINA

1986년 발매

대만의 비트 코퍼레이션에서 발매했던 비공식 호환기. 콜레코비전용 소프트도 구동할 수 있으며, 이 때문에 ROM 카트리지 슬롯이 2개다.

SC-3000

1983년 발매

오스트레일리아·뉴질랜드 등, 호주와 유럽 일부에서 판매되었다. 영어 키보드인 것을 제외하면, 일본판 본체와 기본 사양은 동일하다.

SG-1000/SC-3000 전 게임 소프트 79종을 발매일 순으로 게재

전 세계 SG-1000/SC-3000 소프트 리스트

LIST OF WORLD SG-1000&SC-3000 SOFTWARE

이 페이지부터는 일본 및 여러 국가에서 발매된 SG-1000/SC-3000 게임 소프트를 리스트화하였다. 오델로 멀티비전용 소프트 역시 리스트에 포함시켰다.

이 시대의 게임은 유통·발매정보가 미비한 편이라, 지역별로 발매일이 다른 경우도 많고 정식 발매일 자체가 존재하지 않기도 하다. 「로레타의 초상화」 외에는 발매연도만 게재된 것도 이러한 사정 때문이니, 독자 여러분의 양해를 바란다.

범례

발매일 국가별로 발매일이 다른 경우엔 가장 처음 발매된 시기를 표기한다.

발매사 국가별로 타이틀명·발매사가 다른 경우엔 각주에서 해설한다. 일본에 발매된 타이틀은 일본 발매사만을 표기한다.

발매국 발매국의 상세는 오른쪽에 표기한 바와 같다.

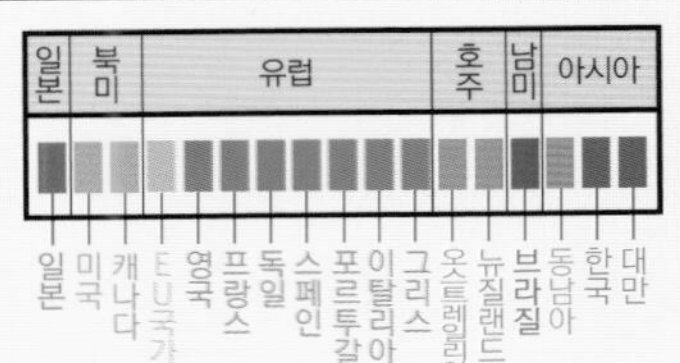

발매일	페이지	한국어 타이틀명	서양 타이틀명	발매사	일본	북미	유럽	호주	남미	아시아
1983	032	보더라인	**Borderline**	세가	■		■■■	■■		
1983	032	사파리 헌팅	**Safari Hunting**	세가	■		■	■■		■
1983	032	N-서브	**N-Sub**	세가	■		■	■■		■
1983	032	마작	**Mahjong**	세가	■					■
1983	033	챔피언 골프	**Champion Golf**	세가	■		■	■■		
1983	033	세리자와 8단의 박보장기		세가	■					
1983	033	콩고 봉고	**Congo Bongo**	세가	■		■	■■		■
1983	033	YAMATO	**Yamato**	세가	■		■	■■		■
1983	033	챔피언 테니스	**Champion Tennis**	세가	■		■	■■		
1983	034	스타 재커	**Star Jacker**	세가	■		■■■	■■		■
1983	034	챔피언 베이스볼	**Champion Baseball**	세가	■		■	■■		■
1983	034	신드바드 미스터리	**Sindbad Mystery**	세가	■		■	■■		■
1983	034	모나코 GP	**Monaco GP**	세가	■		■	■■		■
1983	034	세가 플리퍼	**Sega Flipper**	세가	■		■	■■		■
1983	034	봄 잭	**Pop Flamer**	세가	■		■	■■		■
1983	035	파카	**Pacar**	세가	■		■	■■		■
1983	035	세가 갤러그	**Sega-Galaga**	세가	■					■
1983	035	스페이스 슬라롬		세가	■					
1983	035	지피 레이스	**Zippy Race**	세가	■					■
1983	035	파친코		세가	■					
1983	035	엑세리온	**Exerion**	세가	■		■	■■		■
1983	050	Q*bert		츠쿠다 오리지널	■					
1983	050	거즐러		츠쿠다 오리지널	■					
1983	051	스페이스 마운틴		츠쿠다 오리지널	■					
1984	036	고르고 13		세가	■					
1984	036	파친코 II	**Pachinko II**	세가	■					■
1984	036	오거스	**Orguss**	세가	■		■	■■		■
1984	037	로드 러너	**Lode Runner**	세가	■		■	■■		■
1984	037	홈 마작	**Home Mahjong**	세가	■					■

발매일	페이지	한국어 타이틀명	서양 타이틀명	발매사	일본	북미	유럽	호주	남미	아시아
1984	037	사파리 레이스	**Safari Race**	세가	■		■	■■		■
1984	037	챔피언 복싱	**Champion Boxing**	세가	■		■	■		■
1984	038	챔피언 사커	**Champion Soccer**	세가	■		■			■
1984	038	허슬 처미	**Hustle Chumy**	세가	■					■
1984	038	플리키	**Flicky**	세가	■		■	■		■
1984	038	걸즈 가든	**Girl's Garden**	세가	■					■
1984	051	3인 마작		츠쿠다 오리지널	■					
1984	051	챌린지 더비		츠쿠다 오리지널	■					
1984	051	오카모토 아야코의 매치플레이 골프		츠쿠다 오리지널	■					
1984	051	스페이스아머		츠쿠다 오리지널	■					
1984	051	007 제임스 본드		츠쿠다 오리지널	■					
1985	039	잭슨	**Zaxxon**	세가	■					■
1985	039	챔피언 프로레슬링	**Champion Pro Wrestling**	세가	■					■
1985	039	GP 월드	**GP World**	세가	■					■
1985	040	코나미의 신입사원 토오루 군	**Shinnyuushain Tooru-Kun**	세가	■					■
1985	040	코나미의 하이퍼 스포츠	**Hyper Sports**	세가	■					■
1985	040	스타 포스	**Star Force**	세가	■					■
1985	040	오델로	**Othello**	세가	■					■
1985	040	스페이스 인베이더	**Space Invaders**	세가	■					■
1985	040	챔피언 골프 (SEGA MY CARD)		세가	■					
1985	041	모나코 GP (SEGA MY CARD)		세가	■					
1985	041	지피 레이스 (SEGA MY CARD)		세가	■					
1985	041	챔피언 복싱 (SEGA MY CARD)		세가	■					
1985	041	스타 포스 (SEGA MY CARD)		세가	■					
1985	041	드래곤 왕		세가	■					
1985	042	줌 909		세가	■					
1985	042	차플리프터		세가	■					
1985	042	핏폴 II		세가	■					
1985	042	두근두근 펭귄 랜드		세가	■					
1985	042	드롤		세가	■					
1985	043	챠큰 팝		세가	■					
1985	043	뱅크 패닉		세가	■					
1985	043	로큰볼트		세가	■					
1985	043	창고지기		세가	■					
1985	043	엘리베이터 액션		세가	■					
1985	044	챔피언쉽 로드 러너		세가	■					
1985	044	히어로		세가	■					
1985	044	챔피언 아이스하키		세가	■					
1985	044	행온 II		세가	■					
1985	044	봄 잭		세가	■					
1985	044	C-SO!		세가	■					
1986	045	더 캐슬	**The Castle**	세가	■					■
1986	045	갈케이브		세가	■					
1986	046	닌자 프린세스		세가	■					
1986	046	챔피언 검도		세가	■					
1986	046	슈퍼 탱크		세가	■					
1986	046	원더 보이		세가	■					
1986	046	챔피언 당구		세가	■					
1987.2.18	047	로레타의 초상화		세가	■					
1987	047	더 블랙 오닉스		세가	■					

일본 발매 SG-1000/SC-3000 소프트 전체를 가나다순으로 게재

일본 내 SG-1000/SC-3000 소프트 색인

SG-1000&SC-3000 SOFTWARE INDEX

이 페이지는 일본 내에서 발매된 SG-1000용 및 SC-3000용 게임 소프트 + 오델로 멀티비전까지 총 80개 타이틀을 가나다순으로 정리한 색인이다. 해당하는 게재 페이지도 병기하였으므로, 자료로서 활용하기 바란다.

범례 검은색 ········· ROM 카트리지
푸른색 ········· 세가 마이 카드
붉은색 ········· 오델로 멀티비전용 소프트

Chapter 2

제 2기 세가 하드웨어 대연구

SEGA MARK III
MASTER SYSTEM

해설 세가의 사업방향성이 대전환된, 세가 마크 III 시대

COMMENTARY OF SEGA MARK III #1

최신 기술이 투입되는 아케이드 기판, 단가절감이 중요한 가정용 게임기

SG-1000의 성공을 맛봄으로써, 세가는 본격적으로 가정용 게임기 사업을 자사의 주축으로 육성하기로 결단한다. 세가가 가정용 게임기 사업을 전개하는 과정에서 가장 갈망했던 것은, 라이벌 타사와 대등하게 싸울 수 있을 만한 성능을 지닌 신기종이었다. SG-1000으로 첫 출발선을 멋지게 끊기는 하였으나, 세대를 넘겨가며 지속적으로 사업을 이어나가려면 새로운 전략이 필요했다. 범용부품 투성이에다 이미 스펙 면에서 한계가 명확했던 TMS9918A가 기반인 기종으로는, 향후의 게임기 전쟁을 헤쳐 나가기에 너무나도 역부족이었던 것이다.

신기종을 설계하는 과정에서 세가가 설정한 성능의 기준은 '우리 회사가 전개하고 있는 아케이드 게임을 제대로 이식해낼 만한 스펙'이었다. 세가의 사업 중심은 역시 아케이드 게임이기에, 자사 아케이드 게임의 브랜드 파워와 자산을 가정용 게임기에서도 최대한 활용해나간다는 전략인 것이다.

꼭 이 당시의 개발에 한해서만이 아니라 후일의 메가 드라이브에서도 세가새턴에서도, 항상 최고의 기술을 아낌없이 투입해왔던 아케이드 기판의 수준을 계속 쫓아가면서도 한정된 생산단가에 맞춰 최적화한 가정용 게임기를 개발한다는 방법론은, 당시 세가의 아케이드 게임과 가정용 게임의 관계성을 바탕으로 언제나 일관되어 왔다. 고가의 기판을 사용한 제품은 업소용으로 제공하고 저렴한 기판은 가정용으로 제공한다는, 즉 아케이드와 가정용 양쪽을 동시 전개하는 세가만이 가능한 '투트랙 전개'와, 양 시장을 오가는 고객들의 동선을 확보하는 '시너지 효과'를 노린 작전이라 하겠다.

이 시기의 차세대기 개발 당시 세가가 목표치로 설정한 것은, 자사가 1985년 출시했던 당시의 최신 기판 '시스템 2'였다. 시스템 2는 CPU로 4MHz Z80A 2개(메인용·사운드용), 사운드 칩으로 SN76496 2개를 탑재했으며, 그래픽 면에서는 256×224픽셀의 BG 화면이 2장, 컬러는 최대 4096색까지 표시할 수 있는 스펙이었다. 이만한 성능을 가정용으로 판매 가능한 가격까지 깎아내 담는 형태로, 신형 게임기의 성능이 책정된 것이다.

이렇게 탄생한 신형 게임기는 SG-1000부터 이어지는 제 3세대라는 의미의 '세가 마크 Ⅲ'로 명명되어, 1985년 10월 20일 일본에 첫 발매되었다. 단가 문제로 동시발색수·BG 매수·ROM 용량이 줄어든 등의 규모 축소는 있었으나, 런칭 타이틀로 발매된 「테디보이 블루스」·「청춘 스캔들」은 시스템 2용 게임을 제대로 이식 가능함을 증명해낸 작품이었다.

한편 세가 마크 Ⅲ 발매 후 불과 1년도 못 되어, 세가는 16비트 CPU를 탑재한 신규 시스템 기판 '시스템 16'을 발표했다. 시스템 2 이식의 용이성을 미처 기뻐할 새도 없이, 세가 마크 Ⅲ는 시스템 16으로 출시된 「판타지 존」 등의 히트에 떠밀려 고성능 기판 이식의 딜레마에 일찍부터 빠져드는 난감함을 겪게 됐으니, 이것도 당시의 기술 혁신 스피드가 얼마나 빨랐는지를 보여주는 사례라 하겠다.

▲ 세가의 시스템 기판 '시스템 2'에서 세가 마크 Ⅲ로 이식된 타이틀인 「테디보이 블루스」(왼쪽 사진)와 「청춘 스캔들」(오른쪽 사진).

완구·교육 분야로의 경영 다각화를 추진한 1980년대의 세가

가정용 게임 사업 참가 후부터, 이전까지 아케이드 게임 사업 일변도였던 세가는 B to B(업체간 판매)뿐만 아니라 B to C(소비자 판매) 분야로도 사업을 확장시키기로 결단했다.

당시 세가 사장이었던 나카야마 하야오는, SG-1000이 자체적으로는 충분한 판매성과를 거두었음에도 닌텐도 패미컴과의 경쟁에서 10% 전후의 점유율에 그치고 만 원인을 '닌텐도는 예전부터 완구 사업을 하고 있었던' 점에 있다고 분석했다. 마침 가정용 게임기를 판매하면서 완구점 및 완구도매상으로의 판매망을 구축할 수 있었기에, 세가는 본격적으로 완구 사업에 뛰어들었다. 이때 내놓았던 완구 중 특히 1984년 발매했던 실내용 피칭 머신 '로보 피처'는, 후일 '유카와 전무'로 일약 유명인사가 되는 유카와 히데카즈가 출연한 TV광고의 효과도 톡톡히 보아 롱셀러 히트작이 되었다.

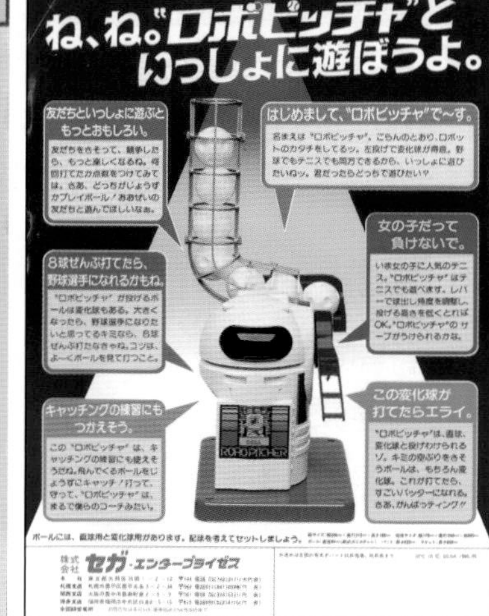

▲ 완구 사업 초기의 상품으로서, 롱셀러 히트작이 된 '로보 피처'.

또한 세가는 같은 시기에 TV프로의 스폰서(광고주)로도 진출하여, '초시공세기 오거스'를 계기로 삼아 애니메이션을 중심으로 방송광고를 전개했다. 1987년에는 자사의 광선총형 완구 '질리온'의 판촉이 목적인 미디어믹스 프로 '붉은 광탄 질리온'이 방영되어, 이에 맞추는 형태로 세가 마크 Ⅲ용으로도 게임 소프트 「붉은 광탄 질리온」과 「트라이포메이션」 두 작품을 발매했다.

패미컴과 달리 서드파티를 따로 두지 않았던 세가 입장에서는 애니메이션 판권물 라인업을 갖춘다는 면에서도 애니메이션 스폰서가 중요한 판권 확보 수단이었기에, 「하이스쿨! 기면조」·「북두의 권」·「안미츠 공주」 등, 세가 마크 Ⅲ로 발매된 애니메이션 판권물 타이틀은 대체로 세가가 직접 스폰서로 들어간 프로가 원작인 경우였다.

한편, 완구 사업과 병행해 세가가 꾸준히 역점을 기울여왔던 분야가 교육 사업으로서, 사업규모 자체는 크지 않았으나 SC-3000 당시부터 여러 교육용 소프트(24p)는 물론이고, 동전 투입식 SC-3000 내장 캐비닛인 '퍼스컴 학습 데스크', 구몬 사를 경유해 판매했던 CAI 학습용 교육단말기 '세가 AI 컴퓨터'(96p) 등, 다양한 수법으로 시행착오를 거듭하며 사업 기회를 모색해갔다.

교육 분야에서의 이러한 노력은 훗날인 1993년 세가 토이즈 사가 발매한 교육완구 '키즈 컴퓨터 피코'에서 드디어 결실을 맺어, 340만 대 이상의 판매대수를 기록한 히트상품으로 발돋움한다. 이 피코는 메가 드라이브의 아키텍처를 재활용한 제품이었으니, 가정용 게임기 사업을 유지해온 세가였기에 성공시킬 수 있었던 끈기와 집념의 승리가 아닐 수 없다.

참고로, 세가 토이즈는 현재도 세가사미 그룹의 완구부문 자회사로서 폭넓은 분야의 제품을 전개하고 있다.

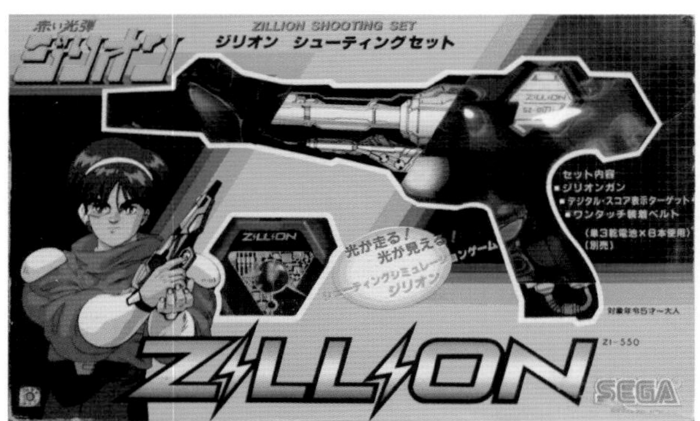

▲ 가슴에 붙이는 타깃 마커와 한 세트로 판매한 적외선 광선총 '질리온'(왼쪽 사진)과, 이 상품을 소재로 삼은 TV 애니메이션을 게임화한 「붉은 광탄 질리온」(오른쪽 사진).

기존 기종과의 호환성을 유지하면서도 진화를 이룩한 신세대기

세가 마크 III SEGA MARK III

세가 엔터프라이지스　1985년 10월 20일　15,000엔

◀ 시원한 백색 기조의 디자인을 채용한, 세가 마크 Ⅲ의 외장 패키지.

카트리지도 카드도, 이 기기 하나로 OK!

세가 마크 Ⅲ는 SG-1000부터 이어져온 세가 가정용 게임기의 제 3세대기로서 발매되었다. 디자인은 호평을 받았던 SG-1000Ⅱ를 계승하여 직선적이고 강경한 디자인과 조이패드 수납 기능을 유지했고, 더욱 시원한 느낌의 백색 외장을 채용했다. 이에 따라, 세가 마크 Ⅲ용 소프트 및 주변기기의 외장도 화이트 컬러로 통일했다.

외관상의 특징으로는, 이전까지는 옵션이었던 세가 마이 카드를 카드 캐처 없이도 직접 삽입해 구동할 수 있도록 카드 슬롯을 탑재했다. 덕분에 본체 우측의 ROM 카트리지 슬롯 주변부가 조금 솟아오른 독특한 디자인이 되었다. ROM 카트리지 슬롯과 카드 슬롯은 기본적으로 동시 사용이 불가능하나, 카드 슬롯의 독특한 활용사례로서 3-D 글래스(73p)가 존재한다. 3-D 글래스의 경우 3-D 지원 게임을 ROM 카트리지 슬롯에, 3-D 어댑터를 카드 슬롯에 장착하는 식으로 사용했다.

SG-1000Ⅱ에선 후면에 배치했던 조이스틱 단자는 이번엔 전면 하부로 위치를 바꾸어 탈착이 용이해졌을 뿐만 아니라, 케이블 길이도 1.5m로 늘려 활용성이 더욱 늘었다. 특히 세가 마크 Ⅲ는 전용 컨트롤러가 다수 나왔기에, 이러한 배려는 실로 유용한 개량점이기도 했다.

또한, 이전까지는 SC-3000에만 탑재됐던 DIN 커넥터가 세가 마크 Ⅲ에

세가 마크 Ⅲ의 사양

형식번호	SG-1000M3
CPU	Z80A (3.58MHz)
메모리	RAM : 8KB, VRAM : 16KB
그래픽	64색 발색 가능, 8×8픽셀 16색 스프라이트 64개
사운드	SN76489 (DCSG) PSG 3음 + 노이즈 1음
포즈 버튼	게임 도중 포즈(일시정지)가 가능
인터페이스	조이스틱 단자×2개, TV 안테나 단자, DIN 커넥터, ROM 카트리지 슬롯, 카드 슬롯, 확장용 슬롯
전원 / 소비전력	전용 AC 어댑터 (DC 9V) / 7.7W
외형 치수	318(가로) × 145(세로) × 52(높이) mm
부속품	AC 어댑터, TV 전환 스위치, RF 케이블, 안테나 정합기, 조이패드 2개, 취급설명서, 보증서

TOP VIEW

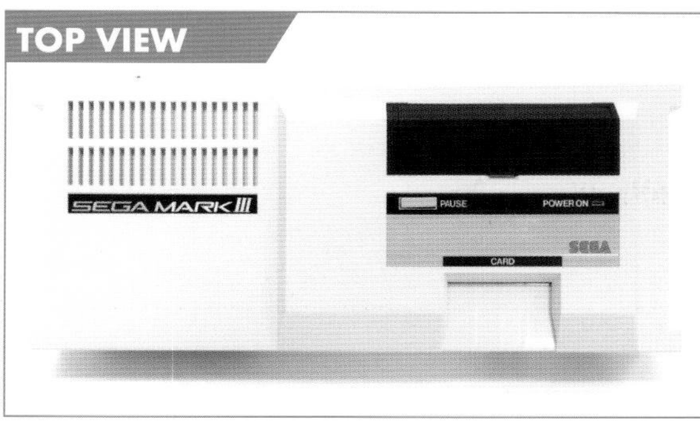

BOTTOM VIEW

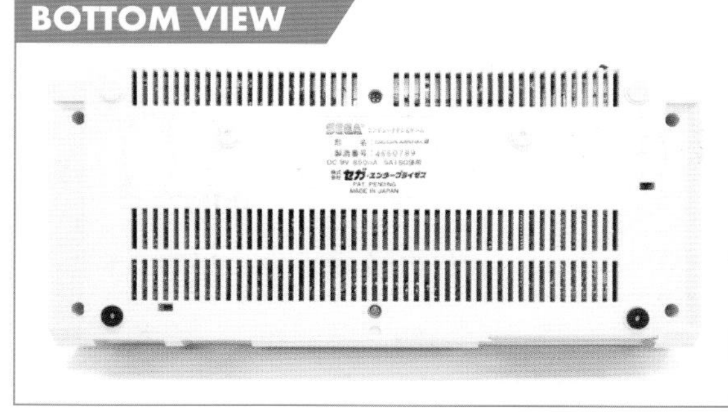

FRONT VIEW

REAR VIEW

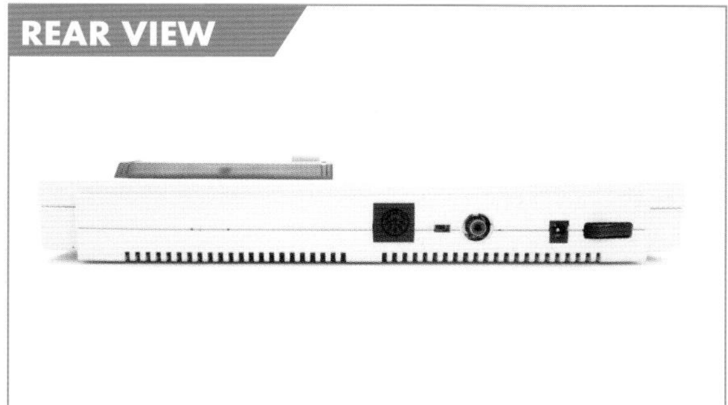

LEFT SIDE VIEW

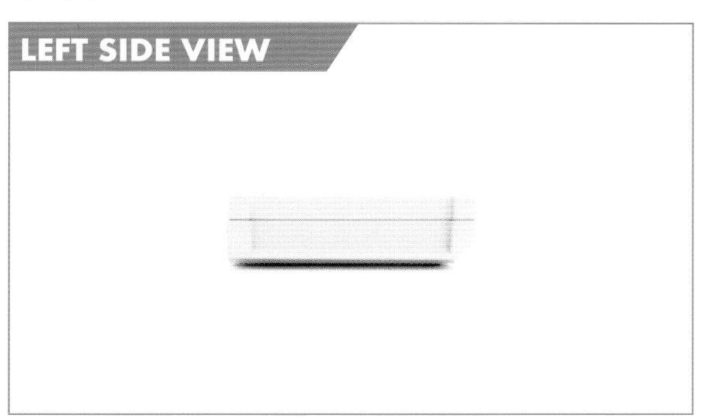

RIGHT SIDE VIEW

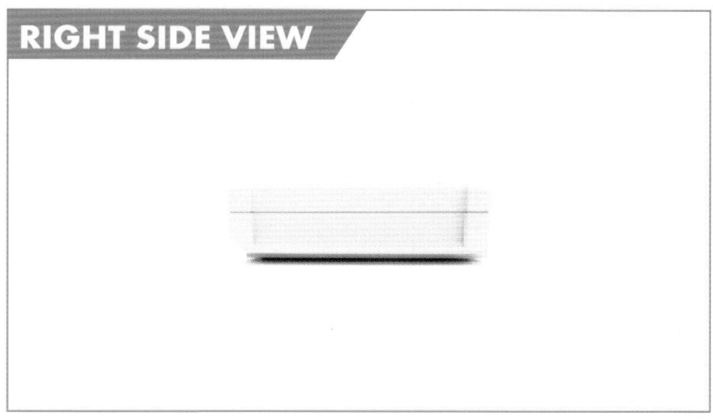

도 정규 채용되어, 더욱 고화질로 TV에 영상을 출력할 수 있게 되었다. 이 시기엔 일본 가정에도 컴포지트 비디오 단자를 내장한 최신 TV의 보급률이 크게 늘었기 때문으로서, 이후 메가 드라이브에 이르기까지 세가 게임기의 영상·음성 출력은 이 DIN 커넥터로 통일되었다.

전면 좌측에는 SG-1000부터 공통 사용되던 확장용 커넥터가 계속 탑재되어, SK-1100을 연결하면 홈 컴퓨터로도 활용 가능하다는 특유의 사양도 유지되었다(「F-16 파이팅 팰컨」의 경우, SK-1100의 프린터 단자를 경유한 통신대전도 지원했다). 이 확장용 커넥터를 사용하는 대표적인 주변기기가 확장 음원으로서 FM 음원을 추가시켜주는 FM 사운드 유닛(66p)이니, 아마도 세가 마크 Ⅲ 유저에겐 가장 활용성이 높은 커넥터가 아니었나 한다.

하위호환성이 있지만, 발색은 차이가 난다

세가 마크 Ⅲ의 최대 변경점 중 하나로 꼽히는 것이, 그래픽 관련 성능의 대폭적인 업그레이드다. 이에 따라 세가 마크 Ⅲ용으로 발매된 소프트는 각각 '골드 카트리지'(살리오 사에서 발매된 '실버 카트리지'도 포함)·'마이 카드 마크 Ⅲ'로 호칭을 바꾸어, 기존 소프트와 구별되도록 하였다. 골드 카트리지 및 마이 카드 마크 Ⅲ는 세가 마크 Ⅲ 이전의 기종으로는 구동할 수 없으므로 주의해야 한다.

반면, 세가 마크 Ⅲ 상에서는 이전 기종용의 소프트·주변기기 모두를 사용할 수 있도록 하위호환성을 구현했다. 다만 구 기종의 색 정보가 완전히 재현되지 않는다는 문제가 있었기에, SG-1000용 소프트를 세가 마크 Ⅲ에서 구동하면 색감이 크게 달라져 전반적으로 어둡고 칙칙해진다. 이 탓에 소프트에 따라서는 화면이 잘 안 보이는 경우도 있어, 모처럼 넣어둔 호환성인데도 다소 아쉬움을 주기도 했다.

커스텀 칩을 신규 개발하다

세가 마크 Ⅲ는 SG-1000의 연장선상에서 태어난 기기이지만, 당시의 라이벌 기기였던 패미컴을 이기겠다는 목적이 있었기에 바닥부터 다시 설계되었다. 애초에 패미컴이 출시 당시의 라이벌들을 누르고 일약 시장의 선두로 올라선 이유 중 하나는 타사와 달리 주요 칩에 범용 부품을 배제하고 리코 사와 공동 개발해 신규 설계한 커스텀 칩을 썼기 때문인 만큼, '저렴한 단가'와 '고성능'이라는 상반된 목표를 모두 만족시키는 제품을 구현하려면 그 길밖에 없었던 것이다.

세가도 이 점을 충분히 인식하고 있었기에, 범용 칩으로만 구성했던 SG-1000 노선에서 일찍이 발을 빼고 SG-1000Ⅱ 중기 시점부터 칩의 커스텀화에 뛰어들었다. 실제 설계·개발은 야마하 사가 맡아, SG-1000에 탑재되었던 TMS9918A를 공개된 자료만으로 리버스 엔지니어링한 끝에 호환 칩을 개발하는 데 성공했다. SG-1000Ⅱ에 탑재된 315-5066과, MSX2에 채용된 V9938 이후의 제품이 이 연구 관련으로 나오게 된 결과물이다.

세가 마크 Ⅲ에서는 이 노선을 한층 더 밀어붙여, SG-1000의 소프트 자산을 살릴 수 있도록 TMS9918A와의 호환성을 유지하면서도 성능을 대폭적으로 강화시킨 오리지널 스펙의 VDP 개발에 착수했다. 이렇게 완성된 칩은 '315-5124'로 명명되어, 그래픽 기능과 사운드 기능을 원칩으로 통합한 전용 커스텀 칩으로서 세가 마크 Ⅲ에 채용되어 활약하게 된다.

CPU·사운드

CPU로는 기존 기종과의 호환성 유지를 위해 SG-1000과 동등한 Z80A가 채용됐지만, SG-1000에 탑재됐던 샤프 사의 LH0080A가 아니라, NEC의 호환 칩인 μPD780C-1로 변경되었다(참고로, SG-1000Ⅱ도 μPD780C-1을 사용했다). 동작주파수는 동일한 3.58MHz이므로, CPU 성능 면에서는 전혀 강화된 것이 없다고 할 수 있다.

사운드 기능은 315-5124 내에 통합되어 있으나, 기능 자체는 SG-1000에 탑재됐던 SN76489와 동등하므로 이쪽도 변경되지 않았다. 애초에 세가 마크 Ⅲ가 발매된 1985년 당시는 FM 음원이 극히 일부의 아케이드 게임 및 컴퓨터에나 막 탑재되기 시작한 시점이었는지라, 가정용 게임기에 탑재할 만한 저렴한 음원 칩으로는 PSG 외의 선택지가 없었다.

세가 스스로도 자사 아케이드 게임에 FM 음원을 탑재한 것은 1985년부터였기에, 굳이 음원을 무리하게 업그레이드할 필요성을 느끼지 못했던 것이 아닐까 싶다.

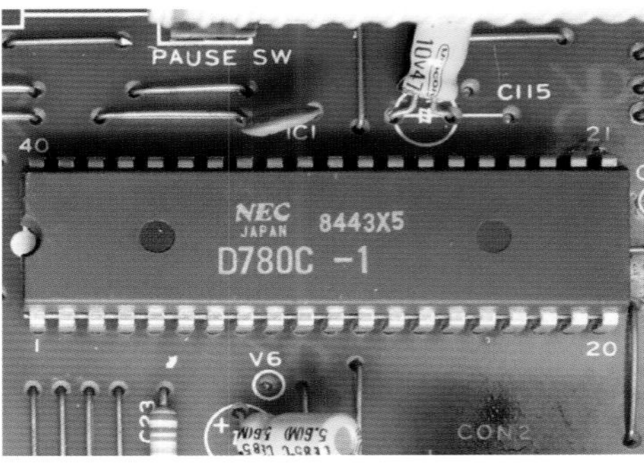

▲ 세가 마크 Ⅲ에 탑재된, Z80A 호환 CPU 'μPD780C-1'.

그래픽

세가 마크 Ⅲ에서 가장 강화된 부분이 바로 그래픽 관련이다. 본 지면에서는 그 기반 격인 TMS9918A(16p)와 비교하면서, 세가 마크 Ⅲ에서 신설된 'MODE 4'에 대해 해설한다.

스프라이트 기능

세가 마크 Ⅲ의 스프라이트 표시수는 한 화면 내에 최대 64개, 가로 방향으로는 8개(이를 넘길 경우, 우선순위가 낮은 스프라이트는 사라져버린다)까지이다. 기존에 존재했던 16×16픽셀 스프라이트가 없어진 대신, 8×16픽셀 스프라이트가 추가되었다. TMS9918A의 2배 확대 스프라이트도 없앴으며, 대신 세로 방향으로만 스프라이트를 2배 확대시키는 모드가 추가되었다. 다만 TMS9918A와 마찬가지로, 확대 모드를 실제로 사용한 소프트는 없는 것으로 보인다.

가장 큰 변경점은, 기존에서는 단색 표시였던 스프라이트를 16색으로 컬러화시킬 수 있게 된 점이다. 다만 TMS9918A와 마찬가지로 캐릭터 어트리뷰트(상하좌우 반전 등) 기능이 없기에, 캐릭터의 왼쪽·오른쪽 모습 등은 각각 별도의 그림으로 만들어 넣어야만 한다. 이 때문에 개발자들은 VRAM 용량의 압박에 시달려야 했다.

백그라운드

BG(백그라운드)는 1장이 제공되며, 가로·세로 방향으로 스크롤이 가능하다. 상하·좌우는 서로 연결돼 있어, 화면 끝을 넘어가면 반대쪽 화면이 루프되어 표시된다.

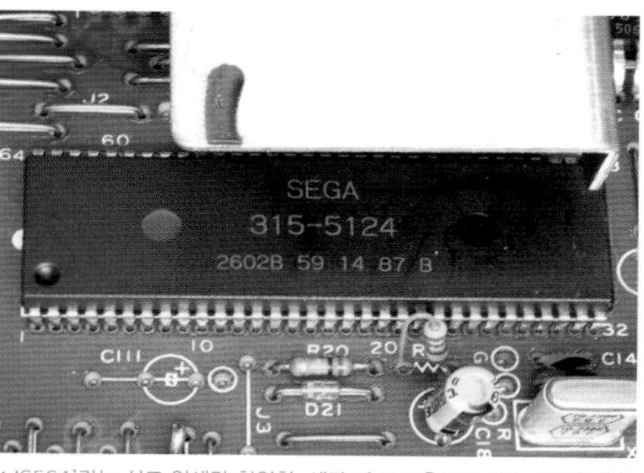

▲'SEGA'라는 실크 인쇄가 찬연한, 세가 마크 Ⅲ용으로 신규 설계된 칩인 315-5124.

긴 화면을 스크롤시키려면 BG 화면을 교체해야만 하는데, 교체 중인 화면이 보이지 않도록 화면 왼쪽의 가로 8픽셀 너비를 마스킹하여 가려주는 기능이 있다(상하 방향은 처음부터 비표시 영역이 있어 그 안에서 교체하면 되므로, 이와 같은 기능이 없다).

BG에는 반전 표시 기능이 있기에, 이를 잘 활용하면 스프라이트 쪽에서 패턴 정의 개수를 과다 소비한 분량을 여기서 다소나마 절약할 수 있었다.

표시 색수에 대하여

세가 마크 Ⅲ는 스프라이트용·BG용 각각에 16색 팔레트를 1개씩 배정하므로, 한 화면 내에서 동시 표시할 수 있는 색수는 32색(1색은 투명색이므로, 실질적으로는 31색)이다. 팔레트 개수가 적다는 것은 후일의 메가 드라이브에까지 이어지는 세가 가정용 게임기의 공통적인 약점이었는데, 게임들의 화면이 전반적으로 원색 위주가 되고 색감이 엇비슷해지기 일쑤였던 것도 이것이 원인이었다.

한편, SG-1000용 소프트를 세가 마크 Ⅲ에서 구동하면 변색된 색감으로 표시되는 문제가 있었는데, 이는 세가 마크 Ⅲ에 탑재된 VDP인 315-5124의 색 특성 때문이다. 특히 짙은 청색·짙은 적색·짙은 황색·짙은 녹색(16p의 컬러 팔레트 참조) 쪽이 가장 차이가 심해, 소프트 개발팀 내에서는 아예 이 색들을 쓰지 말라는 내부방침이 있었을 정도였다고 한다.

세가 마크 Ⅲ의 그래픽 화면 기능 개요

315-5124의 화면 모드

MODE 0 256×192픽셀, 2색 (TMS9918A의 TEXT1 호환)
MODE 1 256×192픽셀, 16색 (TMS9918A의 GRAPHIC1 호환)
MODE 2 256×192픽셀, 16색 (TMS9918A의 GRAPHIC2 호환)
MODE 3 64×48픽셀, 16색 (TMS9918A의 MULTI COLOR 호환)
MODE 4 256×192픽셀, 64색 중 32색 (세가 마크 Ⅲ/마스터 시스템의 고유 모드)

이하의 각 설명은 MODE 4를 기준으로 한다.

사용 가능한 스프라이트 사이즈

8 / 8
16 / 8
(단위 : 픽셀)

화면 내에 표시 가능한 스프라이트 개수는 64개까지.
(가로 방향으로는 8개까지)

컬러 팔레트에 대하여

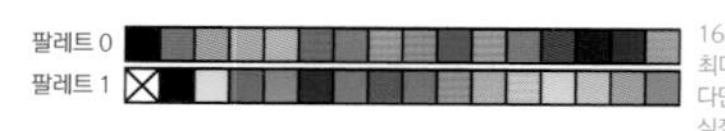

16색짜리 컬러 팔레트가 2개 있으므로, 최대 32색 동시 표시가 가능.
다만, 대체로 1색을 투명색에 할당하므로 실질적으로는 31색 표시.

세가 마크 Ⅲ의 화면표시 개념도

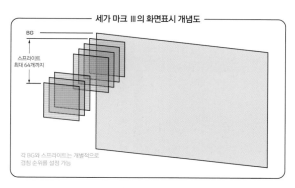

BG
스프라이트 최대 64개까지

각 BG와 스프라이트는 개별적으로 겹침 순위를 설정 가능

패턴 정의 개수에 대하여

스프라이트 : 패턴 정의 개수는 8×8픽셀을 1패턴으로 계산할 때 최대 256개까지
BG : 패턴 정의 개수는 8×8픽셀을 1패턴으로 계산할 때 최대 256개까지
1패턴 당 32바이트를 사용하므로, 512개일 때는 16KB (이것이 VRAM 사이즈다)

단, 패턴 네임 테이블(상하좌우 반전의 플래그 정보 등)도 정의 개수 내에 포함되므로, 실제로 캐릭터 등록이 가능한 패턴 수는 512개보다 줄어든 448개가 된다.

윈도우 기능

BG 화면 내 가장 윗줄의 2캐릭터(16픽셀) 분량, 혹은 가장 오른쪽줄의 8캐릭터(64픽셀) 분량 중 한쪽을 고정시켜 스크롤되지 않도록 막는 기능으로서, 오른쪽 사진처럼 점수나 스테이터스 등의 정보를 고정 표시하기 위해 도입했다. 윗줄 고정 쪽은 「판타지 존」 등 여러 소프트에서 애용되었지만, 오른쪽줄 고정 쪽은 종스크롤 슈팅 게임이 적었던 탓인지 「새틀라이트 7」·「소방구조대」 2개 작품만이 사용했다고 알려져 있다.

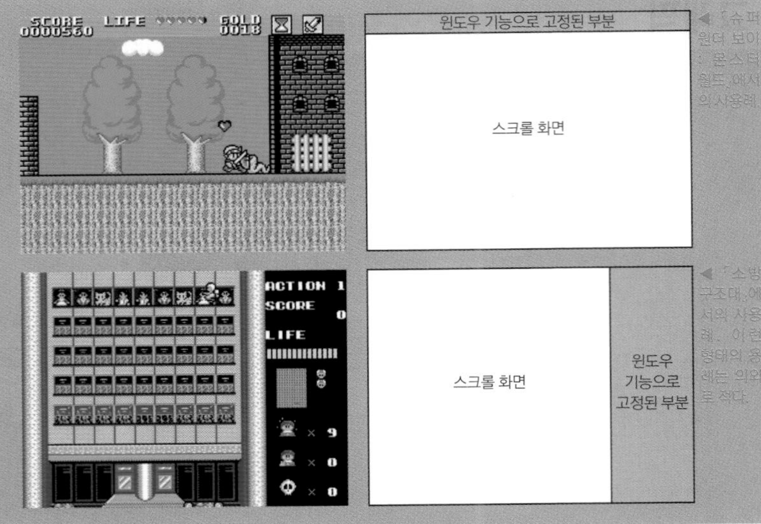

◀「슈퍼 원더 보이 : 몬스터 월드」에서의 사용례

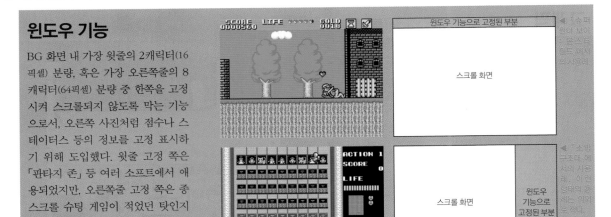

◀「소방구조대」에서의 사용례. 이런 형태의 용례는 의외로 적다.

컨트롤러

세가 마크 Ⅲ의 컨트롤러는 SG-1000Ⅱ용 컨트롤러 패드인 SJ-150·SJ-151의 연장선상에 있는 제품으로서, 형식번호마저도 SJ-152다. 기본적인 사양은 SJ-151과 동일하며, 이전에 발매했던 조이스틱·컨트롤 패드도 포함해 모두 공통 사용 가능하다. 반대로, SJ-152를 SG-1000 및 SG-1000Ⅱ에서 사용할 수도 있다.

디자인은 세가 마크 Ⅲ에 맞춰 더욱 세련되게 변경했으며, 컨트롤러 상하 두께를 줄여 얇게 만들어 잡기 쉽도록 개선했다. 이 시기의 세가 제 컨트롤 패드의 특징이었던 미니 스틱 부착용 나사구멍도 남겨두어, 오래 사용하다 보면 왼손 엄지손가락이 나사구멍 때문에 아파오는 결점도 그대로 가져온 셈이 되었다.

CATALOGUE

소프트웨어

세가 마크 Ⅲ용 소프트는 크게 구분하면, 기존의 세가 마이 카드와 동일 형태이지만 세가 마크 Ⅲ 전용인 '세가 마이 카드 마크 Ⅲ', 1Mbit 이상의 대용량 ROM을 채용한 '골드 카트리지', 서드파티가 발매했던 대용량 ROM 카트리지인 '실버 카트리지'의 3종류로 나뉜다. 이 3종류 모두, 세가 마크 Ⅲ·세가 마스터 시스템 이외의 기존 기종에서는 꽂아도 구동되지 않으니 주의해야 한다.

세가 마크 Ⅲ 발매 당초에는 세가 마이 카드 마크 Ⅲ로만 소프트를 공급했었으나, 카드형 매체의 결점인 '대용량화가 어렵다'는 문제가 일찍부터 부각되었고, 패미컴·MSX 등의 라이벌 기종도 차례차례 대용량 ROM을 탑재한 카트리지로 넘어갔기 때문에, 세가 역시 「판타지 존」부터는 1M ROM을 탑재한 골드 카트리지를 발매했다. 이후 발매된 타이틀은 거의 대부분 골드 카트리지였기에, '세가 마크 Ⅲ = 골드 카트리지'라는 인식이 정착되었다.

실버 카트리지는 서드파티용으로 신설한 시리즈였지만, 서드파티 자체가 살리오 단 한 회사였다 보니 발매 타이틀이 2종뿐이었으므로, 본 지면에서는 사진을 생략했다(패키지 디자인이 실버일 뿐, 카트리지 자체는 후기형 골드와 동일하다).

세가 마이 카드 마크 Ⅲ

패키지는 적색 기조의 디자인으로서, '세가 마크 Ⅲ 전용'임을 강하게 어필하는 것이 특징. ROM 용량은 기존의 마이 카드와 동일한 32KB(256Kbit)로서, 다루기 쉬운 반면 용량 한계가 커서 결국 전개가 중단되었다. 총 14개 타이틀이 발매됐다.

골드 카트리지 (초기)

「판타지 존」에서 처음 등장한 대용량 ROM 카트리지. 세가 마크 Ⅲ용임을 어필하는 의미에서, 세가 마크 Ⅲ와 동일한 백색 외장을 채용했다. 뒷면의 포켓에는 메모지 등을 끼울 수 있다.

골드 카트리지 (후기)

외장 패키지의 지원기종 표기에 '마스터 시스템'을 추가한 버전으로서, 「그레이트 골프」부터 도입되었다. 당초엔 초기와 동일한 백색 카트리지였으나, 「잭슨 3D」부터는 흑색 카트리지로 변경됐다.

세가 마크 Ⅲ의 주변기기

FM 사운드 유닛 FM SOUND UNIT

FM-70　세가 엔터프라이지스　6,800엔

FM 사운드 유닛은 세가 마크 Ⅲ용으로 발매된, 본체의 사운드 성능을 확장시켜주는 주변기기다. 1985년경부터 아케이드 게임과 컴퓨터 게임 쪽에서 FM 음원으로 연주되는 사운드가 유행하기 시작하자, 음원 성능 자체로는 SG-1000과 달라진 것이 없는 세가 마크 Ⅲ에 사운드 강화를 요구하는 유저들의 바램에 부응한 제품이라 할 수 있다.

패미컴의 디스크 시스템이나 메가 드라이브의 메가 CD·슈퍼 32X 등처럼 다른 기능이 메인이면서 사운드 기능을 '부가적으로' 확장하는 케이스는 여럿 있으나, 이 제품처럼 '사운드 성능 강화'만을 목적으로 내놓은 주변기기는 가정용 게임기 쪽에서는 세계적으로도 매우 예가 드물다.

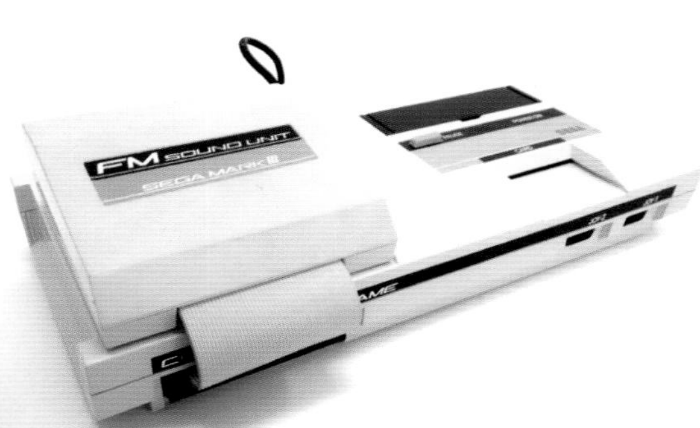

TOP VIEW

SIDE VIEW

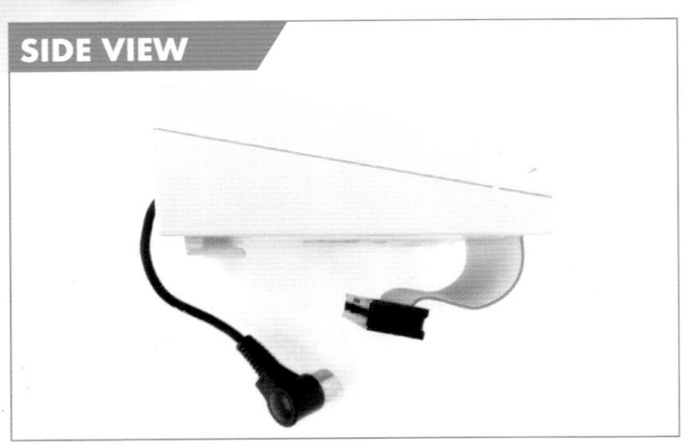

REAR VIEW

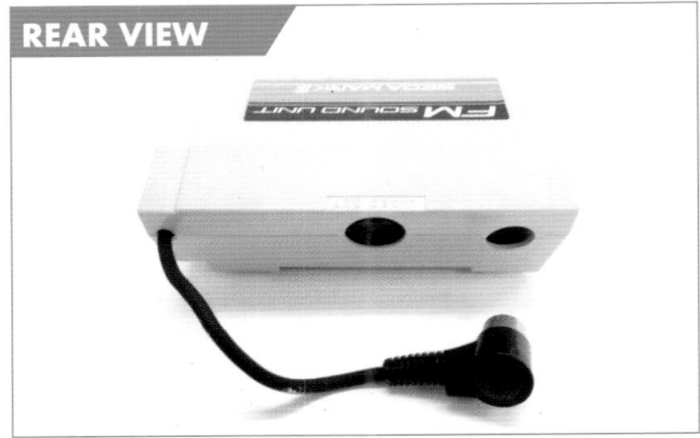

▲ FM 사운드 유닛의 메인 기판과, FM 음원 칩 YM2413 주변부의 확대사진.

▲ FM 사운드 유닛의 외장 패키지 사진.

FM 사운드 유닛에 탑재된 음원은 YM2413(OPLL)이라 하며, 2오퍼레이터(발진기) FM 음원 9음, 혹은 FM 음원 6음+리듬 음원 5음을 동시에 연주할 수 있고, MSX용 음원으로도 사용되었던 칩이다.

이 칩은 일반적인 아케이드 게임이나 컴퓨터에 쓰인 여타 FM 음원에 비하면, 오퍼레이터 수가 적고 음색도 내장음색 위주로 거의 고정된다는 결점이 있다. 하지만 뒤집어 말하면 아예 음색 데이터까지 칩 내의 ROM에 내장돼 있기에 다루기 간편하고, 수정진동자와 D/A 컨버터까지 몽땅 원칩화돼 있으면서도 단가가 저렴했기에, 가격대성능비가 매우 뛰어난 칩이라고도 할 수 있다.

이 제품은 나카 유지가 독자적으로 음원 보드를 만들어 당시 개발중이었던 「아웃런」에 실험적으로 연동시킨 것을 계기로 상품화되었다는 뒷이야기가 있다. 하지만 이후의 세가 마크 Ⅲ용 소프트는 거의 대부분 FM 사운드 유닛을 지원했으니, 이것도 이 기기가 유저들의 필요성을 제대로 만족시켰음을 반증하는 에피소드라 하겠다.

후일 발매되는 세가 마스터 시스템은, FM 사운드 유닛 기능을 본체에 기본 내장했다.

■ 지원 타이틀

- 「아웃런」
- 「나스카 '88」
- 「판타지 존 II : 오파오파의 눈물」
- 「패사의 봉인」
- 「에일리언 신드롬」
- 「SDI」
- 「잭슨 3D」
- 「알렉스 키드 BMX 트라이얼」
- 「애프터 버너」
- 「트라이포메이션」
- 「판타지 스타」
- 「오파오파」
- 「패밀리 게임즈」
- 「메이즈 워커」
- 「슈퍼 원더 보이 : 몬스터 월드」
- 「갤럭틱 프로텍터」
- 「스페이스 해리어 3D」
- 「알레스터」
- 「알렉스 키드 : 더 로스트 스타즈」
- 「블레이드 이글」
- 「별을 찾아서…」
- 「솔로몬의 열쇠 : 왕녀 리히타의 눈물」
- 「천재 바카본」
- 「검성전」
- 「로드 오브 소드」
- 「SHINOBI」
- 「캡틴 실버」
- 「슈퍼 레이싱」
- 「소방구조대」
- 「선더 블레이드」
- 「마왕 골베리어스」
- 「열구 코시엔」
- 「공작왕」
- 「R-TYPE」
- 「더블 드래곤」
- 「이스」
- 「초음전사 보그맨」
- 「봄버 레이드」

■ 오동작이 발생하는 FM 사운드 유닛 비지원 타이틀

- 「이상한 성 핏폿」
- 「테디보이 블루스」
- 「그레이트 베이스볼」

왼쪽의 3개 타이틀은 FM 사운드 유닛이 장착된 상태로 구동하면 오동작이 발생한다.
(FM 사운드 유닛의 플랫 케이블을 뽑아야만 정상 동작)

텔레컨 팩 TELECON PACK

TP-300 세가 엔터프라이지스 4,000엔

세가 마크 Ⅲ 전용으로 개발된 무선 컨트롤 유닛. '게임을 무선으로 띄워보자!'라는 외장 패키지의 선전 문구대로, 수신기와 송신기를 TV와 게임기 본체 각각에 연결하면, UHF 전파를 이용하여 케이블 없이 직접 게임 영상을 TV로 전송시켜 주는 기기다.
주변의 전파에 간섭을 받을 수 있고, 유닛 사이를 사람이나 물체가 가로지르기만 해도 화면이 이지러지는 등 문제가 많은 제품이었으나, 장착해놓으면 나름 멋있기도 해 게임에 꿈이 있던 시대를 상징하는 주변기기였다.

◀ 타국에서는 주파수 규격이 달라지는지라, 일본에서만 쓸 수 있었던 제품이다.

TRANSMITTER TOP VIEW

RECEIVER FRONT VIEW

조이패드 JOYPAD

SJ-152 세가 엔터프라이지스

세가 마크 Ⅲ에 동봉된 컨트롤러와 동등품. 기존 제품에 비해 더욱 세련된 디자인으로 거듭났으며, 가로로 잡고 오래 즐기기 편한 형상으로 개량했다. 방향키 중앙에는 스틱을 탈착할 수 있도록 했다.

바이크 핸들 BIKE HANDLE

BH-400 세가 엔터프라이지스 4,000엔

오토바이 레이싱 게임의 분위기를 살려주는 컨트롤러계 주변기기로서, 「행온」과 동시에 발매되었다.

핸들 컨트롤러(19p)와 동일한 디지털 입력이므로, 핸들 컨트롤러와 상호 교체하여 사용할 수도 있다.

◀ 액셀 조작은 핸들로 가능하지만, 시프트 조작은 레버로만 할 수 있는 기묘한 구조로 만들어져 있다.

패들 컨트롤 PADDLE CONTROL

HPD-200 세가 엔터프라이지스 1,200엔

세가 마크 Ⅲ용의 볼륨 다이얼형 아날로그 컨트롤러. 스티어링 조작에 활용할 수도 있어, 의외로 「아웃런」도 정규 지원한다.

■ 지원 타이틀

- 「알렉스 키드 BMX 트라이얼」
- 「갤럭틱 프로텍터」
- 「슈퍼 레이싱」
- 「소방구조대」
- 「아웃런」

래피드 파이어 유닛 RAPID FIRE UNIT

RF-150 세가 엔터프라이지스 1,500엔

세가 마크 Ⅲ용의 연사 유닛. 본체와 컨트롤러 사이에 연결하면 초당 20발의 연사기능을 부가해준다. 지원기종은 세가 마크 Ⅲ와 서양판 세가 마스터 시스템. 메가 드라이브·제네시스에서 세가 마크 Ⅲ용 소프트를 플레이할 때도 쓸 수 있다. 일본 발매판 세가 마스터 시스템에는 이와 동등한 기능이 기본 내장돼 있다.

서양판 세가 마크 Ⅲ가, 업그레이드되어 일본에 금의환향!

세가 마스터 시스템 MASTER SYSTEM

세가 엔터프라이지스 1987년 10월 18일 16,800엔

원래는 서양판 세가 마크 Ⅲ였다

세가 마스터 시스템은 1987년 일본에 발매된 세가 마크 Ⅲ의 후계기다. 후계기라고는 하나 신규 설계는 아니며 이른바 '마이너 업그레이드'에 더 가까운 기기로서, 세가 마크 Ⅲ용 소프트는 물론 SG-1000 이후의 ROM 카트리지·마이 카드 소프트까지도 모두 사용할 수 있으며, 주변기기도 세가 키보드 SK-1100 등의 일부 제품 외에는 대부분 그대로 사용 가능하다.

마스터 시스템의 디자인 자체는 원래 서양판 세가 마크 Ⅲ로서 발매된 동일 명칭의 본체 디자인을 다시 가져온 것으로서, 일본판 마스터 시스템은 서양판 기반이면서도 일본 시장 전용으로 일부 설계를 변경해 적용했다. 디자인은 서양판을 그대로 답습하여, 검은색 바디에 붉은색으로 포인트를 넣어 선이 굵고 강경한 느낌을 준다. 외장 패키지도 서양판 마스터 시스템의 디자인을 그대로 살려 채용했고, 본체는 물론 마스터 시스템 출시 후에 발매된 주변기기 역시 패키지 디자인을 이에 맞춰 리뉴얼했다. ROM 카트리지의 성형색도 기존의 백색(세가 마크 Ⅲ의 컬러)에서 흑색으로 변경했다.

세가 마스터 시스템의 사양

형식번호	MK-2000
CPU	Z80A (3.58MHz)
메모리	RAM : 8KB, VRAM : 16KB, ROM : 8KB
그래픽	64색 발색 가능, 8×8픽셀 16색 스프라이트 64개
사운드	2오퍼레이터 FM 음원 9음(혹은 FM 음원 6음 + 리듬 5음) + PSG 3음 + 노이즈 1음
래피드 버튼	초당 20연사 기능의 ON·OFF가 가능
포즈 버튼	게임 도중 포즈(일시정지)가 가능
인터페이스	컨트롤 패드 잭×2개, AV 잭, 3-D 잭, ROM 카트리지 슬롯, 카드 슬롯, 확장용 슬롯
전원 / 소비전력	전용 AC 어댑터 (DC 9V) / 850mA
외형 치수	365(가로) × 170(세로) × 70(높이) mm
부속품	AC 어댑터, RF 오토 스위치 박스, 안테나 정합기, 컨트롤 패드 2개, 취급설명서, 보증서

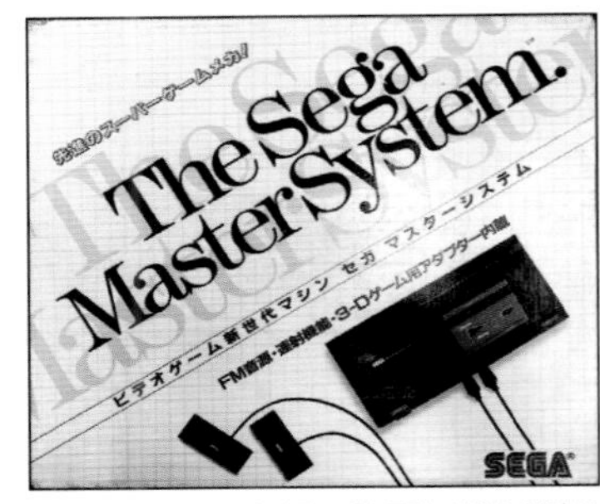

▲ 그야말로 '해외에서 사들고 온' 듯한, 서양 느낌이 물씬한 외장 패키지. 이게 또 멋이 있었다!

TOP VIEW

CONTROL PAD

FRONT VIEW

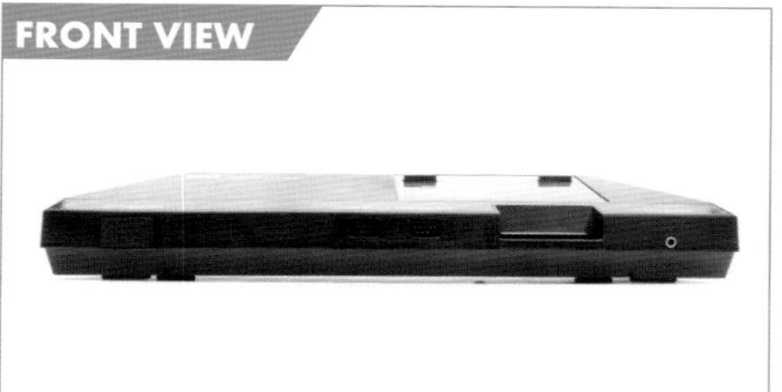

REAR VIEW

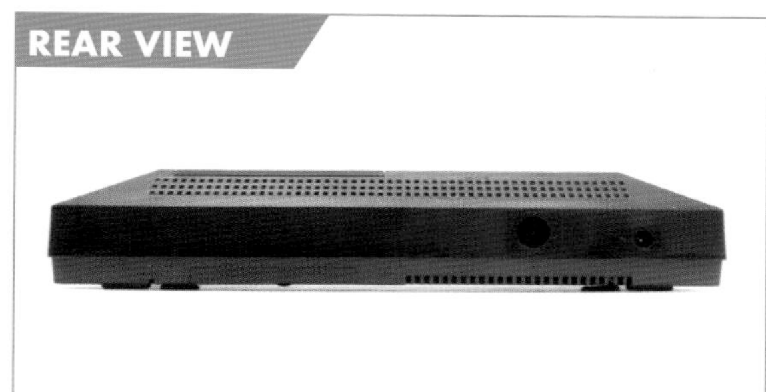

SIDE VIEW

주변기기를 내장하여 가성비가 뛰어나다

본체 외관은 서양판과 동일하지만 앞서 서술한 대로 일본 시장용으로 내부설계를 변경했는데, 최대 변경점은 뭐니 뭐니 해도 세가 마크 Ⅲ용으로 발매했던 몇몇 주변기기의 기능을 처음부터 본체에 내장시켰다는 점이다. 여기에 탑재된 주변기기 전부를 세가 마크 Ⅲ와 함께 산다고 가정하면 무려 23,000엔을 넘기니, 처음 구입하는 유저 입장에서는 실로 매력적인 소비자 가격이었을 것이다.

가장 큰 세일즈포인트는 역시 FM 음원. FM 사운드 유닛(66p)을 표준 탑재하여, 이를 지원하는 소프트를 더욱 고음질인 FM 음원으로 즐기는 기능이다. 다만 내장기능이라 FM 사운드 유닛처럼 탈착할 수는 없기에, 반대로 PSG 사운드(이쪽은 이쪽대로 구형과 사운드의 독특한 맛이 있다)로 듣고픈 유저에겐 반갑지 않은 변화였을지도 모른다.

CATALOGUE

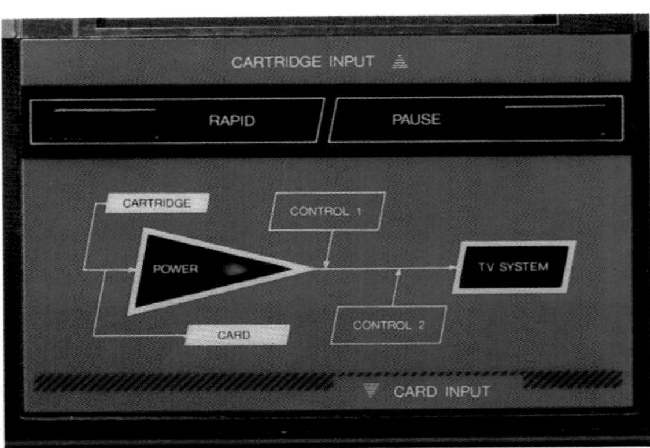

▲ 본체 상단 패널의 확대사진. 래피드 버튼과 포즈 버튼이 배치돼 있다.

▲ 일본에서는 지원하는 소프트가 적다 보니 그다지 활용성이 없었던 3-D 글래스 단자.

연사(래피드) 기능은 래피드 파이어 유닛(68p)을 표준 탑재한 것으로서, 연사하고픈 버튼을 누르고 있는 상태로 카트리지 슬롯 아래에 배치된 래피드 버튼을 누르면 파일럿 램프가 점멸상태로 바뀌며 초당 20연사 기능이 붙는다(반대로, 래피드 버튼을 누르고 있는 상태로 연사중인 버튼을 누르면 해제된다).

3-D 글래스 단자는, 오른쪽 페이지에 소개된 3-D 글래스를 별도 구입하여 연결하면 「스페이스 해리어 3D」 등의 3D 표시 지원 소프트를 입체영상으로 즐길 수 있다. 아쉽게도 3-D 글래스 자체를 추가 구입해야 했기에, 유저에겐 상대적으로 만족감이 적은 기능이었을지도 모르겠다.

닮았으면서도 다른 일본판과 서양판

하드웨어 사양 면에서는, 일단 서양 시장을 위해 발매한 하드웨어를 다시 일본용으로 재설계해 발매했다는 경위가 있기에, 내부설계로 보자면 세가 마크 Ⅲ와는 꽤 많은 부분이 변경되어 있다. 구체적으로는 8KB의 ROM을 내장하여, ROM 카트리지나 마이 카드를 삽입하지 않은 상태로 전원을 켜면 내장 ROM이 구동되도록 했다(상세한 것은 아래를 참조하자).

또한, 서양판 마스터 시스템과의 큰 차이점 중 하나가 컨트롤 패드의 방향키 부분이다. 서양판 컨트롤 패드는 방향키가 단순한 플라스틱 일체성형 구조인 데 반해, 일본판의 방향키는 SG-1000Ⅱ·세가 마크 Ⅲ용 패드와 동일하게 미니 조이스틱을 탈착할 수 있는 나사구멍이 뚫려 있어, 동봉된 미니 조이스틱을 돌려 끼울 수 있도록 했다. 스틱을 사용하지 않을 경우를 위해 마개도 끼워주었다.

SG-1000 시절부터 오랫동안 꾸준히 명맥이 이어져 왔던 확장용 슬롯은 마스터 시스템에도 탑재돼 있으나, 본체의 뒷면 바닥 쪽으로 옮겨진데다 아예 플라스틱으로 봉인되어 있다(취급설명서에도 확장용 슬롯에 관한 언급이 없다). SK-1100을 비지원하는데다 세가 마크 Ⅲ에서 활용되었던 FM 사운드 유닛도 본체에 내장해버린 만큼, 필요성이 없다고 판단했던 것으로 보인다.

▲ 완전히 봉인돼버린 확장용 슬롯. 혹시 쓸 일이 있을지 몰라 남겨만 놓은 느낌으로서, 결국 실제로 사용되는 일은 없었다.

카트리지를 꽂지 않고 전원을 켜면……

소프트를 장착하지 않은 채 전원을 켜면, 오른쪽과 같은 화면이 나오며 「스페이스 해리어」의 FM 음원판 메인 BGM이 연주된다. 세가 마크 Ⅲ용 「스페이스 해리어」는 FM 사운드 유닛 발매 전에 나온지라 당연히 비지원이었으므로, 훌륭한 팬서비스라 할 수 있다.

▲ 이 장면을 일부러 띄워놓고 「스페이스 해리어」의 곡을 만끽하던 유저도 많지 않았을까?

▲ 서양판 마스터 시스템의 경고화면. 오른쪽 위에 'V2.0'이란 표기가 보인다(여러 버전이 있었다).

세가 마스터 시스템의 주변기기

컨트롤 패드 CONTROL PAD

MODEL-3020 세가 엔터프라이지스

세가 마스터 시스템에 동봉된 패드와 동등품. SG-1000·SC-3000·세가 마크 Ⅲ와 공통 사양이므로 상호간에 교체 사용 가능하다.

▲ 발매시기에 따라 여러 버전이 있어, 케이블 위치 변경 등 소소한 개량을 가했다.

세가 스포츠 패드 SEGA SPORTS PAD

SP-500 세가 엔터프라이지스 9,800엔 (「스포츠 패드 사커」 동봉)

스포츠 게임 전용으로 개발된 컨트롤러로서, 트랙볼로 360° 입력을 지원한다.

북미 사양과 일본 사양의 2종류가 존재하는데, 북미 사양은 다른 게임에서도 활용 가능한 추가 스위치가 달려 있으며, 본체 사이즈도 일본 사양보다 훨씬 큼직하다. 일본에서는 「스포츠 패드 사커」와 동봉해 판매했으며 단품으로는 발매하지 않았고, 지원 소프트도 딱 그 한 타이틀뿐이었다.

3-D 글래스 SEGA 3-D GLASSES

세가 엔터프라이지스 6,000엔

세가 마크 Ⅲ 및 세가 마스터 시스템용으로 발매된 전용 소프트를 입체영상으로 즐기게 해주는 주변기기. 고속 셔터 방식으로 3D 효과를 발생시킨다. 다만 프레임레이트가 반절로 깎이고, 브라운관 이외의 TV에서는 쓸 수 없다는 결점이 있다.

동봉된 3-D 어댑터를 사용하면 세가 마크 Ⅲ에서도 쓸 수 있다.

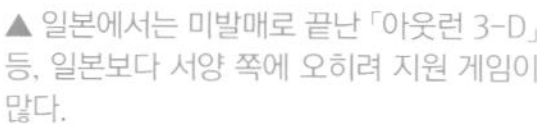

▲ 일본에서는 미발매로 끝난 「아웃런 3-D」 등, 일본보다 서양 쪽에 오히려 지원 게임이 많다.

해설 팬들의 지지로 대약진한 세가 마크 III

COMMENTARY OF SEGA MARK III #2

인기 아케이드 게임을 세가 마크 III로 이식하라!

58p의 해설에서도 언급했듯, 세가 마크 III는 당시의 최신예 기판이었던 시스템 2로 제작된 게임의 이식을 상정하고 설계된 게임기였음에도 불구하고, 그로부터 반년 후 훨씬 표현력이 급상승한 16비트 CPU 탑재 기판 '시스템 16'이 시장에 투입되고 만다. 이렇다보니 실제로 시스템 2에서 세가 마크 III로 이식 발매된 타이틀은 「테디보이 블루스」·「청춘 스캔들」·「슈퍼 원더 보이」 단 3개 작품으로 끝나버렸다.

한편, 세가의 아케이드 게임 쪽에서는 「판타지 존」·「스페이스 해리어」·「아웃런」·「애프터 버너」 등, 후세에 길이 남을 명작들이 속속 등장했다. 그야말로 세가 대약진의 시대였던 것이다. 당연히 '이 게임들을 가정용 게임기로도 즐기고 싶다'라는 팬들의 요청이 쇄도했기에, 가정용 소프트 개발팀은 어떻게든 이식도를 높이기 위해 골머리를 앓았다.

결과적으로, 「판타지 존」은 1M ROM을 채용하고 거대한 보스 캐릭터를 BG에 그린다는 테크닉을 동원해, 일부 보스를 오리지널로 교체한 것 등의 차이점은 있으나 아케이드판의 분위기를 제법 재현해냈다. 「스페이스 해리어」는 2M ROM과 '플레이어와 탄 외에는 전부 BG에 그린다'라는 대담한 테크닉을 시도해, 큼직한 캐릭터의 박력을 이식해내는 데 성공했다. 심지어 「아웃런」에선 원작의 최대 매력인 퓨전 사운드를 아예 FM 사운드 유닛을 별도 발매함으로써 재현해내는 등, 최대한도의 이식을 향한 세가의 치열한 분투는 유저들을 크게 감동시키기에 이르렀다.

이렇게 'BG를 사용한 대형 캐릭터 묘사'와 'FM 음원'이라는 노하우를 습득한 이식 팀은, 이제까지 축적된 경험의 집대성으로서 '「애프터 버너」의 이식'이라는, 누가 봐도 무모하기 짝이 없는 목표에 도전한다. 「스페이스 해리어」에서 지적받았던 'BG에서 그래픽을 겹칠 때 발생하는 구멍'은 '겹쳐지는 BG 부분을 실시간으로 생성한다'라는 방법으로 극복하고, 세가 마크 III 소프트 최초의 4M ROM을 사용하며, FM 음원까지 지원하는…… 그야말로 '한계에 도전하자'라는 의욕이 도처에서 엿보이는 작품이 되었다. 허나 세가 팬들의 기대치가 너무나도 높았기 때문인지 발매되고 나자 아케이드판과의 큰 격차에 실망하는 의견도 잇달아, 이후 언급할 잡지 'BEEP'에서는 이 게임을 '애프터 버너'가 아니라 '애으어 어어'라고 비아냥대는 글이 실렸을 만큼 혹평이 넘쳐나기도 했다.

모든 이식이 성공을 거둔 것은 아니었으나마, 압도적인 성능차가 있는 아케이드 게임을 어떻게든 집에서 즐길 수 있도록 해보겠다는 강력한 의지와 정열이 느껴지는 작품들이, 바로 세가 마크 III 시대의 수많은 이식작이었다 하겠다.

'세가 인'을 위한 정보들을 적극 제공했던 게임 정보지, 'BEEP'

1985년의 「슈퍼 마리오브라더스」 발매를 기폭제로 삼아 꽃을 피운 '패미컴 붐'을 계기로, 게임이 새로운 시대의 문화로서 막 주목받던 시기. 당시 패미컴 쪽은 '패밀리 컴퓨터 Magazine'(토쿠마쇼텐 인터미디어)을 필두로 패미컴 전문 잡지가 차례차례 창간되면서, 개발사와 유저 사이를 이어주는 '게임잡지'라는 매체가 자리 잡기 시작했다. 반면 세가 진영 쪽은 이 당시엔 아직 전문지가 존재하지 않았기에, 정보 발신력 면에서 패미컴에 크게 뒤처져 있었다.

그런 와중에서 세가에 크게 역점을 기울인 잡지가, 1984년 일본소프트뱅크(현 SB 크리에이티브)가 발행한 월간지 'BEEP'이었다. 'BEEP'은 앞서 언급한 '패밀리 컴퓨터 Magazine'보다 앞서 창간됐던 가장 오래된 게임 정보지였으나, 타 잡지에 비해 정보지로서의 색깔이 옅어(컬럼·기획기사가 많고 문화를 넓게 다루는 편이었다) 부수경쟁에서 고전을 면치 못하고 있었다. 그 타개책으로서 'BEEP'은 의도적으로 패미컴이라는 당대 유행을 대놓고 거슬러, 세가 게임기·MSX 등 '안티 닌텐도' 노선을 강화하는 쪽으로 편집방침을 잡았다. 이 방향성은 패미컴 이외의 마이너 기종 유저들을 결집시키는 효과를 발휘해, 부수는 뒤떨어지나마 더욱 날선

▲ 표지부터 아예 '세가 파워'가 물씬물씬 풍겨나는, 'BEEP' 1986년 11월호.

방향으로 잡지를 변모시켜갔다.

그중에서도 가장 공을 들인 것이 세가 관련 정보로서, SG-1000부터 세가 마크 Ⅲ, 마스터 시스템까지의 세가 게임기는 물론이요, 세가의 아케이드 게임 정보도 다루고 세가 게임 BGM을 담은 소노시트(역주 ※)까지 부록으로 끼워주는 등, 반쯤은 세가 전문지라 해도 무방할 정도였다. 앞서 다룬 여러 세가 마크 Ⅲ용 아케이드 이식작 관련 정보도 디테일하게 소개했으니, 이런 기사를 읽기 위해 'BEEP'을 일부러 구독하던 독자도 많았으리라 여겨진다. 심지어 1986년 11월호 특집에서는 세가의 정열적인 신자를 지칭하는 '세가 인(人)'이란 단어까지 제창하는 등, 세가 유저들의 든든한 정보제공매체로 자리를 굳혔다.

이러한 세가 편향적인 편집방침은 이후에도 이어져, 1988년 메가 드라이브 발표시에는 매달마다 대대적인 광고는 물론 세가 관계자의 인터뷰를 연달아 실었고, 결국 다음해인 1989년에는 최초의 세가 게임기 전문지 'BEEP! 메가 드라이브'로 아예 재창간한다는 대결단을 내렸다.

'BEEP'의 편집방침은 어디까지나 '안티 닌텐도'라는 포지셔닝에 따라 우발적으로 시작된 것이었으나, 이 잡지가 없었더라면 세가 마크 Ⅲ 관련 정보가 당시만큼 널리 퍼지진 못했을 터이니, 세가 팬이라면 오랫동안 기억해 마지않을 잡지임에는 틀림없다.

(역주 ※) sonosheet. 얇게 제조된 염가형 레코드판으로서, CD가 일반화되기 전까지는 잡지 부록이나 증정용 음반으로 제조·제공되었다.

이 장에 게재된 카탈로그의 범례

① ROM 용량 마크

ROM 카트리지의 용량을 구별하는 마크. 아래의 3종류가 있으며, 세가 마이 카드는 독립된 아이콘으로 표시했다.

② 게임 타이틀명

③ 기본 스펙 표기란

발매 회사, 발매일, 가격, 매체(ROM 카트리지인 경우 용량도 표기). 지원 주변기기 등의 특이사항도 여기에 표기한다.

④ 패키지 표지

⑤ 게임 화면

⑥ 내용 설명

① 메이즈 워커 ②

세가 1988년 1월 31일 5,000엔 1M ROM ③
3-D 글래스 지원

⑦ ⑧ ⑨ FM ⑤

④

▶ 3D 글래스를 이용하면 층이 중첩된 모습 등이 입체적으로 보인다.

⑥ 3D 글래스를 지원하는 액션 게임. 플레이어는 '리 군'을 조작해, 미로 내에서 열쇠를 찾아내 출구를 향해 나가야 한다. 슈츠·슈즈 등의 아이템을 장비하면 대미지 경감·속도 향상 등의 효과가 있으니, 적절한 장비를 스테이지 환경에 맞춰 잘 고려할 필요가 있다.

⑦ 플레이 가능 명수 아이콘

해당 게임을 즐길 수 있는 사람이 최대 몇 명까지인지를 아이콘으로 표시했다. 아래의 2종류가 있다.

1인용

1~2인용

⑧ 장르 아이콘

게임의 장르를 10종류로 분류한 아이콘.

슈팅 게임

액션 게임

퍼즐 게임

롤플레잉 게임

시뮬레이션 게임

스포츠 게임

드라이브 게임

어드벤처 게임

교육 및 기타

홈 게임

⑨ 기능·지원 주변기기 아이콘

메모리 백업 기능이 내장된 카트리지 및 특정 주변기기 지원을 표시한 아이콘.

메모리 백업 탑재 ROM 카트리지

FM 음원 지원 게임
FM 사운드 유닛(66p) 혹은 일본판 마스터 시스템으로 구동하면 FM 음원으로 BGM이 재생된다.

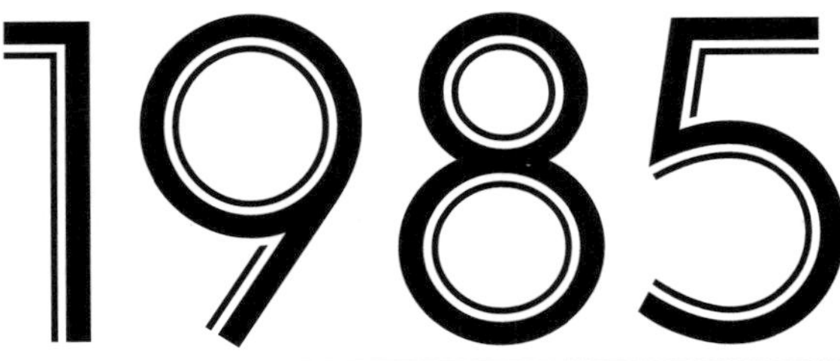

1985

SEGA MARK III / MASTER SYSTEM SOFTWARE ALL CATALOGUE

세가 마크 Ⅲ의 동시발매 타이틀은 「테디보이 블루스」 등 3종이었다. 그 중 「행온」은 붉은색 디자인의 전용 바이크 핸들(69p)까지 내놓아, 세가가 이 타이틀에 걸었던 기대를 여실히 보여주었다.

이 해의 인상적인 타이틀이라면 「F-16 파이팅 팰컨」인데, 무려 세가 마크 Ⅲ와 SK-1100을 2대씩 놓고 전용 케이블을 연결하면 통신대전이 가능했던 걸물이다. 실제로 통신대전을 해본 유저는 얼마나 있었을까?

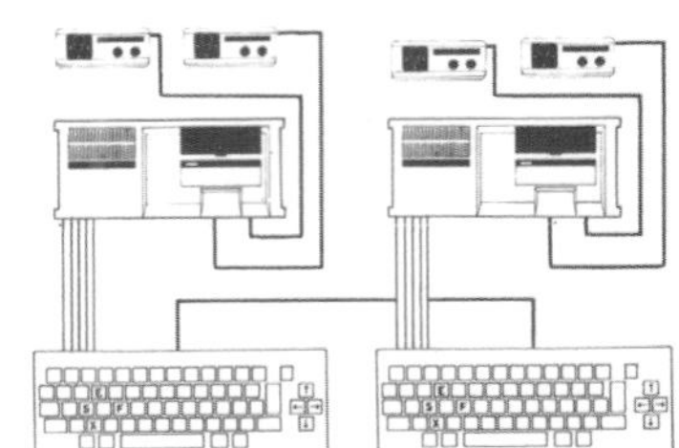

테디보이 블루스

세가 1985년 10월 20일 4,300엔 32KB CARD

▶ 적들은 얼핏 귀여워 보이지만, 종횡무진 덤벼 와서 꽤 만만찮다.

아이돌 가수인 이시노 요코의 데뷔곡과 제휴해 출시한 아케이드 게임의 이식작. 타이틀명도 이시노의 데뷔곡에서 따온 것이며, 아예 BGM으로도 사용했다. 게임 자체는 사이드뷰 액션 게임으로서, 주인공 '테디보이'가 화면 내를 점프로 돌아다니며 '미크로 총'을 쏘아 적을 물리친다.

행온

세가 1985년 10월 20일 4,300엔 32KB CARD

바이크 핸들 지원

▶ 특수 컨트롤러 '바이크 핸들'로 즐기면 제법 분위기가 난다.

아케이드에서 체감형 오토바이 게임으로 인기를 누린 같은 제목 게임의 이식판. 래스터 스크롤을 이용한 유사 3D 화면으로, 아케이드판과 비교해도 손색없는 속도감을 표현했다. 아쉽게도 원작의 애잔한 BGM은 삭제돼 버렸으나, 대신 3단계 기어 시스템을 추가했다.

그레이트 사커

세가 1985년 10월 27일 4,300엔 32KB CARD

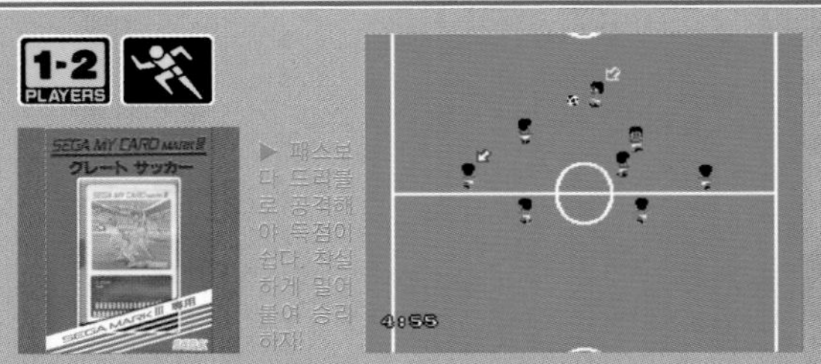

▶ 패스보다 드리블로 공격해야 득점이 쉽다. 착실하게 밀어붙여 승리하자!

탑뷰 시점으로 플레이하는 축구 게임. 후일 세가 마크 Ⅲ 전용으로 타이틀명에 '그레이트~'가 붙은 스포츠 게임이 다수 나오는데, 그 제 1탄에 해당한다. 드리블 외의 조작이 패스·슛뿐이라 심플한 편이지만, 오히려 그 덕에 게임 초보자도 손쉽게 즐길 수 있게 되었다.

이상한 성 핏폿

세가 1985년 12월 14일 4,300엔 32KB CARD

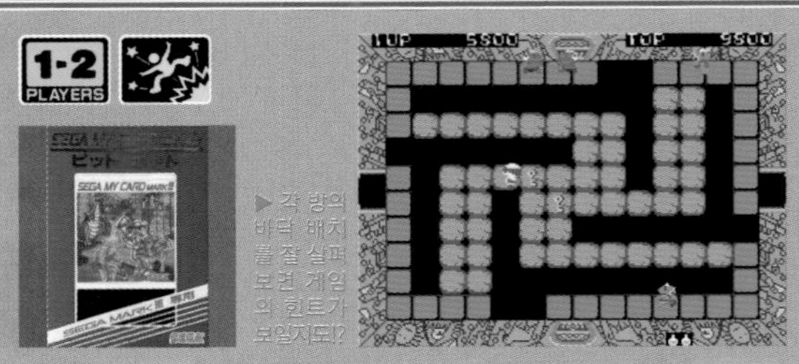

▶ 각 방의 바닥 배치를 잘 살펴보면 게임의 힌트가 보일지도!?

「알렉스 키드」의 주인공 '알렉'의 형, '이글'이 주인공인 액션 게임. 바닥을 부술 수 있는 해머를 사용해 숨겨진 아이템을 발견하고 각 층의 퍼즐을 풀어, 핏폿 성에 갇혀있는 공주를 구하러 가자. 세가 마크 Ⅲ 초기 게임 중에선 인기가 많았기에, 많은 유저가 즐겼던 작품이다.

그레이트 베이스볼

MY CARD MARK III

세가 1985년 12월 15일 4,300엔 32KB CARD

▶ 홈런 콘테스트에서 배팅을 연습한 후, 실전에 도전해보자!

이전 기종의 「챔피언 베이스볼」 후 2년 만에 새로 발매된 야구 게임. 세가 마크 Ⅲ 전용이라 전반적인 그래픽·사운드가 진화했고, 관객의 환성과 효과음 등이 추가돼 볼륨이 풍성해졌다. 타이틀 화면에서 선택 가능한 '홈런 콘테스트' 모드가 재미있어서 호평을 받았다.

새틀라이트 7

MY CARD MARK III

세가 1985년 12월 20일 4,300엔 32KB CARD

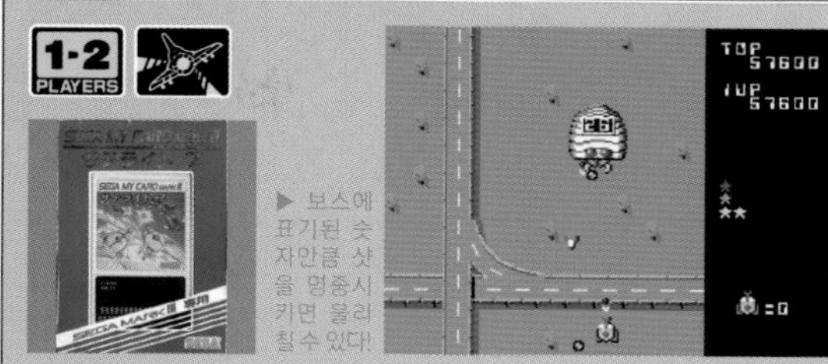

▶ 보스에 표기된 숫자만큼 샷을 명중시키면 물리칠 수 있다!

세가 마크 Ⅲ 최초의 종스크롤 슈팅 게임. 화려한 그래픽과 부드러운 스크롤로 SG-1000 경험자를 놀라게 했고, 후일 슈팅 게임 장르에서 유행하게 되는 2인 동시 플레이 시스템을 한발 먼저 선보였다. 대지·대공 공격 2종류의 샷과 5종류의 파워 업을 제공했다.

F-16 파이팅 팰컨

MY CARD MARK III

세가 1985년 12월 22일 4,300엔 32KB CARD SK-1100으로 통신대전 지원

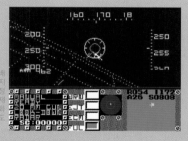

▶ 그래픽도 배색도 단조롭지만, 필요한 정보는 제대로 재공하는 게임 화면. 지금 봐도 꽤나 쾌하다.

▶ 원작은 MSX용으로 개발된 플라이트 시뮬레이터. 세가 마크 Ⅲ판의 이식·개발은 나카 유지가 맡았다.

전천후 대공·대지공격이 가능한 다용도 전투기 F-16 파이팅 팰컨에 탑승해, 적기와의 공중전을 펼치는 유사 3D 슈팅 게임. 조종석에서 보이는 풍경은 도트로 지표면을 묘사한 와이어프레임 형태로 표현하여, 심플한 그래픽이면서도 리얼한 비행감각을 구현했다. 계기판도 동시에 표시하여 한층 현실감을 살렸다. BGM이 없고 플레이 내내 제트기 소리와 충격음만 나오지만, 덕분에 담백하게 도그파이트에만 열중할 수 있어 게임의 분위기와 나름 잘 어울렸다.

아스트로 플래시

MY CARD MARK III

세가 1985년 12월 22일 4,300엔 32KB CARD

▶ 지하요새에 침입하려면 먼저 특정한 적을 물리쳐야만 한다.

우주 배경의 횡스크롤 슈팅 게임. 행성 표면부터 지하요새까지를 무대로 삼아, 구성이 심플하다. 트리키한 조작감의 공중전 배틀이 메인이지만, 지상을 달리는 차량을 파괴하면 룰렛으로 파워 업하는 독특한 시스템이 있다. 파워 업하면 플레이어 기체가 로봇으로 변신한다.

그레이트 테니스

MY CARD MARK III

세가 1985년 12월 22일 4,300엔 32KB CARD

▶ 타이틀 화면에서는 타이틀명이 서양판과 동일한 「슈퍼 테니스」로 나온다.

세가 마크 Ⅲ 초기에 발매된 테니스 게임. 하드웨어 진화 덕에, TV 스포츠 중계풍으로 게임이 진행된다. 이런 스타일의 테니스 게임으론 원조 격이라고도 할 만하나, 복식은 가능한데 정작 2인 대전이 불가능한 게 아쉽다. 난이도 등을 취향에 맞춰 세세히 설정 가능하다.

1인용

1~2인용 MEMORY BACK UP 메모리 백업 FM FM 음원 지원 게임

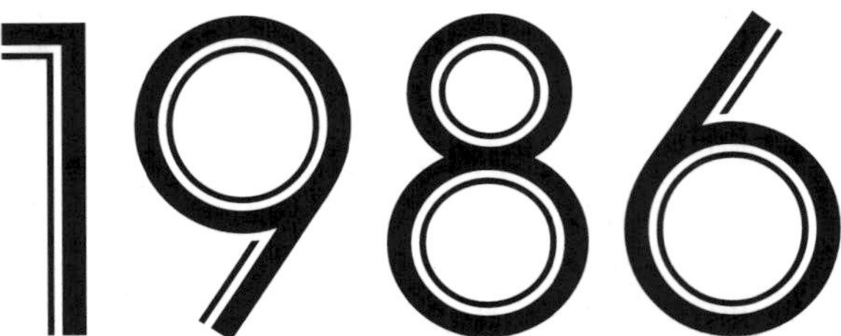

1986

SEGA MARK III / MASTER SYSTEM SOFTWARE ALL CATALOGUE

1986년의 최대 화제라면, 뭐니 뭐니 해도 골드 카트리지의 등장이다. 세가 마크 Ⅲ 극초기에는 마이 카드 마크 Ⅲ로만 소프트가 나왔지만, 하드웨어 진화로 인해 그래픽 데이터가 대량으로 불어났기에 32KB 용량이 한계인 마이 카드로는 이미 역부족이었을 것임은 쉽게 상상할 수 있다. 라이벌 기종인 MSX·패미컴이 메가 롬(1Mbit 이상의 대용량 카트리지)을 채용하기 시작한 당시 상황에서, 세가 진영도 대용량화로 대응한 것은 당연했으리라.

골드 카트리지 제 1탄은 아케이드의 인기작 「판타지 존」. 원작 출시 후 불과 3개월만의 초스피드 발매로서, 연말의 「스페이스 해리어」와 함께 골드 카트리지 보급률을 일거에 끌어올렸다.

청춘 스캔들

세가 1986년 1월 31일 4,300엔 32KB CARD

1-2 PLAYERS

▶ 도중에 교복 입은 청년을 도와주면 타케시와 함께 싸워주지만, 이쪽도 타격판정이 있다보니 유용성이 애매하다.

▶ 졸개들과 싸울 땐 일격에 죽지만, 보스전은 라이프제 일대일 배틀이다. 대등한 조건으로 보스와 겨루는 작품은 드물 듯?

납치당한 애인을 구하러, 쿵푸의 달인 '타케시'가 모히칸 집단과 싸우는 80년대풍 통쾌 청춘 액션 게임. 횡스크롤 액션으로 졸개들과 싸우다, 석양이 지는 해변에서 보스와 1 : 1로 대결한다. 원작인 아케이드판에선 애인을 구하자마자 다른 악당에게 사로잡히고 싸움의 무대까지 과거·미래 세계로 넘어가지만, 세가 마크 Ⅲ판은 현대 스테이지로만 진행된다. 삭제된 부분은 있으나, 좌절한 모히칸을 다독이는 장면과 같은 코믹한 연출 등은 건재하여, 원작의 매력을 손색없이 재현했다.

코미컬 머신건 죠

세가 1986년 4월 21일 4,300엔 32KB CARD

1 PLAYER

▶ 캐릭터 묘사는 코믹하지만, 총격전은 정말 치열하기 그지없다.

에르도바 일당과 싸우는 '머신건 죠'가 주인공인 슈팅 게임. 항구·다운타운·주점에서 장렬한 건파이트가 펼쳐진다. 점프 공격과 의문의 큰거미를 이용한 반사탄 공격을 잘 활용해 적들을 물리치자. 적탄의 스피드가 매우 빠르고 그걸 또 쉴 새 없이 피해야 해, 꽤나 정신없는 게임이다.

고스트 하우스

세가 1986년 4월 21일 4,300엔 32KB CARD

1-2 PLAYERS

▶ 펀치만으로는 싸우기 힘겨우니, 일단 나이프부터 빨리 입수하자.

미로처럼 꼬인 드라큘라 저택에서, 박쥐·고스트·미라 사나이 등과 싸우면서 전진해 보스인 드라큘라를 물리치는 액션 게임. 주인공 소년은 지면에 엎드려 함정을 피하거나, 점프로 적의 나이프를 빼앗아 이용할 수도 있다. 다채로운 액션 덕에 파고드는 재미가 있다.

슈팅 게임

액션 게임

퍼즐 게임

롤플레잉 게임

시뮬레이션 게임

스포츠 게임
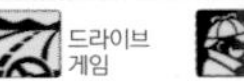
드라이브 게임
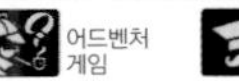
어드벤처 게임

교육 및 기타

홈 게임

판타지 존

세가 1986년 6월 15일 5,000엔 1M ROM

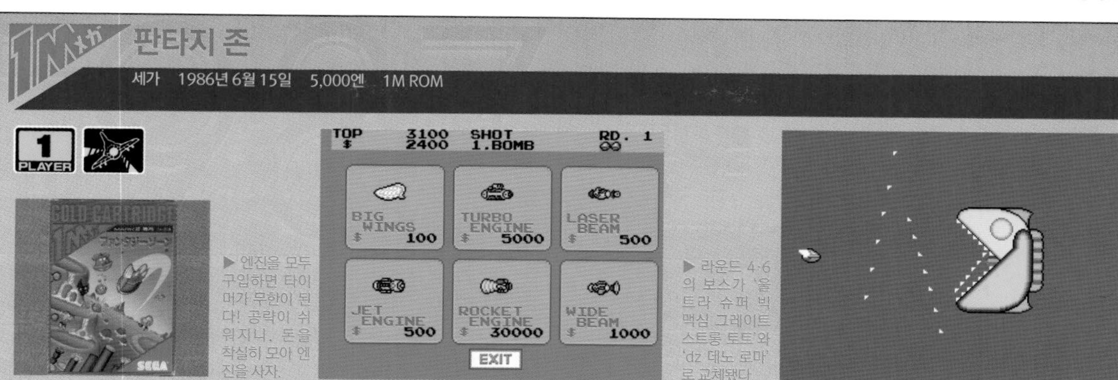

▶ 엔진을 모두 구입하면 타이머가 무한이 된다! 공략이 쉬워지니, 돈을 착실히 모아 엔진을 사자.

▶ 라운드 4·6의 보스가 '울트라 슈퍼 빅 맥심 그레이트 스트롱 토트'와 'dz 데노 로마'로 교체됐다.

당시 일본 아케이드에서 히트했던 같은 제목 타이틀의 이식작. 드물게도 좌우로 스크롤되는 슈팅 게임으로서, 각 스테이지에 배치된 전선기지 등의 적을 파괴해 코인을 모아, 도중에 출현하는 상점에서 파워 업 파츠를 구입하면서 게임을 진행한다. 일부 보스가 오리지널로 교체되는 등의 차이점이 있어 아케이드판에 충실한 이식작까지는 아니나, 많은 유저들이 이 작품의 이식을 기다리는 가운데 대망의 골드 카트리지 시리즈 제 1탄으로 출시되어, 대환호를 받으며 히트했다.

북두의 권

세가 1986년 7월 20일 5,000엔 1M ROM

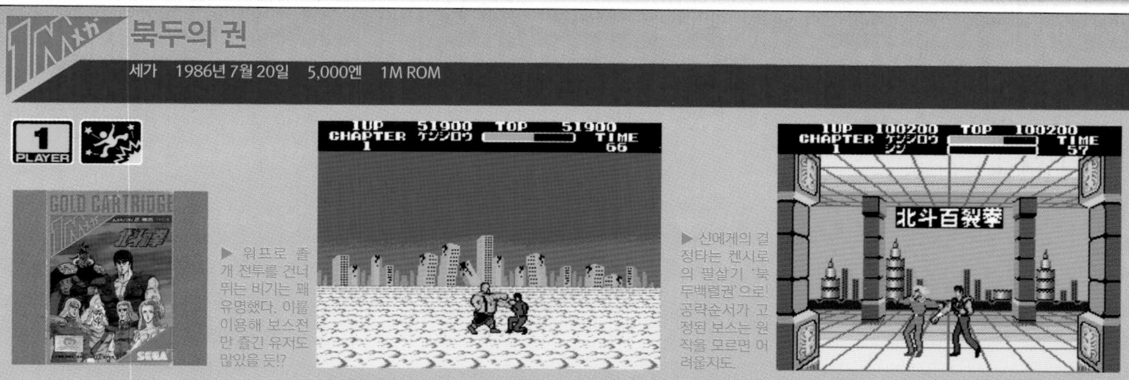

▶ 워프로 졸개 전투를 건너뛰는 비기는 꽤 유명했다. 이를 이용해 보스전만 즐긴 유저도 많았을 듯!?

▶ 신에게의 결정타는 켄시로의 필살기 '북두백렬권'으로! 공략순서가 고정된 보스는 원작을 모르면 어려울지도.

'소년 점프'의 인기 만화를 게임화했다. 주인공 켄시로를 조작해 도중의 졸개들을 물리치며 전진하여, 스테이지 막판에서 기다리는 보스와 대결하는 횡스크롤 액션 게임. 음악이 애니메이션 곡이 아니라 게임용 오리지널 곡인 것은 아쉬우나, 원작처럼 라이벌 보스와의 전투시 각종 필살기를 꽂아 넣는 연출로 수많은 유저를 매료시켰다. 숨겨진 비기가 많고 시스템이 직관적인 것도 세가 팬들을 만족시켜, 하드웨어 판매량에 크게 공헌한 역작이다.

극악동맹 덤프 마츠모토

세가 1986년 7월 20일 5,000엔 1M ROM

▶ 경쾌한 BGM 아래에서 코믹한 캐릭터들이 겨루는 프로레슬링 게임.

'극악동맹'이란 당시 전일본 여자 프로레슬링에서 활약하던 악역 팀이고, '덤프 마츠모토'는 그 팀의 핵심인물이다. 덤프 마츠모토·불 나카노의 태그 팀 등 4개 조 중에서 조작할 팀을 골라 태그전을 뛰는 프로레슬링 게임. 킥·펀치로 상대를 날려버리고, 로프 반동으로 큰 기술을 펼치자.

액션 파이터

세가 1986년 8월 17일 5,000엔 1M ROM

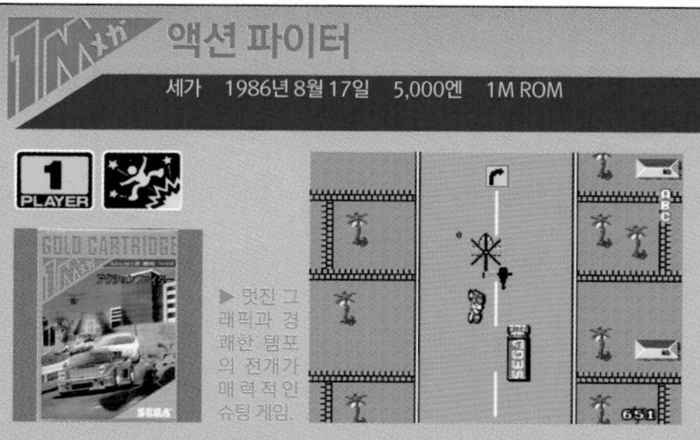

▶ 멋진 그래픽과 경쾌한 템포의 전개가 매력적인 슈팅 게임.

바이크·자동차·비행기라는 3종의 플레이어 기체로 종스크롤 진행하여, 마지막의 표적을 파괴하는 슈팅 게임. 상쾌함이 일품인 고속 스크롤, 헬리콥터가 수송해온 파츠로 변신하거나 달리는 트레일러 내로 수납시켜 파워 업하는 시스템 등, 속도감 넘치고 멋들어진 연출이 속출한다.

 1인용  1~2인용  메모리 백업  FM 음원 지원 게임

스파이 VS 스파이

세가　1986년 9월 20일　4,300엔　32KB CARD

▶ 적의 활동도 보여주므로, 적이 지금 뭘 하는지 항상 파악하는 게 중요하다.

원작은 아타리 사의 8비트 홈 컴퓨터로 발매된 게임으로서, 많은 기종으로 이식되었다. 상하 2분할 화면 상에서 적과 플레이어 스파이가 돌아다니며, 아이템 4종을 적보다 먼저 입수하는 게 목적이다. 적 스파이를 방해하기 위해 함정을 설치하기도 하고, 때로는 직접 대결하는 경우도 있다.

더 서킷

세가　1986년 9월 21일　5,000엔　1M ROM

▶ 나라별로 변화하는 배경이 컬러풀하게 묘사되어 멋지다.

실존하는 서킷을 모델로 삼은 총 12개 서킷을 F1 머신으로 주파한다. 좌우로 부드럽게 커브하는 코스 묘사가 특징으로서, 전형적이지만 박력이 있는 레이싱 게임이다. 순위별로 획득하는 포인트를 지불하여 머신을 튜닝할 수도 있다.

알렉스 키드의 미라클 월드

세가　1986년 11월 1일　5,000엔　1M ROM

▶ 타국에선 본체 내장 형태로 보급되기도 했다. 외국판은 일본판과 거의 같으나, 주먹밥이 햄버거로 변경됐다.

▶ 돈을 모으면 다음 스테이지 시작시 상점에 들어가 쇼핑할 수 있다. 많이 모아둬야 나중에 유리할지도?

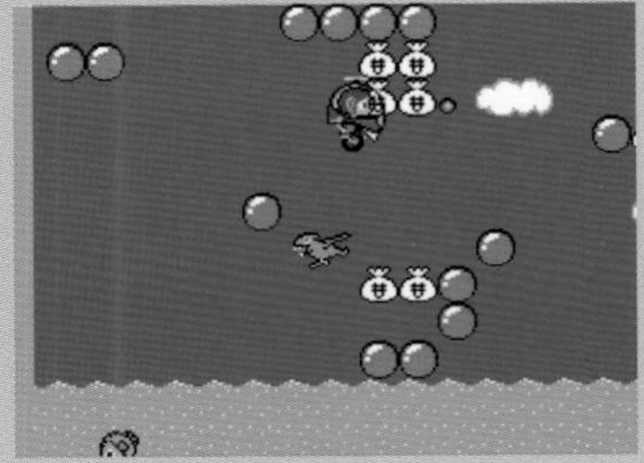

1980년대의 세가를 상징하는 캐릭터인 '알렉스 키드'의 데뷔작으로서, 다른 별에서 온 침략자인 가위바위보 왕과의 싸움을 그린 코믹한 점프 액션 게임이다. 원래 「미라클 랜드」라는 액션 어드벤처 게임이 될 예정이었으나 세가 마크 Ⅲ의 「슈퍼 마리오브라더스」라는 포지션으로 개발방향을 변경하여, 차별화를 위해 액션 버튼의 배치를 뒤집기도 하고, 보스전의 가위바위보 대결과 상점 시스템을 넣는 등 온갖 아이디어를 잔뜩 집어넣어 완성했다.

아슈라

세가　1986년 11월 16일　5,000엔　1M ROM

▶ 봄버 애로의 폭파공격은 통쾌하지만, 스테이지 최심부의 바리케이드 파괴에 필요하므로 아껴야 한다.

▶ 도중의 가옥을 파괴해 포로를 구출하거나 적을 계속 물리치면 봄버 애로의 보충과 파워업이 가능하다.

전장의 분노를 원동력으로 삼은 두 게릴라 전사 '아슈라'와 '비샤몬'이 포로 구출을 위해 적지에 뛰어드는 액션 슈팅 게임. 실은 영화 '람보 2 : 분노의 탈출'의 게임판으로 기획되어 북미판 쪽은 해당 제목의 판권물로서 발매됐지만, 본 지면에 실린 일본판의 경우 스토리에 공통점이 있을 뿐 캐릭터는 오리지널로 교체됐다. 얼핏 컨티뉴 기능이 없어 보이나, 2인 플레이는 게임오버 직후 특수한 부활 커맨드를 쓸 수 있으며, 1인 플레이의 경우 타이틀 화면에서 숨겨진 커맨드를 입력하면 부활한다.

닌자

세가 1986년 11월 8일 5,000엔 1M ROM

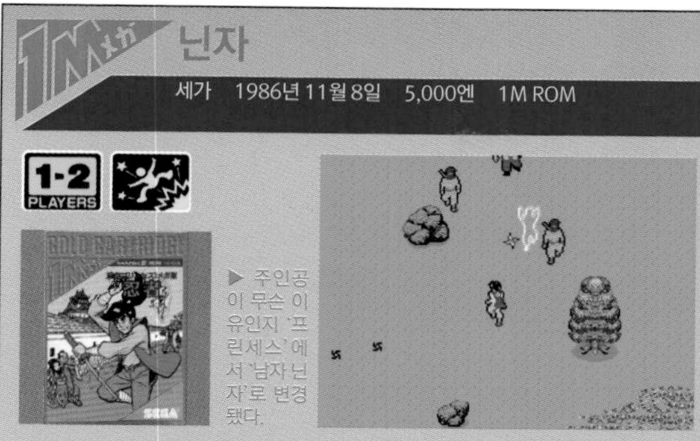

▶ 주인공이 무슨 이유인지 '프린세스'에서 '남자 닌자'로 변경됐다.

악당 '교쿠로자에몬'을 물리치고 성에 갇혀버린 공주를 구출하기 위해, 닌자 '카자마루'는 오오카미 성으로 뛰어든다. 종스크롤 맵을 전진하면서 단도와 수리검을 던져 적을 물리치자. 「닌자 프린세스」와 동일한 시스템이지만, 그래픽을 대폭 업그레이드한 액션 게임.

아스트로 워리어

세가 1986년 12월 14일 5,000엔 1M ROM

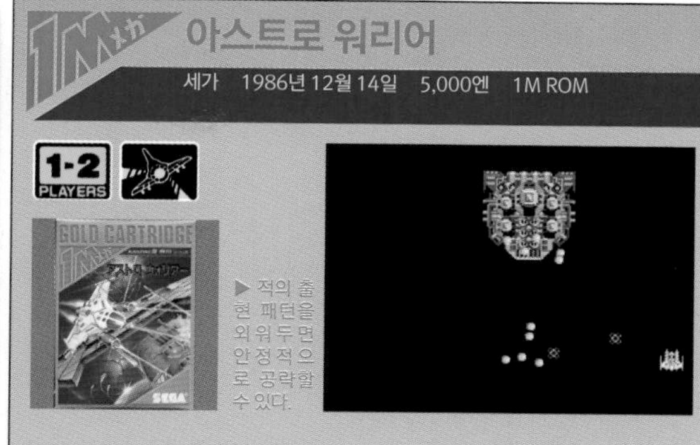

▶ 적의 출현 패턴을 외워두면 안정적으로 공략할 수 있다.

총 3스테이지의 종스크롤 슈팅 게임. 플레이어 기체는 옵션 2개와 파워 업이 가능한 샷으로 데빌스타 제국군을 물리쳐가며, 각 스테이지 최후에서 기다리는 보스를 파괴한다. 다채로운 모션으로 플레이어를 희롱하는 적을 경쾌한 BGM과 함께 쓸어버리는 느낌이 통쾌하다.

하이스쿨! 기면조(奇面組)

세가 1986년 12월 15일 5,000엔 1M ROM

▶ '기면조'를 찾아내려면 무작위로 숨겨진 아이템을 발견해야 한다.

'기면 플래시'로 인해 치에가 기절해버려, 유이는 교내를 돌아다니며 도망 가버린 기면조 5명을 찾아내야 한다. 유이를 조작해, 각 교실에서 기면조 멤버를 찾아내기 위한 아이템 및 보너스 아이템을 발견하여 5명을 모두 사로잡도록 하자.

그레이트 골프

세가 1986년 12월 20일 5,000엔 1M ROM

▶ 샷을 치면 홀 전체가 넓게 조망되는 등, 연출이 훌륭했다.

당시 세가의 간판 스포츠 게임 시리즈로서, 타이틀명에 '그레이트~'를 붙인 골프 게임. 탑뷰 시점이지만, 잘 보면 쿼터뷰에 가까운 감각으로 플레이가 진행된다. 공략이 비교적 쉬운 홀이 있는가 하면, 그린 주변이 온통 벙커투성이인 고난이도 홀이 등장하기도 한다.

스페이스 해리어

세가 1986년 12월 21일 5,500엔 2M ROM

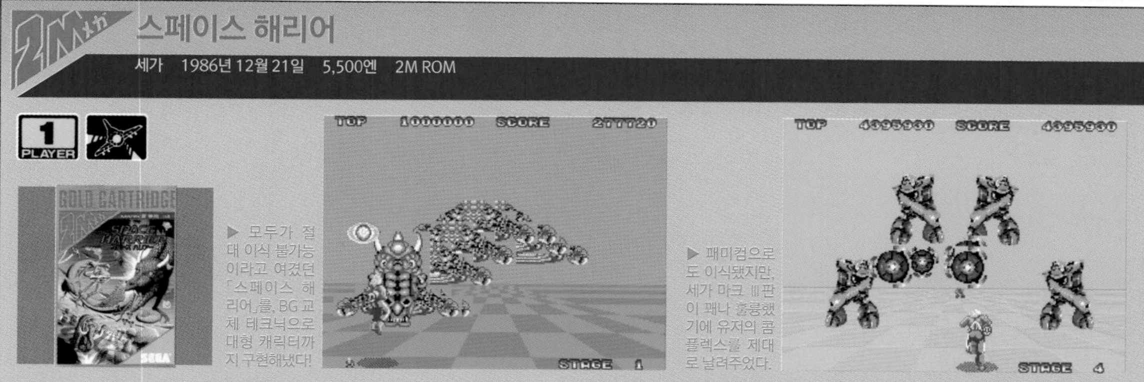

▶ 모두가 절대 이식 불가능이라고 여겼던 「스페이스 해리어」를, BG 교체 테크닉으로 대형 캐릭터까지 구현해냈다!

▶ 패미컴으로도 이식됐지만, 세가 마크 Ⅲ판이 꽤나 훌륭했기에 유저의 콤플렉스를 제대로 날려주었다.

세가의 게임을 논할 때 빼놓을 수 없는 3D 슈팅 게임의 이식작. 대용량 골드 카트리지 최초의 2메가비트 ROM을 채용해, 캐릭터 합성 처리 등 아쉬운 면이 다소 있음에도 본체 성능에 최적화된 훌륭한 이식도를 보여주었다. 최종보스로 등장하는 오리지널 캐릭터 'HAYA-OH'를 추가했으며, 게임 내 BGM을 들어볼 수 있는 '뮤직 모드'를 여는 숨겨진 비기도 후일 공개해 세가 유저들로부터 격찬과 호평을 얻어냈다. 세가 마크 Ⅲ용 게임 중에서도 굴지의 대히트작.

 1인용  1~2인용  메모리 백업  FM 음원 지원 게임

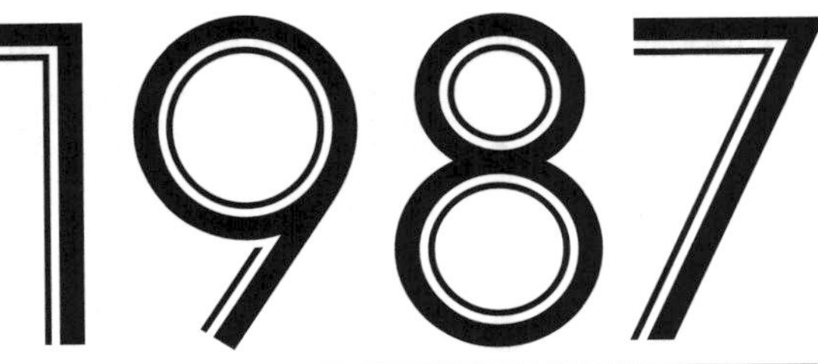

1987

SEGA MARK III / MASTER SYSTEM SOFTWARE ALL CATALOGUE

1987년에는, 전년의 16종에서 일거에 2배로 폭증한 31개 타이틀이 발매됐다. 마이 카드 마크 Ⅲ 타이틀은 불과 1종에 그쳐, 골드 카트리지로 완전히 발매체제가 넘어가게 되었다.

2M인 「아웃런」, 4M인 「애프터 버너」 등으로 ROM 용량도 일거에 증가했으나 이를 납득할 수 있을 만큼 이식도가 뛰어난 작품들이었기에, '세가 아케이드 게임이 이식되는 게임기'라는 브랜드 이미지도 한층 더 강화되었다.

한편, 이전까지는 빈약하기 이를 데 없었던 RPG 라인업을 보완하기 위한 야심작인 「판타지 스타」도 발매됐다. 완전 신규 IP였지만 호평을 받아 이후 정규 시리즈화되어, 지금까지 이어지는 세가의 대표적 RPG로 성장했다.

더블 타깃 : 잠든 신시아

세가 1987년 1월 18일 5,000엔 1M ROM

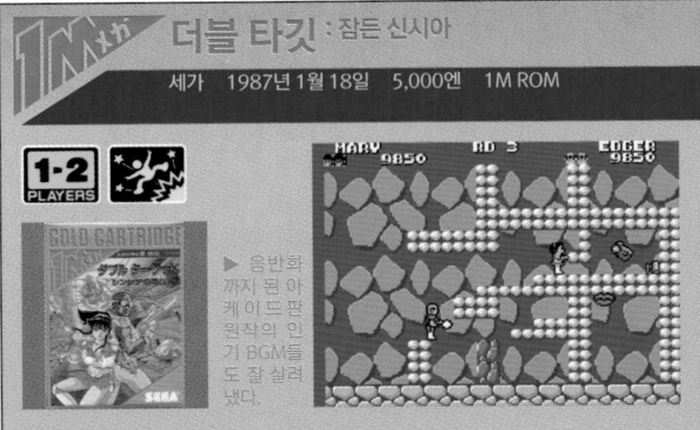

▶ 음반화까지 된 아케이드판 원작의 인기 BGM들도 잘 살려냈다.

4인 동시 플레이를 지원하여 화제가 되었던 아케이드용 게임 「쿼텟」의 이식작인 횡스크롤 액션 게임. 공간 자유이동이 가능한 엔진이 탑재된 슈츠를 착용하고, 샷으로 공격하면서 각 스테이지 클리어 아이템인 열쇠를 찾아내 출구로 나가야 한다. 총 6스테이지로 구성되어 있다.

우디 팝 : 신인류의 블록깨기

세가 1987년 3월 15일 5,500엔 32KB CARD

패들 컨트롤 전용

▶ 해골을 잘못해 먹더라도 목숨이 줄지는 않으나, 하단의 구멍이 넓어져버린다.

검볼들을 구하기 위해, 나무의 요정 '우디'가 나무토막들을 부수며 비자르 저택 내를 누빈다. 귀여운 캐릭터와 세계관이 특징인 블록깨기 게임. '패들 컨트롤' 전용이다. 크리스탈 나무토막에서 출현하는 아이템, 스테이지 분기 요소 등의 독특한 시스템이 여럿 있다.

슈퍼 원더 보이

세가 1987년 3월 22일 5,000엔 1M ROM

▶ 「타카하시 명인의 모험도」와 달리, 원작에 충실한 이식작. 그래픽·사운드 모두 아케이드판에 손색이 없다.

▶ 스피디한 진행이 가능한 스케이트보드는 타임어택에 유용한 아이템이지만, 초보자에겐 좀 까다로울 듯?

「몬스터 월드」 시리즈와 「타카하시 명인의 모험도」의 원작이면서, 단독으로도 시리즈화되었던 아케이드 게임의 이식작. 납치된 걸프렌드를 찾는 소년 '보이'의 모험을 그렸다. 추가요소로서 화산·사막 스테이지와 신규 보스 등을 덧붙인 총 10에리어 40스테이지 구성이며, 게임 컨텐츠가 대용량화되었기에 1M 골드 카트리지를 채용했다. 원작보다도 볼륨이 크다보니 클리어하기 꽤 어려워졌으나, 다행히 스테이지 셀렉트가 가능한 비기도 넣어주었다.

 슈팅 게임 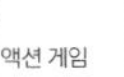 액션 게임  퍼즐 게임  롤플레잉 게임  시뮬레이션 게임  스포츠 게임  드라이브 게임  어드벤처 게임  교육 및 기타   홈 게임

1M 메가 그레이트 발리볼

세가 1987년 3월 29일 5,000엔 1M ROM

▶ 시합 종료 후의 선수 경례 장면을 보다 보면, 저도 후련한 기분이 된다.

당시 세가의 간판 스포츠 게임 「그레이트」 시리즈 중, 배구를 다룬 게임. 시작시 제공되는 능력치를 서브·스파이크·리시브 각 기술별로 분배할 수 있어, 공격에 특화시킨 팀이나 철저한 수비 중심의 팀 등으로 공략의 다변화가 가능하다. 축구나 야구와는 다른 맛이 있는 게임이다.

1M 메가 그레이트 바스켓볼

세가 1987년 3월 29일 5,000엔 1M ROM

▶ 시간이 없을 때는 초원거리에서도 넣을 수 있는 3점 슛을 노려보자.

8개국의 정상을 노리는 농구 게임. 룰을 단순화했으며, 차징·푸싱 반칙을 따기 쉬운 편이라 이를 잘 이용해 상대의 반칙을 유도하는 플레이도 가능하다. 시합 후에는 득점 차만큼을 포인트로 제공하며, 이를 지불해 팀을 강화할 수 있다. 2인 플레이도 지원한다.

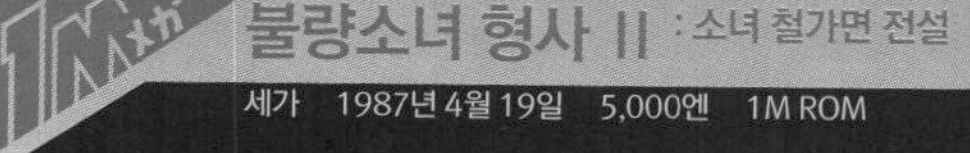

1M 메가 불량소녀 형사 II : 소녀 철가면 전설

세가 1987년 4월 19일 5,000엔 1M ROM

▶ 청량회와 시가라키 노인 등, 원작의 적들과 싸우는 액션 파트. 고난이도이니 포위당하지 않도록 유의하자.

▶ 타이틀명에 'II'가 붙지만, 게임판 전작이 있어서가 아니라 그저 원작 드라마 제목이 그렇기 때문이다.

소녀만화가 원작인 일본의 같은 제목 TV 드라마를 소재로 삼은 액션 어드벤처 게임. 교내에서 일어난 황금 철가면 도난사건의 비밀을, 2대 불량소녀 형사 '사키'가 쫓는다. 기본적으론 퍼즐을 푸는 어드벤처 게임이지만 불량소녀 형사의 상징인 요요를 사용하는 액션 파트도 집어넣어, 진지한 스토리와 배틀을 결합한 원작의 분위기를 재현했다. 도중에 초대 불량소녀 형사와 2대 불량소녀 형사가 꿈의 대결을 펼치는 전개도 등장시켜, 원작 팬들을 설레게 한 작품이기도 하다.

2M 메가 록키

세가 1987년 4월 19일 5,000엔 2M ROM

▶ 최초의 대전 상대는 아폴로. 펀치 버튼을 연타하면 간단히 이길 수 있다.

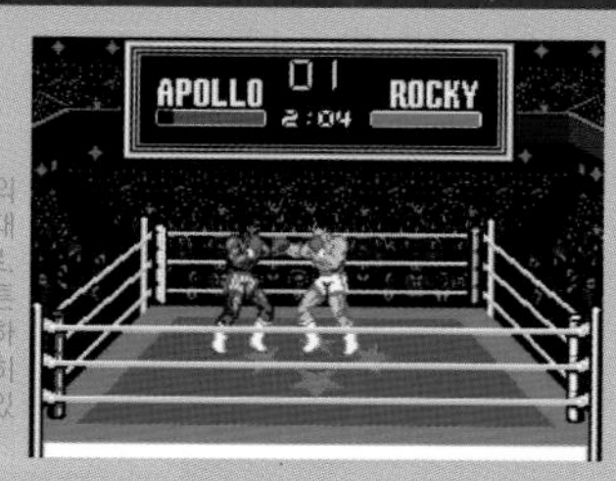

플레이어는 '록키'가 되어 원작 영화와 동일한 순서대로 아폴로·랭·드라고와 대전한다. 각 시합 사이에는 트레이닝 모드가 준비돼 있어, 록키를 강화시킬 수도 있다. 시합중에도 라운드가 진행될수록 록키의 얼굴이 울퉁불퉁해지는 등, 원작 영화를 연상시키는 연출을 시도했다.

1M 메가 그레이트 풋볼

세가 1987년 4월 29일 5,000엔 1M ROM

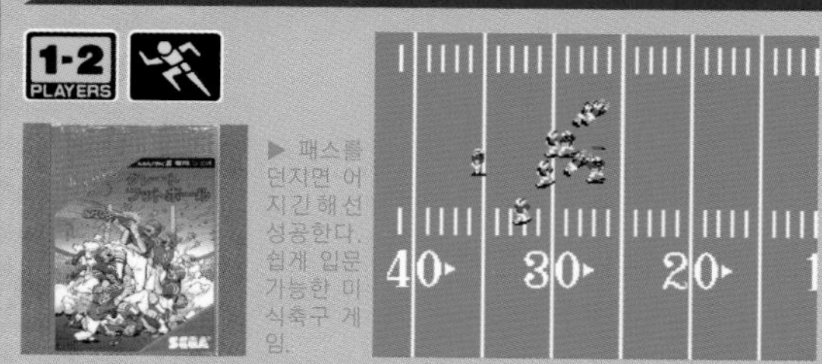

▶ 패스를 던지면 어지간해선 성공한다. 쉽게 입문 가능한 미식축구 게임.

세가 최초의 미식축구 게임화 작품. 화면은 필드를 가로로 펼친 탑뷰 방식으로서, 카메라가 볼을 따라가는 형태로 횡스크롤된다. 난이도는 낮은 편이며, 공격시엔 런·패스 중 하나를 선택할 수 있다. 1P로 플레이할 경우, 플레이어는 오펜스로만 플레이하여 역전시켜야 한다.

1M 메가 마계열전

세가 1987년 5월 17일 5,000엔 1M ROM

▶ 졸개는 모두 단발로 죽는다. 점프 킥으로 경쾌하게 진행하는 게임.

쿵푸 액션 게임 「드래곤 왕」의 속편. 전작처럼 킥과 점프로 싸우며, 스테이지 최후에서 기다리는 보스 캐릭터를 물리치는 게 목적이다. 조작성은 좋은 편이지만, 졸개가 워낙 많이 나오는데다 보스의 모션이 독특하고 공격 대미지가 큰 캐릭터도 많아서 난이도가 꽤나 높다.

2M 메가 엔듀로 레이서

세가 1987년 5월 18일 5,500엔 2M ROM
핸들 컨트롤러 지원, 바이크 핸들 지원

▶ 스테이지별로 주변 풍경이 크게 변화해, 신선한 기분으로 진행 가능하다.

원작은 대형 캐비닛 형태의 체감 아케이드 게임. 가정용판은 쿼터뷰 레이싱 게임으로 대폭 개변되었다. 오프로드 바이크로 더트를 주파하여, 언덕을 점프하고 바위 등의 장애물을 피하며 골인해야 한다. 아케이드판 원작과는 크게 다른 게임이나, BGM은 원작의 곡을 편곡해 사용했다.

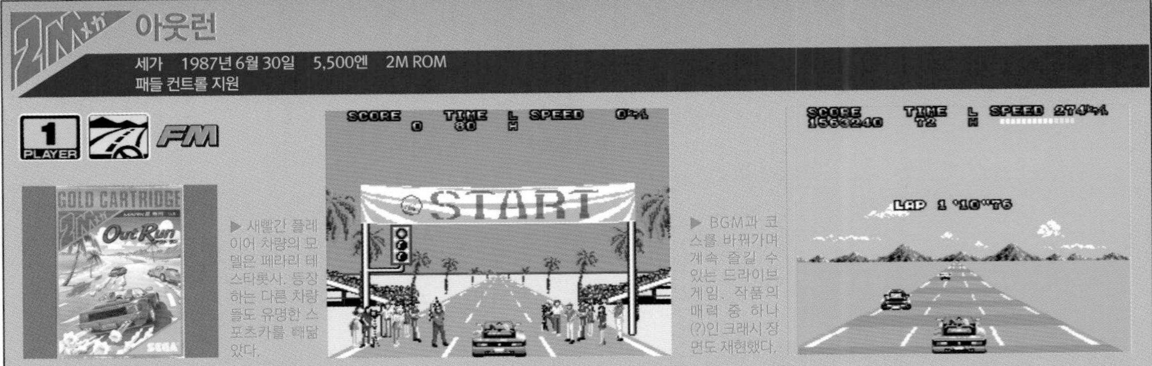

2M 메가 아웃런

세가 1987년 6월 30일 5,500엔 2M ROM
패들 컨트롤 지원

▶ 새빨간 플레이어 차량의 모델은 페라리 테스타롯사. 등장하는 다른 차량들도 유명한 스포츠카를 빼닮았다.

▶ BGM과 코스를 바꿔가며 계속 즐길 수 있는 드라이브 게임. 작품의 매력 중 하나(?)인 크래시 장면도 재현했다.

아케이드에서 대히트한 같은 제목 레이싱 게임의 이식작. 원작과 동일하게, 붉은 오픈카로 총 15코스를 주파한다. 그래픽은 아케이드판에 비해 다소 뒤떨어지나, 멋진 경치부터 코스의 고저차, 인상적인 아치 등의 건조물에 이르기까지 세가 마크 Ⅲ의 스펙 한계에 도전하듯 그럴싸하게 재현했다. 「아웃런」이라는 작품의 매력 중 하나인 BGM도 아케이드판과 동일한 3곡을 수록해, 선호하는 곡으로 드라이브를 즐길 수 있다. 패키지엔 표기돼있지 않으나, FM 사운드 유닛을 지원한다.

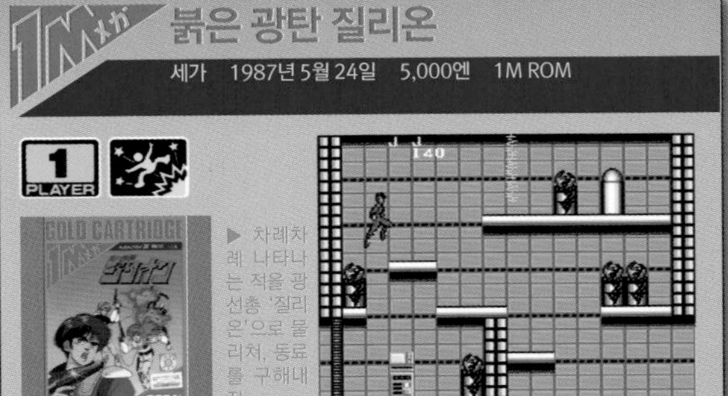

1M 메가 붉은 광탄 질리온

세가 1987년 5월 24일 5,000엔 1M ROM

▶ 차례차례 나타나는 적을 광선총 '질리온'으로 물리쳐, 동료를 구해내자.

당시 일본에서 완구와 애니메이션으로 미디어믹스를 전개했던 같은 제목 작품의 게임판. 플레이어는 주인공 'JJ'를 조작해, 노저 군의 플로피디스크를 빼앗기 위해 적 기지로 잠입한다. 기지 내의 박스에서 커맨드를 입수해 단말기에 입력, 게이트를 열며 진행하는 탐색 액션 게임.

1M 메가 월드 사커

세가 1987년 7월 19일 5,000엔 1M ROM

▶ 그다지 유명하지는 않으나, 중고시장에서 꽤나 보기 힘든 레어 게임이다.

전형적인 축구 게임. 필드를 내려다보는 탑뷰 화면으로서, 게임 모드는 'PK 콘테스트'를 포함해 2종이다. 모드별로 1인 플레이와 대전 플레이가 가능하며, 8개국의 대표팀 중에서 선택해 플레이한다. PK 콘테스트는 당시로선 획기적인, 키커 등뒤 시점의 리얼한 연출을 시도한 모드이기도 했다.

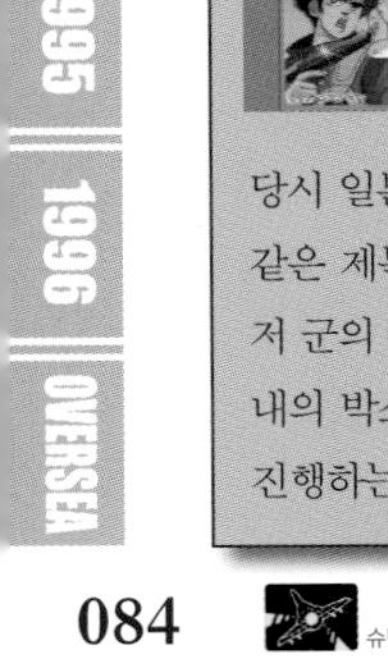

 슈팅 게임  액션 게임  퍼즐 게임  롤플레잉 게임  시뮬레이션 게임  스포츠 게임  드라이브 게임  어드벤처 게임  교육 및 기타  홈 게임

안미츠 공주

세가 1987년 7월 19일 5,000엔 1M ROM

▶ 안미츠 공주를 조작해 성 안과 성 아랫마을을 돌아다니는 어드벤처 게임.

TV 애니메이션 '안미츠 공주'를 소재로 삼은 액션 어드벤처 게임. 안미츠 공주는 신장개업한 케이크가게에 가고 싶어, 가게의 위치가 적힌 광고지를 입수해 케이크가게로 향한다. 도중에 닌자가 습격해오기도 하고 불량배를 퇴치하기도 하는 등, 제법 스릴 있는 전개가 펼쳐진다.

더 프로야구 페넌트레이스

세가 1987년 8월 17일 5,000엔 1M ROM

▶ 당시로서는 그래픽이 리얼한 편. 심판 목소리도 음성합성으로 재생된다.

패미컴의 「불타라!! 프로야구」와 유사한 야구 게임이며, 센트럴·퍼시픽 양대 리그 12구단의 데이터를 수록했다. 일반적인 '1인 플레이'와 '대전 플레이' 외에 '올스타'와 '홈런 콘테스트' 모드가 있으며, 각 모드별로 수비 조작 유무도 선택 가능. 시합을 관전하는 'WATCH 모드'도 있다.

두근두근 펭귄 랜드 : 우주 대모험

세가 1987년 8월 18일 5,000엔 1M ROM

▶ 곰과 새의 방해를 피하며, 알을 자식들이 기다리는 최하층까지 옮기자.

「두근두근 펭귄 랜드」의 속편. 전작처럼 펭귄 '아델리'를 조작하여, 알을 자식들이 있는 곳까지 운반한다. 총 50스테이지. 라운드 셀렉트로 30스테이지부터 시작할 수도 있다. 난이도는 전작보다 높아, 바위를 움직이거나 얼음 블록을 부수면서 복잡한 루트를 공략한다.

나스카 '88 : THE GOLDEN ROAD TO PARADISE

세가 1987년 9월 20일 5,000엔 1M ROM

▶ 적의 독특한 움직임과 빗발치는 탄환 탓에 난이도가 높다.

주인공 '니노'가 파라다이스를 찾아서 숲과 운하와 사막을 탐험하는 액션 게임. 니노는 기본무기인 검과 서브웨폰을 활용해, 계속 나타나는 적들을 물리치며 비경 깊숙이 계속 전진한다. 도중에 나타나는 적 중 '파피'·'푸페'·'포'의 경우, 돈을 던지면 아군이 되어준다.

판타지 존 II : 오파오파의 눈물

세가 1987년 10월 17일 5,500엔 2M ROM

▶ 신규 시스템 추가로 인해, 워프 존을 발견하거나 진정한 엔딩 조건을 찾아내는 등의 재미가 늘어났다.

▶ 전작에선 상점의 판매품이 모두 같았으나, 이번엔 상점별로 취급품목이 다르다. 숨겨진 상점도 있다.

평화로워진 후 10년이 지난 판타지 존에 새로운 위기가 닥쳐온다. 우주전사 '오파오파'가 다시 나설 때가 왔다. 환상적인 그래픽과 쇼핑 시스템으로 인기가 많았던 슈팅 게임 「판타지 존」의 속편. 이번에도 스테이지 내를 부유하는 적 기지를 파괴하면서 돈을 잔뜩 모아 플레이어 기체인 '오파오파'를 업그레이드하는 시스템은 유지했으며, 여기에 추가로 어나더 스테이지로의 워프, 멀티 엔딩, 라이프제 도입 등의 새로운 시도를 한가득 집어넣었다.

 1인용  1~2인용  메모리 백업  FM 음원 지원 게임

1M 마스터즈 골프

세가 1987년 10월 10일 5,000엔 1M ROM

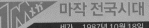

▶ 나무둥치 근처에 볼이 멈추면, 3D 화면으로 나무가 큼직하게 보여 조금 위축된다.

'스트로크 플레이'와 '매치 플레이'를 즐길 수 있는 전형적인 골프 게임. 탑뷰인 코스 화면과 유사 3D인 샷 화면을 함께 보며 클럽을 골라, 샷 스탠스를 결정하고 볼을 친다. 클럽의 비거리가 표시되지 않기에, 플레이어가 직접 경험으로 비거리를 가늠해 파악해야 한다.

1M 마작 전국시대

세가 1987년 10월 18일 5,000엔 1M ROM

▶ 독특한 얼굴 그래픽의 마작사 8명 중에서 대전상대를 고르자.

4인 대국과 2인 대국을 선택 가능한 마작 게임. 대전 상대는 8명으로서, 각 캐릭터별로 플레이스타일이 다르다. 쿠이탕·2번 묶기 등 디테일한 룰의 설정도 가능해, 초보자부터 상급자까지 커버할 수 있도록 제작했다. 2인 마작에서는 토너먼트전도 고를 수 있다.

2M 패사의 봉인

세가 1987년 10월 18일 5,800엔 2M ROM

▶ 게임 도중에 힌트를 거의 주지 않아, 클리어 난이도가 꽤나 높기로도 유명하다.

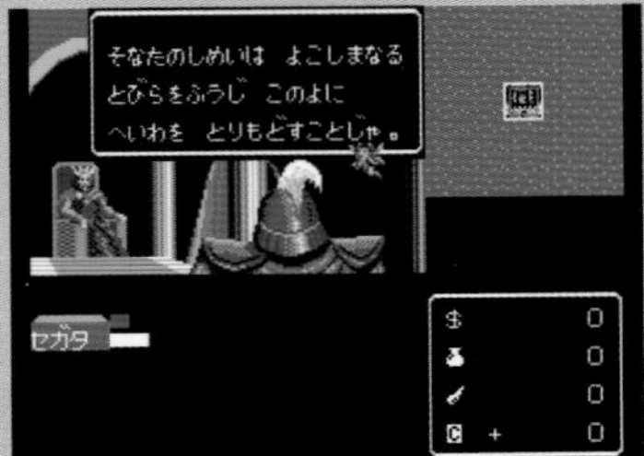

▶ 공격한 캐릭터만이 경험치를 받는 시스템이라, 동료를 일찍부터 늘리면 레벨 노가다가 매우 힘들어진다.

코가도 스튜디오의 초기 PC 작품군을 대표하는 롤플레잉 게임. '반두라의 통로'를 폐쇄하기 위해, '패사(覇邪)의 봉인'을 찾아 여행한다. 게임기 이식작에도 원작인 PC-8801판과 유사한 부직포 재질의 월드 맵과 메탈 피규어를 동봉했으며, 실제로 이를 펼쳐놓고 활용하여 플레이어 캐릭터 위치를 파악하는 독특한 시스템이 있다. 여행자나 상인을 물리치면 정보를 얻지 못하게 되는 '유명도' 시스템, 스토리 진행의 높은 자유도 등 이색적인 요소가 많다.

2M 에일리언 신드롬

세가 1987년 10월 18일 5,000엔 2M ROM

▶ 구조를 기다리는 동료 수는 아케이드판보다 늘었지만, 전부 구할 필요는 없으니 구출이 쉬운 동료를 우선하자.

▶ 당시의 공포영화 붐을 반영한 듯한 그로테스크한 그래픽이 특징. 빨리 물리쳐 폭탄으로 날려버리자.

영화 '에일리언'을 방불케 하는 그로테스크한 세계관이 인상적인 슈팅 게임. 제한시간 내에 맵 곳곳에 사로잡혀 있는 동료를 구출하고 보스를 물리쳐 탈출하는 게 목적인 작품이다. 아케이드판을 이식하는 과정에서 그래픽을 새로 다시 그렸고, 무기 종류를 일부 삭제하는 등의 변경을 가했다. 또한 원작의 전방향 스크롤을 고정화면 전환식으로 바꾸었는데, 덕분에 다음을 예측할 수 없는 스릴감을 맛볼 수 있다는 장점도 더해졌다.

슈팅 게임 액션 게임 퍼즐 게임 롤플레잉 게임 시뮬레이션 게임 스포츠 게임 드라이브 게임 어드벤처 게임 교육 및 기타 홈 게임

SDI

세가 1987년 10월 24일 5,000엔 1M ROM

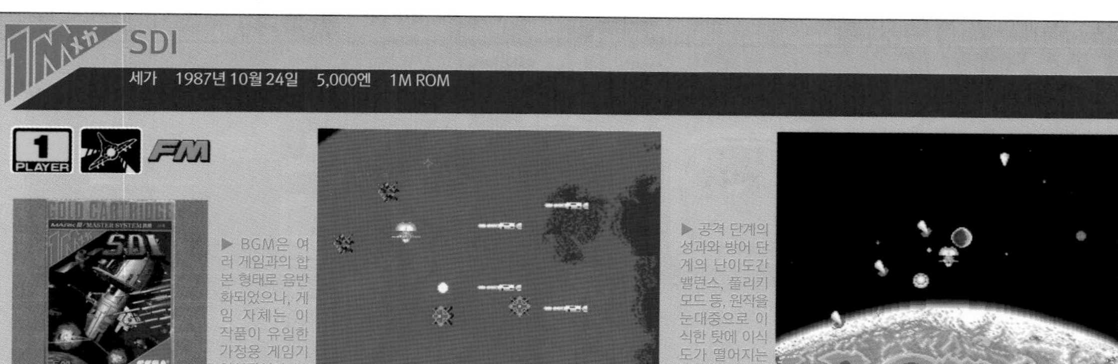

▶ BGM은 여러 게임과의 합본 형태로 음반화되었으나, 게임 자체는 이 작품이 유일한 가정용 게임기 이식작이다.

▶ 공격 단계의 성과와 방어 단계의 난이도간 밸런스, 플리키 모드 등, 원작을 눈대중으로 이식한 탓에 이식도가 떨어지는 부분도 많다.

미국 레이건 대통령이 발표했던 환상의 계획 '전략방위구상'(Strategic Defense Initiative)을 소재로 삼은 총 10라운드의 슈팅 게임으로서, 각 라운드는 스크롤 화면에서 적 기지를 파괴하는 '공격 단계'와, 고정화면에서 미사일을 요격하는 '방어 단계'의 2단 구성이다. 원작은 트랙볼로 조작하는 게임이지만 이식판 발매 당시엔 주변기기로 트랙볼이 나오지 않았던 데다, 원작의 화면을 눈으로 보며 적당히 이식하다 보니 아케이드판을 완전 재현하진 못해, 조작계·적 배치 등이 대폭 변경됐다.

잭슨 3D

세가 1987년 11월 7일 5,000엔 1M ROM
3-D 글래스 지원

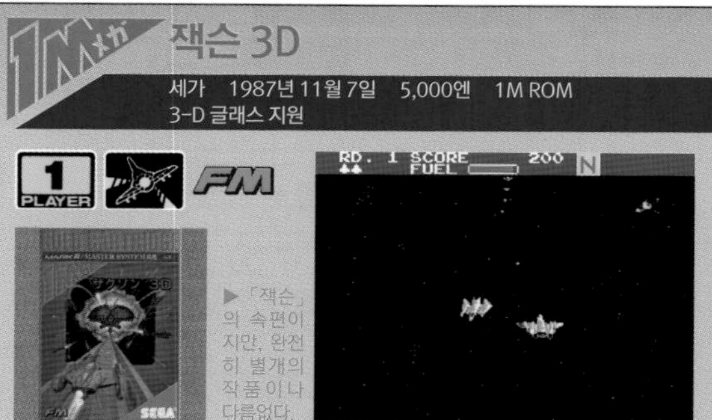

▶ 「잭슨」의 속편이지만, 완전히 별개의 작품이나 다름없다.

타이틀명은 일단 「잭슨」이지만, 3-D 글래스 지원 기능 덕에 플레이어 기체를 후방 시점으로 보는 슈팅 게임이 됐다. 적이 원거리에서 출현하는 원근감 넘치는 화면에다, 스테이지 중엔 구조물 내를 비행하는 리얼한 전투상황도 발생한다. 마지막엔 보스를 물리쳐야 한다.

알렉스 키드 BMX 트라이얼

세가 1987년 11월 15일 5,500엔 1M ROM
패들 컨트롤 전용

▶ 알렉스 키드다운 경쾌한 BGM과 함께, BMX로 신나게 달려보자.

이번엔 '알렉스 키드' 알렉 군이 BMX와 수상 자전거를 타고 다양한 스테이지를 주파한다. BMX를 버튼으로 가속하거나 감속하여 달리면서 윌리 기술을 사용하거나 점프대로 개울을 뛰어넘는 등, 모터크로스 바이크다운 액션성이 넘치는 레이싱 게임이 되었다.

애프터 버너

세가 1987년 12월 12일 5,800엔 4M ROM

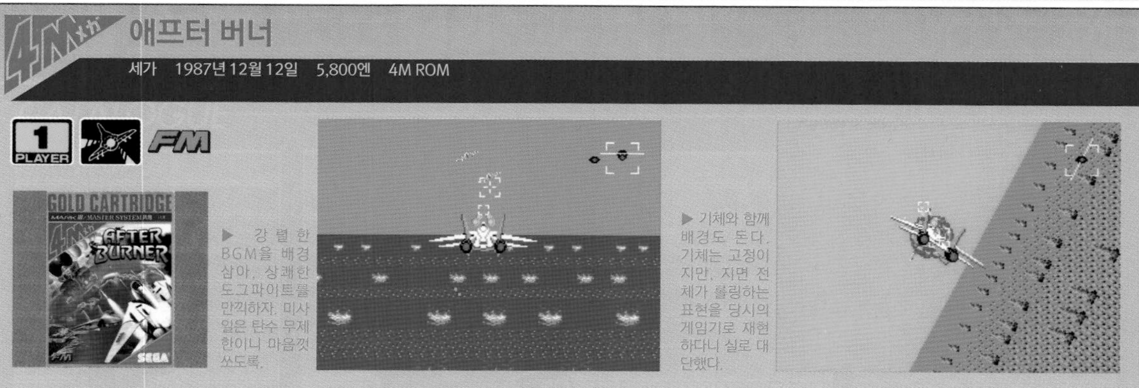

▶ 강렬한 BGM을 배경 삼아, 상쾌한 도그파이트를 만끽하자. 미사일은 탄수 무제한이니 마음껏 쏘도록.

▶ 기체와 함께 배경도 돈다. 기체는 고정이지만, 지면 전체가 롤링하는 표현을 당시의 게임기로 재현하다니 실로 대단했다.

거대한 더블 크레이들식 캐비닛으로 오락실에서 압도적인 존재감을 과시했던 체감 게임 「애프터 버너」의 이식작. 너른 바다의 상공을 파워풀하게 비행하는 F-14의 위용을 집에서도 볼 수 있다! 스로틀 레버가 없는 1편의 이식작이며, 애프터버너 시의 급가속은 생략되었으나 다이내믹한 롤링 시의 지표면 묘사는 하드웨어 한계에도 불구하고 공들여 구현해냈다. 가정용 오리지널 보스도 등장한다. FM 음원으로 재현해낸 명곡들도, 원작과 다른 독특한 맛이 있다.

 1인용  1~2인용  메모리 백업  FM 음원 지원 게임

4M 메가 판타지 스타

세가 1987년 12월 20일 6,000엔 4M ROM

1 PLAYER · MEMORY BACK UP · FM

▶ 당시엔 3D 던전 이동시의 부드러운 애니메이션으로 유저들을 놀라게 했다.

▶ 개성적인 적 그래픽, 사용 무기에 따라 변화하는 공격 이펙트 등, 전투신을 디테일하게 묘사하여 재미를 준다.

소프트 라인업의 태반이 액션·슈팅 게임이었던 당시 세가의 가정용 게임기에, 첫 세가 오리지널 RPG로서 등장한 기념비적인 작품. 동시에, 후일 일대 서사시로 발돋움하는 「판타지 스타」 시리즈의 첫 이야기이기도 하다. SF와 판타지를 융합시킨 독특한 세계관이 특징. 행성 '팔마'의 소녀 '아리사'는 국왕 '라시크'의 사악한 흉계를 파헤치다 죽은 오빠 '네로'의 뜻을 이어 모험 여행을 떠난다. 2D 필드를 걸어 이동하고, 던전은 3D 그래픽으로 탐험하게 된다.

1M 메가 오파오파

세가 1987년 12월 20일 5,000엔 1M ROM

1-2 PLAYERS · FM

▶ 7에리어에 각 3라운드씩으로, 보너스 스테이지까지 총 51라운드. 에리어 셀렉트가 있어 도중 플레이도 가능.

▶ 시리즈의 특징인 상점 시스템은 이번에도 있다. 돈을 모으면 미로 내에 무기·아이템이 표시되어 이를 구입하는 식.

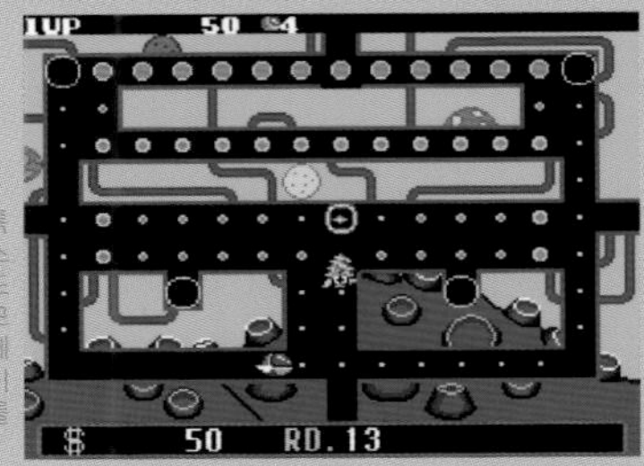

판타지 존으로 여행을 떠나기 이전, 수행중이던 오파오파가 실전훈련을 받던 시절의 이야기. 이번 작품은 엉뚱하게도 도트 먹기 게임이다. 오파오파는 미로 내에 흩어져있는 돈을 모아야 하며, 돈은 빨리 얻지 않으면 「판타지 존」처럼 점점 줄어든다. 돈을 모아 상점에서 무기를 구입하면 적 캐릭터를 물리칠 수도 있다. BGM엔 「판타지 존」의 명곡들을 사용했다. 플레이어 캐릭터로 동생인 '우파우파'도 등장하며, 2인 동시 플레이도 가능하다.

1M 메가 트라이포메이션

세가 1987년 12월 13일 5,000엔 1M ROM

▶ 버기는 점프도 가능하지만, 주행 불가능한 곳에선 로봇으로 변신하는 게 낫다.

애니메이션 '붉은 광탄 질리온' 관련작품으로서 개발된 타이틀 제 2탄. 이번에는 로봇으로 변신 가능한 버기 카 '트라이차저'를 조작하는 액션 슈팅 게임이다. 주인공 'JJ'는 트라이차저로 적지에 돌입해, 기지 내부를 돌아다니며 탐색하여 동료를 구출해가며 보스를 물리쳐야 한다.

1M 메가 패밀리 게임즈

세가 1987년 12월 27일 5,000엔 1M ROM

1-4 PLAYERS · HOME · FM

▶ 다트와 빙고도 룰을 제법 다양하게 준비해, 의외로 깊이가 있다.

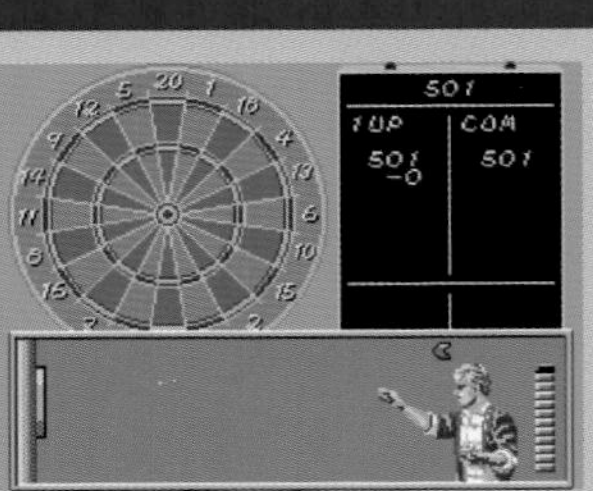

사람들이 모여 있을 때 즐겨볼 만한 게임들을 한데 묶은 소프트. 수록된 게임은 나인볼 룰로 플레이하는 '당구', 4종류의 룰로 즐기는 '다트', 5×5 게임판에서 가로·세로·대각선으로 3개를 맞추는 '빙고'의 3종류다. 4인 동시 플레이가 가능하다.

 슈팅 게임
 액션 게임
 퍼즐 게임
 롤플레잉 게임
 시뮬레이션 게임
 스포츠 게임
 드라이브 게임
 어드벤처 게임
 교육 및 기타
홈 게임

1988

SEGA MARK III / MASTER SYSTEM SOFTWARE ALL CATALOGUE

이 해에 발매된 타이틀 수는 전년보다 약간 줄어든 27종이다. 실은 이 해에 후계기인 메가 드라이브가 발매된 지라, 소프트 개발진이 그쪽으로 다수 넘어간 영향도 있었을 것이다.

다만 소프트 개발력 자체는 이미 충분히 원숙해졌기에, 오리지널 판타지 어드벤처 게임 「별을 찾아서…」, 큼직한 캐릭터가 활약하는 검호 액션 게임 「검성전」, 패미컴을 초월한 재현도로 유저들의 자부심을 채워준 「이스」 등, 실로 다양성 넘치는 소프트가 발매됐다.

또한 이 해에는, 세가 마크 Ⅲ의 유일한 서드파티가 된 살리오(테크모의 자회사)가 2개 작품을 발매했다. 이러한 서드파티 체제는 메가 드라이브부터서야 본격적으로 도입되었다.

1M 메이즈 워커

세가 1988년 1월 31일 5,000엔 1M ROM
3-D 글래스 지원

▶ 3D 글래스를 이용하면 충이 중첩된 모습 등이 입체적으로 보인다.

3-D 글래스를 지원하는 액션 게임. 플레이어는 '리 군'을 조작해, 미로 내에서 열쇠를 찾아내 출구를 향해 나가야 한다. 슈츠·슈즈 등의 아이템을 장비하면 대미지 경감·속도 향상 등의 효과가 있으니, 적절한 장비를 스테이지 환경에 맞춰 잘 고려할 필요가 있다.

2M 슈퍼 원더 보이 : 몬스터 월드

세가 1988년 1월 31일 5,500엔 2M ROM

▶ 아케이드판의 복잡한 미로가 힘겨웠던 사람도, 집에서 제대로 공략해보자.

아케이드 게임 「원더 보이 : 몬스터 랜드」의 이식판. 가정용판은 FM 음원 지원이 추가됐다. 원더랜드의 평화를 되찾기 위해, 소년 '북'이 모험하는 액션 게임. 적을 물리치고 돈을 벌어 무기·방패를 강화해가는 RPG풍 시스템도 있다. 숨겨진 코인을 찾아내 돈벌이하는 잔재미에 오히려 더 열중하게 되는 작품.

1M 갤럭틱 프로텍터

세가 1988년 2월 21일 5,000엔 1M ROM
패들 컨트롤 전용

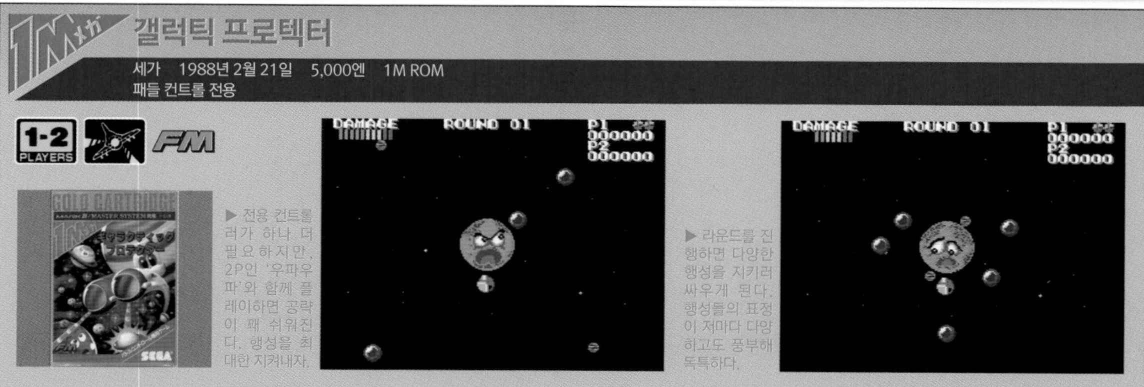

▶ 전용 컨트롤러가 하나 더 필요하지만, 2P인 '우파우파'와 함께 플레이하면 공략이 꽤 쉬워진다. 행성을 최대한 지켜내자.

▶ 라운드를 진행하면 다양한 행성을 지키러 싸우게 된다. 행성들의 표정이 저마다 다양하고도 풍부해 독특하다.

'판타지 존 형제'인 오파오파·우파우파가 다시금 대활약한다. 이번엔 화면 중앙에 떠있는 행성 주변을 오파오파가 돌며 우주 전 방향에서 공격해오는 운석군을 물리치는, 독특한 스타일의 라이프제 슈팅 게임이다. 오파오파가 회전하면서 움직이는 조작계이다 보니, 패들 컨트롤 전용 게임이 되었다. 방어해줘야 하는 행성은 어째선지 코믹한 얼굴이 붙어있어, 화면 중앙에 자리 잡고서 다양한 표정을 보여주는 행성의 모습이 실로 재미있는 게임이다.

1 PLAYER 1인용  1~2인용  메모리 백업  FM 음원 지원 게임

2M 메가 스페이스 해리어 3D

세가 1988년 2월 29일 5,500엔 2M ROM
3-D 글래스 지원

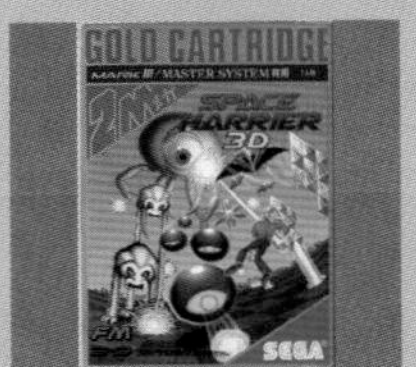

▶ 스테이지 1 BGM이 전작의 테마곡인 점도 실로 노린 연출. 엔딩에서 전작의 보너스 스테이지 곡도 나온다.

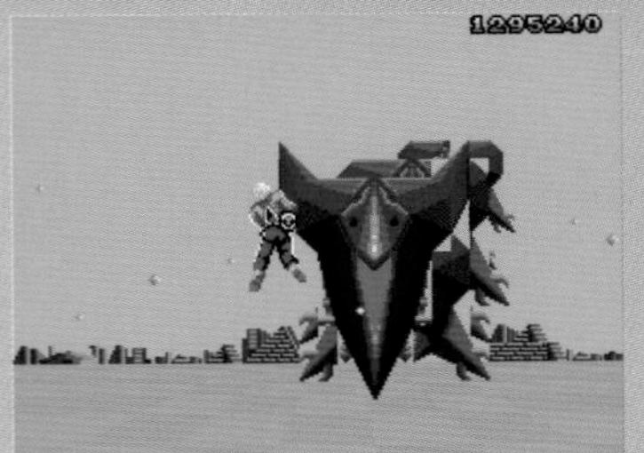

▶ 입체감을 살린 말뚝·기둥 등의 구조물이 나오며, 멀리서 오는 적뿐만 아니라 상하 공격에도 대처해야 한다.

「스페이스 해리어」가 3D로 돌아왔다! 모두가 감탄했던 「스페이스 해리어」의 3D화를 한발 먼저 실현해버린 세가의 의욕이 느껴지는 소프트. 기본적인 시스템은 전작을 답습했지만, 게임 자체는 완전히 오리지널이다. 캐릭터·스테이지를 리뉴얼했고, BGM 역시 전작의 편곡을 포함했지만 신곡도 다수 집어넣었다. 「스페이스 해리어」다운 체크무늬 지면의 고속 스크롤도 재현하여, 그래픽이 한층 더 화려해졌다.

1M 메가 알레스터

세가 1988년 2월 29일 5,000엔 1M ROM

▶ 환경유지 컴퓨터에 의해 만들어진 기형식물들이 습격해 온다.

컴파일 사가 개발한 오리지널 종스크롤 슈팅 게임으로서, 난이도 자동조절 기능이 특징이었던 「자낙」의 후계작. 시리즈 전반의 숙적인, 폭주한 환경유지 컴퓨터 'DIA51'과의 싸움을 그렸다. PSG 음원·FM 음원을 모두 지원하며, PSG 쪽을 선택하면 게임이 종종 느려지는 현상이 개선된다.

2M 메가 알렉스 키드 : 더 로스트 스타즈

세가 1988년 3월 10일 5,500엔 2M ROM

▶ 구멍에 빠지면 상당히 뒤로 돌아가므로 시간 낭비가 커지니 주의.

같은 제목 아케이드 게임의 이식작. 원작의 2인 동시 플레이가 삭제되어, 아케이드판의 2P 캐릭터였던 스텔라는 고를 수 없게 됐다. 시간제로 변경되었기에 목숨은 무제한이다. 적에 닿으면 잔여시간만 줄어드는 시스템이 되어, 아케이드판보다 공략하기가 쉬워졌다.

1M 메가 아르고스의 십자검

살리오 1988년 3월 25일 5,000엔 1M ROM

▶ 아케이드판에선 이동 불가능했던 화면 아래의 통로도 이동 가능해졌다.

요요 형태의 무기 '디스크 아머'를 휘두르며 수인족과 싸우는 액션 게임. 총 5스테이지 구성이며 각 스테이지마다 보스와 맞서는 등, 원작인 아케이드 게임 「아르고스의 전사」에 비해 많은 부분이 개변되었다. 세가 마크 Ⅲ로는 최초의 서드파티 제 소프트이기도 하다.

2M 메가 블레이드 이글

세가 1988년 3월 26일 5,500엔 2M ROM
3-D 글래스 전용

▶ 잽싸게 고공·저공을 전환하지 않으면 적의 공격에 대처하기 어렵다.

로봇의 반란과 외계인의 습격이 동시에 일어난다는 전례 없는 비상사태를 맞아 출격하는 '블레이드 이글'. 3-D 글래스 전용 종스크롤 슈팅 게임이다. 겉보기에는 평범한 슈팅 게임이지만, 고공·저공 개념이 있어 지상 물체는 저공비행으로 물리쳐야 한다는 독특한 시스템이 특징.

 슈팅 게임  액션 게임  퍼즐 게임 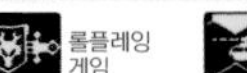 롤플레잉 게임  시뮬레이션 게임  스포츠 게임  드라이브 게임  어드벤처 게임  교육 및 기타  홈 게임

별을 찾아서…

세가 1988년 4월 2일 5,500엔 2M ROM

▶ 신비한 동물 '미오'와 평화롭게 사는 결말은 과연 있을까. 동료와 재회하는 방법은 뭘까. 그걸 찾아내야 한다.

▶ 조건을 만족시키면 볼 수 있는 엔딩의 한 장면. 이별해야만 했던 미오와 함께 살 수 있게 된다.

큼직한 귀, 어째선지 돋아나 있는 날개, 먹보에 울보에 활기가 넘치는 신비한 동물 '미오'를 둘러싼 SF 스타일의 커맨드 선택식 어드벤처 게임. 큼직한 그래픽과 따뜻한 그림체 등이 특징인, 누구에게나 추천할 만한 게임이다. 스토리는 외길이지만 멀티 엔딩 시스템이 있어, 게임 진행에 따라서는 플레이어에게 바람직스럽지 않은 전개가 되는 경우도 있으나, 해피 엔딩을 목표로 삼아 반복해 즐기고 싶어지게 되는 작품이다.

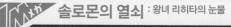

솔로몬의 열쇠 : 왕녀 리히타의 눈물

살리오 1988년 4월 17일 5,000엔 1M ROM

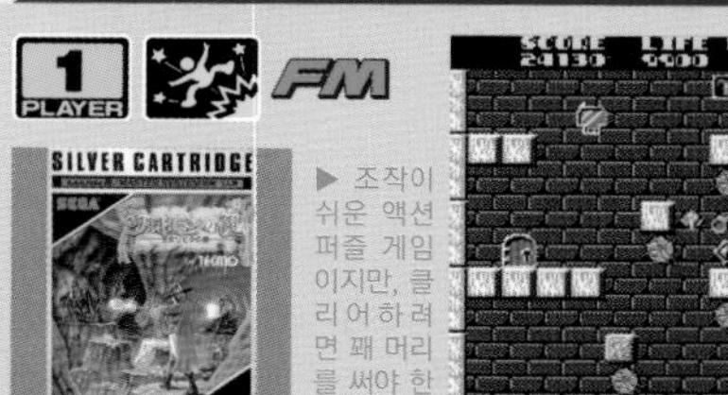

▶ 조작이 쉬운 액션 퍼즐 게임이지만, 클리어하려면 꽤 머리를 써야 한다.

어둠에 먹힌 세계에 빛을 되돌리기 위해, '리히타의 눈물'을 지닌 왕녀 '리히타'를 구출하러 가는 '다나'의 이야기. 패미컴·아케이드로도 인기였던 퍼즐 게임의 이식작이다. 주인공 다나는 '환석의 비술'이란 마법으로 화면 내에 블록을 만들거나 없애며 열쇠를 획득해 문으로 향한다.

천재 바카본

세가 1988년 6월 2일 5,500엔 2M ROM

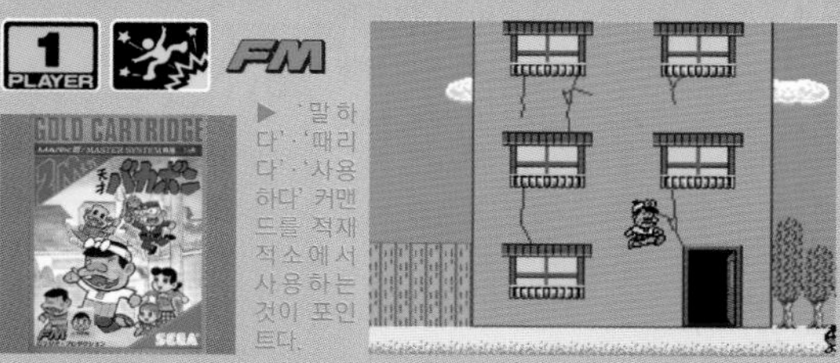

▶ '말하다'·'때리다'·'사용하다' 커맨드를 적재적소에서 사용하는 것이 포인트다.

행방불명돼 버린 하지메를 찾기 위해, 바카본 아빠가 마을 내를 탐색하는 어드벤처 게임. 도중에 만나는 사람과 대화하며 하지메 실종의 단서를 입수하는 식으로서, 썰렁개그로 유명한 원작 만화의 바카본 월드가 게임으로 전개된다. 퍼즐의 난이도도 제법 만만치 않다.

검성전(剣聖伝)

세가 1988년 6월 2일 5,500엔 2M ROM

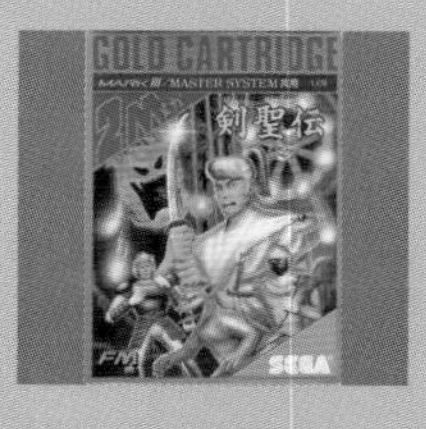

▶ 적의 모션이 꽤나 교묘하고 까다로우니, 패턴을 외워 공략하자. 보스를 물리쳐 얻는 기술을 활용하면 쉬워진다.

▶ 공략이 잘 안 풀린다면, 수련 스테이지에서 라이프 상한을 늘리도록. 필요 없다면 수련은 패스해도 된다.

요마를 이끄는 환술사 '요넨사이'가 꾀하는 백귀야행을 막으려, '나루가미 하야토'는 히고 지방을 출발해 에도로 향한다. 중세 일본풍이 물씬한 요괴 퇴치 액션 게임. 일본 전도에서 루트를 선택해, 각 지방 스테이지를 돌파하며 일본도와 점프 액션으로 적을 물리치고, 때로는 스테이지 최후의 보스를 물리치는 식으로 진행한다. 디테일한 배경 그래픽과 공들인 모션의 요괴들, 전위적으로 일본풍을 표현한 BGM이 게임의 분위기를 돋운다. 서양에서 인기가 있었던 작품.

HARDWARE 1983 1984 1985 1986 1987 1988 1989 1990 1991 1992 1993 1994 1995 1996 OVERSEA

로드 오브 소드

세가 1988년 6월 2일 5,500엔 2M ROM

▶ 경험치와 레벨 업 개념이 없으므로, 때로는 적을 무시할 필요도 있다.

마왕 부활을 획책하는 라 곤 교단에 의해 국왕이 암살된 후, 변경 지방의 용사 '랜도'는 새로운 왕을 선발하기 위한 3종의 시련에 도전한다. 주인공 랜도가 검과 활을 이용해 앞을 가로막는 적을 물리치며 여행하는 액션 게임. 적의 공략법을 찾아내 앞길을 개척해야 한다.

SHINOBI

세가 1988년 6월 19일 5,500엔 2M ROM

▶ 적의 빈틈을 단숨에 간파해, 공격받기 전에 물리쳐야 한다.

사악한 범죄조직을 상대하여 홀로 싸우는 닌자 '무사시'가 활약하는 액션 게임. 횡스크롤되는 스테이지를 점프 액션과 수리검으로 돌파하며, 범죄조직 단원과 적 닌자를 물리쳐간다. 어린 닌자를 구출하면 보너스 점수와 파워 업 아이템을 입수할 수 있다.

캡틴 실버

세가 1988년 7월 2일 5,500엔 2M ROM

▶ 꿈의 세계를 연상케 하는 색채의 스테이지를 진행하는 짐군. 힘내라!

실버의 보물이 잠든 외딴섬의 지도를 입수한 '짐'은, 보물을 입수하기 위해 마물을 물리치는 모험에 나서게 된다. 횡스크롤 스테이지를, 검과 마법으로 마물을 물리치며 진행하는 액션 게임. 끊임없이 등장하는 적들과 짐의 초라한 점프력 탓에, 난이도가 높은 편이다.

슈퍼 레이싱

세가 1988년 7월 2일 5,500엔 2M ROM
패들 컨트롤 지원

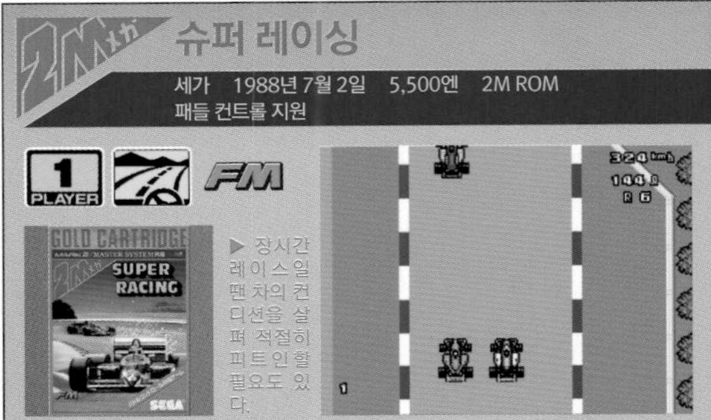

▶ 장시간 레이스일 땐 차의 컨디션을 살펴 적절히 피트 인할 필요도 있다.

세계 15개국에서 개최되는 F1 레이스를 제패하는 것이 목적인 레이싱 게임. 플레이어 차량은 화면 내에 고정돼 있고, 코스 전체가 전방향으로 스크롤되는 스타일의 게임이다. 이 스크롤이 제법 고속이라, 나름 박력 있는 레이스가 펼쳐진다. 패들 컨트롤을 지원한다.

파이널 버블 보블

세가 1988년 7월 2일 5,500엔 2M ROM

▶ 가정용판은 아케이드판과 다른 퍼즐이 많아, 이쪽도 파고들만하다.

아케이드 게임의 명작「버블 보블」을 개변 이식했다. '버블룬'과 '보블룬'은 사로잡힌 소녀를 구하기 위해 동굴 안으로 뛰어든다. 버블룬은 거품을 쏘아 적을 가두고, 그 거품을 터뜨려 적을 물리친다. 아케이드판엔 없었던 오리지널 보스전과 엔딩을 추가했다.

소방구조대

세가 1988년 7월 30일 5,000엔 1M ROM
패들 컨트롤 지원

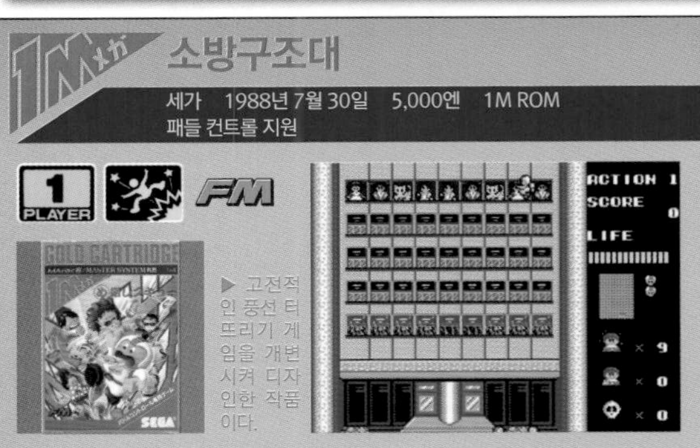

▶ 고전적인 풍선 터뜨리기 게임을 개변시켜 디자인한 작품이다.

소방대가 화재 현장 내에 고립돼버린 사람들을 구조하는 액션 게임. 패들 컨트롤을 사용하여 트램폴린을 잡은 대원들을 좌우로 움직이고, 구조대원을 튕겨 올려 창에 얼굴을 내민 사람들을 구조한다. 스테이지를 진행하다 보면 독창적인 건물이 등장하기도 한다.

 슈팅 게임  액션 게임  퍼즐 게임  롤플레잉 게임  시뮬레이션 게임  스포츠 게임  드라이브 게임  어드벤처 게임  교육 및 기타 홈 게임

선더 블레이드

세가 1988년 7월 30일 5,500엔 2M ROM

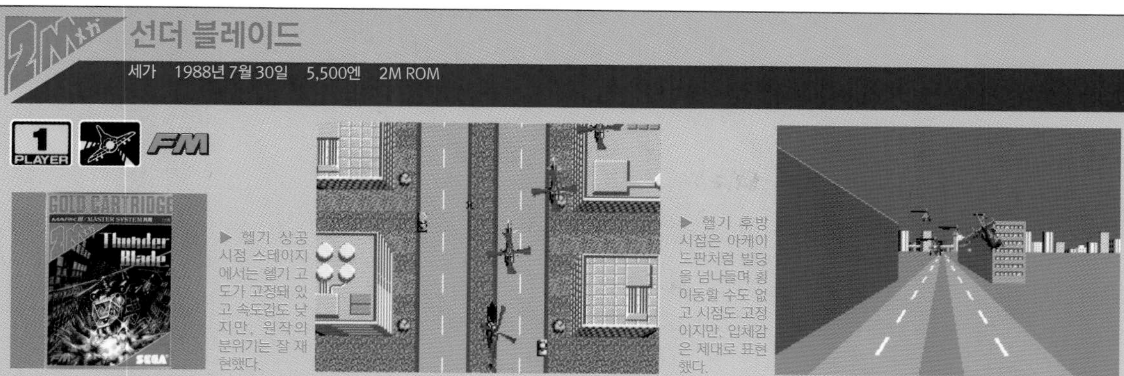

▶ 헬기 상공 시점 스테이지에서는 헬기 고도가 고정돼 있고 속도감도 낮지만, 원작의 분위기는 잘 재현했다.

▶ 헬기 후방 시점은 아케이드판처럼 빌딩을 넘나들며 횡이동할 수도 없고 시점도 고정이지만, 입체감은 제대로 표현했다.

아케이드로 출시했던 세가 체감 게임 시리즈 제 7탄의 이식판. 헬기를 조종해 상공 시점과 후방 시점 스테이지를 교대로 진행하는 구성, 플레이어가 전투헬기라는 특성을 살린 부유감 넘치는 게임 디자인, 입체감 있는 비주얼이 특징인 작품이다. 원작의 매력을 게임기로 이식한다는 게 당시엔 불가능으로 여겨졌지만, 하드웨어 성능의 제약 내에서 가능한 것만을 취해 최대한 재현하여 아케이드판의 팬을 놀라게 했다. 개발진의 다대한 노력이 느껴지는 작품이 아닐 수 없다.

마왕 골베리어스

세가 1988년 8월 14일 5,500엔 2M ROM

▶ 컴파일 사의 게임답게, 랜더 등의 자사 캐릭터도 등장한다.

약초를 찾아 계곡으로 들어갔다 행방불명된 리나 공주를 찾아 여행하는 소년 '케레시스'의 모험을 그린 액션 RPG. 탑뷰 형태의 맵 화면, 가로 혹은 세로 스크롤 형태인 3종의 스테이지가 특징이다. 돈 대신 'FIND'라는 수치가 있어, 동굴을 발견하거나 아이템을 구입할 때 필요하다.

열구(熱球) 코시엔

세가 1988년 9월 9일 5,500엔 2M ROM

▶ 예선 돌파 후, 코시엔에 출전하기 전의 능력치 분배가 쉽지 않다.

일본의 고교야구 전국대회인, 코시엔 경기를 소재로 삼은 야구 게임. 화면도 조작도 실로 전형적이라, 다른 야구 게임과 비슷한 느낌으로 즐길 수 있다. 지구예선에서 얻은 득점은 코시엔 출전 시의 팀 강화에 쓸 수 있다. 타이틀 화면과 팀 입장 장면, 응원 등 각종 연출의 그래픽에 공을 들여, 볼거리도 충실한 편이다.

R-TYPE

세가 1988년 10월 1일 5,800엔 4M ROM

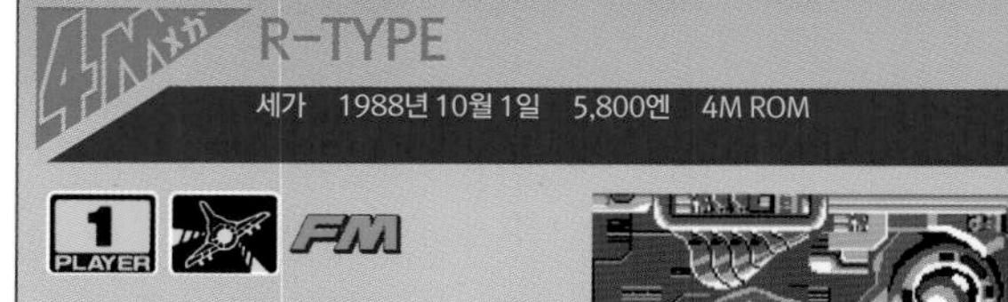

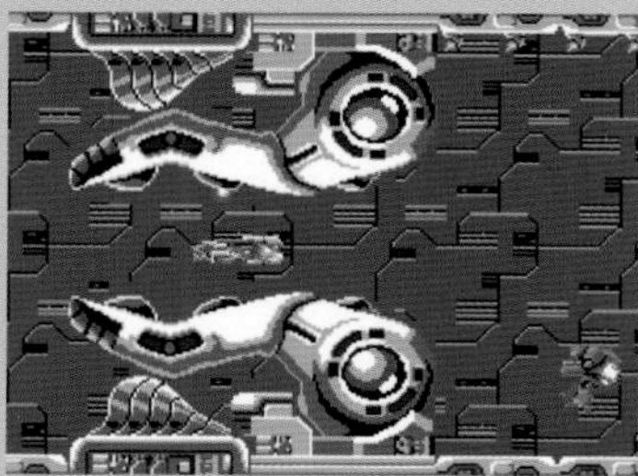

▶ 기능이 복잡한 포스도 잘 재현해, 아케이드판과 비슷한 느낌으로 다룰 수 있다. 모션도 놀랄 만큼 부드럽다.

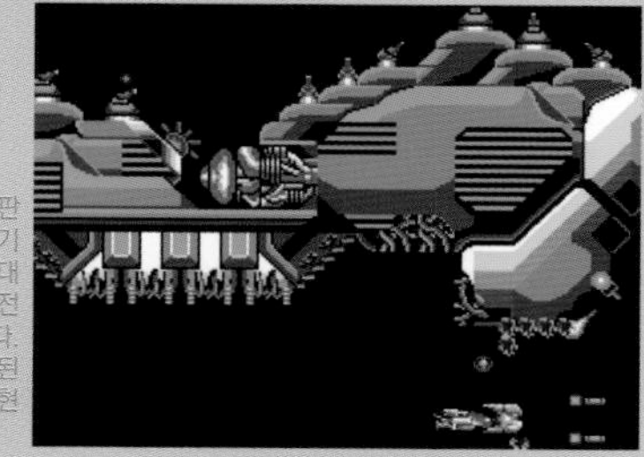

▶ 다른 이식판에선 삭제되기도 했던 거대 전함도 이 버전에선 등장한다. 곳곳이 파괴된 디테일도 재현했다.

아이렘 사의 걸작 아케이드 슈팅 게임의 이식판. 이식·개발을 당시 슈팅 게임계의 실력파였던 컴파일 사가 맡았으며, 스프라이트 동시표시 개수가 부족한 탓에 보스전 배경을 삭제하긴 했으나 아케이드판의 극도로 치밀한 그래픽을 한계까지 재현해냈다. 4M 용량을 살려 PC엔진판에선 삭제됐던 스테이지도 전부 담아냈고, 심지어는 숨겨진 오리지널 스테이지까지 추가했다. 하드웨어의 성능을 최대한도로 활용해낸 훌륭한 이식작이라 할 수 있다.

 1인용  1~2인용  메모리 백업  FM 음원 지원 게임

공작왕

4M 메가 | 세가 1988년 9월 23일 5,800엔 4M ROM

▶ 액션 파트는 메뉴에서 술법을 잘 골라 공략할 필요가 있다.

같은 제목의 만화를 게임화했다. 히에이 산의 괴멸과 각지에서 일어난 괴현상을 조사하기 위해 공작이 나선다는 스토리의 액션 어드벤처 게임. 모아쏘기 가능한 기합탄을 사용해 적을 물리치는 액션 파트와, 등장인물과 대화하며 조사하는 형태로 스토리를 진행하는 커맨드식 어드벤처 파트가 있다.

더블 드래곤

2M 메가 | 세가 1988년 10월 1일 5,500엔 2M ROM

▶ 공격 버튼과 점프 버튼을 조합하면 다채로운 공격이 가능하다.

사랑하는 마리안을 찾아, 쌍절권의 전승자 '빌리'가 싸운다. 아케이드에서 인기였던 같은 제목 게임의 이식판. 주인공이 펀치·킥·점프를 구사해 적을 물리치는 벨트스크롤 액션 게임이다. 플레이 감각·BGM 모두 원작의 분위기를 잘 재현해냈다. 2인 동시 플레이 가능.

이스

2M 메가 | 세가 1988년 10월 15일 5,800엔 2M ROM

▶ 이스의 책은 중요한 단서다. 읽으면 키 아이템을 입수하기 위한 힌트를 얻을 수 있다.

▶ '금 좌대'는 유명한 히든 아이템. 환금해 초반 장비를 맞추는 데 써먹은 플레이어도 많을 듯한데?

누구라도 쉽게 즐길 수 있는 게임 밸런스와 심플한 시스템으로 고난이도화 일변도이던 당시 일본 RPG계에 파문을 일으킨, 일본산 액션 RPG의 금자탑이자 니혼팔콤을 대표하는 시리즈 첫 작품의 이식작. 저주받은 섬을 구하기 위해 여행하는 모험가 아돌의 싸움을 그렸다. 일부 던전 맵의 변경, 세이브 데이터 삭제 기능 추가 등 원작을 다소 개변한 부분이 있긴 하나, 기본적으로는 타 기종판에 비해서도 내용이 원작인 컴퓨터판에 가까운 편인 충실한 이식작이다.

스포츠 패드 사커

1M 메가 | 세가 1988년 10월 29일 9,800엔 1M ROM
세가 스포츠 패드 전용

▶ 롱 패스 후 정확한 타이밍에 슛을 넣으면 오버헤드 킥!

트랙볼형 컨트롤러 '세가 스포츠 패드' 전용의 축구 게임. 다양한 용도를 상정한 주변기기였으나, 아쉽게도 지원 소프트는 이 작품 딱 하나뿐이다. 게임 자체는 버튼 2개로 각각 슛과 패스를 구사하는 전형적인 스타일. 패키지엔 FM 음원 지원 마크가 들어가 있으나, 실제로는 비지원이다.

초음전사 보그맨

1M 메가 | 세가 1988년 12월 1일 5,000엔 1M ROM

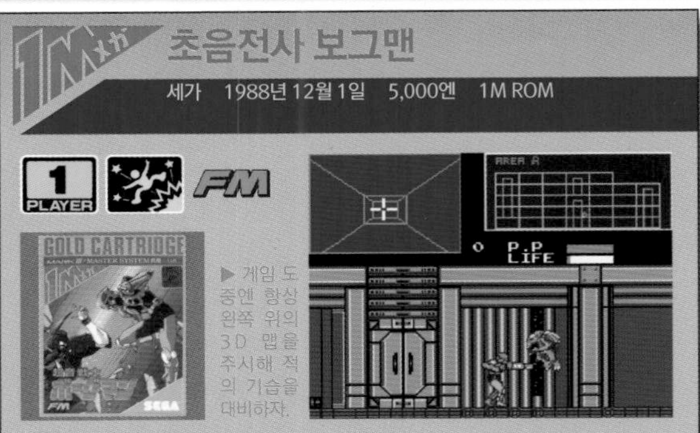

▶ 게임 도중엔 항상 왼쪽 위의 3D 맵을 주시해 적의 기습을 대비하자.

같은 제목 애니메이션의 게임판. 보그맨 '료'가 요마기지에 침입하여 적을 물리치는 액션 게임이다. 횡스크롤 형태의 기지 내에서, 전체 맵과 근거리용 3D 맵을 참조하며 전진한다. 화면 내에 표시되는 범위가 좁으므로, 3D 맵을 잘 활용해 적을 먼저 발견하여 선제공격할 필요가 있다.

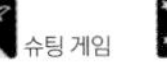 슈팅 게임
 액션 게임
 퍼즐 게임
 롤플레잉 게임
 시뮬레이션 게임
 스포츠 게임
 드라이브 게임
 어드벤처 게임
 교육 및 기타
 홈 게임

1989

SEGA MARK III / MASTER SYSTEM SOFTWARE ALL CATALOGUE

1989년은 일본에서 세가 마크 Ⅲ / 마스터 시스템용 소프트가 발매된 마지막 해이다. 2월 4일 발매된 「봄버 레이드」를 끝으로, 5년에 걸친 세가 마크 Ⅲ용 소프트 공급은 종지부를 찍었다.

이유는 1988년 가을 메가 드라이브가 발매됨으로써 급속하게 시장이 축소된 탓이지만, 서양에서는 여전히 세가 마스터 시스템이 호조였기에 이후에도 소프트 개발은 꾸준히 지속되었다. 그중엔 당초 일본 발매가 예정돼 있었던 타이틀도 포함돼 있는데, 유명한 작품으로는 「몬스터 월드 Ⅱ : 드래곤의 함정」(서양 제목은 Wonder Boy Ⅲ: The Dragon's Trap), 「배틀필드」(서양 제목은 Time Soldiers)가 있다. 이 두 작품은, 비공식 어댑터를 이용해 서양판 카트리지를 일본판 마스터 시스템에서 돌려보면 타이틀 화면이 변경되거나 텍스트가 일본어로 나오는 등의 변화가 있다.

또한 서양판 소프트인데도 일본에만 발매된 FM 사운드 유닛이 지원되는 소프트도 18종이나 존재하는데, 이들 역시 일본 발매 예정이 있었으나 시장성 문제(발매해도 팔리지 않을 거라는 판단)로 발매가 백지화된 게임이 아니었을까 추측된다.

■ 발매 예정이었을 것으로 추측되는 타이틀

- 「몬스터 월드 II : 드래곤의 함정」
- 「수왕기」
- 「캘리포니아 게임즈」
- 「카지노 게임즈」
- 「중화대선」
- 「갤럭시 포스」
- 「골프매니아」
- 「아웃런 3D」
- 「포세이돈 워즈 3D」
- 「램페이지」
- 「라스턴 사가」
- 「레스큐 미션」
- 「스크램블 스피리츠」
- 「상하이」
- 「슈퍼 테니스」
- 「배틀필드」
- 「울티마 Ⅳ」
- 「비질란테」

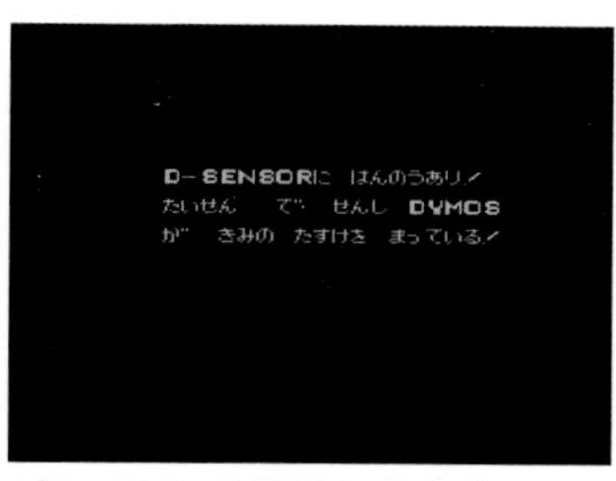

▲「Time Soldiers」를 일본판 마스터 시스템으로 구동한 화면. 놀랍게도 메시지가 일본어다!

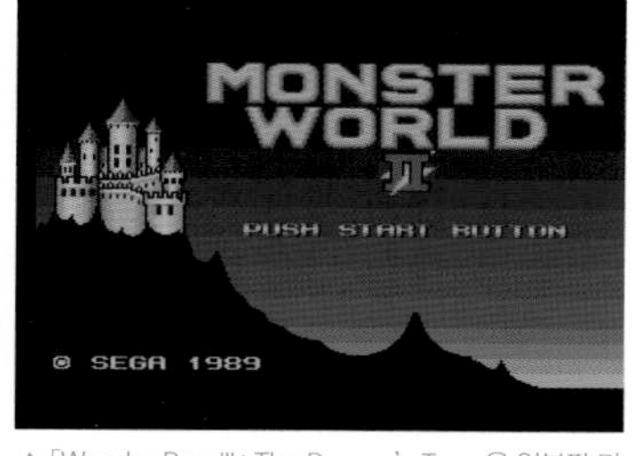

▲「Wonder Boy Ⅲ: The Dragon's Trap」을 일본판 마스터 시스템으로 구동하면 타이틀 화면이 바뀐다.

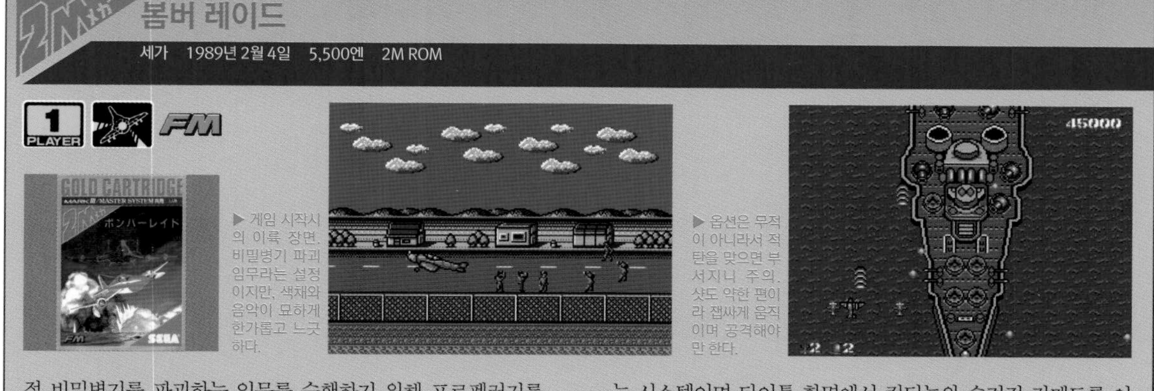

봄버 레이드

세가 1989년 2월 4일 5,500엔 2M ROM

1 PLAYER FM

▶ 게임 시작시의 이륙 장면. 비밀병기 파괴 임무라는 설정이지만, 색채와 음악이 묘하게 한가롭고 느긋하다.

▶ 옵션은 무적이 아니라서 적탄을 맞으면 부서지니 주의. 샷도 약한 편이라 잽싸게 움직이며 공격해야만 한다.

적 비밀병기를 파괴하는 임무를 수행하기 위해 프로펠러기를 몰고 적을 물리치는 종스크롤 슈팅 게임. 편대 비행하는 적기와 포격해오는 지상물을 파괴하며, 아이템으로 샷과 스피드를 강화해 진행하는 전형적인 슈팅 게임이다. 죽으면 즉시 부활하는 시스템이며 타이틀 화면에서 컨티뉴와 숨겨진 커맨드를 이용한 스테이지 선택도 가능해, 플레이가 편리하다. 일본의 세가 마크 Ⅲ 최후 발매작인데다 발매량도 적었기에, 지금은 고가로 거래된다.

 1인용  1~2인용  메모리 백업 FM FM 음원 지원 게임

HARDWARE 1983 1984 1985 1986 1987 1988 1989 1990 1991 1992 1993 1994 1995 1996 OVERSEA

세가가 발매한 CAI용 컴퓨터

세가 AI 컴퓨터 SEGA AI COMPUTER

세가 엔터프라이지스 1987년

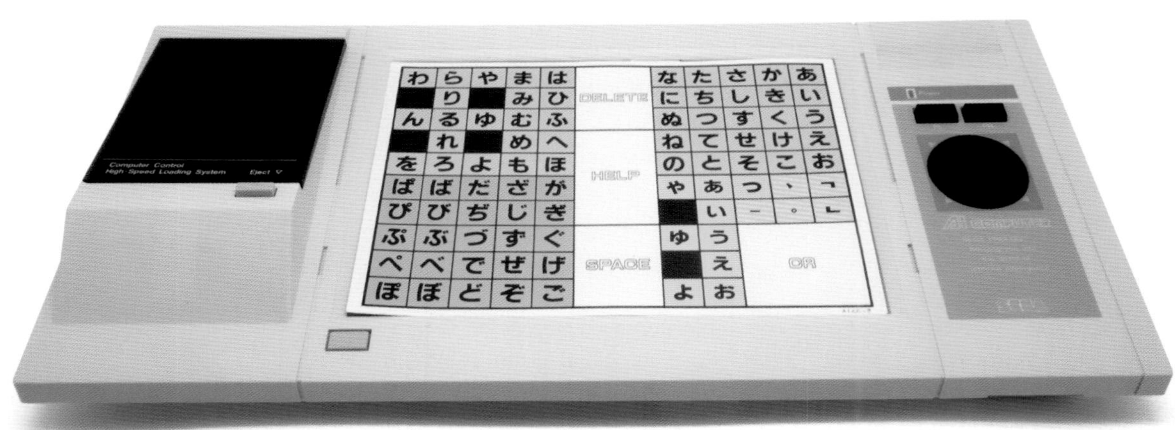

아키텍처는 독자 노선

SC-3000에서도 교육용 소프트를 다수 출시하며 교육시장 진입을 계속 모색해왔던 세가가 본격적으로 CAI(컴퓨터를 이용한 교육) 분야에 참여하기 위해 투입한 기종이 세가 AI 컴퓨터다. CPU에 NEC의 16비트 프로세서인 V20, VDP에 야마하의 V9938을 채용했으며 언어로 Prolog를 탑재하는 등, 완전히 독자적인 아키텍처의 기기였다. 이 탓에, SC-3000을 비롯한 자사의 타 기기와는 호환성이 전혀 없다.

본체에는 오버레이 시트를 붙일 수 있는 감압식 터치 태블릿과 커서를 움직이기 위한 포인팅 디바이스+버튼을 3개 설치했으며, 옵션으로 키보드를 연결할 수 있다. 게임기로서의 기능은 없기에 컨트롤러 류는 제공되지 않았다.

세가 AI 컴퓨터의 사양

형식번호	AI-7010
CPU	V20 (5MHz, 인텔 i8088 상당품)
메모리	RAM : 128KB, VRAM : 64KB ROM : 128KB(OS, SEGA PROLOG), 음성 ROM : 256KB, 한자 ROM : 128KB (JIS 제 1수준)
그래픽	텍스트 표시 : 16문자×12행 (32자×24행), 영·숫자, 히라가나, 가타카나, 한자 그래픽 표시 : 256×192픽셀 (256×212픽셀), 최대 512색 스프라이트 표시 : 16×16픽셀 최대 32개 (가로 방향으로 4개까지)
사운드	SN76489(DCSG) PSG 3음+노이즈 1음
입력장치	터치 태블릿 256×256픽셀, B5 사이즈
입출력 단자	마이크 단자, 키보드 단자, 비디오 출력(영상·음성) 단자, 아날로그 RGB(21핀)
보조기억장치	전자(電磁) 메커니즘 카세트 덱 (최고 9600BPS)
슬롯	2개 (IC 카드 슬롯, 확장용 슬롯)
전원	전용 AC 어댑터 (DC 5V/12V)
외형 치수	520(가로) × 250(세로) × 72(높이) mm
부속품	AC 어댑터, TV 전환 스위치, 안테나 정합기, RF 케이블, 터치펜, 패턴 시트, 카세트테이프(설명서 포함), 취급설명서, 보증서

소프트는 대화형 어드벤처식

소프트웨어는 카세트테이프와 IC 카드(세가 마이 카드와 동일 형상) 2종류로 공급되었으며, 본체에는 대화형으로 일기를 생성하는 'AI 그림일기' 소프트가 동봉되었다. 별매품으로 발매된 소프트도 '앨리스 월드'·'모차르트 아카데미'·'링컨 프리덤'·'콜럼버스 맵' 등의 교육적인 소재 일색이었고, 모두 대화형 중심인 어드벤처 게임 형식의 타이틀이었다. 학습지 사업으로 유명했던 공문교육연구원(현 구몬)이 판매 대행사를 맡아, 이 회사를 통해 5,000대 정도가 발매되었다고 한다.

▲ 시크하고 멋들어진 AI 컴퓨터의 외장 패키지. 본체 사이즈 탓도 있어, 박스도 꽤나 크다.

TOP VIEW

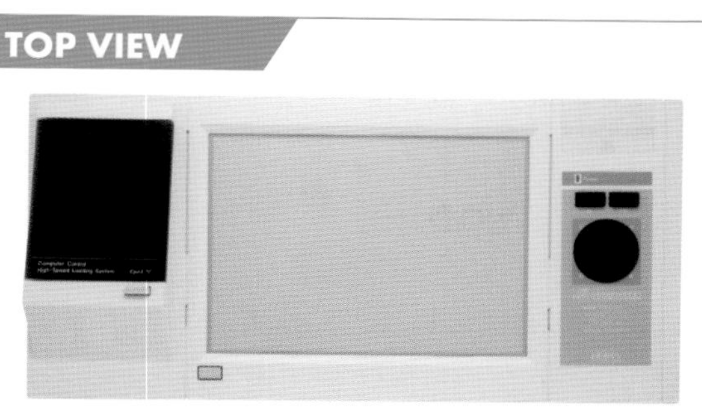

BOTTOM VIEW

FRONT VIEW

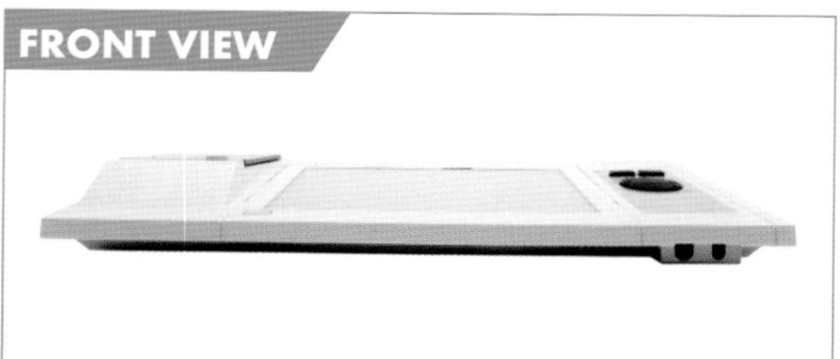

REAR VIEW

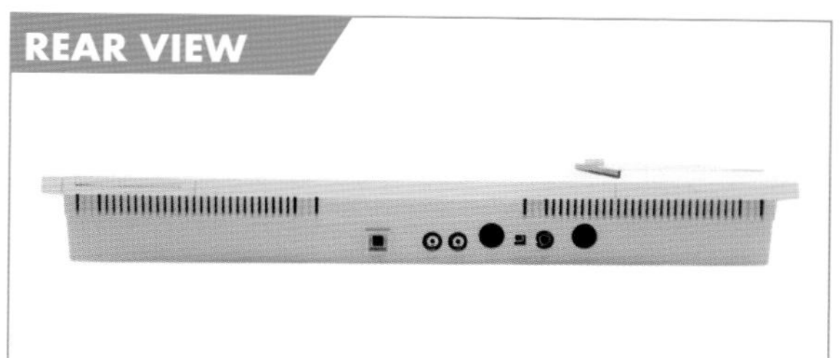

▲ 중앙의 칩이 V9938. 바로 왼쪽에는 CPU인 V20이 보인다.

SIDE VIEW

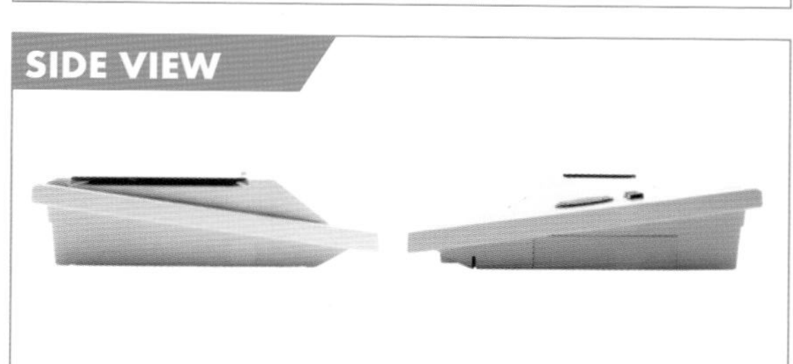

▲ AI 컴퓨터의 구동화면.

▲ 본체 왼쪽에 내장돼 있는 카세트 덱.

▲ 본체 오른쪽 위의 IC 카드 슬롯.

CATALOGUE

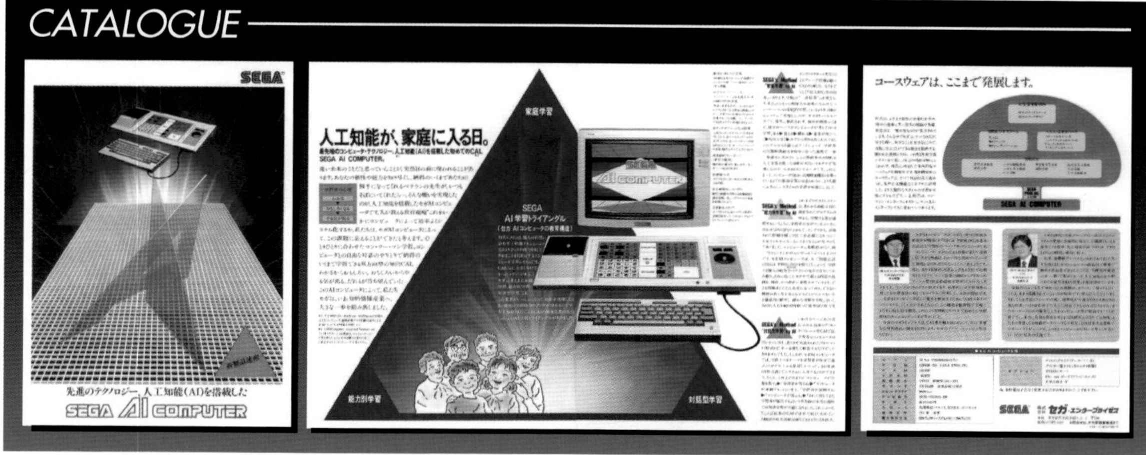

세계 각국에 발매되었던 세가 마스터 시스템

세가 마크 Ⅲ는, 일본 바깥에서는 '세가 마스터 시스템'이라는 명칭으로서 10개국이 넘는 나라·지역에 판매되었다. 특히 유럽 및 남미에서는 NES(서양판 패미컴)를 뛰어넘는 출하대수를 기록해, 후일 제네시스(메가 드라이브)가 약진하게 되는 발판 역할도 했다. 참고로, 마스터 시스템의 명칭 옆에 적힌 '파워 베이스'란 본체 자체를 가리키는 명칭이며, 현지에서는 컨트롤 패드·광선총 등의 주변기기까지 모든 구성요소를 아울러 통칭하는 세트를 '마스터 시스템'으로서 명확하게 구별해 호칭했다.

브라질에서는 현지 대행업체인 TecToy 사를 통해 장기간에 걸쳐 꾸준히 생산되어, 21세기가 온 후에도 신모델이 계속 출시될 정도의 롱런 상품이 되었다.

MasterSystem / Power Base

1986년 6월 발매

일본판과 외관은 매우 유사하나, FM 음원과 3-D 글래스 단자, 래피드 파이어 유닛 등의 일본 고유 기능은 내장되지 않았다. 대신, 본체 패널 부분엔 리셋 버튼이 있다.

ADVERTISING

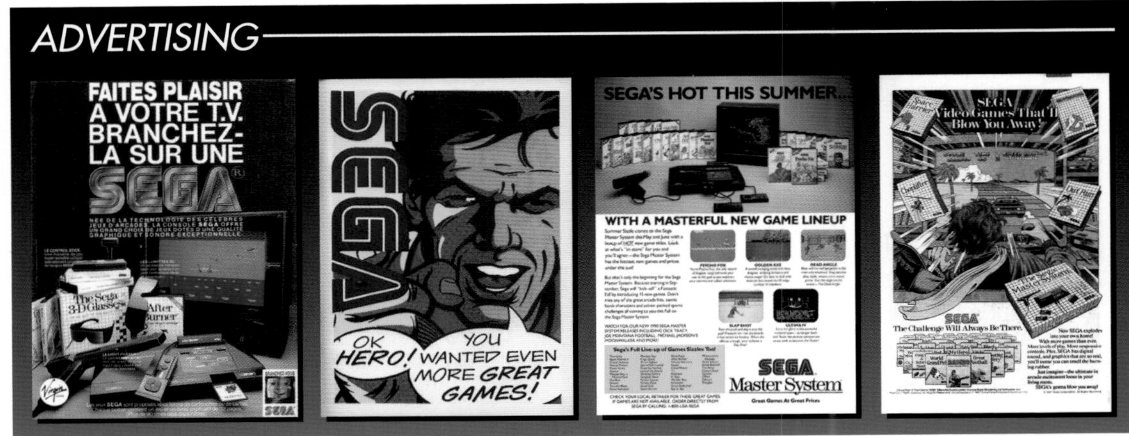

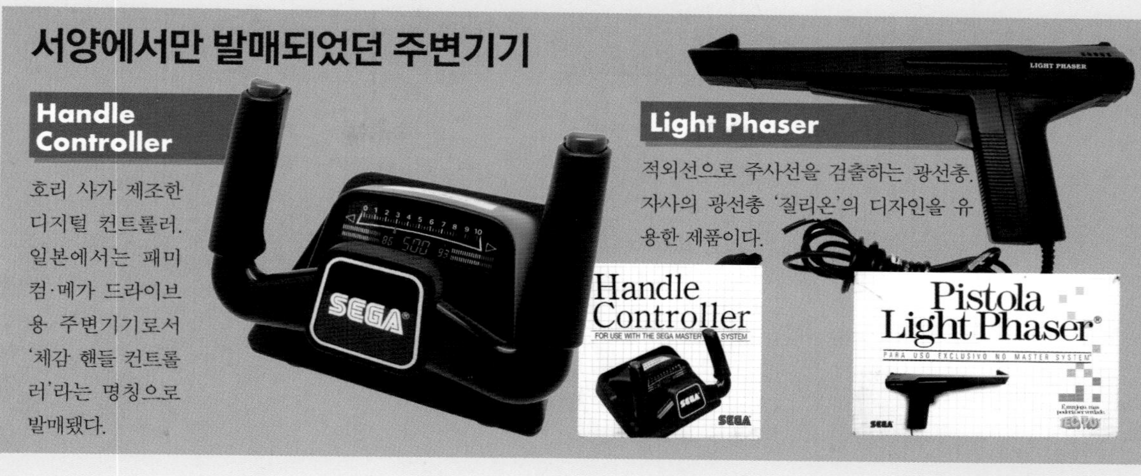

서양에서만 발매되었던 주변기기

Handle Controller

호리 사가 제조한 디지털 컨트롤러. 일본에서는 패미컴·메가 드라이브용 주변기기로서 '체감 핸들 컨트롤러'라는 명칭으로 발매됐다.

Light Phaser

적외선으로 주사선을 검출하는 광선총. 자사의 광선총 '질리온'의 디자인을 유용한 제품이다.

Master System III Compact

발매시기 불명

Ⅱ보다 더욱 소형화되었고, 「소닉 더 헤지혹」을 내장시킨 모델.

MasterSystem II / Power Base

1990년 9월 발매

마스터 시스템의 기능은 유지하면서 소형화시킨 모델. SG-1000과의 호환기능은 삭제했다.

MasterSystem Evolution

2009년 5월 발매

카트리지 슬롯을 제거하고, 대신 132종의 게임을 처음부터 내장시킨 모델.

MasterSystem Handy

2004년 발매

27종의 게임을 내장시키고 컨트롤러형으로 압축한 핸디 모델.

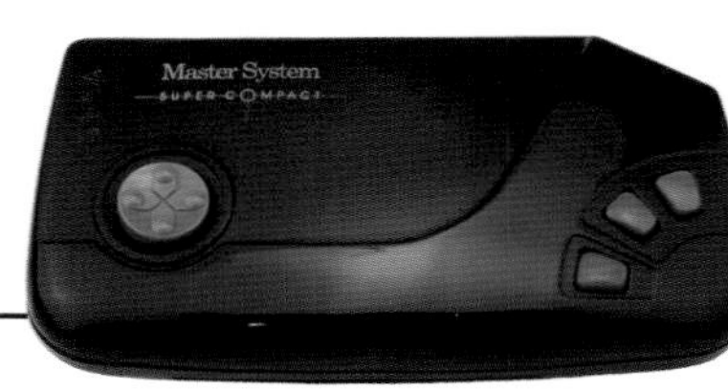

Master System Super Compact

2002년 발매

무선으로 TV에 영상을 출력할 수 있는, 더욱 소형화·경량화된 마스터 시스템.

일본 미발매 소프트 중에서 선정하여 소개하는

서양 소프트 픽업 카탈로그

MASTER SYSTEM OVERSEAS SOFTWARE CATALOGUE

세가 마스터 시스템이 서양에서 큰 성공을 거두었다는 점은 이전 지면에서 서술한 바와 같다. 그런 만큼 일본에는 발매되지 않고 서양에만 출시된 타이틀도 다수 존재하는데, 그중에는 '이 게임은 일본에도 발매되었으면 좋았을 것을!' 싶은 소프트도 많다.

일본 미발매작이 많았던 이유 중 하나는 메가 드라이브 발매에 따라 일본의 세가 마크 Ⅲ(마스터 시스템) 시장이 급속히 축소된 것 때문인데, 반대로 활황이었던 서양 시장에서는 「골든 액스」·「슈퍼 모나코 GP」처럼 메가 드라이브로 발매된 소프트까지 역이식되었다.

그런 만큼, 본 지면에서는 일본 미발매 타이틀 중 일부를 픽업하여 소개해 보았다.

SEGA Master System California Games

Sega 1989년 5월 2M ROM

1-8 PLAYERS FM

▶ 80년대를 대표하는 타이틀로서, 수록된 게임은 모두 직감적으로 조작 가능.

언제나 여름 날씨인 캘리포니아를 배경으로 삼은 스포츠 미니게임 모음집. 수많은 기종으로 이식됐으며, 원작의 제작사인 Epyx 사의 최대 히트작이다. 수록 게임은 '하프파이프'·'롤러스케이트'·'서핑'·'BMX'·'풋백'·'플라잉 디스크' 6종류로서, 모든 게임이 대전 플레이를 지원한다.

SEGA Master System Wonder Boy III : The Dragon's Trap

Sega 1989년 9월 2M ROM

1 PLAYER FM

▶ 드래곤의 저주로 모습이 바뀌어버린 소년이, 인간으로 돌아가려 모험을 떠난다.

수많은 기종으로 이식됐을 뿐만 아니라 2017년 리메이크판까지 나왔던 액션 RPG의 원작. 일본 내에서는 게임 기어용으로 이식돼 「몬스터 월드 Ⅱ : 드래곤의 함정」으로 판매되었다. 도마뱀·쥐·피라니아·매의 수인으로 변신하는 능력을 활용해, 여러 함정이 걸린 스테이지를 돌파한다.

SEGA Master System Galaxy Force

Activision, Sega 1989년 10월 4M ROM

1 PLAYER FM

▶ 플레이어 기체 디자인부터 바뀌어, 원작의 느낌만 남은 오리지널 작품처럼 돼버렸다.

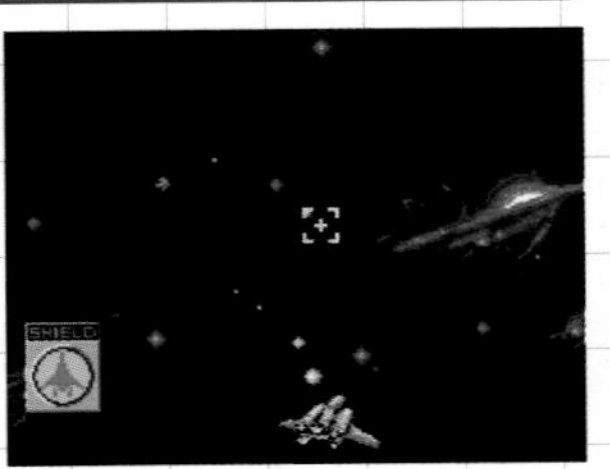

일본에서 개발되었으나 정작 일본에선 미발매로 끝난 타이틀. 원작은 1988년 가동 개시된 유사 3D 슈팅 게임으로서, 이식 과정에서 화면구성과 연출을 대담하게 개변했다. 실은 일본 기기로 구동하면 FM 음원도 지원한다. 컨티뉴한 상태로 클리어하면 착함에 실패하는 엔딩으로 바뀌게 된다.

SEGA Master System Golden Axe

Sega 1989년 4M ROM

1 PLAYER

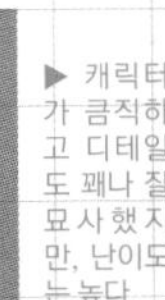

▶ 캐릭터가 큼직하고 디테일도 꽤나 잘 묘사했지만, 난이도는 높다.

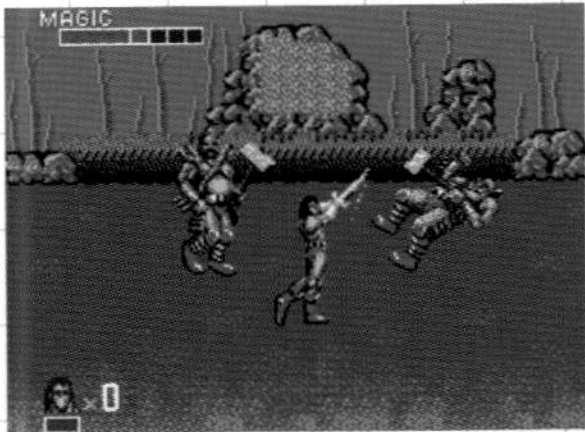

1989년 가동했던 같은 제목 아케이드 게임이 원작인 횡스크롤 액션 게임이다. 이식하면서 스테이지 수를 5개로 줄이고, 사용 가능 캐릭터도 액스 1명으로 고정하는 등 여러 부분을 변경했다. 사용하는 마법도 시작시에 3종류 중에서 선택하는 형식으로 바꾸었다.

 슈팅 게임
 액션 게임
 퍼즐 게임
 롤플레잉 게임
 시뮬레이션 게임
 스포츠 게임
 드라이브 게임
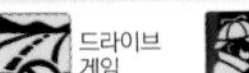 어드벤처 게임
 교육 및 기타

 홈 게임

Psycho Fox

Sega 1989년 5월 2M ROM

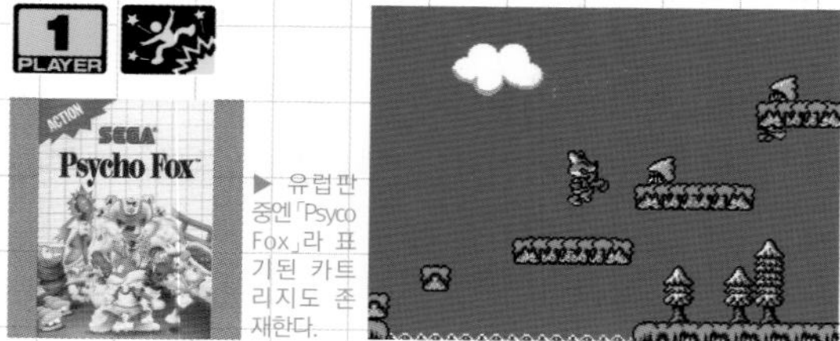

▶ 유럽판 중엔 「Psyco Fox」라 표기된 카트리지도 존재한다.

빅 토카이 사가 제작한 횡스크롤 액션 게임. 사이코 폭스를 조작해, 매드 폭스 다이묘진을 물리쳐야 한다. 과거 이 회사가 패미컴으로 발매했던 「카케후 군의 점프 천국 스피드 지옥」을 기반으로 제작한 작품으로서, 후일 메가 드라이브판 「매지컬 해트의 날아라 터보! 대모험」으로 연결된다.

Columns

Sega 1990년 9월 1M ROM

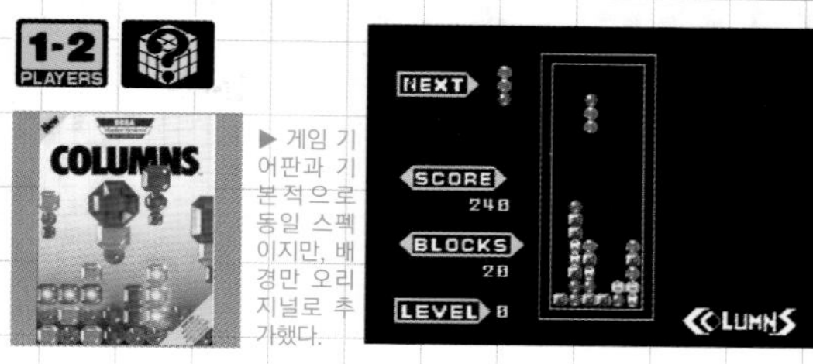

▶ 게임 기어판과 기본적으로 동일 스펙이지만, 배경만 오리지널로 추가했다.

세가를 대표하는 낙하계 퍼즐 게임으로서, 메가 드라이브·게임 기어에 이어 이식되었다. 룰은 타 기종판과 거의 공통이나, 보석 사이즈는 게임 기어와 동일한 8×8픽셀로 그려졌다. 떨어지는 보석을 없애가는 오리지널 모드, 번쩍이는 보석을 없애는 플래시 모드가 있다.

Impossible Mission

U.S.Gold 1990년 11월 1M ROM

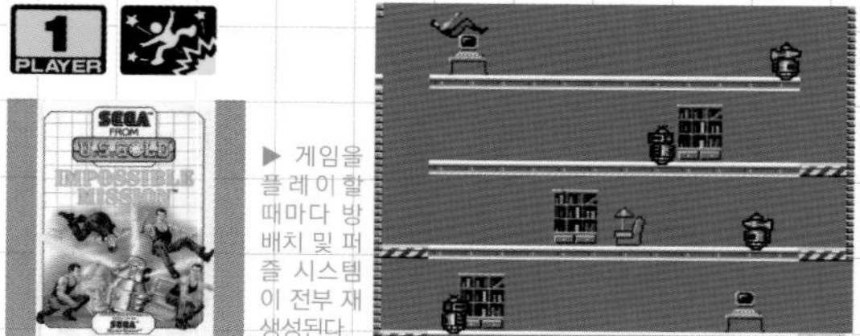

▶ 게임을 플레이할 때마다 방 배치 및 퍼즐 시스템이 전부 재생성된다.

미로 탐색형 액션 게임. 플레이어는 어느 조직의 요원이 되어 적 조직에 잠입해, 컴퓨터에서 패스워드를 훔쳐내야 한다. 플레이어 캐릭터의 부드러운 모션과 퍼즐 요소가 특징으로서, 미로처럼 뒤섞인 각 방에 로봇이 배치돼 있으며, 공격을 맞으면 일격에 죽는다.

Alex Kidd in Shinobi World

Sega 1990년 8월 2M ROM

▶ 기존 알렉스 키드 시리즈와는 달리, 펀치가 아니라 검으로 공격하는 게 특징.

「알렉스 키드」 시리즈의 6번째이자 마지막 작품. 세가가 전년 출시했던 「SHINOBI」의 패러디 게임으로서, 알렉스 키드는 닌자 Hanzo로부터 걸프렌드를 구출해내야 한다. 4라운드 구성이며, 각 라운드는 3스테이지로 나뉜다. 숨겨진 통로 등도 많아 탐색하는 재미가 있다.

Operation Wolf

Sega 1990년 2M ROM

▶ 적으로 병사 외에 장갑차·헬기 등도 등장한다. 난이도가 높아 클리어가 어렵다.

원작은 1987년 타이토가 출시한 건 슈팅 게임. 서양에서만 발매된 별매품 광선총 'Light Phaser'를 지원하며, 화면상의 조준점을 조작한다. 총 6스테이지. 탄수는 제한이 있으며, 보충하려면 아이템을 획득해야 한다. 잔탄이 제로가 되면 게임 오버로 이어진다.

Super Monaco GP

Sega 1990년 9월 2M ROM

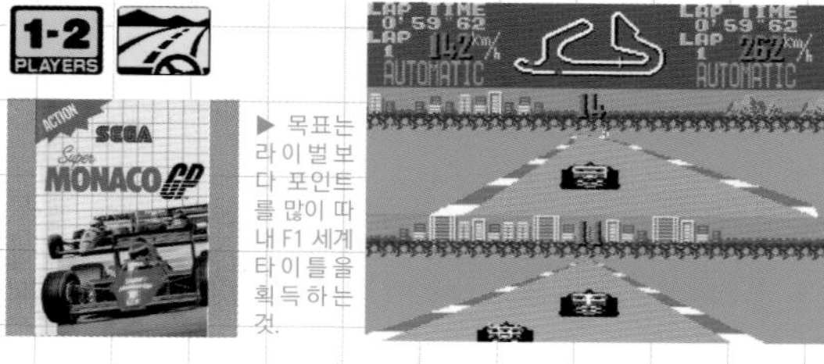

▶ 목표는 라이벌보다 포인트를 많이 따내 F1 세계 타이틀을 획득하는 것.

아케이드의 같은 제목 타이틀을 이식한 작품. 이식하면서 드라이버 시점에서 3인칭 시점으로 변경했다. 게임 모드는 '그랑프리 모드'와 'VS 배틀 모드' 2종류가 있다. 게임 화면은 항상 2분할이며, 1인 플레이에선 플레이어와 CPU 라이벌 차량이, 2인 플레이에선 1P·2P가 위아래에 표시된다.

 1인용  1~2인용  메모리 백업  FM 음원 지원 게임

SEGA Master System — Gain Ground

Sega 1991년 1월 2M ROM

1-2 PLAYERS

▶ 2인 플레이 시엔, 포로까지 고려해야 해 바둑 레벨의 전략을 세워야 한다.

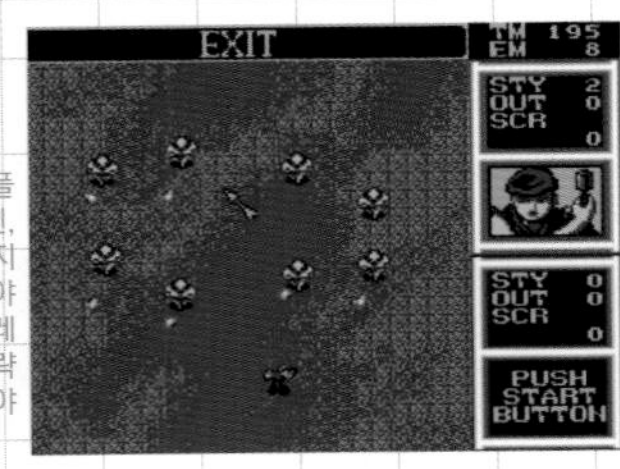

고정화면식 슈팅 게임이면서도 치밀한 전략까지 요구하는 이색작. 원작은 1988년 세가가 출시했던 아케이드 게임으로서, 4라운드 각 10스테이지로 구성된다. 등장 캐릭터가 상당히 많은데다 캐릭터별 개성이 공략에도 큰 영향을 미치기에, 특성을 정확히 파악해야 한다.

SEGA Master System — Ghouls'n Ghosts

Sega 1991년 1월 2M ROM

1-2 PLAYERS

▶ 각 2에리어로 나뉜 총 5스테이지로 구성됐다. 물론 '마계촌'다운 고난이도다.

원작은 캡콤이 1988년 출시했던 아케이드용 게임 「대마계촌」. 하드웨어 한계에도 불구하고 열심히 이식한 편으로서, 배경과 캐릭터도 제법 디테일하게 묘사했다. 시스템은 크게 개변되어, 마법 사용횟수에 제한이 있거나 노인이 아이템을 주기도 하는 등 원작과 다른 부분이 많다.

SEGA Master System — Castle of Illusion Starring Mickey Mouse

Sega 1991년 2월 2M ROM

1 PLAYER

▶ 마법의 숲과 과자나라 등을 돌며 보석 7개를 모아, 마녀의 성으로 가자.

일본에선 후일 게임 기어용 소프트 「미키 마우스의 캐슬 일루전」으로 판매된 액션 게임. 같은 제목의 제네시스판 게임과는 스토리가 공통이다. 다채로운 표정을 보여주는 미키의 애니메이션과 디즈니의 세계관을 잘 표현한 스테이지 등, 디테일에 많은 공을 들인 작품.

SEGA Master System — Golden Axe Warrior

Sega 1991년 4월 2M ROM

1 PLAYER

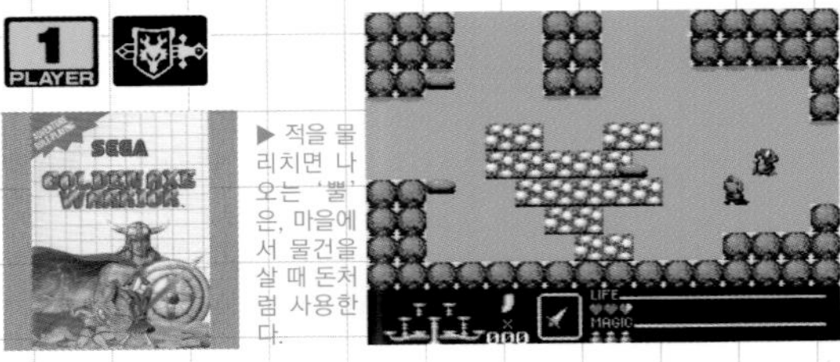

▶ 적을 물리치면 나오는 '뿔'은, 마을에서 물건을 살 때 돈처럼 사용한다.

아케이드용 게임 「골든 액스」를 기반으로, 게임 디자인을 완전히 달리하여 액션 RPG로 탈바꿈시킨 작품. 데스 애더를 물리칠 수 있는 전설의 무기 '골든 액스'를 얻기 위해, 숨겨진 미궁을 탐험해 크리스탈 9개를 찾아내자. 캐릭터는 레벨이 없고, 장비·아이템으로 강화한다.

SEGA Master System — Forgotten Worlds

Sega 1991년 7월 2M ROM

1 PLAYER

▶ 1인 플레이로 고정, 스테이지 삭제, 연사 기능 추가 등의 변경점이 있다.

캡콤이 1988년 출시했던 「로스트 월드」가 원작. 이 작품의 타기종 이식작들도 타이틀명은 「포가튼 월드」로 통일됐다. 2중 스크롤이 없어지는 등 전년도에 발매됐던 메가 드라이브판에 비해 다른 게임 수준으로 크게 개변됐으며, 심지어 그래픽과 플레이 감각도 다르다.

SEGA Master System — Sonic the Hedgehog

Sega 1991년 10월 25일 2M ROM

1 PLAYER

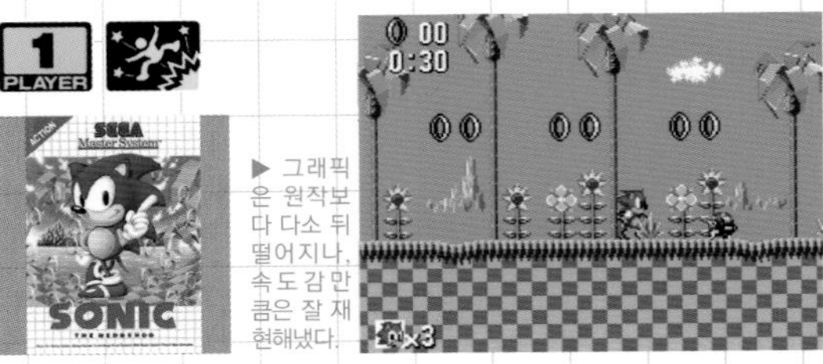

▶ 그래픽은 원작보다 다소 뒤떨어지나, 속도감만큼은 잘 재현해냈다.

세가의 마스코트 캐릭터인 '소닉 더 헤지혹'이 주인공인 하이스피드 액션 게임. 소닉의 정식 데뷔작인 메가 드라이브판을 기반으로 이식했으며, 오리지널 존인 'Jungle'·'Bridge'와 여러 신규 BGM까지도 추가하는 등 대폭적으로 컨텐츠를 개변했다.

  슈팅 게임
 액션 게임
 퍼즐 게임
 롤플레잉 게임
 시뮬레이션 게임
 스포츠 게임
 드라이브 게임
 어드벤처 게임
 교육 및 기타
HOME 홈 게임

Bonanza Bros.

SEGA Master System

Sega 1991년 2M ROM

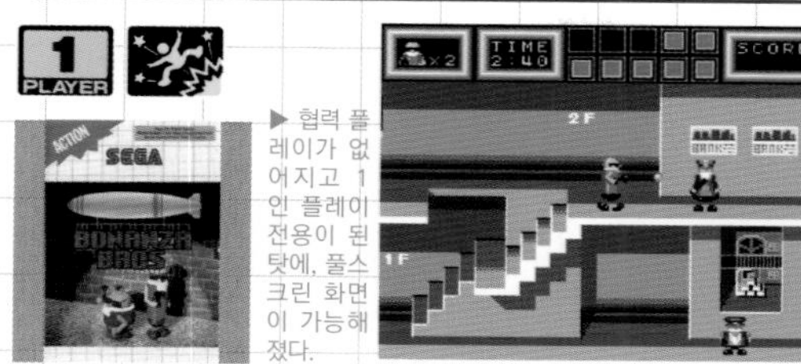

▶ 협력 플레이가 없어지고 1인 플레이 전용이 된 탓에, 풀스크린 화면이 가능해졌다.

원작은 당시 세가가 자사 기판인 시스템 24용으로 개발했던 아케이드 게임. 보난자 브라더즈 중 한 명을 조작해, 악덕 회사가 감춰둔 보물을 훔쳐 제한시간 내에 탈출하는 게임이다. 원작 특유의 코믹한 분위기와 3D 느낌의 입체감을 재현하기 위해 대담한 개변을 가했다.

Populous

SEGA Master System

TecMagik 1991년 10월 2M ROM

▶ 플레이어와 적 민족은 모두 실시간으로 행동한다. 직접 조작은 불가능.

유명 크리에이터인 피터 몰리뉴가 개발한, 세계 최초로 '신'의 시점에서 진행하는 게임. 플레이어는 자신을 추앙하는 세력을 키우고 다른 신의 세력과 싸워야 한다. 원작은 Atari ST판. 처리속도가 뒤떨어지다 보니 동작이 꽤 무겁긴 하나 플레이에 문제될 만큼은 아니며, 팬들의 평가도 높은 편이다.

Strider

SEGA Master System

Sega 1991년 9월 4M ROM

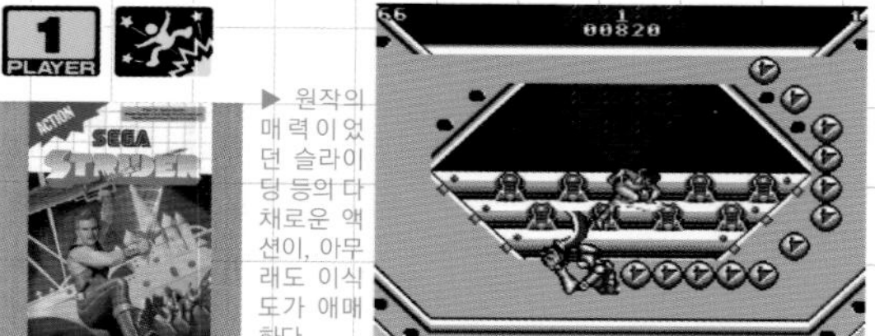

▶ 원작의 매력이었던 슬라이딩 등의 다채로운 액션이, 아무래도 이식도가 애매하다.

원작은 1989년 캡콤이 출시했던 하이스피드 2D 액션 게임「스트라이더 비룡」. 간단한 조작과 다채로운 액션, 캐릭터의 부드러운 동작이 매력이었던 작품이다. 원작과 동일한 5스테이지 구성이며 거대한 보스 캐릭터도 등장하지만, 등장인물은 오리지널로 교체됐다.

The Lucky Dime Caper Starring Donald Duck

SEGA Master System

Sega 1991년 12월 2M ROM

▶ 세 조카를 구출하고, 스크루지 아저씨의 럭키 다임을 탈환하라!

도널드 덕이 주인공인 횡스크롤 액션 게임으로서, 일본에서는 게임 기어용으로 이식되어「도널드 덕의 럭키 다임」으로 판매된 타이틀. 게임 기어판과는 일부 시스템이 다른데, 구체적으로는 대미지를 입으면 해머가 없어지며, 보너스 아이템은 적에게서만 얻을 수 있도록 했다.

Mercs

SEGA Master System

Sega 1992년 1월 4M ROM

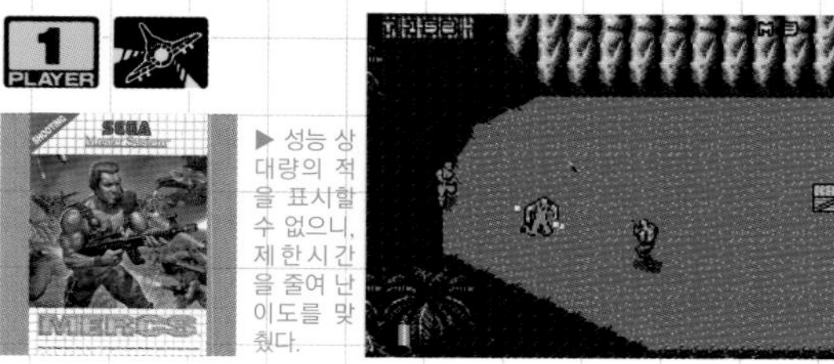

▶ 성능 상 대량의 적을 표시할 수 없으니, 제한시간을 줄여 난이도를 맞췄다.

원작은「전장의 이리 II」로서, 1990년 가동된 캡콤의 아케이드 게임이다. 원작은 3명까지 동시 플레이가 가능했으나, 이식하면서 1인 플레이 전용이 됐다. 마스터 시스템용 이식작으로서는 완성도가 적절하며, 추가요소는 딱히 없으나 인기작을 집에서 즐길 수 있어 평이 좋았다.

Psychic World

SEGA Master System

Sega 1991년 2M ROM

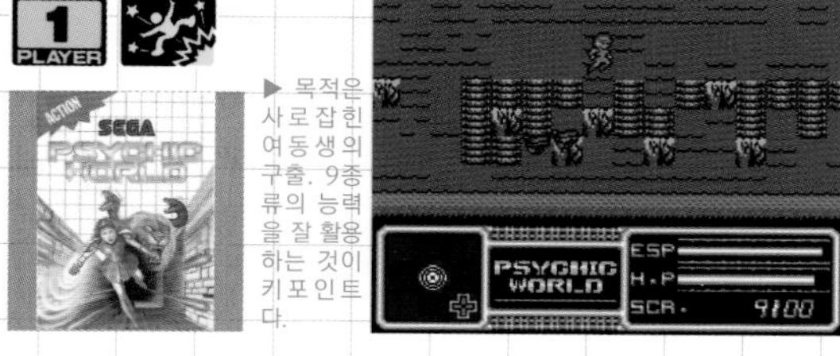

▶ 목적은 사로잡힌 여동생의 구출. 9종류의 능력을 잘 활용하는 것이 키포인트다.

드물게도 MSX2판 게임의 이식작. 표준적인 횡스크롤 액션 게임으로서, 원제는「사이코 월드」지만 미국에 출시되면서 바뀌었다. 총 5스테이지 구성으로서 원작보다 볼륨이 줄었는데, 이것은 원작에 있었던 정글과 지하수도를 삭제하고 지하요새를 통합시켰기 때문이다.

SEGA Master System OutRun Europa

U.S.Gold 1992년 2월 2M ROM

▶ 타임아웃이나 연료 완전 소모, 경찰 체포 등으로 게임 오버된다.

타이틀명에 「OutRun」이 붙어있긴 하나, 게임 내용은 완전히 별개다. 오히려 타이토의 「S.C.I.」에 더 가까워, 적 차량에 직접 충돌해 공격할 수 있다. 개발사는 「아웃런」 시리즈를 유럽용으로 이식했던 U.S.Gold 사로서, 바이크·제트스키·모터보트를 거쳐 최종적으로 차를 운전해 진행하게 된다.

SEGA Master System Astérix

Sega 1991년 12월 4M ROM

▶ 총 7라운드로 구성했다. 각 스테이지의 길이가 전반적으로 긴 편이다.

브라질과 유럽에서 발매됐던 액션 게임이며, 같은 제목의 프랑스 인기만화를 게임화했다. 주인공 '아스테릭스'와 '오벨릭스'가 마법약의 원료인 허브를 찾으러 간다는 내용이다. 그래픽과 게임 내의 각종 퍼즐 등이 매우 완성도가 높고, 캐릭터의 액션도 다채롭다.

SEGA Master System Marble Madness

Virgin Games 1992년 6월 2M ROM

▶ 당시로서는 매우 화려한 그래픽이라, 보아도 즐겨도 재미있는 게임이었다.

원작은 아타리 사의 아케이드 게임. 쿼터뷰 시점으로, 중력에 따라 굴러가는 볼을 골까지 옮기는 게임이다. 볼이 구를 때 관성이 붙는지라 의도대로 조작하기가 힘든데다, 높은 곳에서 떨어지면 한동안 조작불능이 된다. 마스터 시스템으로 원작급의 멋진 배경 그래픽을 재현했다.

SEGA Master System Sagaia

Taito 1992년 6월 2M ROM

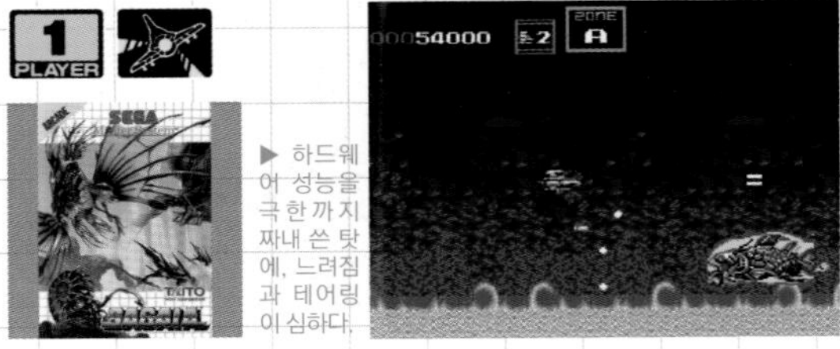

▶ 하드웨어 성능을 극한까지 짜내 쓴 탓에, 느려짐과 테어링이 심하다.

원작은 타이토의 「다라이어스 Ⅱ」. 아케이드 기판보다 훨씬 스펙이 열악한 마스터 시스템인데도 불구하고, 원작의 매력인 래스터 스크롤과 보스까지 재현해냈다. A~L까지 12 ZONE으로 줄었지만 분기는 5개까지 제공하며, 메가 드라이브판에서 삭제됐던 '킬러 히지아'도 부활했다.

SEGA Master System Ninja Gaiden

Sega 1992년 7월 2M ROM

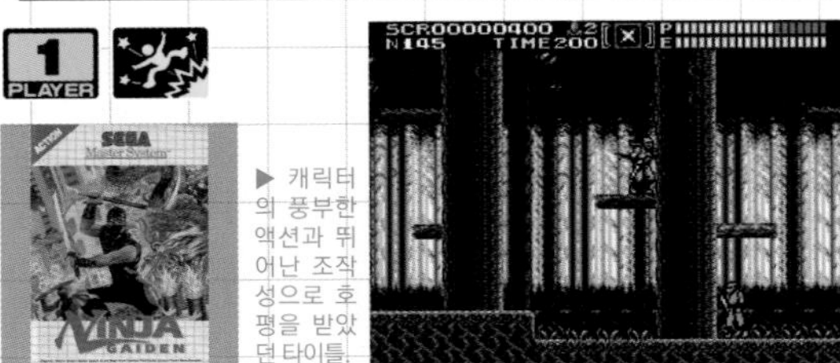

▶ 캐릭터의 풍부한 액션과 뛰어난 조작성으로 호평을 받았던 타이틀.

서양인들이 상상하곤 하는 괴상한 '닌자'의 세계를 소재로 삼은 액션 게임. 원작은 1988년 테크모가 발매한 패미컴용 게임 「닌자용검전」으로서, 기본 시스템도 원작과 동일하다. 다만 스토리는 완전 오리지널이며, 주인공 '류'의 시점과 외부 정보원 시점의 2가지 이야기를 그렸다.

SEGA Master System Prince of Persia

Domark 1992년 8월 2M ROM

▶ 2D 캐릭터의 모션은, 실사영상을 모사하는 '로토스코프' 기법으로 그렸다.

게임 캐릭터의 모션이 단조로운 경우가 많았던 시대에, 부드러운 애니메이션으로 큰 호평을 받았던 액션 게임. 1시간 내에 사로잡힌 공주가 있는 방까지 도착해야만 한다. 원작은 Apple Ⅱ용으로서, 일본에서도 슈퍼 패미컴·PC엔진 등 다양한 플랫폼으로 이식된 명작이다.

 슈팅 게임  액션 게임  퍼즐 게임  롤플레잉 게임  시뮬레이션 게임  스포츠 게임  드라이브 게임  어드벤처 게임  교육 및 기타  홈 게임

SEGA Master System The New Zealand Story

Taito 1992년 9월 2M ROM

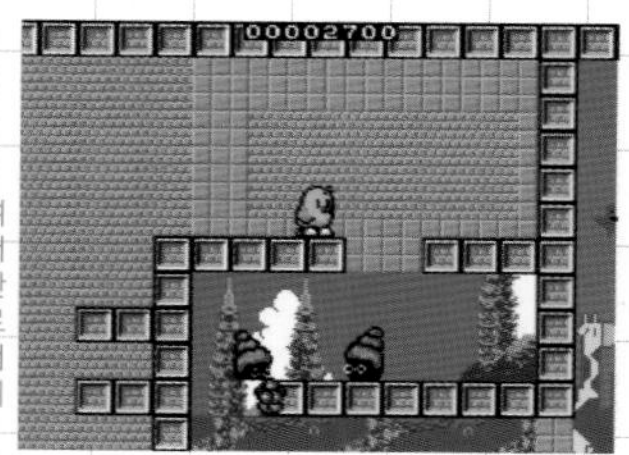

▶ 귀여운 캐릭터와 경쾌한 BGM으로 서양에서 인기작이 되었다.

원작은 1988년 타이토가 가동했던 횡스크롤 액션 게임. 선행 발매된 메가 드라이브판은 맵이 전부 오리지널이었으나, 이 작품은 아케이드판 원작에 충실하다. 뉴질랜드를 무대로 삼아 주인공 '티키'를 조작해, 사로잡힌 애인 '피피'를 구출하는 것이 목적이다.

SEGA Master System Sonic the Hedgehog 2

Sega 1992년 11월 4M ROM

▶ 소닉의 경이적인 대시 속도가 메가 드라이브판에 가까워져 쾌감이 늘어났다.

스피드가 강화되어 등장한 하이스피드 액션 게임의 속편이며, 같은 제목의 메가 드라이브판과는 내용이 완전히 다르다. 게임 기어판과는 대체로 공통점이 많으나, 화면 사이즈와 스테이지 내의 스프링 배치, 물속의 캐릭터 색깔, 스탭 롤과 같은 일부 BGM 등에 차이가 있다.

SEGA Master System Master of Darkness

Sega 1993년 5월 2M ROM

▶ 미국에서는 「Vampire: Master of Darkness」란 제목으로 판매됐다.

당시로는 드물게, 마스터 시스템 및 게임 기어용으로 발매된 횡스크롤 액션 게임. 개발사는 심스로서, 화면구성과 시스템 면에서 「악마성 드라큘라」와 자주 비교된다. 플레이어는 Dr.소셜이 되어, 드라큘라를 퇴치하기 위해 잉글랜드 곳곳을 여행하게 된다.

SEGA Master System Land of Illusion Starring Mickey Mouse

Sega 1993년 6월 4M ROM

▶ 일본에서는 게임 기어용 「미키 마우스의 마법의 크리스탈」로 더 유명한 편.

미키 마우스가 주인공인 횡스크롤 액션 게임. 스테이지를 자유롭게 왕래 가능하며, 몸 크기를 바꾸는 아이템 등을 입수하면 이전엔 갈 수 없었던 장소가 열린다. 총 14스테이지에 숨겨진 14개의 붉은 별(체력 최대치를 올리는 아이템)을 모으면 특별 보너스 스코어를 얻는다.

SEGA Master System Rainbow Islands

Sega 1993년 6월 2M ROM

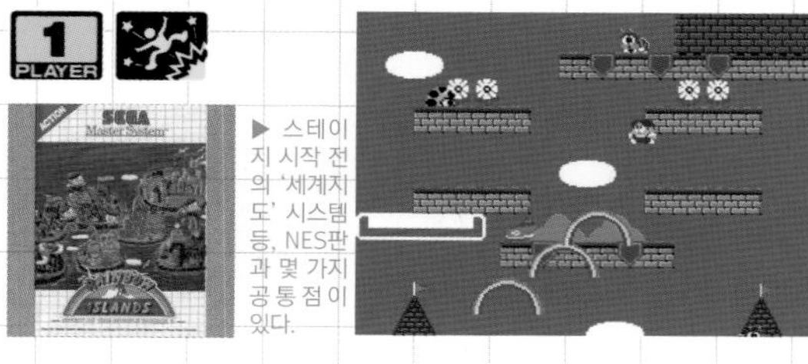

▶ 스테이지 시작 전의 '세계지도' 시스템 등, NES판과 몇 가지 공통점이 있다.

1987년 가동된 아케이드 게임의 이식판으로서, 유럽·브라질에서만 발매되었다. 전작에선 거품을 쏘는 드래곤이었던 Bub과 Bob이 인간이 되어, 무지개를 사용해 상단의 골까지 이동한다. 무지개를 이동뿐만 아니라 공격·방어 등에까지 다채롭게 활용하는 테크니컬한 액션 게임이다.

SEGA Master System F1

Domark 1993년 8월 27일 2M ROM

▶ 서킷 수는 12종류. 아이르톤 세나는 상표권 문제로 들어가지 않았다.

프랑스의 게임 개발사인 Lankhor 사와 영국의 Teque London 사가 개발한 레이싱 게임. 원작은 Amiga·Atari ST·IBM PC용으로서 유럽·북미 중심으로 판매되었다. 페라리·베네통 등 당시의 주요 F1 팀을 망라했다. 플레이어의 실력에 맞춰 4가지 난이도를 고를 수 있다.

 1인용  1~2인용  메모리 백업  FM 음원 지원 게임

SEGA Master System Power Strike II

Sega 1993년 9월 4M ROM

1 PLAYER

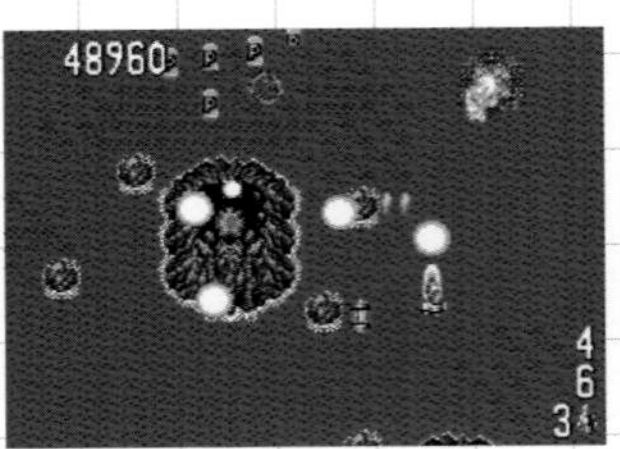

▶ 일본 미발매작이라 놓치기 쉽지만, 이 작품도 컴파일 사가 개발했다.

컴파일 사가 개발한 「알레스터」의 속편으로서, 서양에만 발매된 종스크롤 슈팅 게임. 바운티 헌터인 파일럿이 되어, 스테이지별로 설정된 현상수배자를 쫓는다. 오리지널 타이틀로서, 「알레스터 2」 및 이 작품과 서양판 제목이 같은 「GG 알레스터 II」와는 무관하다.

SEGA Master System Star Wars

U.S.Gold 1993년 9월 4M ROM

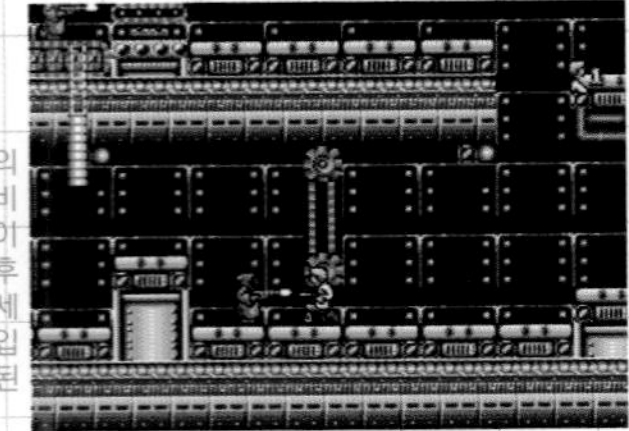

▶ 루크의 초기 장비는 빔 건이지만, 이후 라이트세이버를 입수하게 된다.

영화 '스타워즈 에피소드 4'가 원작인 액션 게임. 플레이어는 루크·레아 공주·한 솔로 3명을 조작 가능하나, 처음에 고를 수 있는 건 루크뿐이다. 같은 사이드뷰 액션 게임인 패미컴판과 종종 비교되지만, 이 작품은 패미컴판과는 달리 오리지널 설정이나 적 등 원작과 모순되는 요소가 거의 없다.

SEGA Master System Sonic Chaos

Sega 1993년 10월 25일 4M ROM

1 PLAYER

▶ 소닉과 테일즈는 게임 시작 직후에 선택 가능. 도중엔 변경할 수 없다.

시리즈 제 3탄. 일본에선 「소닉 & 테일즈」로 유명하다. 8비트 게임기로 테일즈를 조작할 수 있었던 첫 타이틀로서, 소닉과는 캐릭터 성능이 다른데다 난이도도 바뀐다(테일즈가 초보자용). 총 6스테이지 구성이며, 최종 스테이지에서는 에그맨과의 대결이 펼쳐진다.

SEGA Master System Chuck Rock 2 : Son of Chuck

Sega 1993년 10월 4M ROM

1 PLAYER

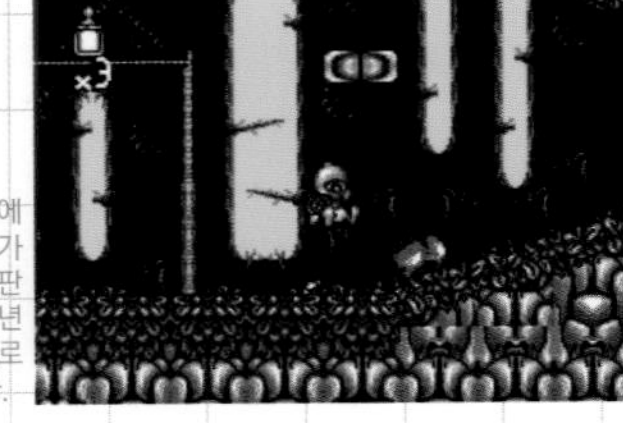

▶ 일본에서는 메가 드라이브판이 1994년 「척락 II」로 발매됐다.

1992년 메가 드라이브로 발매됐던 「Chuck Rock」의 속편. 전작 주인공의 아들을 조작해, 사로잡힌 아버지를 구해야 한다. 무대는 공룡을 비롯한 고대생물들이 서식하는 '플린스톤' 풍의 세계관으로서, 주인공은 나무 몽둥이를 무기삼아 휘두르거나 물건을 때려 이동시킨다.

SEGA Master System Desert Strike

Domark 1993년 11월 4M ROM

1 PLAYER

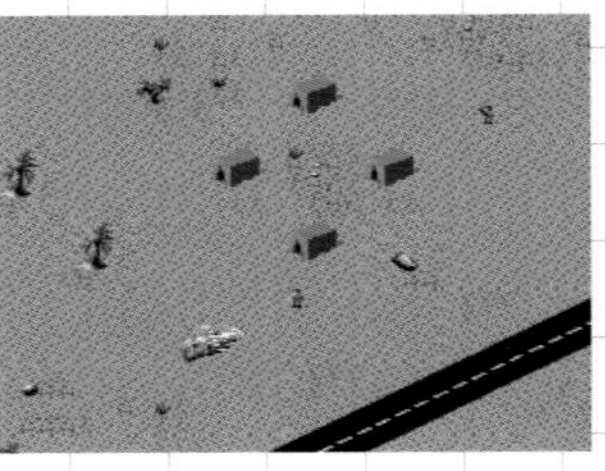

▶ 각 미션들은 밀접하게 연관돼 있어, 공략이 제법 만만찮다.

원작은 1992년 메가 드라이브로 발매되었던 「데저트 스트라이크 : 걸프 작전」. 쿼터뷰 슈팅 게임으로서, 플레이어는 아파치 헬기를 조작해 중동지역을 지배하는 킬바바 장군을 물리쳐야 한다. 마스터 시스템의 버튼이 2개뿐이다 보니, 타 기종판과는 조작방법이 다르다.

SEGA Master System Astérix and the Secret Mission

Sega 1993년 4M ROM

▶ 코믹한 액션이 재미있는 작품. 그래픽·BGM도 퀄리티가 높다.

고대 로마 시대의 갈리아 지방이 무대인 프랑스 만화를 소재로 삼은 액션 게임. 스테이지별로 플레이어 캐릭터를 '아스테릭스'와 '오벨릭스' 중에서 선택해 진행하며, 가볍고 재빠른 아스테릭스와 파워풀한 오벨릭스의 개성을 살린 액션을 활용할 수 있도록 게임을 디자인했다.

 슈팅 게임 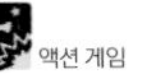 액션 게임  퍼즐 게임  롤플레잉 게임  시뮬레이션 게임   스포츠 게임  드라이브 게임  어드벤처 게임  교육 및 기타  홈 게임

Deep Duck Trouble Starring Donald Duck

SEGA Master System

Sega 1994년 1월 4M ROM

▶ 도널드는 블록을 차내거나, 칠리 페퍼를 먹고 고속 이동하여 공격한다.

디즈니의 도널드 덕이 주인공인 작품. 당시 일반적인 장르였던 횡스크롤 액션 게임이며, 펜던트의 힘으로 풍선처럼 변해버린 스크루지 아저씨를 구하기 위해 아저씨의 일기를 참고삼아 4가지 보석을 찾으러 여행한다. 도널드 3마리를 모두 잃으면 게임 오버다.

Micro Machines

SEGA Master System

Codemasters 1994년 1월 2M ROM

▶ 선택 가능한 차량은 스포츠카뿐만이 아니다. 무려 버기와 모터보트까지 있다.

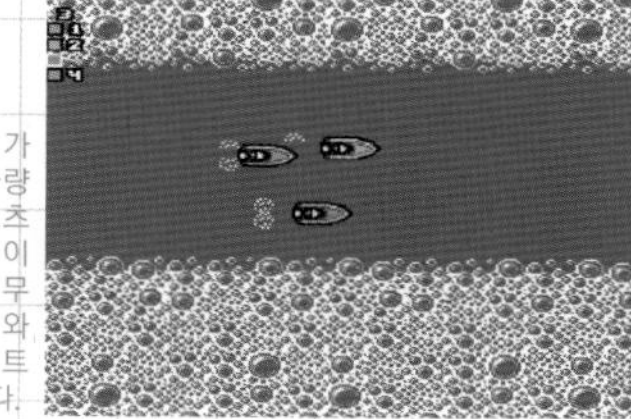

영국에서 가장 역사가 오랜 게임 개발사인 Codemasters 사의 작품. 탑뷰 시점의 레이싱 게임으로서, Galoob 사가 판매하던 같은 이름의 완구를 테마로 삼았다. 모드는 1P용인 'Challenge'와 2P용인 'Head to Head' 2종류. 플레이어는 아바타를 골라, 코스에 적합한 차량으로 순위를 겨룬다.

Streets of Rage 2

SEGA Master System

Sega 1994년 2월 4M ROM

▶ 버튼 수가 적다보니, 메가크러시와 스페셜 공격은 조작법이 바뀌었다.

일본에서의 타이틀명은「베어 너클 Ⅱ : 사투로의 진혼가」. 메가 드라이브판에서 몇 가지 시스템을 삭제하여 이식했다. 1인 플레이 전용이며, 조작 가능 캐릭터 중에선 맥스가 삭제됐다. '격투맨 바키'와「스트리트 파이터 Ⅱ」의 영향을 받은 작품이라고도 한다.

Road Rash

SEGA Master System

U.S.Gold 1994년 3월 4M ROM

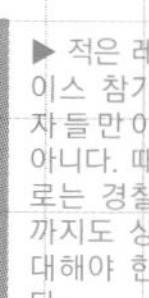

▶ 적은 레이스 참가자들만이 아니다. 때로는 경찰까지도 상대해야 한다.

원작은 1991년 발매된 메가 드라이브용 레이싱 게임. 플레이어는 캘리포니아 주에서 열린 불법 레이스에 참가해 정상을 노린다. 특징은 경쟁상대를 펀치·킥으로 공격할 수 있다는 점. 당연히 반격도 받는다. 벌금과 부품 값 지불이 불가능해지면 그 시점에서 게임 오버다.

Dr.Robotnik's Mean Bean Machine

SEGA Master System

Sega 1994년 7월 26일 2M ROM

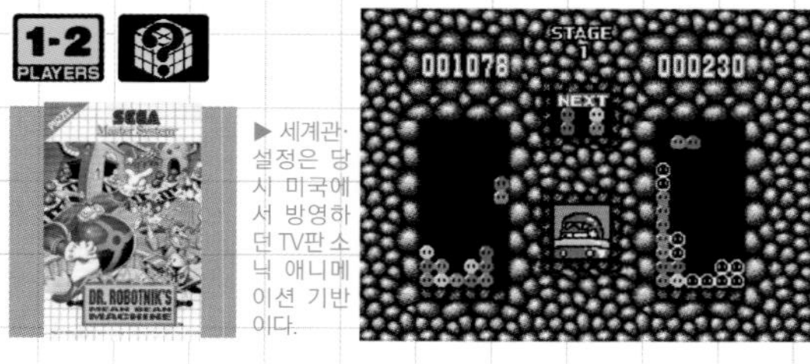

▶ 세계관·설정은 당시 미국에서 방영하던 TV판 소닉 애니메이션 기반이다.

「뿌요뿌요」의 캐릭터를 소닉 계열로 교체해, 컴파일 사가 개발한 낙하계 퍼즐 게임. 스토리는, 악의 과학자 로보트닉(Dr.에그맨의 영어 명칭)이 행성 모비우스를 지배하기 위해 뿌요뿌요에 해당하는 모비우스의 주민 '빈'들을 로봇으로 개조하려 한다는 식으로 진행된다.

Dynamite Headdy

SEGA Master System

Sega 1995년 4M ROM

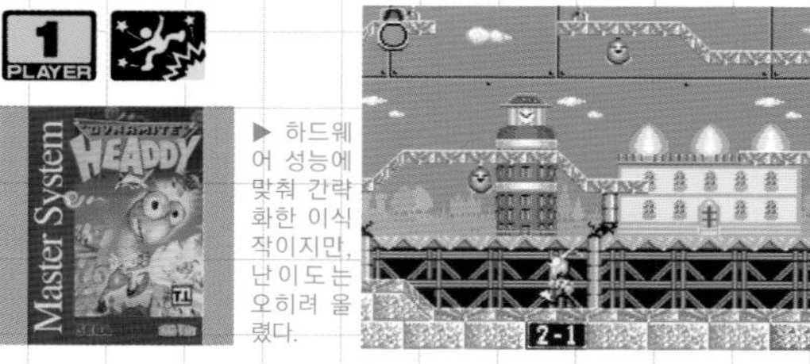

▶ 하드웨어 성능에 맞춰 간략화한 이식작이지만, 난이도는 오히려 올랐다.

「건스타 히어로즈」를 제작했던 트레저 사의 작품. 정의의 마음을 지닌 로봇 '헤디'는 17종류의 파워 업 헤드를 활용하여, 악의 황제 '다크 데몬'을 물리쳐야 한다. 메가 드라이브판의 이식작으로서, 아이템 종류 등 여러 요소를 삭제하긴 했으나 그래픽의 분위기는 잘 유지했다.

 1인용  1~2인용  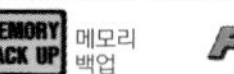 메모리 백업  FM 음원 지원 게임

일본 및 세계의 세가 마크 Ⅲ & 마스터 시스템 전 게임 소프트 355종을 게재

전 세계 세가 마크 Ⅲ & 마스터 시스템 소프트 리스트

LIST OF WORLD SEGA MARK III / MASTER SYSTEM SOFTWARE

이 페이지부터는 일본 및 여러 국가에서 발매된 세가 마크 Ⅲ·세가 마스터 시스템용 게임 소프트를 리스트화하였다. 각국의 사정에 의해 타이틀명이 변경돼 발매된 경우나, 판매사(퍼블리셔)가 다른 경우도 여럿 있기 때문에, 이런 타이틀은 주석을 달아 설명했다.

또한 발매일 쪽은, 정확히 남아있지 않은 경우가 많은데다 각 지역별 발매일을 개별 게재하기도 지면 관계상 어렵기에, '가장 처음 발매된 지역의 발매연월일'을 기준으로 기재했다. 아무쪼록 양해를 바란다.

범례

발매일 국가별로 발매일이 다른 경우엔 가장 처음 발매된 시기를 표기한다.

발매사 국가별로 타이틀명·발매사가 다른 경우엔 각주에서 해설한다. 일본에 발매된 타이틀은 일본 발매사만을 표기한다.

발매국 발매국의 상세는 오른쪽에 표기한 바와 같다.

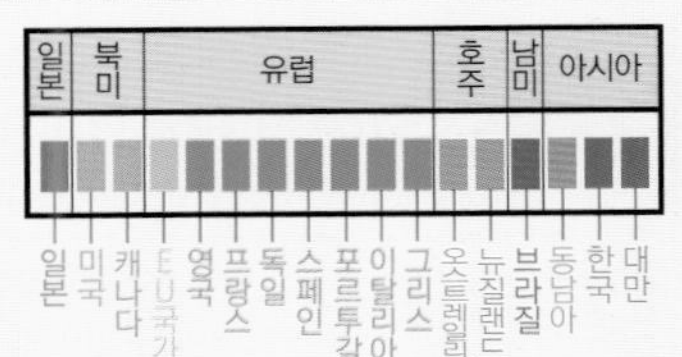

발매일	페이지	한국어 타이틀명	서양 타이틀명	발매사	일본	북미	유럽	호주	남미	아시아
1985.10.20	076	행온	Hang-On	세가						
1985.10.20	076	테디보이 블루스	Teddy Boy Blues	세가						
1985.10.27	076	그레이트 사커	Great Soccer	세가						
1985.12.14	076	이상한 성 핏폿	Pit Pot	세가						
1985.12.15	077	그레이트 베이스볼	Great Baseball	세가						
1985.12.20	077	새틀라이트 7		세가						
1985.12.22	077	아스트로 플래시	TransBot	세가						
1985.12.22	077	그레이트 테니스	Super Tennis	세가						
1985.12.22	077	F-16 파이팅 팰컨	F-16 Fighter	세가						
1986.1.31	078	청춘 스캔들	My Hero	세가						
1986.4.21	078	코미컬 머신건 죠	Comical Machine Gun Joe	세가						
1986.4.21	078	고스트 하우스	Ghost House	세가						
1986.6.15	079	판타지 존	Fantasy Zone	세가						
1986.7.20	079	극악동맹 덤프 마츠모토	Pro Wrestling	세가						
1986.7.20	079	북두의 권	Black Belt	세가						
1986.8.17	079	액션 파이터	Action Fighter	세가						
1986.9			Choplifter	세가						
1986.9			Hang-On / Safari Hunt	세가						
1986.9			Hang-On / Astro Warrior	세가						
1986.9.20	080	스파이 VS 스파이	Spy vs Spy	세가						
1986.9.21	080	더 서킷	World Grand Prix	세가						
1986.11.1	080	알렉스 키드의 미라클 월드	Alex Kidd in Miracle World	세가						
1986.11.8	081	닌자	The Ninja	세가						
1986.11.16	080	아슈라	Secret Command	세가						

발매일	페이지	한국어 타이틀명	서양 타이틀명	발매사	일본	북미	유럽	호주	남미	아시아
1986.12			Great Ice Hockey	세가	■	■				
1986.12			Marksman Shooting & Trap Shooting	세가		■			■	
1986.12.14	081	아스트로 워리어	Astro Warrior	세가	■	■			■	■
1986.12.15	081	하이스쿨 기면조		세가	■					
1986.12.20	081	그레이트 골프	Great Golf	세가	■					■■
1986.12.21	081	스페이스 해리어	Space Harrier	세가	■	■	■■■■■	■		■■
1987.1.18	082	더블 타깃 : 잠든 신시아	Quartet	세가	■	■	■■■■■	■		■■
1987.3.15	082	우디 팝 : 신인류의 블록깨기		세가	■					
1987.3.22	082	슈퍼 원더 보이	Wonder Boy	세가	■	■	■■■■■	■	■	■■
1987.3.29	083	그레이트 바스켓볼	Great Basketball	세가	■	■	■■■■■		■	■
1987.3.29	083	그레이트 발리볼	Great Volleyball	세가	■	■	■■■■■	■	■	■
1987.4.19	083	록키	Rocky	세가	■	■	■■■■■		■	■
1987.4.19	083	불량소녀 형사 II : 소녀 철가면 전설		세가	■					
1987.4.29	083	그레이트 풋볼	Great Football	세가	■	■	■■■■■			
1987.5			Ghostbusters	세가		■	■■■■■	■	■	■
1987.5			Great Baseball	세가		■	■■■■■	■		■
1987.5			Shooting Gallery	세가		■	■■■■■	■	■	
1987.5.17	084	마계열전	Kung Fu Kid	세가	■	■	■■■■■	■	■	■
1987.5.18	084	엔듀로 레이서	Enduro Racer	세가	■	■	■■■■■	■	■	■
1987.5.24	084	붉은 광탄 질리온	Zillion	세가	■	■	■■■■■	■	■	
1987.6.30	084	아웃런	OutRun	세가	■	■	■■■■■	■	■	■
1987.7.19	084	월드 사커	World Soccer	세가	■	■	■■■■■	■	■	■
1987.7.19	085	안미츠 공주		세가	■					
1987.8			Missile Defense 3-D	세가		■	■■■■■		■	
1987.8			Gangster Town	세가		■	■■■■■	■	■	
1987.8			Sports Pad Football	세가		■				
1987.8.17	085	더 프로야구 페넌트레이스		세가	■					
1987.8.18	085	두근두근 펭귄 랜드 : 우주 대모험	Penguin Land	세가	■	■	■■■■■			■
1987.9.20	085	나스카 '88 : THE GOLDEN ROAD TO PARADISE	Aztec Adventure: The Golden Road to Paradise	세가	■	■	■■■■■	■	■	■
1987.10			Astro Warrior / Pit Pot	세가			■■■■■■	■		
1987.10.10	086	마스터즈 골프	Great Golf	세가	■	■	■■■■■	■		
1987.10.17	085	판타지 존 II : 오파오파의 눈물	Fantasy Zone II: The Tears of Opa-Opa	세가	■	■	■■■■■	■	■	■
1987.10.18	086	에일리언 신드롬	Alien Syndrome	세가	■	■	■■■■■	■	■	■
1987.10.18	086	마작 전국시대	麻雀要楽	세가	■				■	
1987.10.18	086	패사의 봉인	Miracle Warriors: Seal of the Dark Lord	세가	■	■	■■■■■		■	
1987.10.24	087	SDI	SDI: Strategic Defense Initiative	세가	■	■	■■■■■	■	■	■
1987.11.7	087	잭슨 3D	Zaxxon 3D	세가	■	■	■■■■■		■	■
1987.11.15	087	알렉스 키드 BMX 트라이얼		세가	■					
1987.12.12	087	애프터 버너	After Burner	세가	■	■	■■■■■	■	■	■
1987.12.13	088	트라이포메이션	Zillion II: The Tri Formation	세가	■	■	■■■■■		■	■
1987.12.20	088	판타지 스타	Phantasy Star	세가	■	■	■■■■■		■	■
1987.12.20	088	오파오파	Fantasy Zone: The Maze	세가	■	■	■■■■■	■	■	■
1987.12.27	088	패밀리 게임즈	Parlour Games	세가	■	■	■■■■■			■
1987			Bank Panic	세가			■■■■■■■■	■	■	
1987			Marksman Shooting / Trap Shooting / Safari Hunt	세가			■■■■■			■
1988.1.31	089	슈퍼 원더 보이 : 몬스터 월드	Wonder Boy in Monster Land	세가	■	■	■■■■■	■		■
1988.1.31	089	메이즈 워커	Maze Hunter 3D	세가	■	■	■■■■■		■	■
1988.2.21	089	갤럭틱 프로텍터		세가	■		■■■■■			

HARDWARE 1983 1984 1985 1986 1987 1988 1989 1990 1991 1992 1993 1994 1995 1996 OVERSEA

발매일	페이지	한국어 타이틀명	서양 타이틀명	발매사	일본	북미	유럽	호주	남미	아시아
1988.2.29	090	스페이스 해리어 3D	**Space Harrier 3D**	세가						
1988.2.29	090	알레스터	**Power Strike**	세가						
1988.3.10	090	알렉스 키드 : 더 로스트 스타즈	**Alex Kidd: The Lost Stars**	세가						
1988.3.25	090	아르고스의 십자검		살리오						
1988.3.26	090	블레이드 이글	**Blade Eagle**	세가						
1988.4			**Rescue Mission**	세가						
1988.4.2	091	별을 찾아서···		세가						
1988.4.17	091	솔로몬의 열쇠 : 왕녀 리히타의 눈물		살리오						
1988.6.2	092	로드 오브 소드	**Lord of the Sword**	세가						
1988.6.2	091	검성전	**Kenseiden**	세가						
1988.6.2	091	천재 바카본		세가						
1988.6.19	092	SHINOBI	**Shinobi**	세가						
1988.7.2	092	파이널 버블 보블	**Bubble Bobble**	세가						
1988.7.2	092	캡틴 실버	**Captain Silver**	세가						
1988.7.2	092	슈퍼 레이싱	**Super Racing**	세가						
1988.7.30	093	선더 블레이드	**Thunder Blade**	세가						
1988.7.30	092	소방구조대		세가						
1988.8.14	093	마왕 골베리어스	**Golvellius**	세가						
1988.9			**Monopoly**	세가						
1988.9.9	093	열구 코시엔		세가						
1988.9.23	094	공작왕	**SpellCaster**	세가						
1988.10			**Shanghai**	세가						
1988.10.1	093	R-TYPE	**R-Type**	세가						
1988.10.1	094	더블 드래곤	**Double Dragon**	세가						
1988.10.15	094	이스	**Ys: Ancient Ys Vanished Omen**	세가						
1987.10.29	094	스포츠 패드 사커	**World Soccer**	세가						
1988.12			**Rambo III**	세가						
1988.12			**Where in the World is Carmen Sandiego?**	Electronic Arts 주1						
1988.12.1	094	초음전사 보그맨	**Cyborg Hunter**	세가						
1989.1	095	봄버 레이드	**Bomber Raid**	세가						
1989.1			**Rampage**	세가 주2						
1989.4			**Poseidon Wars 3D**	세가						
1989.4			**Rastan**	세가						
1989.4			**American Pro Football**	세가						
1989.5	100		**California Games**	세가						
1989.5			**Time Soldiers**	세가						
1989.5			**American Baseball**	세가						
1989.5.31			**Altered Beast**	세가						
1989.6			**Alex Kidd: High-Tech World**	세가						
1989.6			**Montezuma's Revenge**	Parker Brothers						
1989.6.31			**Vigilante**	세가						
1989.7.1			**King's Quest: Quest for the Crown**	Parker Brothers						
1989.8			**Wanted**	세가						
1989.8			**Cloud Master**	세가						
1989.9	100		**Wonder Boy III: The Dragon's Trap**	세가						
1989.9			**Casino Games**	세가						
1989.10	100		**Galaxy Force**	세가 주2						
1989	100		**Golden Axe**	세가						

※주1 : 북미판 발매사는 Parker Brothers ※주2 : 북미판 발매사는 Activision

발매일	페이지	한국어 타이틀명	서양 타이틀명	발매사	일본	북미	유럽	호주	남미	아시아
1989	101		**Psycho Fox**	세가		■	■■■■		■	■
1989			**Scramble Spirits**	세가			■■■■		■	
1989			**Battle OutRun**	세가			■■■■	■	■	
1989			**OutRun 3D**	세가			■■■■		■	
1989			**Tennis Ace**	세가			■■■■		■	
1989			**Basketball Nightmare**	세가			■■■■	■	■	
1989			**ALF**	세가		■				
1989			**Dead Angle**	세가		■	■■■■■		■	
1990		에프에이 테트리스	**FA Tetris**	FA SOFT						■
1990.1			**Dynamite Dux**	세가			■■■■	■	■	
1990.9	101		**Columns**	세가		■	■■■■	■	■	■
1990.9			**Cyber Police ESWAT**	세가		■	■■■■	■	■	
1990.9			**Fire & Forget II**	세가			■■■■			
1990.9	101		**Super Monaco GP**	세가		■	■■■■		■	
1990.11	101		**Impossible Mission**	U.S. Gold			■■■■	■	■	
1990.11			**Gauntlet**	U.S. Gold			■■■■	■	■	
1990.11			**Summer Games**	세가			■■■■	■	■	
1990.12			**World Cup Soccer**	세가		■	■■■■		■	
1990.12			**Paperboy**	U.S. Gold		■	■■■■	■	■	
1990.12			**Ultima IV: Quest of the Avatar**	세가			■■■■			
1990.12			**Aerial Assault**	세가		■	■■■■		■	
1990.12			**Indiana Jones and the Last Crusade**	U.S. Gold			■■■■■	■	■	
1990.12			**Joe Montana Football**	세가		■	■■■■		■	
1990			**Michael Jackson's Moonwalker**	세가		■	■■■■	■	■	■
1990	101		**Alex Kidd in Shinobi World**	세가		■■	■■■■	■	■	
1990			**Submarine Attack**	세가			■■■■	■	■	
1990			**Heavyweight Champ**	세가		■	■■■■■■		■	
1990			**Chase H.Q.**	Taito			■■■■	■		
1990			**R.C. Grand Prix**	세가 주3		■	■■■■	■	■	
1990			**World Games**	세가			■■■■		■	
1990	101		**Operation Wolf**	세가			■■■■	■	■	
1990			**Assault City**	세가		■	■■■■■■	■	■	
1990			**Golfamania**	세가		■	■■■■■		■	
1990			**Slap Shot**	세가		■	■■■■	■	■	
1990			**Double Hawk**	세가			■■■■	■		
1991.1	102		**Gain Ground**	세가			■■■■		■	
1991.1	102		**Ghouls'n Ghosts**	세가		■	■■■■	■	■	■
1991.1			**Dick Tracy**	세가		■	■■■■		■	
1991.1			**Danan: The Jungle Fighter**	세가			■■■■	■	■	
1991.1.14		아기공룡 둘리	**The Dinosaur Dooley**	다우정보시스템						■
1991.2	102		**Castle of Illusion Starring Mickey Mouse**	세가		■	■■■■	■	■	■
1991.4	102		**Golden Axe Warrior**	세가		■	■■■■		■	
1991.4			**Dynamite Duke**	세가			■■■■	■	■	
1991.4			**The Cyber Shinobi**	세가			■■■■		■	
1991.5			**Speedball**	Image Works 주4			■■■■■	■		
1991.7	102		**Forgotten Worlds**	세가			■■■■	■	■	■
1991.8			**Sega Chess**	세가			■■■■	■	■	
1991.8			**Spider-Man vs. The Kingpin**	세가		■	■■■■	■	■	

※주3 : 북미판 발매사는 Seismic ※주4 : EU판 발매사는 Virgin Games

HARDWARE 1983 1984 1985 1986 1987 1988 1989 1990 1991 1992 1993 1994 1995 1996 OVERSEA

발매일	페이지	한국어 타이틀명	서양 타이틀명	발매사	일본	북미	유럽	호주	남미	아시아
1991.10			Xenon 2: Megablast	Image Works 주4						
1991.10	103		Populous	TecMagik						
1991.10			Back to the Future Part II	Image Works						
1991.10			World Class Leader Board	U.S. Gold						
1991.10.25	102		Sonic the Hedgehog	세가						
1991.11			Ms. Pac-Man	Tengen						
1991.11			Shadow Dancer	세가						
1991.11	103		Strider	세가						
1991.11			Super Space Invaders	Domark						
1991.11			Klax	Tengen						
1991.11.21			Shadow of the Beast	TecMagik						
1991.12			Super Kick Off	U.S. Gold						
1991.12			Laser Ghost	세가						
1991.12	104		Astérix	세가						
1991.12			Heroes of the Lance	U.S. Gold						
1991.12			Rampart	Tengen						
1991.12	103		The Lucky Dime Caper Starring Donald Duck	세가						
1991			Alien Storm	세가						
1991			Pac-Mania	TecMagik						
1991			Running Battle	세가						
1991			Dragon Crystal	세가						
1991	103		Psychic World	세가						
1991			Ace of Aces	세가						
1991			The Flintstones	Grandslam						
1992.1			G-LOC: Air Battle	세가						
1992.1	103		Mercs	세가						
1992.1			Line of Fire	세가						
1992.1			Mônica no Castelo do Dragão	TecToy						
1992.2	103		Bonanza Bros.	세가						
1992.2	104		OutRun Europa	U.S. Gold						
1992.5			Back to the Future Part III	Image Works						
1992.6			Ayrton Senna's Super Monaco GP II	세가						
1992.6	104		Sagaia	Taito						
1992.6	104		Marble Madness	Virgin Games						
1992.7	104		Ninja Gaiden	세가						
1992.8			The Terminator	Virgin Games						
1992.8	104		Prince of Persia	Domark						
1992.8			Chuck Rock	Virgin Games						
1992.8			Arcade Smash Hits	Virgin Games						
1992.8			Wimbledon	세가						
1992.9			Trivial Pursuit: Genus Edition	Domark						
1992.9	105		The NewZealand Story	Taito						
1992.9			The Simpsons: Bart vs. the Space Mutants	Acclaim						
1992.10			Smash T.V.	Flying Edge						
1992.10			Alien 3	Arena						
1992.10.01			Tom and Jerry: The Movie	세가						
1992.11			Lemmings	세가						
1992.11			Special Criminal Investigation	Taito						

※주4 : EU판 발매사는 Virgin Games

발매일	페이지	한국어 타이틀명	서양 타이틀명	발매사	일본	북미	유럽	호주	남미	아시아
1992.11			**Space Gun**	Taito			■■■■	□		
1992.11			**Speedball 2: Brutal Deluxe**	Virgin Interactive			■■■■	□		
1992.11	105		**Sonic the Hedgehog 2**	세가			■■■■■	□	■	■
1992.12			**Pit-Fighter**	Domark			■■■■		■	
1992			**Air Rescue**	세가			■■■■		■	■
1992			**Putt & Putter**	세가			■■■■	□	■	■
1992			**Champions of Europe**	TecMagik			■■■■■		■	
1992			**Olympic Gold**	U.S. Gold			■■■■	□	■	■
1993.1			**Predator 2**	Arena			■■■■	□	■	
1993.2			**Taz-Mania**	세가			■■■■		■	■
1993.3			**Batman Returns**	세가			□■■■■	□	■	
1993.4			**Strider II**	U.S. Gold			■■■■	□	■	
1993.4			**Spider-Man: Return of the Sinister Six**	Flying Edge			■■■■■	□	■	
1993.4.7			**James Bond 007: The Duel**	Domark			■■■■	□	■	
1993.5			**Krusty's Fun House**	Flying Edge			■■■■	□	■	
1993.5			**The Simpsons: Bart vs. the World**	Flying Edge			■■■■	□	■	
1993.5	105		**Master of Darkness**	세가			□■■■■		■	
1993.6			**Mick & Mack as the Global Gladiators**	Virgin Games			■■■■■		■	
1993.6	105		**Rainbow Islands: The Story of Bubble Bobble 2**	세가			■■■■		■	
1993.6	105		**Land of Illusion Starring Mickey Mouse**	세가			■■■■■	□	■	■
1993.6			**Superman: The Man of Steel**	Virgin Interactive			■■■■■	□	■	
1993.6.7			**Streets of Rage**	세가			■■■■		■	■
1993.7			**WWF WrestleMania: Steel Cage Challenge**	Flying Edge			■■■■		■	
1993.8			**California Games II**	세가			■■■■	□	■	■
1993.9			**Super Off Road**	Virgin Interactive			■■■■	□		
1993.9	106		**Power Strike II**	세가			■■■■	□	■	
1993.9	106		**Star Wars**	U.S. Gold			□■■■■	□	■	
1993.9.13			**Mortal Kombat**	Arena			■■■■		■	
1993.10			**Cool Spot**	Virgin Games			■■■■■	□		
1993.10	106		**Chuck Rock II: Son of Chuck**	Core Design 주5			■■■■	□	■	
1993.10			**RoboCop 3**	Flying Edge			■■■■		■	
1993.10			**Fantastic Dizzy**	Codemasters			■■■■			
1993.10			**Wolfchild**	Virgin Games			■■■■	□	■	
1993.10.25	106		**Sonic Chaos**	세가			■■■■■	□	■	
1993.11			**James Pond II: Codename RoboCod**	U.S. Gold			□■■■■■	□	■	
1993.11	106		**Desert Strike: Return to the Gulf**	Domark			■■■■■	□		
1993.11			**Terminator 2: Judgment Day**	Acclaim Entertainment			■■■■	□		
1993.11			**PGA Tour Golf**	Tengen			■■■■	□		
1993.12			**Buggy Run**	세가			■■■■■	□	■	
1993.12			**Masters of Combat**	세가			■■■■	□	■	
1993.12			**The Jungle Book**	Virgin Interactive			■■■■■	□		
1993			**Chapolim X Drácula: Um Duelo Assustador**	TecToy					■	
1993			**Turma da Mônica em: O Resgate**	TecToy					■	
1993			**Telstar Double Value Games: The Lucky Dime Caper Starring Donald Duck/The NewZealand Story**	Telstar Electronic Studios			■			
1993			**Telstar Double Value Games: Speedball 2/The Terminator**	Telstar Electronic Studios			■			
1993			**GP Rider**	세가			■■■■	□	■	
1993			**Ultimate Soccer**	세가			■■■■		■	
1993			**Kick & Rush**	세가			■■■■	□		

※주5 : EU판 발매사는 Sega

발매일	페이지	한국어 타이틀명	서양 타이틀명	발매사	일본	북미	유럽	호주	남미	아시아
1993			**Master Games 1**	세가						
1993			**Wonder Boy in Monster World**	세가						
1993			**T2: The Arcade Game**	Arena						
1993	105		**F1**	Domark						
1993			**Desert Speedtrap Starring Road Runner and Wile E. Coyote**	세가						
1993			**Renegade**	세가						
1993			**Sensible Soccer**	Renegade Software						
1993			**The Ottifants**	세가						
1993			**Sega World Tournament Golf**	세가						
1993			**The Flash**	세가						
1993			**Cosmic Spacehead**	Codemasters						
1993			**Andre Agassi Tennis**	TecMagik						
1993			**Wimbledon II**	세가						
1993			**Jurassic Park**	세가						
1993			**Bram Stoker's Dracula**	Sony Imagesoft						
1993			**Home Alone**	세가						
1993			**The Incredible Crash Dummies**	Flying Edge						
1993			**The Addams Family**	Flying Edge						
1994.1	107		**Micro Machines**	Codemasters						
1994.1			**Winter Olympics**	U.S. Gold						
1994.1	107		**Deep Duck Trouble Starring Donald Duck**	세가						
1994.1	106		**Astérix and the Secret Mission**	세가						
1994.2	107		**Streets of Rage 2**	세가						
1994.2			**Zool**	Gremlin Graphics						
1994.4			**Disney's Aladdin**	세가 주6						
1994.6			**The Incredible Hulk**	U.S. Gold						
1994.7.26	107		**Dr. Robotnik's Mean Bean Machine**	세가						
1994.11			**Mortal Kombat II**	Acclaim						
1994			**Ecco the Dolphin**	세가						
1994			**Daffy Duck in Hollywood**	세가						
1994			**The Lion King**	세가						
1994			**RoboCop Versus The Terminator**	Virgin Games						
1994	107		**Road Rash**	U.S. Gold						
1994			**World Cup USA 94**	U.S. Gold						
1994			**Dragon: The Bruce Lee Story**	Virgin Interactive						
1994			**Astérix and the Great Rescue**	세가						
1996			**The Smurfs Travel the World**	Infogrames						
1995.1			**The Smurfs**	Infogrames						
1995.1.25			**Sonic Spinball**	세가						
1995.4			**Geraldinho**	TecToy						
1995.10			**Sapo Xulé: S.O.S. Lagoa Poluida**	세가						
1995	107		**Dynamite Headdy**	세가						
1995			**20 em 1**	TecToy						
1995			**Quest for the Shaven Yak Starring Ren Hoëk & Stimpy**	TecToy						
1995			**Bonkers Wax Up!**	TecToy						
1995			**Fire & Ice**	TecToy						
1995		알라딘 스페셜 II : 레이싱 3 IN 1	**Game Box Série Corridas**	삼성전자 주6						
1995		알라딘 스페셜 I : 파이팅 3 IN 1	**Game Box Série Lutas**	삼성전자 주6						

※주6 : 브라질판 발매사는 TecToy

발매일	페이지	한국어 타이틀명	서양 타이틀명	발매사	일본	북미	유럽	호주	남미	아시아
1995			**Sapo Xulé O Mestre do Kung Fu**	TecToy					■	
1995			**Sapo Xulé Vs Os Invasores do Brejo**	TecToy					■	
1995			**Cheese Cat-Astrophe Starring Speedy Gonzales**	세가			■■■■■		■	
1995			**Championship Hockey**	U.S. Gold			■■■■			
1996.1			**Ariel the Little Mermaid**	TecToy					■	
1996.6			**Game Box Série Esportes**	TecToy			■		■	
1996.6			**Game Box Série Esportes Radicais**	TecToy					■	
1996.10			**As Aventuras da TV Colosso**	TecToy					■	
1996.10			**FIFA International Soccer**	TecToy					■	
1996.11			**Battletoads in Battlemaniacs**	TecToy					■	
1996.12			**Férias Frustradas do Pica-Pau**	TecToy					■	
1996.12			**Mortal Kombat 3**	TecToy					■	
1996			**Baku Baku Animal**	세가					■	
1996			**Ecco: The Tides of Time**	세가					■	
1996			**X-Men: Mojo World**	세가					■	
1997.3			**Earthworm Jim**	세가					■	
1997.3			**Taz in Escape from Mars**	세가					■	
1997.9			**Street Fighter II'**	TecToy					■	
1997.9			**Castelo Rá-Tim-Bum**	TecToy					■	
1997.12			**Sonic Blast**	세가					■	
1997			**Virtua Fighter Animation**	세가					■	
1998.8			**Sítio do Picapau Amarelo**	TecToy					■	
1998.12			**Mickey's Ultimate Challenge**	Hi-Tech Expressions					■	
1998.12			**Legend of Illusion Starring Mickey Mouse**	세가					■	
		요술나무	**Magical Tree**	삼성전자						■
		후리키	**Flicky**	삼성전자						■
		칼케이브	**Gulkave**	삼성전자						■
		겔러그	**Sega-Galaga**	삼성전자						■
		프로레스링	**Champion Pro Wrestling**	삼성전자						■
		로드화이터	**Road Fighter**	삼성전자						■
		프로야구	**Pro Yagu**	삼성전자						■
		슈퍼드링크	**Super Drink**	삼성전자						■
			Double Pack: The Jungle Book and Jurassic Park	세가 Ozisoft				■		
			Double Pack: Sonic 2 and Ayrton Senna's Super Monaco GP II	세가 Ozisoft				■		
			Double Pack: Mortal Kombat and Wolfchild	세가 Ozisoft				■		
			Double Pack: Aladdin and GP Rider	세가 Ozisoft				■		
			Double Pack: Road Rash and Asterix	세가 Ozisoft				■		
			Double Pack: The Lion King and G-Loc	세가 Ozisoft				■		
			Double Pack: Spider Man II and Wanted	세가 Ozisoft				■		
			Double Pack: Lemmings and Trivial Pursuit	세가 Ozisoft				■		
			Double Pack: Ayrton Senna and Tazmania	세가 Ozisoft				■		
			Double Pack: RoboCop III and Golden Axe	세가 Ozisoft				■		
			Telstar Double Value Games 주7	Telstar Electronic Studios			■			

※주7 : 정식 타이틀명은 Telstar Double Value Games: The Lucky Dime Caper Starring Donald Duck / Castle of Illusion Starring Mickey Mouse

일본 발매 세가 마크 Ⅲ & 마스터 시스템 소프트 전체를 가나다순으로 게재

일본 내 세가 마크 III 소프트 색인

SEGA MARK III SOFTWARE INDEX

이 페이지는 일본 내에서 발매된 세가 마크 Ⅲ용 및 세가 마스터 시스템용 게임 소프트 총 83개 타이틀을 가나다순으로 정리한 색인이다. 해당하는 게재 페이지도 병기하였으므로, 검색용 자료로 활용하기 바란다.

범례 검은색 ……… 골드 카트리지
붉은색 ……… 실버 카트리지
푸른색 ……… 마이 카드 마크 Ⅲ

Chapter 3

제 3기 세가 하드웨어 대연구

GAME GEAR

해설 휴대용 게임기로 – 세가의 새로운 도전

COMMENTARY OF GAME GEAR #1

1989~1990년, 휴대용 게임기 전쟁의 발발

1989년부터 1990년까지의 2년간은, 일본에서 휴대용 게임기 전쟁이 발발한 시기였다. 1989년 4월 21일 닌텐도가 게임보이를 발매한 것을 시작으로, 아타리 사의 링스, NEC 홈 일렉트로닉스 사의 PC엔진 GT 등의 휴대용 게임기가 차례차례 발매되었다. 세가 역시, 1990년 10월 6일 게임 기어를 내놓음으로써 새로운 전장에서 패권을 다투기 위해 본격 참여했다.

일본에서의 소프트 교환식 휴대용 게임기의 원조를 따지자면, 게임보이보다 무려 4년도 전에 에포크 사가 발매했던 '게임 포켓컴'이 제 1호에 해당한다. 다만 이 기기는 LCD 해상도가 너무 낮았고 본체도 지나치게 컸으며, 당시엔 아직 「슈퍼 마리오브라더스」로 대표되는 패미컴 붐이 한창이었던 탓도 있어, 거의 주목받지 못한 채 지원 소프트를 불과 5작품만 배출하고는 시장에서 자취를 감췄다.

1989년이 되어서야 드디어 실용적인 완성도의 휴대용 게임기가 발매될 만한 기술수준에 도달한 셈인데, 이 시기의 휴대용 게임기 전쟁에서 쟁점이 된 것은 바로 'LCD 패널'·'중량'·'배터리'였다. 특히 기기에 탑재되는 LCD 패널이 곧 본체의 중량과 전력소모량을 결정한다고 해도 과언이 아니어서, 어떤 LCD를 선택하느냐가 곧 그 상품의 성격과 직결되었다. 위의 일람표를 살펴보면, 각 기종별로 중시한 포인트가 저마다 달랐음을 알 수 있어 각사의 전략이 명료하게 보일 것이다.

같은 시기 일본에 발매되었던 휴대용 게임기들의 비교 일람표

발매일	제품명	LCD 패널	사용 전원 (구동시간)	중량	가격
1989년 4월 21일	게임보이	반사형 STN 흑백 LCD	AA형 건전지×4개 (약 35시간)	324g	12,500엔
1989년 9월 1일	아타리 링스	투과형 STN 컬러 LCD	AA형 건전지×6개 (약 2~3시간)	700g	29,800엔
1990년 10월 6일	게임 기어	투과형 STN 컬러 LCD	AA형 건전지×6개 (약 3~4시간)	500g	19,800엔
1990년 12월 1일	PC엔진 GT	투과형 TFT 컬러 LCD	AA형 건전지×6개 (약 3시간)	550g	44,800엔

게임보이

4개 기종 중에서 가장 중량이 가볍고 구동시간도 월등히 길다는 것이, 무엇보다 큰 특징이다. 중량과 배터리 측면에서 불리한 컬러 LCD를 과감히 배제하고, 어디까지나 가볍고 저렴하게 즐기는 '게임기'에 충실한다는 직구 승부라고 할 수 있다.

아타리 링스

위 표에는 표기하지 않았으나, 스프라이트 확대·축소·회전 기능을 내장하는 등 4개 기종 중에선 가장 고성능이었다. 그런 만큼 본체가 무겁고 거대했는데, 스펙을 우선시하고 중량·구동시간 등은 의도적으로 고려치 않았기 때문인 듯하다.

게임 기어

게임보이만큼은 못하긴 하나, 컬러 LCD를 탑재한 3개 기종 중에선 최경량·최저가를 구현했다. 컬러 LCD를 강조하지만 '그럼에도 저렴한 느낌'을 주는 전략을 취했다고 볼 수 있다.

PC엔진 GT

TFT LCD를 채용하여, 화질만큼은 당시 시점에서 가장 발군이었다. 또한, 자사의 PC엔진용 소프트를 그대로 구동할 수 있다는 풍부한 소프트 자산도 강력한 무기였다. 다만 고성능 LCD 탓에, 4개 기종 중 최고가가 되었다.

결론만 말하자면, 이 4개 기종 중 시장의 패권을 쥔 기기는 게임보이였다. 그렇다고 해서 다른 세 기종이 꼭 실패작이라는 의미는 아니며, 각사가 자신만의 특색을 발휘해 4가지 타입의 기종을 세상에 선보인 결과 시장이 게임보이를 선택했을 뿐, 각 기종마다 나름의 매력이 있었다는 점은 강조해두고자 한다.

▲ 게임보이

▲ 아타리 링스

▲ 게임 기어

▲ PC엔진 GT

STN 컬러 LCD 채용이, 'TV 튜너'라는 발상으로 연결되다

게임 기어에는 시티즌 사가 제조한 3.2인치 투과형 STN 컬러 LCD가 탑재돼 있다. 이 LCD 패널은 원래 소형 LCD TV에 사용될 것을 상정하고 개발된 부품인데, 당초 시티즌은 먼저 닌텐도와 접촉하여 휴대용 게임기 용도로의 납품을 제안했었다고 한다. 결과적으로는 표시품질·소비전력 등의 문제로 인해 채용이 불발되었기에 시티즌은 다음 차례로 세가를 찾아갔고, 세가는 도입을 결정함으로써 휴대용 게임기 개발을 본격 시작했다. 게임보이와 게임 기어의 LCD 해상도가 동일한 160×144픽셀인 것은 이런 연유라고 한다.

탑재될 LCD 패널부터 먼저 확정해놓고서 이 패널을 축으로 삼아 주변 사양을 차근차근 붙여가는 식으로 개발된 제품인지라, LCD 패널의 화질 및 소비전력 문제는 개발하는 내내 프로젝트의 걸림돌로 작용했다. STN식 LCD는 당시의 컬러 LCD 중에선 그나마 단가가 비교적 저렴한 편이었으나, 발색에 문제(전체적으로 콘트라스트가 낮고, 특정 색조를 강하게 띤다)가 있는데다 반응속도도 느려, 반사신경을 시험하는 액션·슈팅 게임에는 적합하지 않았다. 세가는 게임 기어를 개발하면서 LCD 특성 검증을 위해 세가 마크 Ⅲ/마스터 시스템 시대의 구작 타이틀을 전수 테스트해본 후, 비교적 LCD의 영향에서 자유로운 퍼즐 게임과 간단한 액션 게임을 게임 기어의 핵심 라인업으로 삼았는데, 바로 이러한 이유 때문이었다. 참고로, 닌텐도 진영의 게임보이 역시 흑백이긴 하나 동일한 STN식 LCD였던 탓에 같은 문제에 직면했으므로, 이러한 LCD 특성에 맞춰 소프트 라인업을 선정했다.

마케팅 측면에서는 선행 발매돼 있었던 게임보이와 아타리 링스 간의 틈새를 노려, STN 컬러 LCD의 저렴한 단가와, 원래는 소형 LCD TV용 부품이었다는 점에 주목했다. 이로써 '저렴한 소형 LCD TV로도 활용할 수 있다'라는 부가가치를 어필하는 전략이 세워졌다. 'TV 튜너 팩', 작은 LCD 사이즈를 커버하는 '빅 윈도우', 구동시간을 커버하는 '파워 배터리' 등의 생산단가가 올라갈 만한 기능은 전부 옵션 형태로 분리함으로써, 게임 기어 본체는 컬러 LCD 탑재기종으로서는 놀랄 만큼 저렴한 19,800엔이라는 소비자 가격을 구현하는 데 성공했다.

뒤집어 말하자면, 옵션까지 모두 구비했을 경우 (가격과 중량만 납득할 수 있다면) 게임 기어가 지닌 결점은 대부분 커버 가능하다는 의미인지라, 이러한 취사선택을 유저에게 맡긴다는 전략은 제법 매력적인 면이 있었다. 실제로 풀 옵션을 장착한 게임 기어는 마치 합체로봇 같은 느낌이어서(이런 면모는 같은 세가의 메가 드라이브와도 비슷해서 재미있다), 게임기가 아니라 전문가용 SLR 카메라를 방불케 할 정도였다.

이런 방향성은 주변기기 옵션 추가를 최소한도로 억제했던 게임보이와는 완전히 정반대에 위치한 발상으로서, 처음부터 합체 옵션을 전제(탈착용 나사구멍과 고정용 슬릿이 아예 본체에 내장됐을 정도)로 디자인한 특유의 묵직한 외관 역시, 분명 당시 세가 팬들의 마음을 뒤흔들었을 것임에 틀림없으리라.

게임보이와의 차별화에 성공한 게임 기어

친근한 완구로서 다가가 폭넓은 소비자층을 사로잡은 게임보이와는 달리 까만 바디와 강경한 이미지로 승부했던 게임 기어는, 비록 게임보이를 이기지는 못했으나 저렴한 컬러 LCD 게임기+소형 LCD TV라는 컨셉 자체로는 호평을 받아 게임보이와의 차별화에 성공했다.

최종 출하대수는 전 세계 1,041만 대(이중 일본 내에선 178만 대)에 달했으며, 「The GG 시노비」·「GG 알레스터」 등의 게임 기어 오리지널 타이틀도 다수 출시되어, 게임보이와는 다른 매력을 발산하여 새로운 팬층을 발굴해냈다. 당시 게임 기어를 열심히 즐겼던 유저들 중엔, 지금도 게임 기어를 가장 애호했던 기기로서 가슴에 품고 있는 사람도 많으리라.

닌텐도 외의 라이벌 기종들이 차례로 휴대용 게임기 시장에서 철수하던 가운데에도 모델 체인지까지 거치며 1996년까지 꾸준히 소프트가 발매되었다는 사실만큼은, 게임 기어가 닌텐도 다음가는 위치에서 충분히 선전했다는 명백한 증거가 아닐 수 없다.

컬러 LCD로 TV도 볼 수 있는, 세가가 만든 휴대용 게임기

게임 기어 GAME GEAR

세가 엔터프라이지스　1990년 10월 6일　19,800엔

4096색 사양의 STN 컬러 LCD

게임 기어는 1990년 세가가 일본에서 처음 출시한 휴대용 게임기다. 전년에 발매됐던 닌텐도의 게임보이에 이어 세가 역시 휴대용 게임기의 시장성에 주목하여, '프로젝트 머큐리'라는 코드명으로 개발을 진행했다.

가장 큰 특징은 최대 4096색을 표시할 수 있는 STN LCD를 채용한 컬러 화면과, 동시 발매된 별매품인 TV 튜너 팩(128p)을 장착하면 휴대용 TV로 탈바꿈한다는 점이었다.

이 당시는 휴대용은 고사하고 가정용 TV조차도 아직 고가였던 시대라, 게임 기어 본체와 TV 튜너 팩을 합해도 불과 3만 엔 언저리라는 가격설정은 상당히 파격적인 염가였다. 실제로, 게임도 할 수 있고 TV도 볼 수 있으며 덤으로 외부입력 단자까지 있어 외장 모니터 용도로까지 쓸 수 있었기에 가격대성능비가 높다는 이유로 게임 기어를 선택하는 유저도 많았다.

광고·홍보 면에서도 '컬러 LCD'와 'TV 기능' 2가지를 강력하게 어필했고, 특히 컬러 화면을 게임보이 대비 우위성으로 내세워 '핸디 게임기는 컬러가 아니면 재미가 없다'라는 선전문

게임 기어의 사양

형식번호	HGG-3200
CPU	Z80A (3.58MHz)
메모리	RAM : 64Kbit, VRAM : 128Kbit
그래픽	160×144픽셀 4096색 중 32색 (TV 튜너 영상은 4096색 동시발색) 스프라이트 표시 : 8×8픽셀 64개 (가로 방향으로는 8개까지)
LCD 패널	백라이트형 3.2인치 STN 컬러 LCD
사운드	SN76489 (DCSG) PSG 3음 + 노이즈 1음
확장단자	대전 케이블 연결용
슬롯	ROM 카트리지 슬롯
전원 / 소비전력	AA형 건전지 6개, AC 어댑터, 카 어댑터, 충전식 배터리 팩 등 DC 9V / 약 7.7W
연속 사용시간	약 3~4시간 (건전지 사용시)
외형 치수	255(가로) × 113(세로) × 38(두께) mm
부속품	휴대용 스트랩, 취급설명서

▲ 게임 기어의 초기 패키지. 이후 다년간 꾸준히 판매하는 과정에서 다양한 바리에이션의 패키지가 발매되었다.

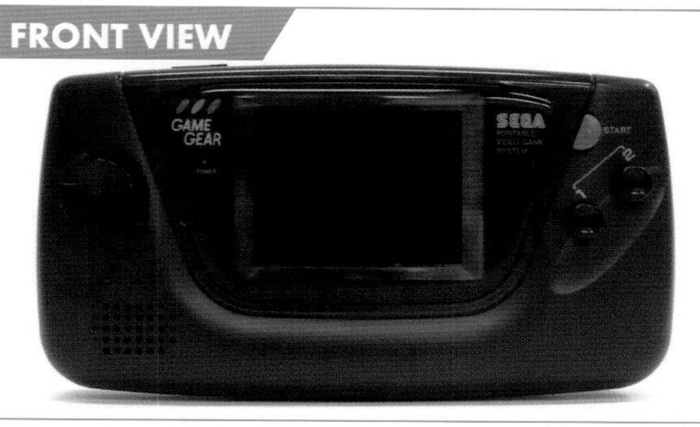

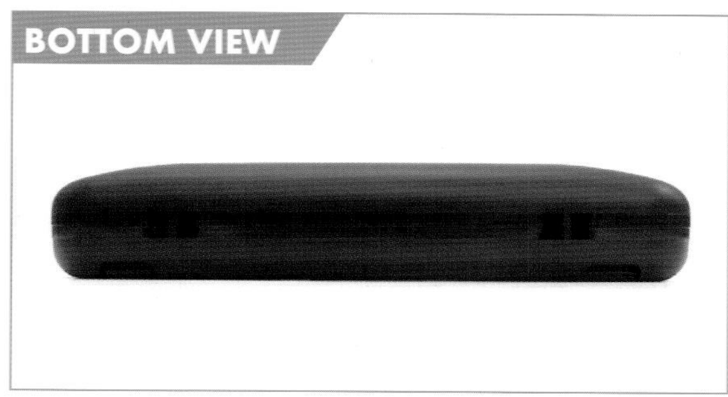

구로 직설적인 비교광고를 전개했다.

다만 1990년대 후반이 되자 휴대용 게임기 시장 자체가 침체기에 돌입했고, 여러 시도를 거듭했으나 시장상황이 딱히 나아지지 않았기에, 세가는 후계기종도 없이 단 한 세대로 수명을 마감시키고 휴대용 게임기 사업에서 철수해버렸다.

하지만 단일 하드웨어로 6년간 지속적으로 소프트를 제공한 점과, 전세계에서 메가 드라이브에 버금가는 1,000만 대 이상의 판매대수를 기록했다는 점만큼은, 일본 게임기 역사에 남을 지표로서 충분히 찬사 받을 성과라 할 수 있다.

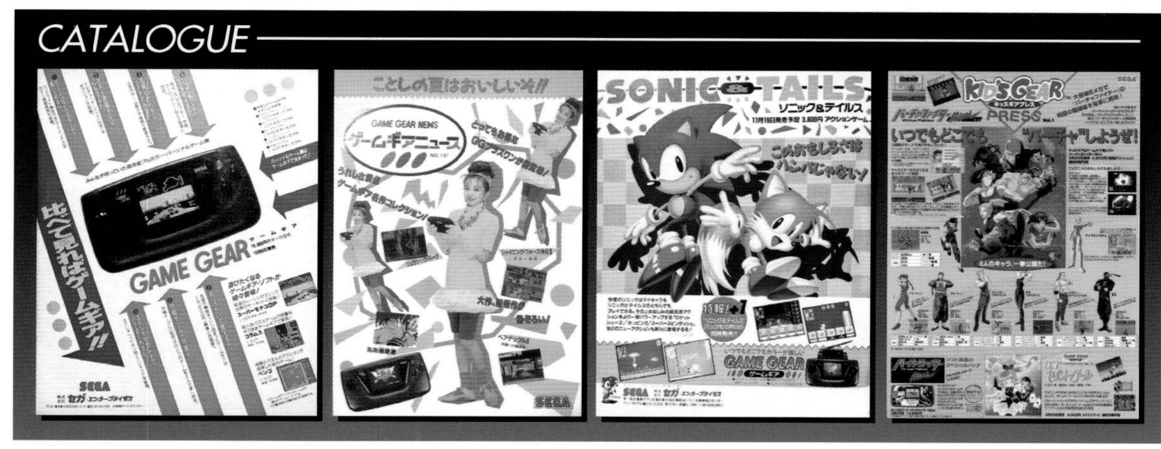

주요 기능을 원칩으로 통합

휴대용 게임기를 제작할 때의 핵심 포인트는 '얼마나 작게, 얼마나 가볍게 만드느냐' 단 하나로 집약된다. 세가는 첫 휴대용 게임기를 개발하는 과정에서, 완전 신규 아키텍처를 만드는 쪽이 아니라 이제까지 운용해본 노하우가 있는 세가 마크 Ⅲ / 마스터 시스템을 설계기반으로 삼는 쪽으로 방침을 결정하고서, 이를 얼마나 소형화할 수 있을지 검토를 시작했다.

세가는 이전 세대부터 계속 VDP를 개발해온 실적이 있는 야마하 사에, 게임 기어용으로 들어갈 VDP의 소형화를 의뢰했다. 그 결과, VDP는 물론이고 CPU·사운드·I/O(입출력)에 이르기까지 세가 마크 Ⅲ의 기능 전체를 원칩으로 집약시킨 신규 칩, 315-5535가 완성되기에 이르렀다. 이 칩이 만들어졌기에, 세가 마크 Ⅲ급의 고성능을 게임 기어의 작은 부피 내에 완전히 우겨넣을 수 있었던 것이다.

게임 기어의 중량 목표치는, 당시의 라이벌 기종이었던 게임보이의 320g과 아타리 링스의 700g 사이의 중간 정도에 해당하는 500g으로 설정했다. 이를 위해 부품 수 절감과 기판 박형화는 물론이고, 외장재 플라스틱까지도 전체적인 강도를 유지하면서 가능한 한 깎아냄으로써 목표치 도달에 성공했다. 당시의 기술로 LCD에 백라이트까지 넣고서 이만큼의 경량화에 성공했다는 점만큼은, 그야말로 집념의 결정체라 할 만하다.

▲ 본체 내부에서 강한 존재감을 보여주는 핵심 칩인, 야마하 제의 315-5535. 이 칩 하나에 주요 기능이 모두 담겨있다.

CPU·사운드

앞서 서술한 대로 게임 기어의 아키텍처는 세가 마크 Ⅲ 기반으로 제작되었기 때문에, CPU는 Z80A 3.58MHz, 사운드도 SN76489(DCSG)로서 기본적으로는 완전 동일하다.

다만 게임 기어는 휴대용 게임기이기에, 헤드폰을 연결하고 게임을 즐길 것을 고려하여 사운드의 각 채널 출력을 좌우로 분기시킬 수 있는 스테레오화 기능이 들어갔다(하지만 출력 분기를 ON/OFF시킬 수 있을 뿐, 개별적으로 좌우 채널 음량을 조절할 수는 없다). 또한 본체 내장 스피커는 모노럴 출력 고정이므로, 스테레오 사운드를 들으려면 헤드폰 단자를 사용해야만 한다.

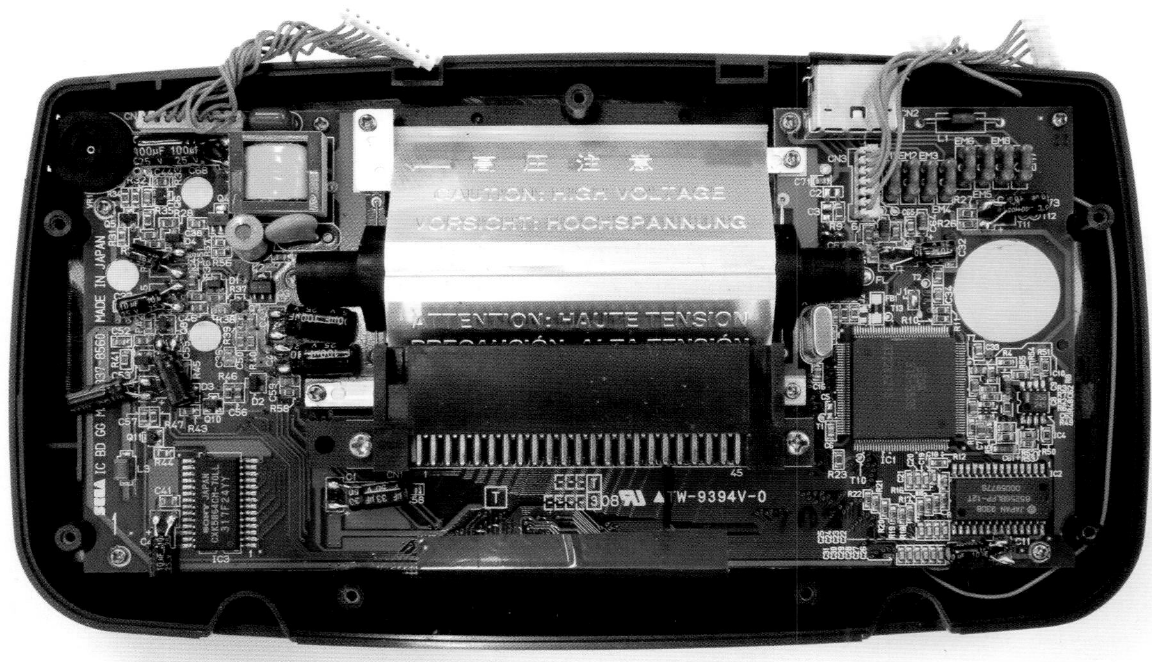

그래픽

게임 기어의 화면해상도는 160×144픽셀이며, 색수는 4,096색 중 32색 발색이 가능하다. 이 수치는 게임 기어의 LCD 패널 스펙에 따른 표기일 뿐, 실제 VDP 자체의 사양은 세가 마크 Ⅲ(정확히는 서양판 마스터 시스템)와 마찬가지다. BG 및 스프라이트 개수, 내장 VRAM까지 모두 동일하므로, 서양에서만 발매되었던 비공식 주변기기인 '마스터 기어 컨버터'를 이용하면 세가 마크 Ⅲ(컨버터 자체는 서양 제품이므로, 일본판 카트리지를 구동시키려면 일부 개조가 필요하다)나 세가 마스터 시스템용 소프트를 구동할 수 있다는 부수적인 이점도 있었다.

본 지면에서는 게임 기어에서 변경된 사양에 대해 설명한다.

4,096색 지원

세가 마크 Ⅲ는 64색 중 32색 동시표시 가능이었지만, 게임 기어는 전용 팔레트 레지스터를 추가함으로써 4,096색 중 32색 동시표시가 가능해졌다. 다만 동시발색수는 32색으로 변함이 없었던 데다, STN형 LCD 특유의 조악한 발색 탓에 모처럼 마련된 4,096색의 효과를 제대로 살리기가 어려워, 결국은 기존 세가 마크 Ⅲ에 가까운 원색(콘트라스트가 나쁜 LCD라도 원색이라면 식별하기 쉽기 때문) 중심으로 발색을 설정하는 소프트가 많았다.

화면 해상도

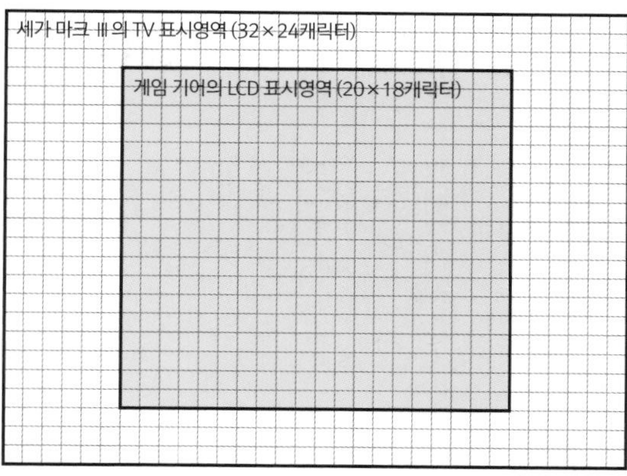

게임 기어는 세가 마크 Ⅲ에 비해 해상도가 낮으니 게임 기어를 위한 전용 화면 모드를 추가했으리라 생각하기 쉬우나, 실은 세가 마크 Ⅲ의 표시영역 중앙 부분만을 따서 LCD 패널에 표시한다는 단순한 방법으로 화면을 구현했다. 실제 LCD 패널 상에 표시되지 않는 외곽 부분은 가상 스크린 개념으로 활용하므로, LCD로 볼 수 없을 뿐 세가 마크 Ⅲ의 표시영역과 같은 요령으로 다룰 수 있다.

또한, 세가 마크 Ⅲ의 윈도우 기능은 게임 기어의 LCD 상에서는 거의 영향을 끼치지 못하므로(실질적으로는 화면 오른쪽 끝의 2캐릭터분만 고정 가능), 기능 자체는 남겨뒀으나 사실상 의미가 없었다.

컨트롤러 입력

서양판 마스터 시스템을 기반으로 설계했기에, Light Phaser(99p)용 입력 포트는 사용되지 않긴 하나 내부적으로는 남아있다. 또한 START 버튼이 추가되었기에, 플레이어 2용 입력 포트를 삭제하고 이를 START 버튼 검출용으로 배정했다.

▲「아웃런」의 게임 기어판과 세가 마크 Ⅲ판 화면을 비교해보았다. 기종간 표시영역의 차이를 확인할 수 있다.

확장 커넥터

게임 기어는 본체 상단에 확장 커넥터를 배치했으며, 여기에 대전 케이블을 연결하면 기기 2대 간에 통신대전이 가능하다.

확장 커넥터는 기술적으로는 시리얼 통신 포트로서, 300bps·1200bps·2400bps·4800bps 중에서 통신속도를 설정할 수 있다. 게임보이보다 후발인 만큼 상대적으로 통신품질이 우수하고 에러율이 낮았으나, 정작 그 통신대전을 지원하는 소프트가 발매작 전체를 통틀어도 그리 많이 나오지 못했다. 게다가 대전 케이블 외에 딱히 이 확장 커넥터를 쓰는 주변기기도 없었기에, 기능에 비해 제대로 활용되지 못했던 비운의 단자였다.

ROM 카트리지

게임 기어의 소프트는 ROM 카트리지 형태로 공급되었다. 카트리지 형태는 앞면과 뒷면이 비대칭이라, 뒤집어 꽂아도 물리적으로 삽입되지 않도록 하였다. 또한 카트리지를 제대로 삽입하면 게임 기어 본체의 곡면과 딱 매칭되도록 모서리를 라운드형으로 제작했고, 교체할 때 뽑기 쉽도록 손가락을 걸 수 있는 오목한 형태로 상단을 다듬는 등, 디자인 면에서도 다년간에 걸쳐 하드웨어를 제작하며 노하우를 축적한 세가의 '원숙함'이 느껴진다.

카트리지 패키지 겉상자는 종이 재질이며, 소프트는 전용 ABS 수지 재질의 소프트 케이스에 넣은 상태로 포장되었다. 소프트 케이스는 게임보이용 소프트 케이스와 유사한 편인데, 야외로 갖고 나갈 때의 휴대성을 고려한 배려로 보인다.

카트리지의 성형색은 초기 게임 기어에 맞춘 블랙이 기본색이었으나, 오른쪽 사진의 「코카콜라 키드」와 같은 캠페인 증정용 비매품이나 127p의 게임 기어 캐릭터 팩과 같은 일부 한정 소프트처럼 특별한 성형색을 채용한 타이틀도 있었다.

▲ 코카콜라의 캠페인 당첨자에게 증정된 특별 성형색의 「코카콜라 키드」. 일반판은 기본색인 블랙이었다.

▲ 게임 기어용 ROM 카트리지의 앞면과 뒷면. 특수 나사로 조립되어 일반 드라이버로는 개봉할 수 없다.

▲ 전용 소프트 케이스에 들어있는 상태.

▲ 게임 기어 쪽의 ROM 카트리지 삽입구와, 카트리지를 삽입한 상태. 끼워 넣으면 카트리지 상단의 라운드가 게임 기어 본체 상단의 곡면과 일체화되도록 디자인되었음을 알 수 있다.

전지·전원

게임 기어는 전원으로 AA형 건전지 6개를 사용한다. 건전지가 많이 들어가는 만큼 중량 밸런스를 고려해, 최대한 유저가 건전지 무게를 의식하지 않고 게임을 즐기도록 본체 좌우에 건전지 수납부를 공평하게 분산한다는 독특한 설계를 채택했다. 하지만 이만큼 건전지를 많이 쓰는데도, 소비전력이 엄청났던 당시 컬러 LCD의 구조적 문제로 게임보이 대비 전지 소모율이 컸기에, 지속시간은 3시간 정도에 불과했다.

이 결점은 세가 역시 개발 단계부터 충분히 인식하고 있었기에, 건전지·AC 어댑터·배터리 팩·카 어댑터로 무려 4종류의 전력공급방식을 제공했다. 당시 광고에서도 '4WAY 전원'이란 선전문구로 전원 관련 액세서리가 충실함을 어필하여, 유저의 다양한 플레이스타일에 최대한 부응하도록 편리성을 추구했음을 발매 초기단계부터 강조했다. 또한, 공식 발표하진 않았으나 본체를 꾸준히 생산하는 과정에서 내부회로를 계속 개량하여, 소비전력 문제를 조금씩이나마 개선했다.

▼ 다양한 전력공급방법을 제공한, 게임 기어의 전원 관련 옵션 품목들. 그중에서도 본체 뒷면에 장착하는 파워 배터리의 존재감은 그야말로 압권이었다.

세가 마스터 시스템용 게임도 돌아간다! 마스터 기어 컨버터

기본 설계가 동일한 '세가 마스터 시스템용 소프트를 게임 기어에서 구동할 수 있다면……'이라는 유저의 꿈을 이뤄주는 어댑터가, 서양에선 발매되었었다!

물론 세가 비공인 주변기기이지만, 세가 마스터 시스템의 보급률이 높았던 미국·유럽에서는 기존의 막대한 소프트웨어 자산을 그대로 게임 기어에서도 활용할 수 있는 매력적인 아이템이었다. 덕분에 상당히 잘 팔렸고, 타사가 제조한 복제품까지도 돌았다고 한다.

서양 제품이므로 일본판 세가 마크Ⅲ용 소프트를 구동시키려면 본체 개조가 필요하지만, 일본에서도 당시에 입수해 즐겼던 유저가 제법 있었던 듯하다.

▲ 세가도 나름 게임 기어의 판매에 일익이 되는 아이템으로 여겼던 듯하여, 공식화하지는 않았으나 판매를 굳이 막지도 않았다고 한다.

게임 기어의 모델 바리에이션 리스트

게임 기어는 타사 라이벌 기종보다 앞서 컬러 바리에이션 및 번들 세트 개념을 적극 도입했기에, 성능을 강화하는 모델 체인지는 끝까지 없었던 대신 모델 바리에이션은 매우 다채로웠다. 서양에는 한층 더 많은 바리에이션 모델이 존재하나, 본 지면에서는 일본에 발매된 모델(일부 비매품 포함)에 한해 소개하고자 한다.

컬러 바리에이션

휴대용 게임기 역사상 최초의 컬러 바리에이션 도입이, 바로 게임 기어의 GG-WHITE 모델이다. 10,000대 한정생산 모델로서, 같은 색의 TV 튜너 팩과 세트화하여 전용 수납 케이스에 동봉해 발매했다.

HGG-3201 블랙

1993년 6월 23일 14,800엔

HGG-3210 GG-WHITE (펄 화이트)

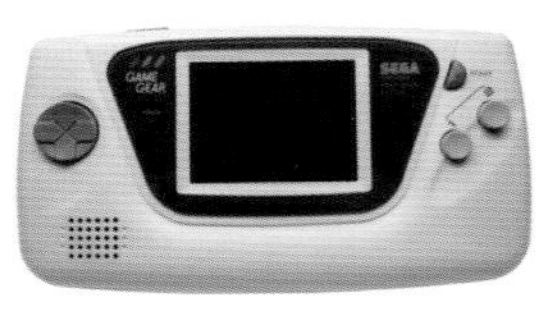

1991년 4월 26일 34,800엔

HGG-3211 블루

1994년 11월 11일 13,800엔

HGG-3212 옐로

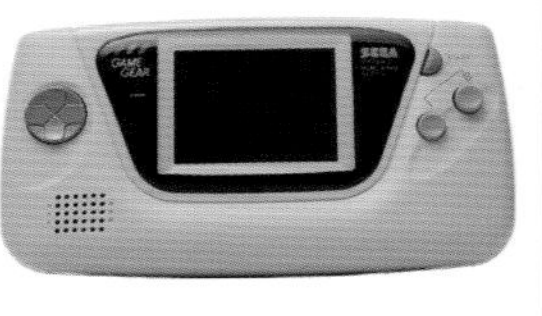

1994년 11월 11일 13,800엔

HGG-3213 스모크

1994년 11월 11일 13,800엔

HGG-3215 레드

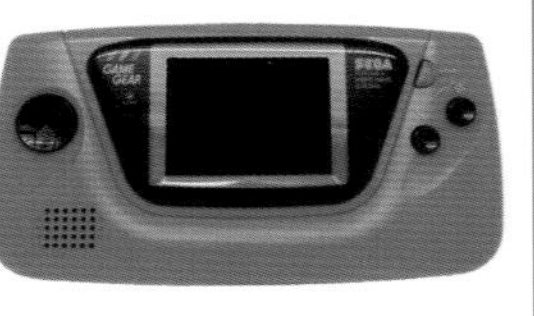

1994년 12월 9일 13,800엔

HGG-3221 블랙

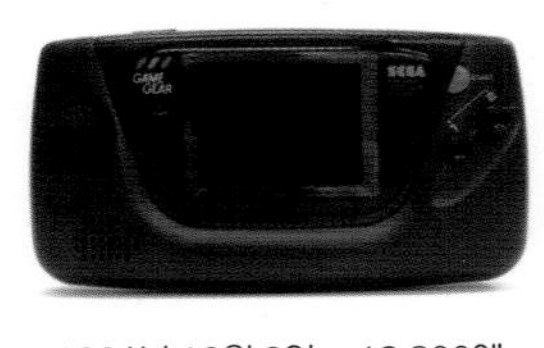

1994년 12월 9일 13,800엔

키즈 기어

완구사업부(후일의 세가 토이즈)로 이관되어 완구 카테고리로서 재발매된 모델. 이 모델만 외장 금형을 신규 제작하여, 두께가 조금 얇아지고 앞면이 평탄해졌다. 성능 면에서는 기존 게임 기어와 완전 동일하다.

HGG-3224 키즈 기어 버추어 파이터 Mini

1996년 3월 29일 14,800엔

플러스원 세트 시리즈

서양권에서는 보편화된, 본체에 소프트를 번들하는 세트 판매형태를 일본 시장에도 도입한 모델. 사실상 소프트를 무료로 제공하는 가격설정이기에, 판촉효과가 강력한 편이었다. 「코카콜라 키드」만은 해당 회사의 고객 사은 캠페인을 통해 증정된 모델이라 비매품이다.

HGG-3205 게임 기어+1 미키의 마법의 크리스탈

1993년 6월 23일 14,800엔

HGG-3202 게임 기어+1 소닉 더 헤지혹 2

1993년 6월 27일 14,800엔

HGG-3203 게임 기어+1 퍼즐뿌요

1993년 7월 23일 14,800엔

HGG-3206 게임 기어+1 소닉 & 테일즈

1993년 11월 19일 14,800엔

HGG-3207 게임 기어+1 소닉 드리프트

1993년 11월 19일 14,800엔

HGG-3208 게임 기어+1 코카콜라 키드

1994년 비매품

HGG-3209 게임 기어+1 J리그 GG 프로 스트라이커 '94

1994년 7월 29일 14,800엔

캐릭터 팩 시리즈

소프트와 세트로 판매했다는 점은 플러스원 세트와 동일하나, 이쪽은 애니메이션 캐릭터 상품의 일환으로 발매했다는 것이 다르다. 「마법기사 레이어스」 버전은 유일하게 로고를 실크 인쇄로 넣었으며, 특전으로 모코나 아뮬렛(133p)을 동봉했다.

HGG-3214 게임 기어 캐릭터 팩 마법기사 레이어스

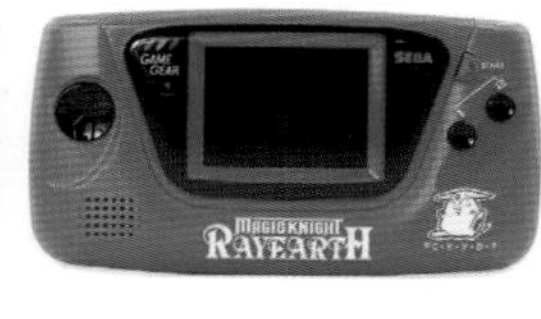

1994년 12월 16일 15,800엔

HGG-3217 게임 기어 캐릭터 팩 뿌요뿌요 투

1995년 6월 30일 15,800엔

HGG-3218 게임 기어 캐릭터 팩 NINKU –닌쿠–

1995년 7월 21일 15,800엔

게임 기어의 주변기기

TV 튜너 팩 TV TUNER PACK

HGG-3001 세가 엔터프라이지스 12,800엔

카트리지 슬롯에 삽입하기만 하면 게임 기어가 휴대용 TV로 탈바꿈하는 주변기기로서, VHF 및 UHF 지상파를 수신할 수 있었다. 게다가 모노럴 비디오 입력단자를 내장하여, 필요할 경우 VTR·비디오카메라 연결은 물론 다른 게임기용 모니터로서도 활용할 수 있다. 외부 안테나 단자도 내장돼 있어, 이를 이용해 이동중인 차량 내에서도 TV 전파를 수신하는 카 안테나(130p)도 발매되었다.

당시엔 아직 휴대용 TV라는 상품이 생소했던 데다 게임보이도 컬러가 아니었던 탓에, 게임 기어를 TV 용도로 활용하는 경우가 많았다. PC엔진 GT 쪽도 같은 용도의 옵션 주변기기가 발매되었으나 PC엔진 GT는 본체부터가 고가(무려 2배 이상!)였다 보니, 게임 기어 쪽이 그런 용도로는 훨씬 효율적이었다.

다만 튜너 사용시엔 게임 플레이 때보다 전지 소모가 훨씬 격심해, AC 어댑터나 배터리 팩 등을 병용하는 게 사실상 필수였던 단점도 있었다.

AV 케이블 A/V CABLE

HGG-3006 세가 엔터프라이지스 1,000엔

게임 기어와 AV기기를 연결하기 위한 케이블. 타사가 제작한 스테레오 미니 잭과 스테레오 핀잭 케이블도 사용 가능하다. 타사 제품을 쓸 경우 핀잭이 백색·적색 구성이라면 백색이 비디오, 적색이 오디오가 되니 주의하자.

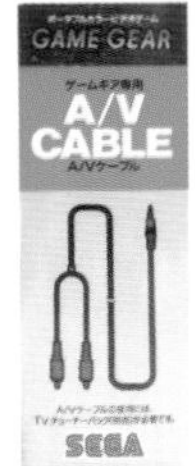

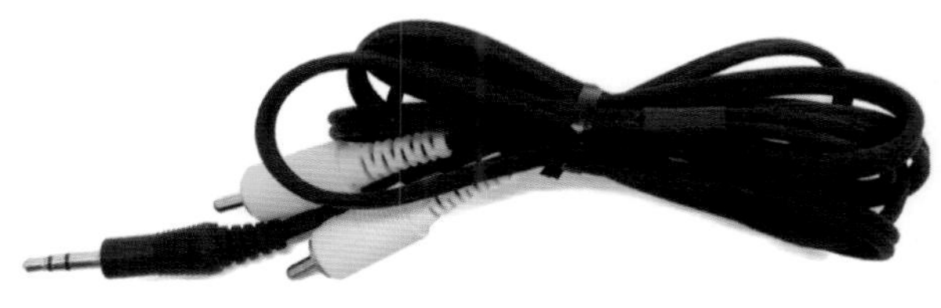

▲ 정확히는 TV 튜너 팩의 주변기기다. 게임 기어를 휴대용 모니터로 활용할 수 있다.

배터리 팩 BATTERY PACK

HGG-3005 세가 엔터프라이지스 6,800엔

배터리 소모가 격심한 편인 게임 기어를 위해 개발된 순정품 배터리 팩. 별매되는 AC 어댑터나 카 어댑터를 사용하면, 8시간 충전으로 게임 기어를 3시간 추가 연속 사용할 수 있게 된다. 설명서에 따로 기재돼있진 않으나 뒷면에 벨트 홀더가 붙어있어, 유저의 허리춤에 고정할 수 있도록 배려해주었다.

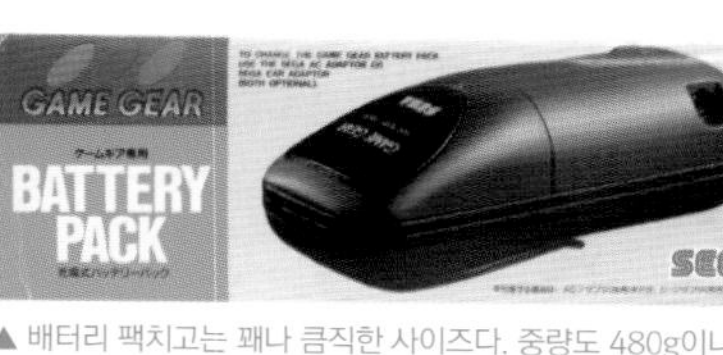

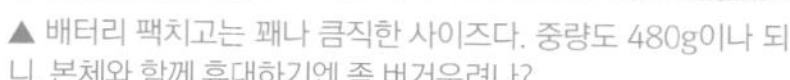
▲ 배터리 팩치고는 꽤나 큼직한 사이즈다. 중량도 480g이나 되니, 본체와 함께 휴대하기엔 좀 버거우려나?

파워 배터리 POWER BATTERY

HGG-3017 세가 엔터프라이지스 6,800엔

위의 배터리 팩을 개량한 주변기기. 게임을 플레이하면서 충전할 수 있는 '노멀 모드'와, 게임을 플레이할 수 없는 대신 2시간 반이면 완충되는 '퀵 충전 모드'를 탑재한 것이 최대 특징이다. 연속 플레이 시간은 3시간으로 동일하나, 게임 기어의 뒷면에 직접 장착할 수 있는 형태라 휴대성도 한층 향상되었다.

◀ 게임 기어 후기에 발매된 탓인지, 유럽에서는 발매되지 않았다.

대전 케이블 VS CABLE

HGG-3002 세가 엔터프라이지스 1,400엔

게임 기어 2대에 각각 동일한 대전 플레이 지원 소프트를 꽂은 후, 이 케이블로 각 기기의 확장단자끼리 연결하면 함께 통신대전 플레이를 즐길 수 있다. 단품 판매 외에, 「버추어 파이터 Mini」와 「J리그 GG 프로 스트라이커 '94」에 번들로 동봉되기도 했다. 서양에서는 'Gear to Gear'라는 상품명으로 발매되었다.

AC 어댑터 AC ADAPTOR

SA-150A 세가 엔터프라이지스 1,500엔

원래는 세가 마크 Ⅲ / 마스터 시스템용의 전원 어댑터. 게임 기어 및 키즈 기어의 경우 박스에는 SA-160A 지원으로 표기돼있긴 하나, 매뉴얼을 보면 이 제품도 함께 기재돼 있다.

▲ 박스에는 메가 드라이브용으로 적혀있으나, 대부분의 세가 기기에 공통 사용 가능하다.

카 어댑터 CAR ADAPTOR

HGG-3004 세가 엔터프라이지스 3,500엔

자동차의 시거잭 소켓에 꽂아, 전원을 게임 기어에 공급할 수 있게 해주는 주변기기. 배터리 절약에도 유용하고, 여행시에도 활용 가능해 쓸모가 많았다.

▼ 게임 기어와 AC 어댑터 포트가 동일한 메가 제트에도 사용 가능.

카 어댑터 II CAR ADAPTOR II

HGG-3016 세가 엔터프라이지스 3,500엔

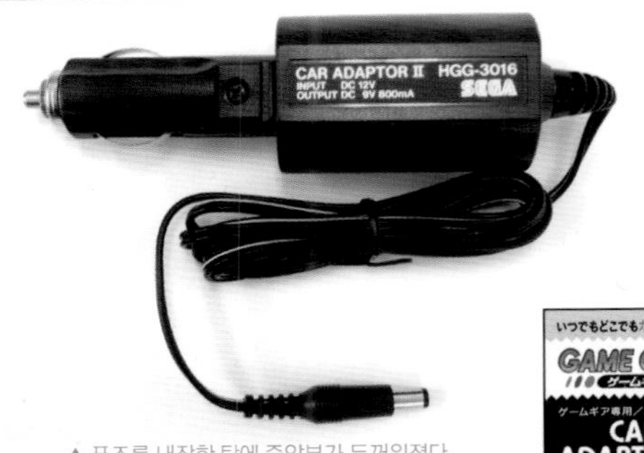

▲ 퓨즈를 내장한 탓에 중앙부가 두꺼워졌다.

카 어댑터를 개량한 제품. 과전류를 막기 위해 퓨즈를 내장시켜 안전성을 높인 구조다. 전원 플러그 부분이 민감한지, 퓨즈가 빈번히 끊어지는 일도 있었다고 한다.

카 안테나 CAR ANTENNA

HGG-3011 세가 엔터프라이지스 1,000엔

TV 튜너 팩에 있는 외부 안테나 단자에 연결해 사용한다. 이 제품을 이용하면 전파가 약한 지하도나 지하철, 이동중인 차량 내에서도 방송이 잘 잡혔다.

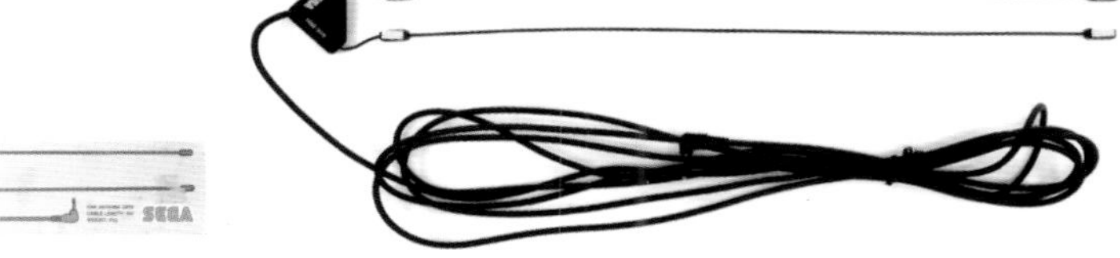

빅 윈도우 BIG WINDOW

HGG-3012　세가 엔터프라이지스　2,280엔

서양에서는 'Wide Gear'라는 명칭으로 판매된 주변기기. 오목렌즈를 이용해 LCD 디스플레이를 1.5배 가량 확대시켜, 대략 5인치 크기로 보여준다. 디스플레이 외곽을 차단해 빛 반사를 막아주는 효과도 있다.

◀ 한층 더 크고 두꺼워지지만, LCD가 제법 큼직하게 보여서 좋다!

빅 윈도우 II BIG WINDOW II

HGG-3014　세가 엔터프라이지스　2,280엔

위에 게재한 빅 윈도우의 개량판. 서양에서는 'Super Wide Gear'라는 명칭으로 유명하다. 대형 홀드 암을 추가하여, 이전판의 문제점이었던 고정의 불안정성을 개선했다. 덕분에 게임 기어 본체에서 불시에 벗겨질 염려는 없어졌지만, 본체 뒷면에도 나사로 제대로 고정할 필요가 있었다.

◀ 고정용 기구를 추가한 탓에, 이전 페이지의 파워 배터리와는 동시 사용 불가능하다는 결점도 있다.

TV 오토 튜너 팩 TV AUTO TUNER PACK

HGG-3015　세가 엔터프라이지스　12,800엔

TV 튜너 팩은 채널을 수동으로 돌려 맞춰야 했는데, 이를 개량해 채널 튜닝 기능을 자동화한 모델. 그 이외의 기능은 대부분 동일하다. 비디오 입력 단자가 있어, 외장형 모니터 용도로 활용한 유저도 많았다.

◀ '간단 선국!'이라는 선전문구가 인상적인 TV 오토 튜너 팩.

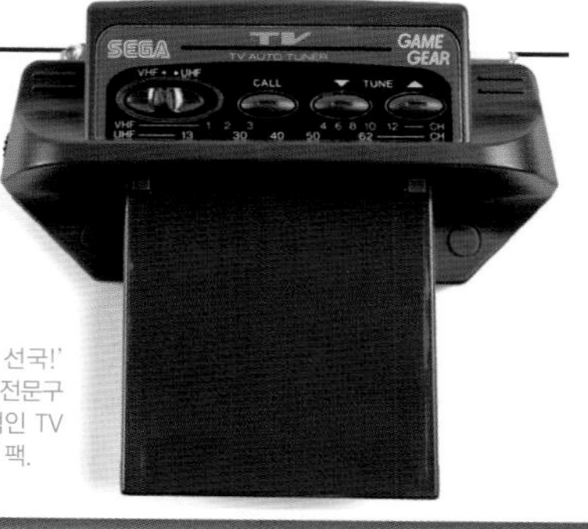

해설 가정용과 휴대용의 포지셔닝을 고심했던 세가

COMMENTARY OF GAME GEAR #2

일본에 미발매된 마스터 시스템용 게임을 즐길 수 있었던 게임 기어

게임 기어는 앞선 페이지에서 여러 차례 서술한 대로, 세가 마크 Ⅲ 및 세가 마스터 시스템의 아키텍처를 그대로 활용해 개발한 휴대용 게임기다. 그렇다보니 양 기종으로 이미 발매된 소프트를 게임 기어용으로 수정하여 재발매한 경우도 꽤 많았다. 특히 마스터 시스템은 미국·유럽을 중심으로 수많은 국가에 발매되었기에(98p), 게임 기어의 각국 발매시에 기존의 소프트 자산을 그대로 활용해 단시간에 이식 출시할 수 있었다는 점은 소프트 공급 측면에서 매우 유리하게 작용했다. 게임 기어가 세가로서는 첫 휴대용 게임기였음에도 비교적 순탄하게 일정 규모의 시장을 구축하는 데 성공한 이유는 여기에 있었다고 할 수 있다.

일본의 경우 1989년에 세가 마크 Ⅲ용 소프트 공급이 종료되었으나, 서양에서는 게임 기어 발매 당시에도 마스터 시스템이 여전히 현역 기종으로서 왕성하게 활약중이었다. 이렇다보니 인기 타이틀인 「슈퍼 모나코 GP」나 「소닉 더 헤지혹」처럼 서양에선 멀쩡히 마스터 시스템판으로도 발매됐지만 일본엔 전혀 소개되지 않은 경우도 많았고, 95p에서 소개했던 「몬스터 월드 Ⅱ : 드래곤의 함정」처럼 게임을 다 완성해놓고도 일본엔 끝내 발매하지 않은 경우도 있었다. 이런 아까운 타이틀들이 게임 기어의 존재 덕에 일본에서도 게임 기어판으로나마 빛을 보게 된 것은 실로 다행이 아닐 수 없었으니, 일본 게임계에 게임 기어가 끼친 최대의 공적 중 하나로서 강조해 마지않을 점이라 하겠다.

▲ 서양판 세가 마스터 시스템으로 발매되었던 타이틀을 게임 기어로 이식한 실례인, 「슈퍼 모나코 GP」(왼쪽 사진)와 「소닉 더 헤지혹」(오른쪽 사진).

중반기 이후부터는 저연령층·아동용으로 노선 변경

게임 기어의 게임 소프트 홍보는 주로 TV광고와 잡지 노출 중심으로 펼쳐졌으나, 게임 기어의 정보를 직통으로 알려줄 전문지가 따로 없었기에 'BEEP! 메가 드라이브'·'메가 드라이브 FAN'·'마루카츠 메가 드라이브'·'전격 메가 드라이브' 등의 메가 드라이브 전문지와 '패미컴 통신'(현 패미통) 외엔 선전통로가 마땅치 않았다. 무엇보다 전문지가 없었던 기종인데다 앞서 열거한 매체들조차도 코너 하나 정도로만 다루기 일쑤여서, 홍보효과를 충분히 받을 수 있었을지는 아무래도 의문일 수밖에 없다.

세가 마크 Ⅲ 및 마스터 시스템용 게임의 이식작을 제외하고 나면, 게임 기어의 전반적인 소프트 라인업은 휴대용 게임기임을 강하게 의식한 탓인지 퍼즐 게임과 간단한 룰의 액션 게임이 많았다. 반면 화질과 해상도가 낮은 게임 기어로서는 가장 불리한 장르가 RPG·시뮬레이션 게임인지라, 이들 장르의 발매수는 제로까지는 아니나 매우 적은 편이다. 애초에 게임 기어는 기존의 가정용 게임기와는 다른 고객층을 노린 상품이었던지라, 서드파티들의 사정이야 어쨌든 세가 입장에서는 휴대기만의 독자적인 타이틀 전략으로 방향성을 잡는 쪽이 오히려 자연스러운 발상이었을 터이다.

세가는 게임 기어 중기부터 운영노선을 크게 변경했었는데, 그 이유는 라이벌 기종인 게임보이에게도 고민거리였던 '휴대용 게임기 시장의 침체'였다. 게임 기어도 게임보이도, 시장에 막 등장한 초기 단계에서는 '대전 케이블을 통한 통신 플레이'라는 새로운 놀이법이 가져다주는 신선함이 있었다. 하지만 어느 정도 시장이 정착된 뒤부터는 가정용 게임기와 동일한 작품을 그대로 휴대용 게임기에 하위이식한 타이틀이 계속 늘어나, 휴대용 게임기로 굳이 즐길 필요성이 희박한 게임들이 넘쳐나게 된 것이다.

그런 상황에 위기감을 느낀 세가가 새로이 잡은 소프트 전략은 '가정용 게임기는 아케이드 이식 중심의 세가 매니아용', '휴대용 게임기는 저연령층 아동용'이라는 명확한 포지셔닝 분할이었다. 이 전략에 따라, 게임 기어 중기 언저리부터는 '도라에몽'·'유☆유☆백서' 등의 만화·애니메이션 판권물 타이틀을 주력으로 출시했고, 아예 게임 기어 본체와 소프트를 동봉한 '플러스원 세트'·'캐릭터 팩' 등의 콜라보레이션 모델까지도 발매했다. 이 전략은 게임 기어 말기까지 지속하여, 완구사업부로 이관시켜 완구로 카테고리를 재정립한 신기종 '키즈 기어'에 이르기까지 일관된 노선으로서 유지했다.

▲ 게임 기어 캐릭터 팩 세트 중 「마법기사 레이어스」.

이 장에 게재된 카탈로그의 범례

① 게임 타이틀명

② 기본 스펙 표기란

발매 회사, 발매일, 가격, 매체(ROM 카트리지인 경우 용량도 표기). 지원 주변기기 등의 특이사항도 여기에 표기한다.

③ 패키지 표지

④ 게임 화면

⑤ 내용 설명

⑥ 플레이 가능 명수 아이콘

해당 게임을 즐길 수 있는 사람이 최대 몇 명까지인지를 아이콘으로 표시했다. 아래의 3종류가 있다.

 1인용
 1~2인용
 1~4인용

⑦ 장르 아이콘

게임의 장르를 10종류로 분류한 아이콘.

 슈팅 게임
  액션 게임
 퍼즐 게임
 롤플레잉 게임
  시뮬레이션 게임
 스포츠 게임
 드라이브 게임
 어드벤처 게임
 교육 및 기타
 홈 게임

⑧ 기능·지원 주변기기 아이콘

메모리 백업 기능이 내장된 카트리지 및 특정 주변기기 지원을 표시한 아이콘.

 메모리 백업 탑재 ROM 카트리지
 대전 케이블 지원 게임 (129p)

슈퍼 컬럼스 ①

GAME GEAR
세가 1995년 5월 26일 3,800엔 2M ROM ②

⑥ ⑦ ⑧ ③ ④

▶ 대전시에는 상대의 현황도 살피면서 적절한 타이밍에 연쇄를 걸자.

⑤ 같은 색깔의 돌을 가로·세로·대각선으로 3개 연결시키면 없어지는, 낙하계 퍼즐의 대표작 「컬럼스」의 속편. 이번엔 연결돼 떨어지는 보석의 순번을 교체할 수 있게 됐고, 90도로 회전시키는 것도 가능해졌다. 여러 효과가 있는 마법석 등, 전작엔 없었던 신규 시스템도 있다.

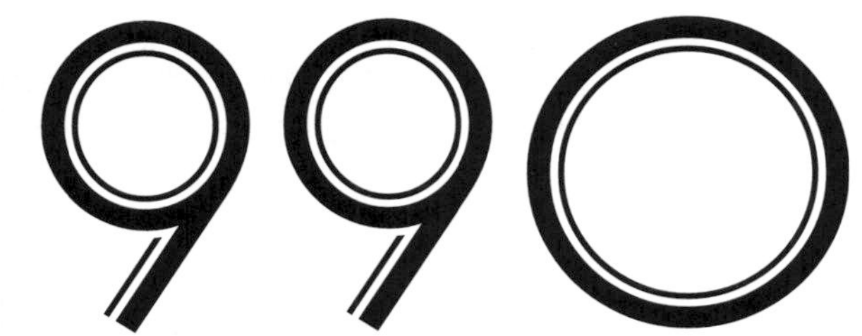

1990

GAME GEAR SOFTWARE ALL CATALOGUE

게임 기어 발매 첫 해에 출시된 소프트는 자사와 서드파티를 합쳐 10종류로서, 액션부터 레이싱·퍼즐·역사 시뮬레이션·RPG·슈팅에 이르기까지, 신규 하드웨어의 런칭 타이틀로서는 훌륭하다 아니할 수 없을 만큼 다양성이 넘치는 라인업을 보여주었다.

또 하나의 특징은, 동시 발매작인 「컬럼스」에 「창고지기」·「상하이 Ⅱ」까지 퍼즐 게임이 유독 많다는 점. 휴대용 게임기에 적합한데다 통신대전 기능과도 어울림이 좋고, 닌텐도 진영이 「테트리스」로 일거에 시장을 활성화시킨 사례도 영향을 끼치지 않았을까.

파츠 구입 시스템과 통신대전이라는 새로운 시도를 추가한 「G-LOC」도, 게임 기어의 특성을 잘 살린 작품이라 하겠다.

컬럼스

GAME GEAR 세가 1990년 10월 6일 2,900엔 1M ROM

▶ 지금의 낙하계 퍼즐 게임에선 보편화된 '연쇄' 개념을 처음 탑재한 게임이다.

같은 제목 아케이드 타이틀의 이식작. 세로 일렬로 3개씩 묶여 떨어지는 보석을, 같은 모양끼리 가로·세로·대각선으로 3개 이상 맞춰 없애는 낙하계 퍼즐 게임이다. 게임 기어의 표시능력을 유감없이 발휘해 컬러풀한 화면을 구현했다. 런칭 타이틀임에도 통신대전 기능을 넣은 도전적인 작품이기도 하다.

슈퍼 모나코 GP

GAME GEAR 세가 1990년 10월 6일 3,500엔 1M ROM

▶ 게임 내의 코스는, 당시 F1에서 사용되던 실존 코스를 재현했다.

게임 기어의 런칭 타이틀로서 출시된 작품. 전 세계를 무대로 삼아 16전의 경기를 치루는 '그랑프리 모드'를 탑재한 본격 레이싱 게임이다. 그 외에도 '연습 모드', 통신 케이블을 이용하여 대전하는 '배틀 모드', '핸디캡 모드'에 이르기까지 총 4종류나 되는 게임 모드를 준비했다.

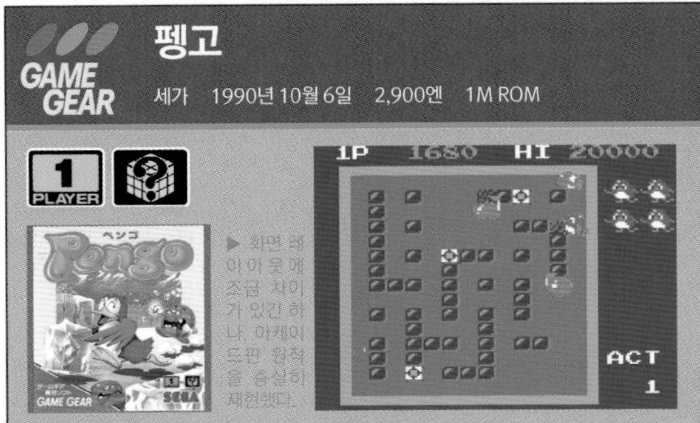

펭고

GAME GEAR 세가 1990년 10월 6일 2,900엔 1M ROM

▶ 화면 레이아웃에 조금 차이가 있긴 하나, 아케이드판 원작을 충실히 재현했다.

주인공인 펭귄 '펭고'를 조작해 스노비를 전멸시키는 것이 목적인, 액션과 퍼즐 요소가 결합된 게임이다. 원작인 아케이드판 「펭고」를 게임기로 최초 이식한 작품이기도 하다. 아케이드판 이후 8년의 세월 끝에 드디어 등장한, 팬들이 오랫동안 기다려온 작품인 셈이다.

참(斬) GEAR

GAME GEAR 울프 팀 1990년 10월 23일 3,800엔 1M ROM

▶ 일단 가장 먼저 할 일은, 외교를 통해 중립 무장들을 아군으로 끌어들이는 것이다.

게임 기어의 서드 파티 발매작 제 1탄으로서, 동군·서군 중 한 쪽을 골라 전국시대 일본의 통일을 노리는 전략 시뮬레이션 게임. '행군'·'외교'·'축성'·'징병' 4개의 커맨드 중에서 적절한 것을 실행하는 심플한 시스템이다. 난이도도 낮아, 시뮬레이션 장르 입문용으로 좋은 작품.

슈팅 게임

액션 게임

퍼즐 게임

롤플레잉 게임

시뮬레이션 게임

스포츠 게임

드라이브 게임

어드벤처 게임
교육 및 기타

홈 게임

대전마작 하오파이[好牌]

GAME GEAR 세가 1990년 11월 10일 3,500엔 1M ROM

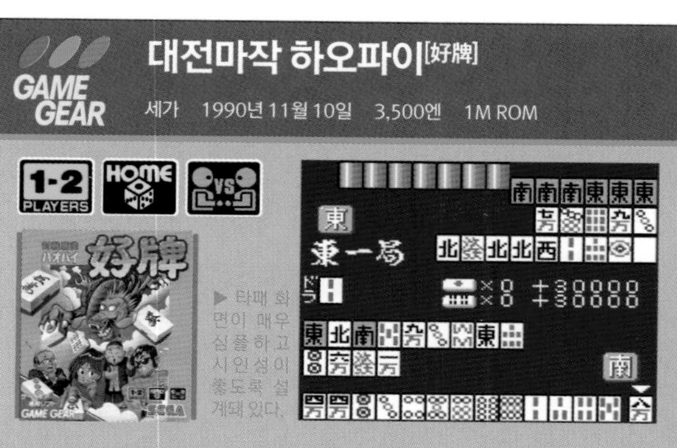

▶ 타패 화면이 매우 심플하고 시인성이 좋도록 설계돼 있다.

2인 대국형 대전 마작 게임. 통신 케이블을 사용하면 대전 플레이가 가능하다. 아이템 사용 유무부터 쿠이탕까지 디테일한 룰을 설정할 수 있다. 1인용 모드는 6명의 대전상대가 준비돼 있으며, 6명과의 대전이 종료되면 실력판정을 내려 '연어알'·'성게' 등의 독특한 랭크명을 붙여준다.

원더 보이

GAME GEAR 세가 1990년 12월 8일 3,500엔 1M ROM

▶ 화면 상단의 게이지는 과일을 먹으면 회복된다.

같은 제목 아케이드 게임의 이식작. 총 40스테이지를 돌파한다. 세가 마크 Ⅲ판 등에 비해 스테이지가 표시되는 범위가 좁아졌고 보스전은 접근전 형태가 됐지만, 아케이드판의 분위기를 잘 살려 귀여운 캐릭터를 큼직하게 그려내 보기 편해졌으며, 게임 자체의 재미는 원작에 손색이 없다.

G-LOC : AIR BATTLE

GAME GEAR 세가 1990년 12월 15일 3,500엔 1M ROM

▶ 상점에서 나오는 곡은, 다름 아닌 '판타지 존'의 상점 BGM이다.

같은 제목의 아케이드용 체감 게임을 이식한 3D 슈팅 게임. 전투기에 탑승해 샷·미사일·부스트를 구사하여 미션을 클리어해 간다. 게임 기어판은 플레이로 획득한 보너스 포인트를 지불해 플레이어 기체의 파츠를 구입·강화할 수 있다. 통신 케이블을 활용한 대전 기능도 추가됐다.

창고지기

GAME GEAR 리버힐 소프트 1990년 12월 15일 3,500엔 1M ROM

▶ 액션성이 전혀 없어, 순수한 퍼즐 게임으로서 몰두할 수 있다.

PC-8801판으로 처음 발매된 후 수많은 기종으로 이식된 퍼즐 게임. 플레이어를 조작해, 창고 내의 화물들을 모두 지정된 격납장소까지 이동시키면 스테이지 클리어다. 진행방향에 위치한 화물을 밀어 이동시킬 수는 있으나, 잡아당기거나 2개 이상의 화물을 한꺼번에 밀 수는 없다.

드래곤 크리스탈 : 츠라니의 미궁

GAME GEAR 세가 1990년 12월 22일 3,500엔 2M ROM

▶ 총 30층의 던전은 플레이할 때마다 구조가 바뀌므로 반복해 즐길 수 있다.

게임 기어용으로 개발된, 자동생성 던전 내를 모험하는 로그라이크 RPG. 트리에스트 왕국의 마법학교에 다니던 소년 '오시'가 빠져 들어와 버린 수정옥 안에는, 삼림·사막·꽃밭·모아이 등 다양한 세계가 펼쳐져 있었다. 오시는 원래 세계로 돌아가기 위해 미궁 깊숙이 전진해 간다.

상하이 II

GAME GEAR 선소프트 1990년 12월 27일 3,800엔 1M ROM

▶ 게임 기어판은 마작패가 미려한 컬러로 표시되어, 당시 화제가 되었다.

층층이 쌓인 마작패를 일정한 룰에 따라 뽑아내가는 퍼즐 게임. 아케이드용 게임의 이식작이다. 수많은 게임기로 발매되었을 뿐만 아니라, 일본에선 지금도 여러 게임센터에서 현역으로 가동중인 인기작. 외통수에 걸리지 않도록 신중하게 패를 골라 뽑으며 스테이지를 클리어하자.

 1인용  1~2인용  메모리 백업  대전 케이블 지원 게임

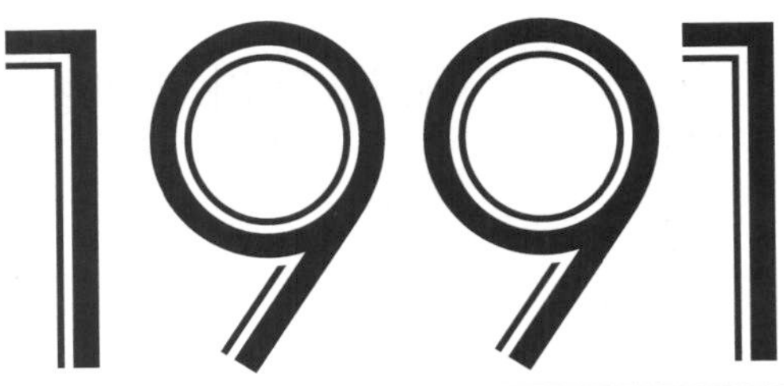

GAME GEAR SOFTWARE ALL CATALOGUE

이 해에 발매된 타이틀 수는 총 43종. 월 평균 2~3개 작품이 꾸준히 발매되는 순조로운 페이스를 유지하여, 게임 기어라는 플랫폼이 제 궤도에 오른 해이다.

전년에 이어 퍼즐 게임을 중심으로 한 '가볍게 즐기는 게임'과, 「팩맨」·「매피」처럼 '기존 작품에 통신대전 요소를 추가한 게임' 등, 같은 시기에 발매된 메가 드라이브와는 포지션을 차별화해 라인업을 전개한 점이 흥미롭다.

한편으로는 「아웃런」·「스페이스 해리어」 등의 왕도 이식작은 물론, 「액스 배틀러」·「판타지 존 Gear」와 같은 인기 시리즈의 오리지널 파생작까지 내놓는 등, 유저층의 폭을 넓히려는 개발사 쪽의 시행착오가 엿보인 것도 이 해의 특징이라 하겠다.

THE 프로야구 '91

GAME GEAR 세가 1991년 1월 26일 3,500엔 1M ROM

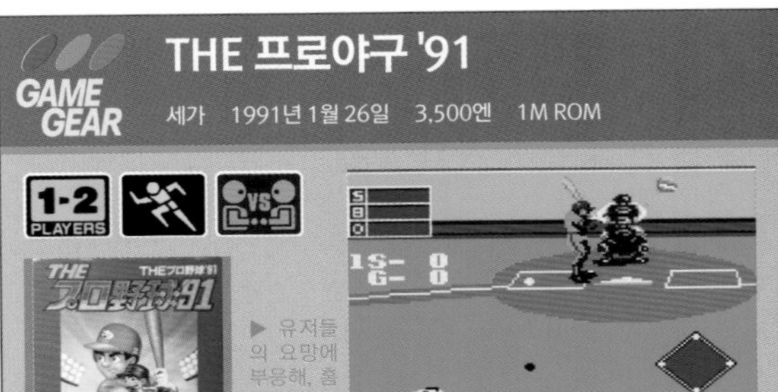

▶ 유저들의 요망에 부응해, 홈런 경쟁 모드도 추가했다.

세가 마크 Ⅲ로 발매되었던 「더 프로야구 페넌트레이스」를 기반으로 개발된, 게임 기어 최초의 야구 게임. 1991년도 일본 프로야구 선수들의 실명을 사용한 작품으로서, 투수 시점으로 플레이한다. 인기 선수를 조작해 즐길 수 있는 '올스타 모드'가 재미있다.

팩맨

GAME GEAR 남코 1991년 1월 29일 3,500엔 1M ROM

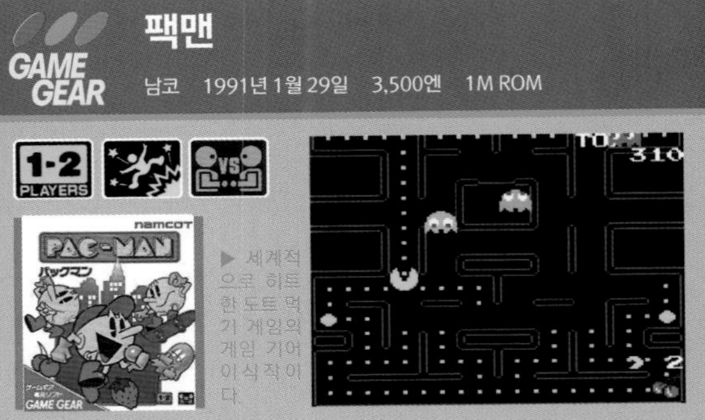

▶ 세계적으로 히트한 도트 먹기 게임의 게임 기어 이식작이다.

몬스터를 피해 노란색 도트를 전부 먹어치우면 스테이지 클리어다. 파워 도트를 먹으면 잠시 동안 몬스터를 먹어치울 수 있다. 게임 기어판은 미로가 한 화면 내에 다 들어가지 않아, 화면이 스크롤된다. 통신 케이블을 이용한 2인 대전 플레이에선, 잡아먹은 몬스터를 상대 쪽으로 보낼 수 있다.

사이킥 월드

GAME GEAR 세가 1991년 2월 2일 3,500엔 1M ROM

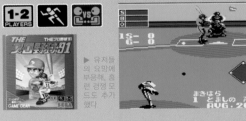

▶ 초원·빙원·폐허 등, 스테이지별로 유용한 ESP도 달라진다. 자신만의 공략법을 확립하는 과정이 재미있는 작품.

▶ 무적시간이 있는 ESP를 활용하며 공격을 연사하는 게 기본 공략법이다. 특히 보스전은 안전지대 확보와 무적, 그리고 연사가 매우 중요하다.

헤르츠 사의 MSX2용 게임 「사이코 월드」를 개변 이식한 액션 게임. 몬스터에 사로잡힌 여동생 구출을 위해 ESP 연구소의 조수 겸 피험자인 주인공 소녀가 싸움에 나선다는 전형적인 스토리이지만, 라스트 보스가 플레이어의 조력자였던 박사이고 심지어는 정체가 우주인이라는 의외의 반전이 화제를 낳았다. 정작 원판인 마스터 시스템판은 일본 미발매였지만 게임 자체는 수작으로 꼽히며, 뛰어난 게임 밸런스와 ESP 능력을 활용하는 스테이지 구성 등으로 호평 받았다.

 슈팅 게임  액션 게임  퍼즐 게임  롤플레잉 게임  시뮬레이션 게임  스포츠 게임  드라이브 게임  어드벤처 게임  교육 및 기타  홈 게임

팝 브레이커

GAME GEAR 마이크로캐빈 1991년 2월 23일 3,800엔 1M ROM

▶ 보이는 화면 바깥의 지역은 일시정지 중 화면을 스크롤시켜 확인할 수 있다.

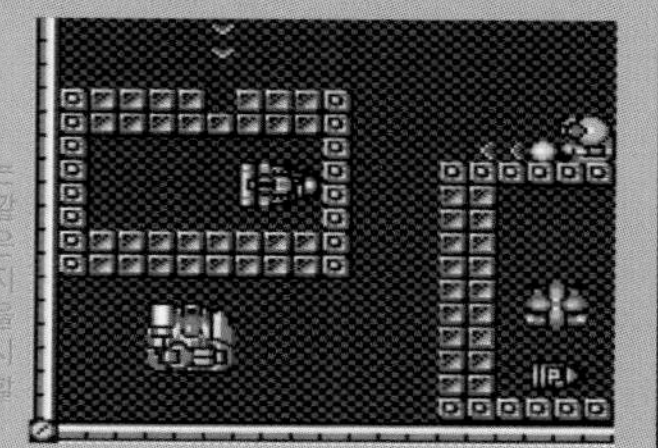

탄을 반사하는 벽, 올라서면 자동으로 이동되는 바닥 등, 독특한 장치가 풍부하고 퍼즐성이 강한 슈팅 게임. 탄의 발사위치가 다른 3종류의 기체 중 하나를 골라 시작한다. 적을 전멸시킬 필요 없이, 녹색의 대형 적을 부수면 스테이지 클리어다. 패스워드 컨티뉴가 가능하며, 총 50스테이지로 구성된다.

정션

GAME GEAR 마이크로네트 1991년 2월 24일 3,000엔 1M ROM

▶ 패널 중엔 조작 불가능한 것도 있으니, 전체를 제대로 파악한 후 배치를 구상하자.

1980년대 후반 아케이드로 출시되었던 코나미의 퍼즐 게임 「큐 브릭」을 이식한 작품. 타이틀명은 바뀌었지만, 패널을 조작해 홈을 따라 이동하는 붉은 볼을 골까지 유도한다는 룰은 동일하다. 볼은 항상 움직이므로, 길을 잘 뚫어가며 목적한 지점까지 도달시켜야 한다.

우디 팝

GAME GEAR 세가 1991년 3월 1일 2,900엔 256K ROM

▶ 컨티뉴 무제한이므로, 꾸준히 플레이하다보면 반드시 엔딩을 볼 수 있다.

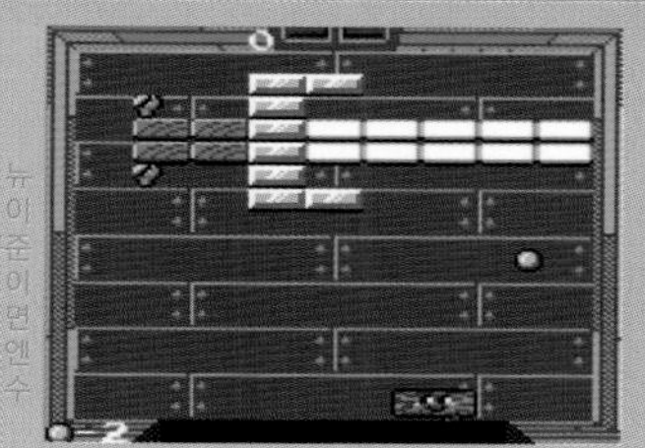

세가 마크 Ⅲ판 「우디 팝」을 이식한 블록깨기 게임. 주인공은 나무토막 모양에 귀여운 눈이 인상적인 '우디'다. 좌우로 우디를 움직여 볼을 튕겨내, 방에 배치된 블록을 전부 부수자. 시작 시엔 난이도를 3단계 중에서 고른다. 스테이지 클리어 후엔 다음 진행 루트를 직접 선택한다.

타이토 체이스 H.Q.

GAME GEAR 타이토 1991년 3월 8일 3,800엔 1M ROM

▶ 최대 3회까지 쓸 수 있는 '니트로'로 가속하면, 범인 차량에 입히는 대미지도 증가한다.

아케이드용 레이싱 게임의 이식판. 사령실의 낸시가 내리는 지령에 따라, 잠복 경찰차로 범인 차량을 추적해 직접 충돌하여 저지하고 체포하면 스테이지 클리어다. 게임 기어판은 낸시의 지령이 음성출력으로 나오지 않으나, 대신 스테이지 시작시에 코스 맵을 보여준다.

타로 점술관

GAME GEAR 세가 1991년 3월 8일 3,500엔 1M ROM

▶ 점술 결과로, 미래뿐만 아니라 과거와 현재도 보여준다?

발매 당시, 일본에서 TV프로 등으로 사회적인 붐이었던 '타로 점술'을 소재로 삼은 작품. 여러 점술사 중에서 플레이어가 하나를 골라, 자신의 생년월일과 별자리를 입력한 후 화면에 나타난 카드를 선택해 셔플하여, 그 결과를 바탕으로 자신의 미래를 점치게 된다.

헤드 버스터

GAME GEAR 메사이아 1991년 3월 15일 3,500엔 1M ROM

▶ 매 턴마다 공격·수비를 신중하게 선택하여, 총 10스테이지를 클리어해 보자.

게임 기어용 작품으로는 최초의 SF 전략 시뮬레이션 게임. 플레이어는 적색·청색 유닛으로 나뉜 공격용 로봇에 탑재할 파츠를 선택하며, 맵상에 존재하는 상대 유닛을 전멸시키거나 적 기지를 파괴하면 스테이지 클리어다. 임무 완료시마다 로봇을 강화하거나 구입할 수 있다.

 1인용  1~2인용  메모리 백업  대전 케이블 지원 게임

미키 마우스의 캐슬 일루전

GAME GEAR 세가 1991년 3월 21일 3,500엔 1M ROM

▶ 세계관이 뚜렷하고 독특한 6가지 스테이지로 구성돼 있는 게임이다.

디즈니 애니메이션의 주인공인 미키 마우스가, 애인 미니를 구하기 위해 마녀의 저택으로 향한다는 내용의 횡스크롤 액션 게임. 도중에 숨겨진 보석을 찾아내며, 각 스테이지 최후에서 기다리는 보스를 물리치자. 미키는 마땅한 무기가 없으므로, 적을 밟아서 공격해야 한다.

키네틱 커넥션

GAME GEAR 세가 1991년 3월 29일 3,800엔 1M ROM

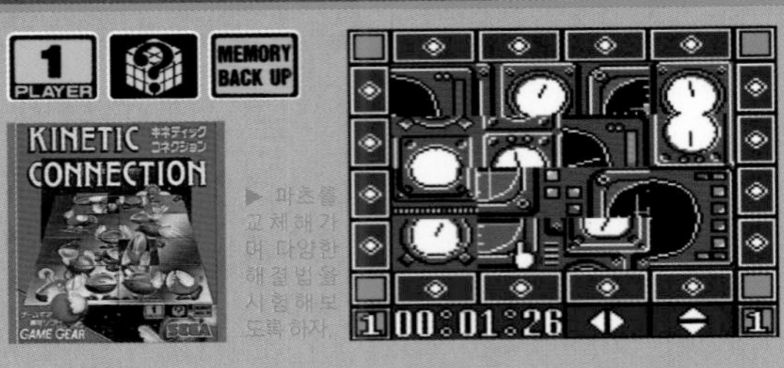

▶ 파츠를 교체해가며 다양한 해결법을 시험해보도록 하자.

가로·세로 각 4개씩 총 16개로 분할된 파츠를 교체해가며 하나의 커다란 그림을 완성하는 퍼즐 게임. 파츠는 항상 움직이는데다 상하좌우 반전도 있어, 애니메이션을 힌트삼아 바른 위치로 옮겨 완성시켜야 한다. 고전적인 15피스 퍼즐에 비디오 게임다운 개변을 가한 수작.

데빌리시

GAME GEAR 겐키 1991년 3월 29일 3,800엔 1M ROM

▶ 당시 나름 인기였던, 호러풍 디지털 핀볼 게임의 일종이다.

블록깨기 게임처럼 벽과 적을 파괴하며 볼을 튕겨내, 제한시간 내에 클리어하자. 오렌지색 패들은 상하로도 이동 가능. 녹색 패들과의 포메이션은 버튼으로 전환한다. 이를 잘 활용해 난관을 타파하는 데 성공하면 그야말로 상쾌하다. 꽤나 개성적인 보스 배틀도 이색적이니 꼭 싸워보자.

기어 스타디움

GAME GEAR 남코 1991년 4월 5일 3,500엔 1M ROM

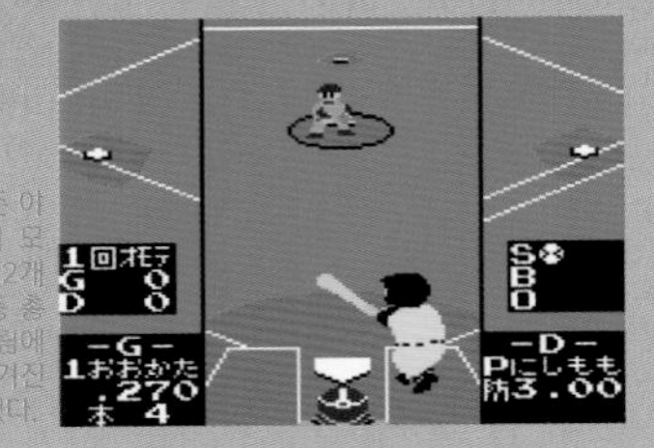

▶ 실존 야구팀이 모델인 12개 구단 등 총 14개 팀에다, 숨겨진 팀도 있다.

「패미스타」 시리즈의 게임 기어용 소프트로서, 휴대용 게임기 전용으로는 게임보이판 「패미스타」에 이은 제 2탄. 세가 게임기로 발매된 유일한 「패미스타」 시리즈이기도 하다. 휴대용 게임기임을 감안했는지, 일반 모드인 '9이닝'과 단축 모드인 '5이닝'을 선택할 수 있다.

슈퍼 골프

GAME GEAR 시그마 상사 1991년 4월 19일 3,500엔 1M ROM

▶ 첫 번째 샷을 날리고 나면, 볼이 어디에 착지할지가 실로 긴장된다!

총 18개 홀로 구성된 골프 게임. 성능·특징이 제각기 다른 캐릭터 4명 중에서 플레이어를 고르고, 라운딩을 함께 할 캐디도 4명 중에서 선택하자! 탑뷰 시점으로 진행하며, 그런 위라도 딱히 확대화면이 나오진 않으나 대신 복잡한 조작도 필요 없는 심플한 골프 게임이다.

자금성

GAME GEAR 선 소프트 1991년 4월 26일 3,800엔 1M ROM

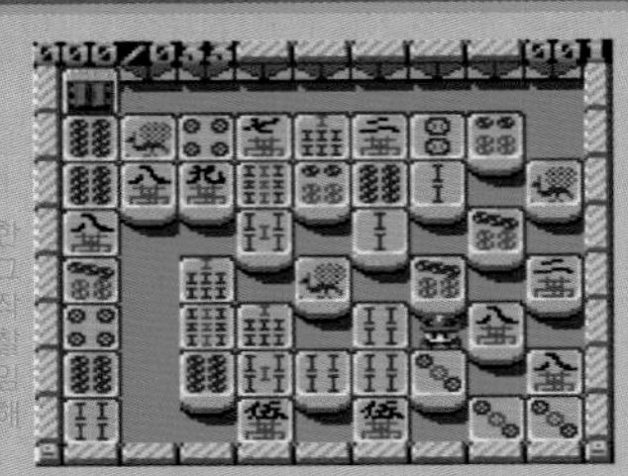

▶ 미려한 컬러로 그려진 마작패를 관찰하며 게임을 진행해보자.

마작패를 활용하는 게임이라면 같은 선 소프트의 「상하이」 시리즈가 유명하지만, 이쪽은 같은 패를 인접시켜 없애가며 주인공 '강시'를 출구까지 유도하는 액션 퍼즐 게임이다. 총 100스테이지이며, 클리어하면 할수록 나오는 패 종류도 많아지고 난이도 역시 높아진다.

 슈팅 게임
 액션 게임
 퍼즐 게임
 롤플레잉 게임
 시뮬레이션 게임
 스포츠 게임
 드라이브 게임
 어드벤처 게임
 교육 및 기타 / 홈 게임

The GG 시노비

세가 1991년 4월 26일 3,800엔 2M ROM

▶ '죠'를 필두로 한 '오보로 5닌자'는 적색·청색·황색·핑크·녹색 닌자로서, 마치 전대 히어로물 느낌이다. 코시로 유조의 BGM도 훌륭하다.

▶ 구출한 동료는 플레이 도중 언제든 전환 가능하며, 5명의 닌자를 장면에 맞춰 적재적소에 활용하는 공략법도 나름의 맛이 있다.

인기 액션 게임 「SHINOBI」 시리즈의 게임 기어용 오리지널 타이틀. 「슈퍼 시노비」의 프리퀄로서, 주인공 '죠 무사시'가 젊은 시절이던 당시, 의문의 사건을 조사하다 NEOCITY에서 사라진 동료 닌자 4명을 구출하고 사건을 해결한다는 스토리다. 구출한 동료는 플레이어 캐릭터로 사용 가능하며, 각각 다른 능력과 인술이 있어 스테이지 공략에 도움을 준다. 따라서, 4명을 어떤 순서로 구출할지를 결정해 다음 스테이지를 잘 선택하는 것이 중요하다.

스퀵

빅터음악산업 1991년 4월 26일 3,800엔 1M ROM

▶ 스테이지도 풍부하게 준비되어, 패스워드를 입력해 계속 이어서 할 수 있다.

귀여운 주인공 '스퀵'이 적의 공격을 피하며 바닥의 타일들을 전부 핑크색으로 칠하면 스테이지가 클리어되는, 탑뷰 시점의 액션 퍼즐 게임. 스테이지가 진행될수록 타일 종류도 늘어나며, 워프 존이나 떨어지는 구멍 등의 함정도 등장하므로 주의해야 한다!

매피

남코 1991년 5월 24일 3,500엔 1M ROM

▶ '조상님의 도전' 모드는 스테이지가 위아래로 스크롤되기도 한다.

생쥐 경찰관 '매피'가 도둑고양이 '냐코' 일당에게서 도난품을 되찾아오는 아케이드 액션 게임의 이식판. 오리지널 모드로서 '조상님의 도전'·'대전 MAPPY' 모드가 있고, 통신대전시에는 파워 도어에 튕겨나간 적이 상대 필드로 전송되며 먼저 클리어한 유저가 승리하게 된다.

류큐

페이스 1991년 5월 31일 3,800엔 1M ROM

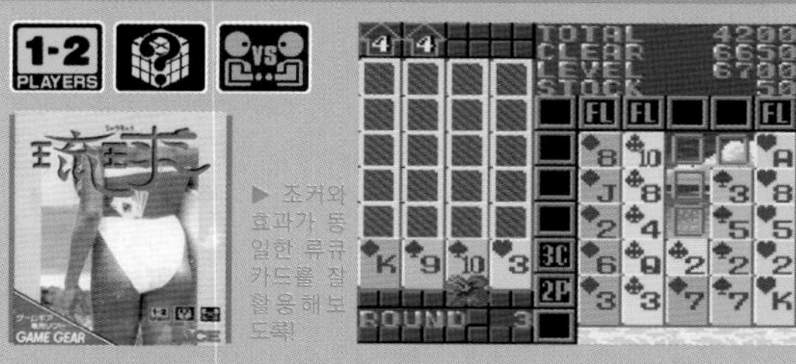

▶ 조커와 효과가 동일한 류큐 카드를 잘 활용해보도록!

PC용 게임으로 인기였던, 트럼프 소재의 퍼즐 게임 「류큐」의 이식작. 가로 5칸·세로 5칸의 총 25칸 내에서 가로·세로·대각선으로 포커 패를 만들어보자! 트럼프 수는 한정돼 있지만, 원하는 카드가 제때 나올지는 어디까지나 운이다. 일정 점수를 얻으면 스테이지 클리어.

핼리 워즈

타이토 1991년 6월 21일 3,800엔 1M ROM

▶ 원작에 없었던 전멸폭탄을 사용 가능한 덕에, 플레이가 쉬워졌다.

1980년대 중반에 아케이드에서 인기가 있었던 종스크롤 슈팅 게임 「핼리즈 카미트」의 이식작. 운석을 파괴해 지구를 지키는 게 목적이지만, 파괴에 실패한 운석이 낙하하면 지구가 피해를 입게 되고, 대미지 100%가 되면 게임 오버돼 버린다.

 1인용  1~2인용  메모리 백업  대전 케이블 지원 게임

힘내라 고르비!

GAME GEAR 세가 1991년 6월 21일 3,500엔 1M ROM

▶ 스위치는 곳곳에 띄엄띄엄 배치돼 있으니, 적절한 타이밍에 작동시키자!

소련의 고르바초프 서기장을 SD화한 캐릭터 '고르비 군'을 조작해, 공장 내를 떠도는 물건들을 목적지로 이동시키는 액션 퍼즐 게임. 화면 내의 경비원을 피하며 바닥에 설치된 스위치를 작동시켜, 컨베이어벨트로 이동하는 물자를 제한시간 내로 국민에게 무사히 보내주자!

마법동자☆타루루토

GAME GEAR 츠쿠다 아이디얼 1991년 7월 5일 3,980엔 1M ROM

▶ 총 6스테이지! 난이도는 그리 높지 않으니, 초보자에게도 추천한다!

당시 주간 소년 점프에 연재중이던 인기 만화 '마법동자☆타루루토'가 횡스크롤 슈팅 게임이 되었다! 초반에는 학교 복도부터 음악실·교정·체육관 스테이지를 거쳐 가며, 중반 이후에는 바깥세상으로 여행을 떠나더니 최종 보스는 엉뚱하게도 성 안에서 기다리고 있다.

매지컬 퍼즐 포필즈

GAME GEAR 텐겐 1991년 7월 12일 4,800엔 1M ROM

▶ 나쁜 마법사 '포필즈'에 납치된 푸딩 공주를 구하러 간다는 텍스토리는 있으나, 게임 자체와는 별 관련이 없다.

▶ 몇 수만에 클리어했는지가 점수로 표시되므로, 최소한도의 수를 연구하는 파고들기 플레이 도전도 해볼 만하다.

블록을 움직여가며 공주가 있는 곳까지 도달하면 스테이지가 클리어되는 화면고정식 액션 퍼즐 게임. 클리어할수록 구조가 복잡해져가며, 몬스터도 등장한다. 되돌리기 기능도 탑재되어, 짜투리 시간을 이용해 짬짬이 진행하는 재미가 매력이다. 처음부터 수록된 총 100스테이지를 반복하여 즐기는 '노멀 모드' 외에 자작한 맵을 즐기는 '에디트 게임', 통신 케이블로 자작 맵을 교환 플레이하는 '에디트 모드'도 있어, 오랫동안 즐길 수 있는 작품이다.

판타지 존 Gear : 오파오파 Jr.의 모험

GAME GEAR 심스 1991년 7월 19일 3,900엔 1M ROM

▶ 플레이어 캐릭터는 '판타지 존'의 주인공 '오파오파'의 아들이다.

아케이드로 출시되었던 세가의 슈팅 게임 「판타지 존」 시리즈의 파생작으로서, 좌우 임의 스크롤이나 상점에서 아이템 구입 가능 등의 특징적인 시스템과 파스텔톤 그래픽, 원작 특유의 세계관 등을 충실히 재현하여 게임 기어용으로 제작한 오리지널 타이틀이다.

와갼랜드

GAME GEAR 남코 1991년 7월 26일 4,000엔 2M ROM

▶ '왓'·'갸아~' 등의 울음소리를 발사해 적을 마비시키며 통과한다.

남코가 패미컴으로 발매했던, 자사의 전동식 놀이기구 캐릭터 '와갼'이 주인공인 액션 게임의 게임 기어용 개변 이식판. 'Dr. 데빌'이 다시 와갼랜드를 침략해온다는 설정으로서, 원작과 비교하면 스테이지 구성의 변경·교체와 파워 업 아이템 추가 등의 차이점이 있다.

 슈팅 게임
 액션 게임
 퍼즐 게임
 롤플레잉 게임
 시뮬레이션 게임
 스포츠 게임
 드라이브 게임
 어드벤처 게임
 교육 및 기타
 홈 게임

그리폰

GAME GEAR 니혼 텔레네트 1991년 7월 26일 3,800엔 1M ROM

▶ 라이프제를 채용하여, 대미지를 입으면 오른쪽의 게이지가 줄어든다. 회복은 아이템으로만 가능하다.

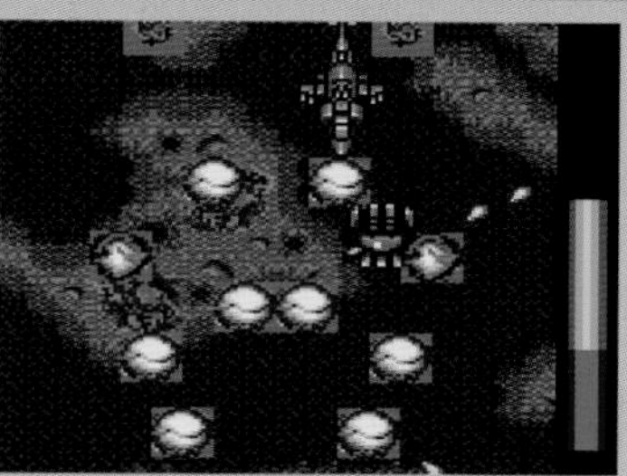

▶ 4스테이지+3스테이지로 2주차까지 클리어해야만 엔딩이 나온다. 폭탄을 효과적으로 사용해 돌파하자.

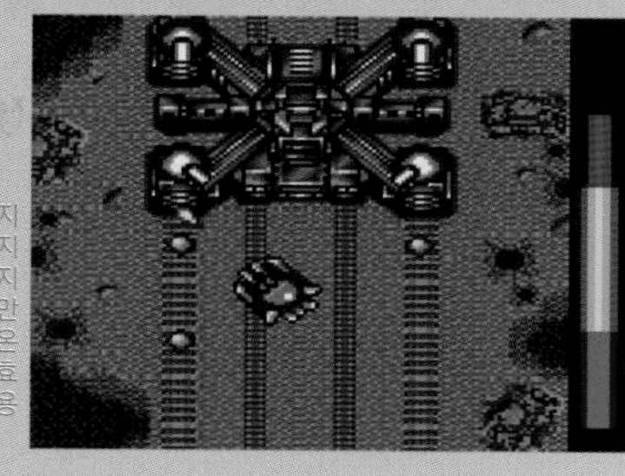

적국에 대항할 전력으로서 설계된 주력 탱크 '그리폰'을 설계자의 손녀 '민트'가 직접 조종하여, 납치된 할아버지를 구하러 싸우는 종스크롤 슈팅 게임. 플레이어 기체인 탱크는 공중전까지도 가능할 만큼 고성능이지만, 이동은 8방향으로만 가능하고 포탑이 항상 진행방향으로 고정되는 등 조작이 다소 까다롭다. 메카닉+미소녀라는 황금의 조합, 스테이지 막간에 보여주는 주인공 민트의 귀여운 일러스트 등, 개발사인 니혼 텔레네트의 강렬한 개성이 엿보이는 작품.

아웃런

GAME GEAR 세가 1991년 8월 9일 3,500엔 1M ROM

▶ 게임 기어판은 변속을 오토매틱·매뉴얼 중에서 선택 가능하다.

레이싱이 아니라 외국의 공공도로를 드라이브한다는 컨셉의 게임으로서, 시간 내에 체크포인트를 통과하면 다음 스테이지로 넘어간다. 통신 케이블을 이용하면 게임 기어 2대로 대전 플레이도 가능. 총 5스테이지이며, 스테이지별 분기점을 통해 총 16가지 루트를 즐길 수 있다.

이터널 레전드 : 영원의 전설

GAME GEAR 세가 1991년 8월 9일 4,500엔 2M ROM

▶ 세계 곳곳에 흩어진 황금 나이프를 모두 모아, 전설의 나라 '밀레니엄'으로 가자.

게임 기어용으로 발매된 왕도 판타지 RPG. 스토리를 진행하며 최대 3명까지 파티를 짜 모험한다. 트레저 헌터인 바스 밑에서 수행하던 주인공 '알빈'이 16세 생일에 해적의 보물이 있다는 소문이 도는 티라 섬으로 향하면서, 사태는 생각지 못한 방향으로 움직이게 된다.

라스턴 사가

GAME GEAR 타이토 1991년 8월 9일 4,500엔 1M ROM

▶ 주인공 '라스턴'은 드래곤을 퇴치해주는 대신 나라의 보물을 받아가겠다는 약속을 공주와 맺는다.

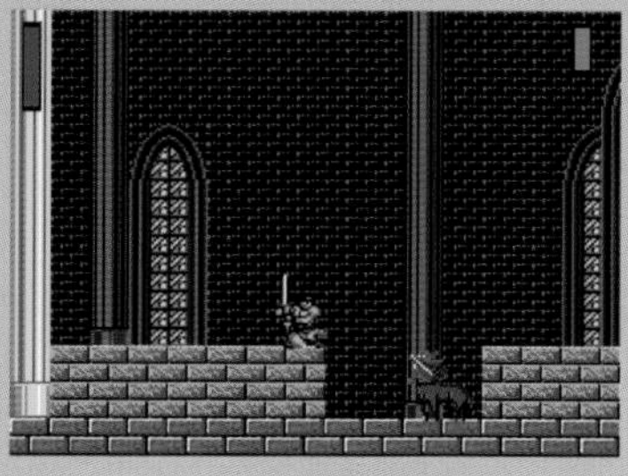

▶ 몬스터를 베어 넘기며 미려한 그래픽으로 구성된 필드를 전진하는 모습이, 실로 상쾌하고도 멋지다.

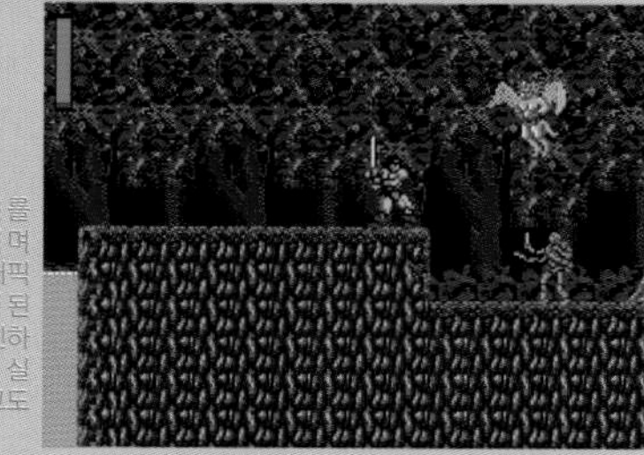

서드파티인 타이토 사의 아케이드용 인기 횡스크롤 게임 「라스턴 사가」를 이식한 작품. 검·도끼 등의 무기와 점프를 활용하며 적의 성으로 뛰어들어, 드래곤을 퇴치하는 것이 목적이다. 원작에서도 큰 볼거리였던 로프를 활용하는 액션 신도 잘 재현했으며, 공격뿐만 아니라 이동시에도 정교한 조작기술이 필요하다. 이 작품을 논할 때 빠뜨릴 수 없는 음악 역시, 효과음으로 1채널을 쓰긴 하나 원작의 BGM을 훌륭히 재현해 팬들로부터도 호평을 받았다.

 1인용  1~2인용  메모리 백업  대전 케이블 지원 게임

펏 & 퍼터

GAME GEAR 세가 1991년 9월 27일 3,500엔 1M ROM

▶ 대전 케이블이 있으면 플레이어끼리 경쟁할 수도 있다.

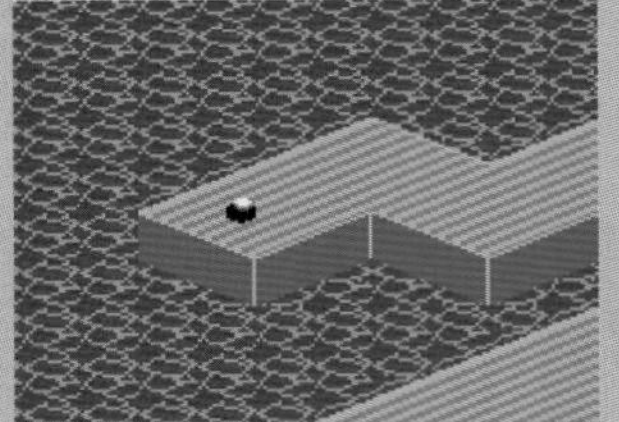

3D 시점으로 즐기는 심플한 퍼터 골프 게임. 미로처럼 꼬인 코스로 구성된 총 36홀에서, 퍼터 하나만으로 볼을 컵인시켜 보자! 볼을 치면 벽에 튕겨 반사되면서 굴러가므로 상상 이상으로 어렵지만, 다른 골프 게임에는 찾아볼 수 없는 독특한 맛이 매력인 작품이다.

대전형 대전략 G

GAME GEAR 시스템소프트 1991년 9월 28일 4,800엔 2M ROM

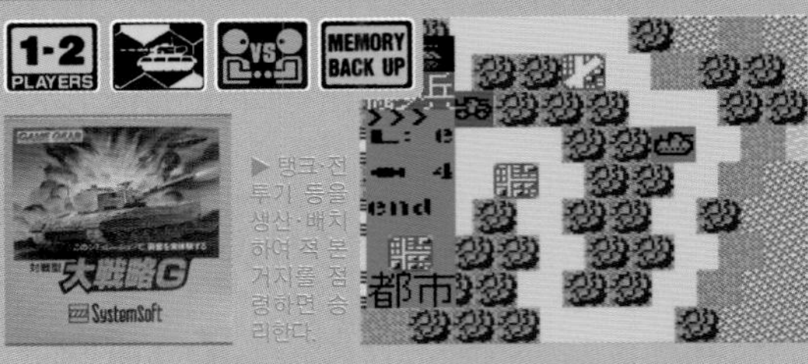
SystemSoft
都市

▶ 탱크·전투기 등을 생산·배치하여 적 본거지를 점령하면 승리한다.

위 시뮬레이션 게임 「대전략」 시리즈의 게임 기어용 타이틀. 원작의 육각형 헥스 맵 타일을 사각형 타일로 바꿔 반칸 단위로 엇갈리도록 배치했으므로, 한 칸이 상하 2방향씩에 좌우까지 합쳐 총 6방향으로 인접한다. '대전형'이란 타이틀명대로, 통신 케이블 대전도 가능하다.

갤러그 '91

GAME GEAR 남코 1991년 10월 25일 3,500엔 1M ROM

▶ 'UGSF'(은하연방 우주군) 시리즈 작품군 중 하나로도 꼽힌다.

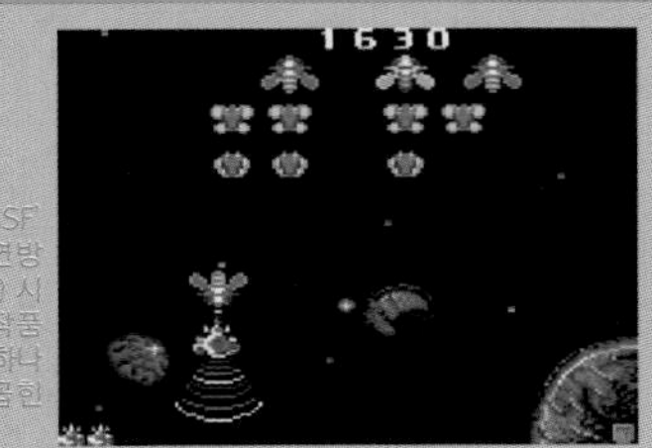

남코 사의 아케이드용 슈팅 게임 「갤러그 '88」을 게임 기어용으로 개변 이식한 작품으로서, 타이틀명도 「갤러그 '91」로 변경했다. 스테이지 수가 다르고, 트리플 파이터 합체도 불가능한 등, 게임 기어의 스펙에 맞춰 게임 디자인이 개변되었다.

닌자 가이덴

GAME GEAR 세가 1991년 11월 1일 3,500엔 1M ROM

▶ 총 4스테이지로 짧은 편이나, 라스트 보스는 3가지 형태로 변신해서 힘겹다.

테크모 사의 인기 액션 게임 「닌자용검전」 시리즈의 게임 기어용 타이틀. 시리즈 중에선 외전 격으로서, 강력한 인술을 쓸 수 있는 '용검'을 노리고 습격해오는 의문의 군단에 주인공 '류 하야부사'가 맞선다. 스테이지 막간에는 스토리를 전달해주는 데모 영상이 나온다.

액스 배틀러 : 골든 액스 전설

GAME GEAR 세가 1991년 11월 1일 3,800엔 2M ROM

▶ 새로운 마을에서 사람들과 대화하면 반드시 새로운 정보를 얻는다. 도장에선 새로운 액션도 습득할 수 있다.

でんせつのオノ、ゴールデンアックスが
まのぐんだんに、うばわれたとの
しらせで、ございます。

▶ 돈 개념이 없고, 전투에 승리해도 마법 발동에 쓰이는 '항아리'만 받는다. 사용할 마법은 능력치 화면에서 설정 가능.

아케이드에서 인기가 많았던 게임 「골든 액스」를 소재로 삼은 액션 RPG. 전설의 도끼 '골든 액스'를 마물 군단으로부터 되찾기 위해, 바바리안 족의 전사 '액스 배틀러'가 다시 싸움에 나선다는 스토리가 펼쳐진다. 필드 전투시이든 던전 전투시이든 횡스크롤 액션 화면으로 싸우지만, 전자일 경우 일격이라도 대미지를 입으면 필드로 되돌아간다는 독특한 시스템이 있어, RPG로서도 액션 RPG로서도 꽤나 개성이 강한 작품이라 할 수 있다.

 슈팅 게임
 액션 게임
 퍼즐 게임
 롤플레잉 게임
 시뮬레이션 게임
 스포츠 게임
 드라이브 게임
 어드벤처 게임
 교육 및 기타
 홈 게임

쿠니짱의 게임 천국

GAME GEAR 세가 1991년 11월 22일 3,800엔 2M ROM

▶ '테니스'를 고르면, 놀랍게도 소닉 더 헤지혹이 심판석에 앉아있다.

당시 일본의 인기 연예인, 야마다 쿠니코가 주인공인 미니게임 모음집. 말판놀이·대부호·테니스·콜람즈까지 4가지 게임이 있다. 스토리 모드는 모든 게임을 클리어해야 한다. '콜람즈'는 「컬럼스」와 비슷하나, 같은 색을 4개 붙여가며 스테이지의 빛나는 보석을 전부 없애야 클리어되도록 룰을 바꾼 게임이다.

베를린 장벽

GAME GEAR 카네코 1991년 11월 29일 3,800엔 2M ROM

▶ 조건은 일정치 않으나, 종종 출현하는 문을 통해 보너스 스테이지로 갈 수 있다.

타이틀명과 내용에 도저히 연관성이 없는 것 같지만, 그 자체로는 매우 심플하고 경쾌한 액션 게임. 주인공으로 고정화면 안을 이동하다 해머로 바닥을 깨 구멍을 만들어, 거기로 적을 잘 유도해 빠뜨린 후 다시 쳐서 떨어뜨리자. 5스테이지마다 등장하는 월드 보스도 마찬가지 요령으로 물리치도록!

아리엘 : 크리스탈 전설

GAME GEAR 세가 1991년 12월 13일 4,500엔 4M ROM

▶ 만화가 쿠가츠 히메가 디자인한 귀여운 캐릭터도 인기가 많았다.

4종의 크리스탈을 노리는 가크 제국의 마도사 그람을 상대로, 아리엘 왕국의 공주 에리스와 동료들이 맞선다. 판타지 세계가 무대인 시뮬레이션 게임. 총 16장의 스테이지를 거치며 진행하게 되며, 동료를 늘리거나 장비·아이템을 구입하는 등의 RPG적 요소도 있다.

도널드 덕의 럭키 다임

GAME GEAR 세가 1991년 12월 20일 3,800엔 2M ROM

▶ 각 스테이지에는 보스가 등장한다. 적절한 타이밍에 적을 밟아 대미지를 주자.

미키 마우스와 맞먹는 디즈니의 인기 캐릭터, 도널드 덕이 주인공인 횡스크롤 액션 게임. 커다란 나무망치를 휘두르는 공격과 부드러운 애니메이션, 미려한 배경 그래픽이 특징인 작품으로서, 적에게 빼앗긴 '럭키 다임'을 되찾는 것이 게임의 목적이다.

프레이 : 수련 편

GAME GEAR 마이크로캐빈 1991년 12월 27일 4,500엔 2M ROM

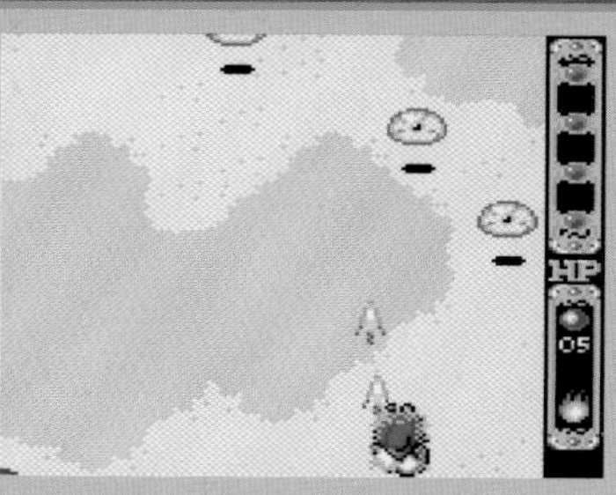

▶ 위로 진행하는 강제 종스크롤 액션 슈팅 게임. 마법 공격과 점프가 가능하다. 총 7스테이지.

▶ 스테이지를 진행할수록 강력한 마법을 익힌다. 스테이지 막간의 매점에서 아이템을 구입해 파워 업할 수도 있다.

원작은 마이크로캐빈 사의 간판 RPG 「사크」 시리즈의 스핀오프 작품인 PC용 게임. 숲에서 몬스터에 습격당한 자신을 구해준 「사크」의 주인공 라토크를 사랑하게 된 프레이는, 라토크와 함께하기 위해 마도사가 되기로 결의한다. 원작의 경우, 마법학교에서 수련한 후 마을로 돌아오지만 이미 라토크는 여행을 떠난 뒤인지라, 프레이는 라토크를 쫓아간다는 스토리였다. 게임기어판은 원작의 프리퀄인 '수련 편'으로서, 마법학교에서 수련할 당시를 그린 종스크롤 슈팅 게임이다.

 1인용  1~2인용  메모리 백업 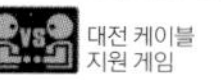 대전 케이블 지원 게임

헤비 웨이트 챔프

심스 1991년 12월 27일 4,200엔 1M ROM

▶ 체력을 야금야금 깎기보다, 화려한 기술로 상대를 멋지게 녹아웃시켜 보자!

세가의 같은 제목 아케이드 작품은 대형 캐비닛의 3D 시점 권투 게임이었으나, 이식작인 이 작품은 사이드뷰로 변경하고 시스템을 크게 개변했다. 시합에서 승리할 때마다 파워·스태미나 등의 각종 능력치가 강화되며, 4명의 라이벌을 모두 물리치면 게임이 클리어된다.

스페이스 해리어

세가 1991년 12월 28일 3,500엔 1M ROM

▶ 세가의 '체감 게임' 시리즈 대표작을 이식한 3D 슈팅 게임이다.

마생물의 습격에 의해 파괴 머신의 소굴이 되어버린 드래곤 랜드를 구해내기 위해, 초능력 전사 '해리어'가 샷건을 들고 싸운다. 세가 마크 Ⅲ판이 기반이지만, 거의 모든 캐릭터의 외관과 이름이 바뀌었다. 총 12스테이지이며, 패스워드를 입력하여 컨티뉴가 가능하다.

소닉 더 헤지혹

세가 1991년 12월 28일 3,800엔 2M ROM

▶ 게임 기어판은 에인션트 사가 개발했고, BGM은 「슈퍼 시노비」·「베어 너클」로 유명한 코시로 유조가 맡았다.

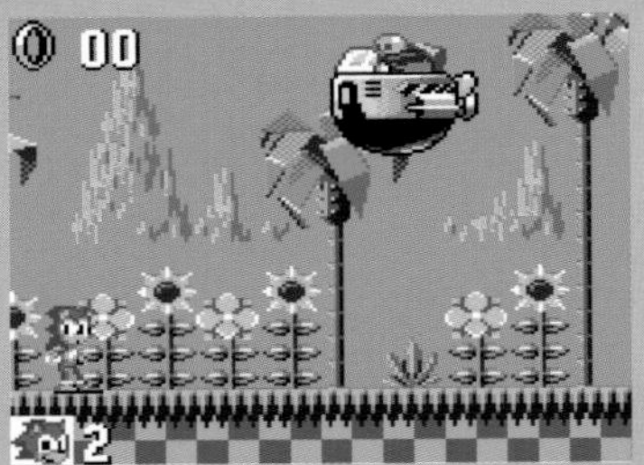

▶ 고속 스크롤이 특징이지만, 링을 하나라도 얻은 상태라면 대미지를 입어도 즉사하지 않는 등 초보자를 배려했다.

음속의 고슴도치 '소닉'이 악의 과학자 '닥터 에그맨'으로부터 고향 사우스 아일랜드를 지키기 위해 고속으로 종횡무진 뛰어다니는 횡스크롤 액션 게임. 서양에 발매되었던 마스터 시스템판을 게임 기어용으로 이식한 작품으로서, 원작인 메가 드라이브판과는 스테이지 및 스페셜 스테이지의 디자인이 달라졌고 대미지를 입었을 때 흩어지는 링을 다시 회수할 수 없는 등의 차이가 있긴 하나, 원작의 참맛이라 할 만한 뛰어난 속도감만큼은 잘 재현해냈다.

GG 알레스터

컴파일 1991년 12월 29일 4,800엔 2M ROM

▶ 일반탄 외에 6종류의 특수무기가 있으며, 각각 해당되는 파워 업 아이템을 획득하면 사용 가능하다.

▶ 명곡이 즐비한 BGM, 다채로운 파워 업, 팬들이라면 친숙할 효과음 등, 컴파일 슈팅다움이 가득한 작품.

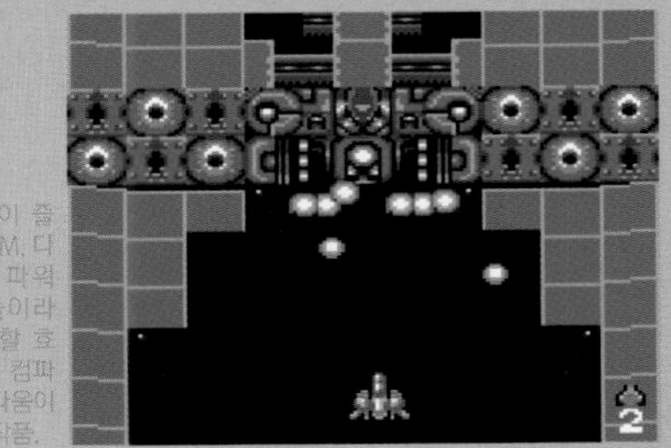

세가 마크 Ⅲ판 「알레스터」 시리즈에서 파생된 신작 종스크롤 슈팅 게임. 콜로니에 감춰져 있던 특수 전투기 G.G.알레스터가 지구를 탈환하려 거대기동병기군과 싸운다는 스토리에 따라 스테이지를 구성하여, 콜로니에서 시작해 지구를 경유하여 적 본거지인 달로 향하는 드라마틱한 전개가 펼쳐진다. 속도감 있고 부드러운 스크롤과 전반적으로 뛰어난 완성도를 자랑하며, 속편인 「GG 알레스터 Ⅱ」와 함께 게임 기어 굴지의 명작으로 꼽히기도 한다.

슈팅 게임

액션 게임

퍼즐 게임

롤플레잉 게임

시뮬레이션 게임

스포츠 게임

드라이브 게임

어드벤처 게임
교육 및 기타

홈 게임

1992

GAME GEAR
SOFTWARE ALL CATALOGUE

이 해에 발매된 타이틀 수는 23개 작품. 이전까지는 일정 비율을 차지하고 있던 퍼즐 게임이 크게 줄고, 세가 마크 Ⅲ/마스터 시스템용 게임 이식작의 비중이 커진 것이 특징이었다. 특히 「몬스터 월드 Ⅱ : 드래곤의 함정」은 세가 마크 Ⅲ판이 일본에 발매되지 못한 타이틀이었기에(상세한 것은 95p를 참조) 그야말로 낭보였다. 그 외에도 「소닉 더 헤지혹 2」·「베어 너클」 등의 서양판 마스터 시스템 작품이 역수입 이식되는 등, 게임 기어와 마스터 시스템 간의 높은 친화성이 좋은 쪽으로 시너지를 일으키기도 하였다.

한편으로는 「판타지 스타 어드벤처」·「판타지 스타 외전」 등, 메가 드라이브판 원작 기반의 라이트한 외전작이 등장한 것도 이 해의 특징이다.

포켓 마작장

남코 1992년 2월 7일 3,500엔 1M ROM

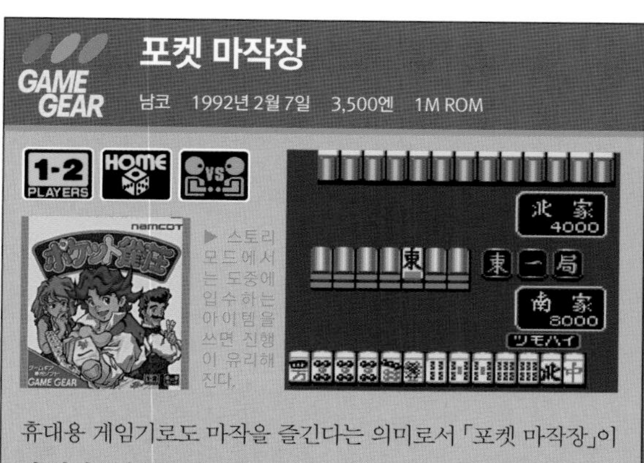

▶ 스토리 모드에서는 도중에 입수하는 아이템을 쓰면 진행이 유리해진다.

휴대용 게임기로도 마작을 즐긴다는 의미로서 「포켓 마작장」이란 타이틀명을 붙인 남코의 오리지널 작품. 컴퓨터와 대전하는 2인 대국과 통신대전을 비롯해, 전설의 마작패를 찾아 여행하며 20명의 상대와 대결하게 되는 '마작 여행길'이라는 이름의 스토리 모드가 있다.

판타지 스타 어드벤처

세가 1992년 3월 13일 3,500엔 1M ROM

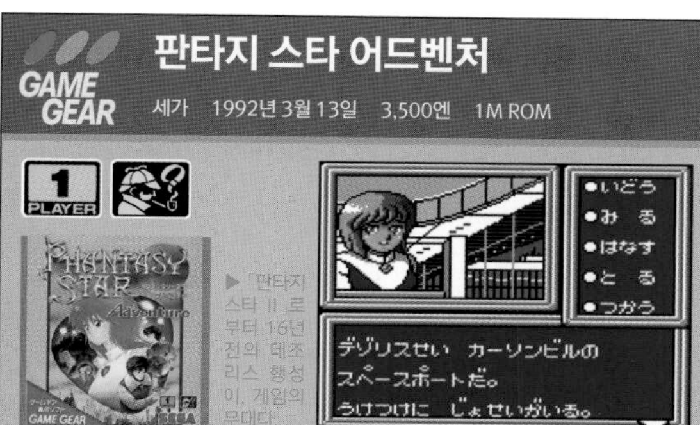

▶ 「판타지 스타 Ⅱ」로부터 16년 전의 데조리스 행성이, 게임의 무대다.

게임 기어용으로 발매된 「판타지 스타」 시리즈 작품 중 하나. 모타비아 별 파세오의 요원인 주인공이 데조리스 행성에서 조우하는 사건을 그린 「판타지 스타 Ⅱ」의 세계관을 바탕으로 삼아, 오리지널 캐릭터들이 등장하여 스토리를 진행하는 텍스트 어드벤처 게임이다.

에일리언 신드롬

심스 1992년 3월 19일 4,500엔 1M ROM

▶ 게임 기어판은 총 4스테이지이며, 설정상으로는 아케이드판의 속편이다.

우주 모험가 '리키'와 우주 전투원 '마리'가 에일리언의 침략을 당한 우주선과 우주기지에서 시한폭탄이 폭발하기 전에 동료를 구출해 탈출해야 하는, 탑뷰 형식의 8방향 스크롤 액션 슈팅 게임. 각 스테이지의 동료 전원을 구출하면 보스전으로 넘어간다.

버스터 볼

리버힐 소프트 1992년 3월 20일 3,800엔 1M ROM

▶ CPU전도 재미있지만, 통신케이블로 대전해도 패나 치열하다.

스포츠 게임 중에서는 독특하게도, '가상의 스포츠'라는 설정하에서 미식축구와 비슷한 규칙으로 대전한다는 다분히 비디오 게임스러운 작품. 인간이 아닌 메카닉끼리 싸운다는 재미있는 연출도 있고, 게임 도중 등장하는 스폰서도 실존 기업을 연상시키는 등 잔재미가 많다.

 1인용  1~2인용  메모리 백업  대전 케이블 지원 게임

몬스터 월드 II : 드래곤의 함정

GAME GEAR 세가 1992년 3월 27일 3,800엔 2M ROM

▶ 저주에 걸려 리저드맨·호크맨 등으로 바뀌게 된 주인공. 하지만 그렇게 얻은 특수능력을 살려 그야말로 능름하게 싸운다.

▶ 공격방법·체격 등은 변신한 모습에 따라 바뀐다. 특정 모습으로만 들어갈 수 있는 장소도 있으니, 사고력도 필요할지도?

「원더 보이 인 몬스터 월드」의 속편이자, 세가 마스터 시스템용으로 서양에서만 발매했던 작품의 이식판. 드래곤의 저주로 리저드맨이 되어버린 주인공이 저주를 풀기 위해 마법의 아이템 '샐러맨더 크로스'를 찾아 모험한다는 스토리로서, 그 과정에서 다양한 몬스터로 변신하여 그 능력을 이용한 액션을 펼치는 것이 특징이다. 패스워드 컨티뉴도 지원하는 등, 게임성뿐만 아니라 시스템 면에서도 여러 개선을 가했다.

하이퍼 프로야구 '92

GAME GEAR 세가 1992년 4월 24일 3,500엔 1M ROM

▶ 투수 시점이었던 전작과는 달리, 전형적인 타자 시점으로 진행한다.

「THE 프로야구 '91」에 이은 2번째 야구 게임. 등장하는 선수 및 구단은 전부 실명화되었다. 제공되는 구장은 '빅'·'스몰' 2종류이고 게임 모드는 'CPU 대전'과 '2P 대전'뿐이라 볼륨이 조금 아쉬우나, 대전 케이블로 통신대전이 가능한 등 그만큼의 완성도와 내실을 기했다.

조 몬태너 풋볼

GAME GEAR 세가 1992년 5월 22일 3,800엔 2M ROM

▶ 야구나 축구와는 다른, 미식축구만의 재미와 참맛을 느껴보자.

1980년대에 활약했던 미식축구계의 슈퍼 플레이어, 조 몬태너를 커버 모델로 기용한 스포츠 게임. 게임 기어판이 발매된 때와 같은 시기에 메가 드라이브판과 마스터 시스템판도 발매되었다. 일본에 발매된 게임 소프트로는 드물게, 미식축구를 소재로 삼은 작품이다.

표주박섬 표류기 : 표주박섬의 대항해

GAME GEAR 세가 1992년 5월 22일 3,500엔 1M ROM

▶ 섬을 전후좌우로 움직여, 폭발로 날아가 버린 사람들을 제한시간 내에 구출하자.

표주박섬의 화산 '표주박산'의 상태를 확인하러 나선 일행이 화산 대폭발로 인해 멀리 날아가 버렸다. 표주박섬을 직접 움직여 가며, 제한시간 내에 날아간 일행들을 모두 발견해 회수하는 게 목적이다. 버튼을 연타하면 속도가 빨라져, 맵을 자유롭게 이동 가능하다.

에어리얼 어설트

GAME GEAR 세가 1992년 6월 5일 3,500엔 1M ROM

▶ 원작인 마스터 시스템판과 타이틀명은 같지만, 게임 내용이 꽤나 다르다.

서양에서 세가 마스터 시스템으로 발매되었던 횡스크롤 슈팅 게임 「에어리얼 어설트」가 게임 기어로 이식되었다. 초기 장비는 빈약하지만, 적을 파괴할 때 출현하는 캡슐을 얻으면 플레이어 기체의 샷이나 속도가 강화된다. 호밍 샷과 파동포를 잘 활용하여 보스를 물리치자.

 슈팅 게임
 액션 게임
 퍼즐 게임
 롤플레잉 게임
 시뮬레이션 게임
 스포츠 게임
 드라이브 게임
 어드벤처 게임
교육 및 기타
 홈 게임

갬블러 자기중심파

GAME GEAR 세가 1992년 6월 12일 3,800엔 2M ROM

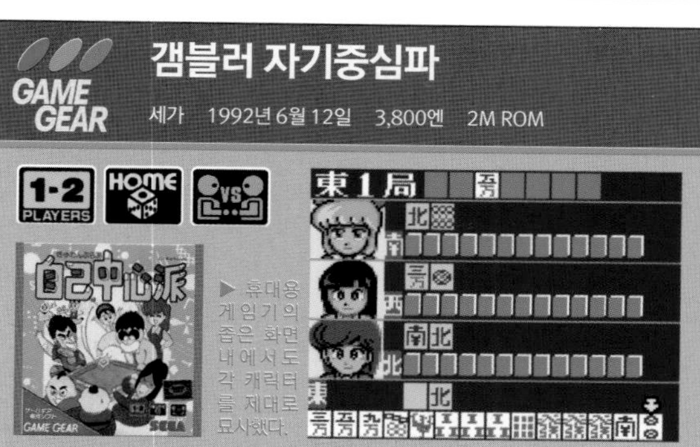

▶ 휴대용 게임기의 좁은 화면 내에서도 각 캐릭터를 제대로 묘사했다.

같은 제목의 만화가 원작으로서, 개성이 풍부한 24명의 캐릭터와 대국하는 마작 게임. 대전 케이블을 이용한 대전도 지원해, 어디서나 친구와 마작을 즐길 수 있다. 저마다 1위를 노리는 '프리 대전'은 물론, 컴퓨터를 파트너로 삼는 '팀 대전'도 가능해 다양한 재미가 있다.

올림픽 골드

GAME GEAR 세가 1992년 7월 24일 3,800엔 2M ROM

▶ 금메달리스트를 목표로, 각종 경기를 파고들어 보자!

1992년 개최되었던 바르셀로나 올림픽에 맞춰 발매된 스포츠 게임. 총 7종류의 경기가 제공되며, 버튼 연타 경기나 정확한 타이밍으로 버튼을 누르는 경기 등 시스템이 심플하다. 그중엔 '장대높이뛰기'가 별도 종목으로 준비돼 있는데, 이게 꽤나 재미있다.

피구왕 통키

GAME GEAR 세가 1992년 8월 7일 3,200엔 1M ROM

▶ 여러 커맨드를 다양하게 시험하여, 상대에 유효한 기술을 찾아내자!

인기 만화(원제는 '불꽃 투구소년 도지 단페이')의 캐릭터들이 등장하는 피구 게임. 스포츠 게임치고는 드물게 커맨드 선택식을 채용해, 어드벤처 게임처럼 진행된다. 화면을 제대로 관찰하며 적과 아군의 포메이션, 공격 상대를 신중하게 선택해 플레이하도록 하자.

아이르톤 세나 : 슈퍼 모나코 GP II

GAME GEAR 세가 1992년 8월 28일 3,500엔 2M ROM

▶ 당시의 인기 F1 레이서였던 아이르톤 세나가 감수한 작품이다.

메가 드라이브로 발매되었던 「슈퍼 모나코 GP」의 속편이 게임 기어로 이식되었다. 메가 드라이브판과 마찬가지로, 차량 후방 시점의 F1 레이싱 게임이다. 머신 세팅 후 총 16전으로 연간 챔피언을 노리는 '월드 챔피언' 모드와, '프리 프랙티스' 모드가 있다.

샤담 크루세이더 : 머나먼 왕국

GAME GEAR 세가 1992년 9월 18일 5,500엔 4M ROM

▶ 이동 주문 사용시엔 마인의 "아이아이써" 목소리가 음성합성으로 나온다.

아라비안나이트의 세계를 무대로 삼은 게임 기어용 오리지널 본격 RPG. 암흑신 '아리만' 부활을 꾀하는 유프라트 제국에, 샤담 왕국의 왕자와 동료인 신드바드·램프의 마인이 맞선다. 오토 세이브 기능이 있어, 전멸하거나 심지어 본체의 건전지가 바닥났더라도 중단지점에서 재개 가능하다.

판타지 스타 외전

GAME GEAR 세가 1992년 10월 16일 4,500엔 2M ROM

▶ '외전'이란 타이틀명대로, 구 시리즈 4부작과는 다른 세계를 그린 작품.

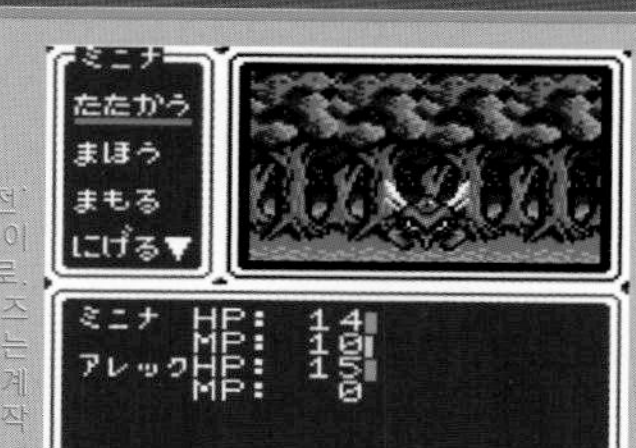

「판타지 스타」 시리즈의 게임 기어용 소프트 제 2탄. 초대 「판타지 스타」로부터 약 470년 후, 초대 주인공 '아리사'가 발견한 별 '아레사랜드'를 무대로, 테드 마을에 살던 소년 '알렉'과 소꿉친구 소녀 '미니나'가 사로잡힌 알렉의 아버지를 구하러 여행에 나선다.

 1인용  1~2인용  메모리 백업  대전 케이블 지원 게임

인 더 웨이크 오브 뱀파이어

GAME GEAR 심스 1992년 10월 23일 4,500엔 2M ROM

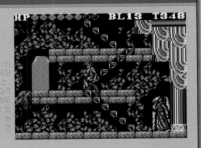

▶ 각 라운드는 3스테이지 구성이며, 진행할수록 사건의 전모가 밝혀져 간다. 스토리가 영어로만 나오는 게 아쉽다.

▶ 회화와 인형으로 장식된 인형관에는, 접근하면 습격해오는 인형도 있다. 알고 있어도 깜짝 놀라게 되는 연출이다.

19세기의 런던을 무대로 삼은 액션 게임. 연쇄살인사건의 흑막으로서 암약하고 있는 흡혈귀를 페르디난도 박사가 쫓는다. 초기 무기는 나이프뿐이지만 가면을 파괴한 후에는 강한 근접 무기로 교체되며, 피스톨 등의 탄수제한이 있는 특수무기(원거리 무기)도 입수 가능하다. 세이버·피스톨 등을 구사하는 액션은 그야말로 영국 신사의 싸움다운 느낌을 주며, 중후한 배색의 그래픽과 어우러져 어둡고 불길한 세계관을 잘 연출해내고 있다.

배트맨 리턴즈

GAME GEAR 세가 1992년 10월 23일 3,500엔 2M ROM

▶ 천장을 이용한 와이어 액션이 있어, 윗단으로 올라가는 이동도 가능하다. 조작성이 좋아 플레이가 안정적이다.

▶ 분기 루트 중 어느 쪽을 고르든 보스는 공통이므로, 액션에 약하다면 루트 1을 고르는 게 좋을 것이다.

배트맨의 영화화 2번째 작품이 소재인, 총 5스테이지의 액션 게임. 배트맨의 숙적 중 하나인 펭귄이 이끄는 서커스단과 싸우는 스토리다. 서양에 발매된 마스터 시스템판과 내용은 거의 동일하나, 게임 기어판은 일격사당하는 시스템이었던 원작을 라이프제로 바꾸고 오프닝 데모를 추가한 등의 차이가 있다. 1~4스테이지는 보스까지 가는 루트가 2종류인데, 루트 2 쪽은 지면에 함정이 다수 있고 와이어 액션으로 통과해야 하는 장면이 많이 나온다.

척 락

GAME GEAR 세가 1992년 10월 30일 3,500엔 2M ROM

▶ 게임 도중 BGM이 없어서 좀 아쉬우나, 효과음만 나오는 것도 나쁘지 않다!

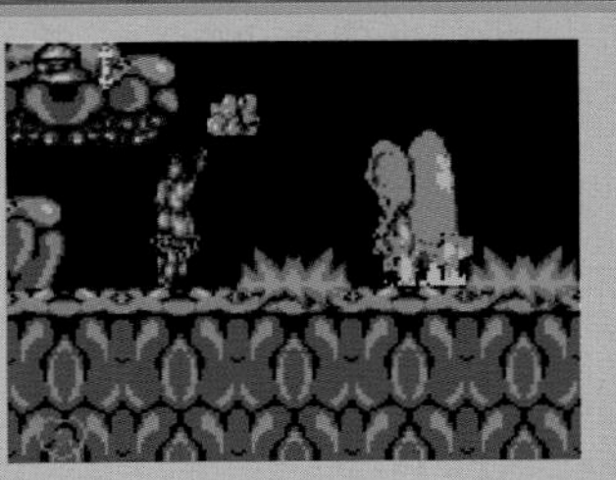

세가가 발매한 횡스크롤 액션 게임. 바위를 집어 들어 던지는 공격과 킥을 잘 활용하여 전진하자. 도중에 악어가 있는 곳에서는 마치 시소처럼 바위를 악어 머리로 던져 그 반동으로 높은 장소까지 점프하는 등, 퍼즐 게임을 연상시키는 시스템도 풍부한 작품이다.

소닉 더 헤지혹 2

GAME GEAR 세가 1992년 11월 21일 3,800엔 4M ROM

▶ 전작인 1편과 마찬가지로, 메가 드라이브판 2편과는 내용이 완전히 다르다.

게임 기어판 「소닉」 시리즈의 2번째 작품. 닥터 에그맨에 사로잡힌 파트너 '테일즈'를 구하기 위해, 각 존의 로봇 6대와 차례차례 대결한 후 최종 존인 크리스탈 에그로 향한다. 하이스피드 광차나 행글라이더 등, 탈것을 이용한 액션이 다수 등장하는 것도 재미있다.

베어 너클 : 분노의 철권

GAME GEAR 세가 1992년 11월 27일 3,500엔 2M ROM

▶ SOUND TEST 모드에서 번호를 11로 맞추고 1+2 버튼을 동시에 누르면, 무적 설정 ON/OFF와 라운드 셀렉트가 가능.

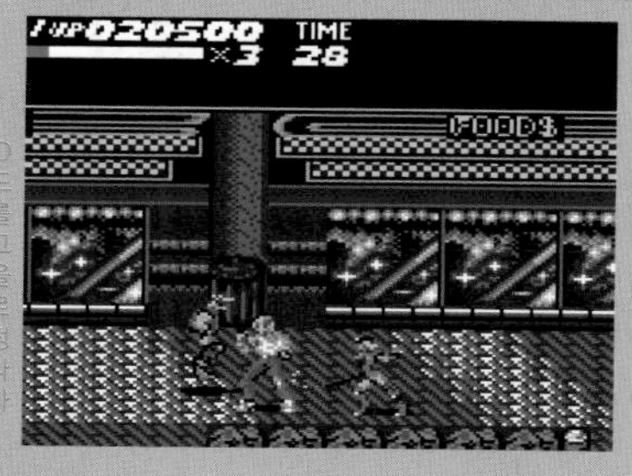

▶ 「베어 너클」 시리즈의 매력 중 하나인 잡기 공방도 건재하다. 등뒤를 파고들어 잡기로 던져버리자.

메가 드라이브로 발매되었던 벨트스크롤 액션 게임의 이식판. 원작의 플레이어 캐릭터 중 아담이 생략됐고, 일부 스테이지가 삭제됐다. 그래픽은 메가 드라이브판을 제법 충실히 재현했으며, 원작의 음악을 PSG 음원용으로 새로 편곡한 BGM도 퀄리티가 높다. 전반적으로 메가 드라이브판 원작의 분위기를 제한된 스펙 하에서도 잘 살려낸 뛰어난 이식작이라고 할 수 있다. 참고로, 대전 케이블을 사용하면 2인 동시 플레이로 게임을 즐길 수도 있다.

The GG 시노비 2

GAME GEAR 세가 1992년 12월 11일 3,500엔 2M ROM

▶ 맵이 더욱 넓어졌기에 탐색하는 보람이 있다. 시간을 너무 쏟았더라도, 패스워드 컨티뉴를 지원하니 안심하도록 하자.

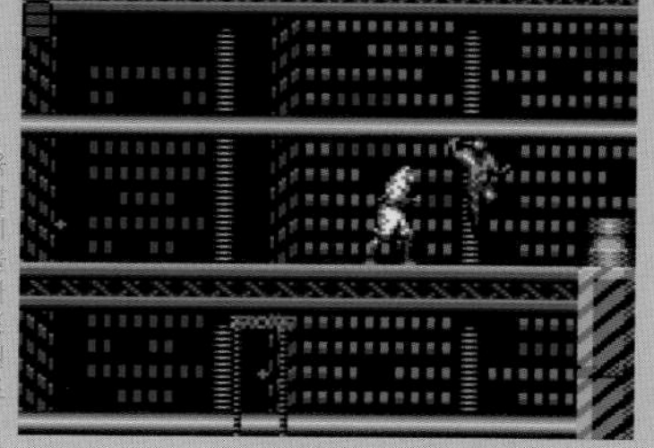

▶ 모든 보옥과 동료가 모인 후엔, 어둠의 5닌자와의 최종결전이 기다린다. 적·아군 각자와의 일대일 대결 연출은 일품!

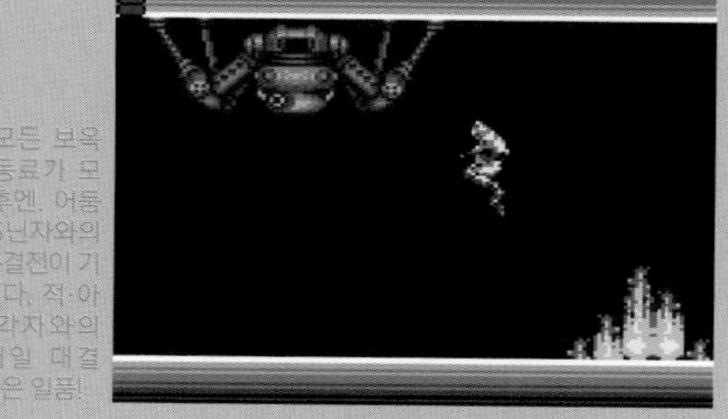

쵸 무사시가 이끄는 오보로 5닌자의 활약을 그린 액션 게임의 속편. 최초에 제시되는 4가지 스테이지를 임의의 순서대로 플레이해, 보스를 물리쳐 동료를 한 명씩 구출한다. 여기까지의 진행은 전작과 동일하나, 동료를 구출하는 데 그치지 않고 그들의 능력을 활용해 각 스테이지에서 보옥을 찾아내야 한다. 덕분에 인술이 활약하는 장면이 많고, 이미 클리어한 스테이지를 왕복 가능하도록 하여 강화 아이템을 놓칠 우려도 낮아진 등, 전작의 단점을 다수 해결한 정통진화형 속편이다.

쿠니짱의 게임 천국 파트 2

GAME GEAR 세가 1992년 12월 18일 3,500엔 2M ROM

▶ 미니게임의 난이도는 저마다 차이가 있다. 카트 레이스는 비교적 쉬운 편.

연예인 야마다 쿠니코가 주인공인 미니게임 모음집의 제 2탄. 이번 작품은 '카트 레이스'·'액션'·'볼링'·'직소 퍼즐' 4종류를 수록했다. 스토리 모드는 미니게임을 클리어해 방송국을 크게 키우는 게 목적. 성공하면 수영복 차림으로 해외에서 바캉스를 만끽하는 쿠니짱을 보여준다.

샤이닝 포스 외전 : 원정, 사신의 나라로

GAME GEAR 세가 1992년 12월 25일 5,500엔 4M ROM

▶ 가디아나 왕국을 무대로, 빛의 군세 후예들의 긴 여정이 시작된다.

메가 드라이브의 「샤이닝 & 더 다크니스」부터 시작되는 「샤이닝」 시리즈의 3번째 작품인 시뮬레이션 RPG. 2번째 작품 「샤이닝 포스」의 20년 후를 다룬 스토리로서, 다음 작품인 「샤이닝 포스 외전 Ⅱ : 사신의 각성」에서 이야기가 완결되는 구조다.

 1인용  1~2인용   메모리 백업  대전 케이블 지원 게임

1993

GAME GEAR SOFTWARE ALL CATALOGUE

1993년의 발매 타이틀 수는 작년과 거의 비슷한 22종이다. 전반적인 소프트 경향은 「소닉」 등 정평 있는 인기 시리즈의 속편물이 꾸준히 발매된 정도로서, 딱히 큰 화제는 없었던 해라 할 수 있다.

한편 게임 기어 본체의 가격 인하와 함께 서양에서는 보편화돼 있던 소프트 동봉판 발매도 시작하여, 이를 '게임 기어+1(플러스원) 세트'로 명명했다. 첫 동봉 타이틀은 「미키 마우스의 마법의 크리스탈」이었으나 이후엔 자사 컨텐츠 「소닉」을 대대적으로 밀어붙여, 이 해에 발매된 플러스원 세트 5개 타이틀 중 무려 3개가 「소닉」 관련작이었을 정도였다. 게임 기어의 판촉효과 면에서도 효과가 지대했기에, 이후의 소프트 라인업에 큰 영향을 끼쳤다.

레밍스

GAME GEAR 세가 1993년 2월 5일 3,500엔 2M ROM

▶ 구동 직후, SEGA 로고를 레밍들이 끌고 오는 모습이 귀엽다.

영국에서 발매된 PC용 액션 퍼즐 게임의 이식작. 집단자살 행동을 보인다는 오해를 받았던 레밍(나그네쥐)의 생태를 모티브로 삼았다. 차례차례 나타나 계속 앞으로 걷는 레밍들에게 적절한 지시를 내려 출구까지 잘 유도하자. 패스워드 컨티뉴 기능 덕에, 이어서 즐길 수 있다.

윔블던

GAME GEAR 세가 1993년 2월 26일 3,200엔 1M ROM

▶ 캐릭터의 이동속도가 빨라, 경쾌한 템포로 즐길 수 있다.

통신 케이블을 사용하면 통신대전도 즐길 수 있는 테니스 게임. 등장하는 선수 16명 중에서 하나를 골라 CPU와 대전하는 '프리 매치 모드', 세계 각지에서 개최되는 대회 4종을 제패해 그랜드 슬램을 노리는 '투어 모드', 통신대전을 즐기는 '링크 매치 모드'까지 3가지 모드가 있다.

뿌요뿌요

GAME GEAR 세가 1993년 3월 19일 3,500엔 2M ROM

▶ 대전 케이블로 대전도 가능. 이 당시의 '뿌요뿌요'는 아직 상쇄 시스템이 없었기에, 얼마나 빨리 선수를 치느냐가 중요하다.

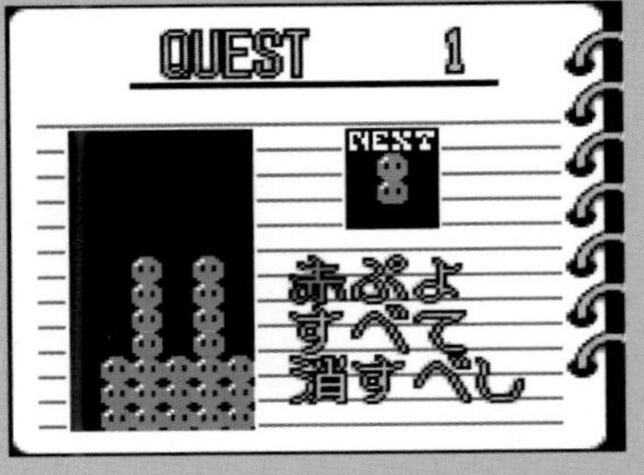

▶ '퍼즐 뿌요뿌요' 모드는 제시되는 퀘스트를 푸는 문제 모드로서, 규칙과 연쇄를 이해하는 데 도움을 준다.

처음엔 아케이드판으로 출시됐던 낙하계 퍼즐 게임 「뿌요뿌요」의 이식판. 하드웨어 스펙의 격차가 큰지라 변경점이 많은데, 시리즈 특유의 대화 개그 데모와 보이스가 삭제됐으며, 캐릭터별 고유 쌓기 패턴도 없어졌고, 뿌요도 단색으로만 표시되며, 일부 BGM도 바뀌었다. 게임 모드의 경우 메가 드라이브판에서 추가된 '끝없이 뿌요뿌요'를 비롯해, 총 30문제의 '퍼즐 뿌요뿌요'도 신설했다. 캐릭터성을 약화한 대신 게임성에 특화시키는 방향으로 재구성한 작품이다.

 슈팅 게임  액션 게임  퍼즐 게임  롤플레잉 게임  시뮬레이션 게임  스포츠 게임  드라이브 게임  어드벤처 게임  교육 및 기타  홈 게임

미키 마우스의 마법의 크리스탈

GAME GEAR 세가 1993년 3월 26일 3,800엔 4M ROM

▶ 맵 곳곳엔 다양한 장치가 숨어있다. 가령 뱀에게 사과를 먹여주면……

마스터 시스템으로도 발매되었던, 미키 마우스가 주인공인 액션 게임. 책을 읽다 책 속으로 빨려 들어간 미키는, 악의 마법사에 빼앗긴 크리스탈을 되찾아야만 한다. 「미키 마우스의 캐슬 일루전」보다 그래픽이 디테일해져, 화면을 보고만 있어도 재미있는 작품이다.

도라에몽 : 노라노스케의 야망

GAME GEAR 세가 1993년 4월 29일 3,500엔 2M ROM

▶ 맵 곳곳에는 비밀도구도 떨어져있다. 입수하면 게임 플레이가 유리해진다.

미래에서 찾아온 개 형태의 대악당 로봇 '노라노스케'가 진구·통통이·비실이·이슬이를 사로잡아갔다. 4명을 구출해내고 노라노스케를 물리쳐야 한다. 도라에몽은 벽을 타고 오르거나 잡고 내려가는 등 다채로운 액션을 보여준다. 조작성도 좋고 플레이하기도 편한 수작이다.

프로야구 GG 리그

GAME GEAR 세가 1993년 4월 29일 4,500엔 2M ROM

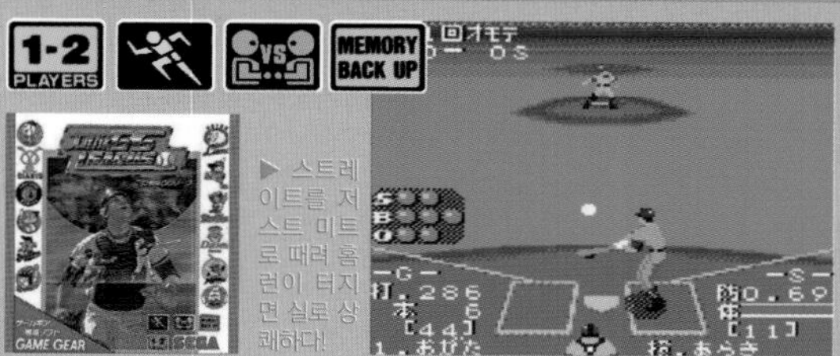

▶ 스트레이트를 저스트 미트로 때려 홈런이 터지면 실로 상쾌하다!

1993년 개막 당시의 일본 프로야구 구단·선수들이 실명 등록된 야구 게임. 과거 발매됐던 게임 기어용 야구 게임들에 비하면, 페넌트레이스 모드 추가와 3개소의 구장 선택 가능 등으로 볼륨이 풍성한 편이다. 게임 도중 캐릭터의 모션도 리얼해 호평을 받았던 작품이다.

Kick & Rush

GAME GEAR 심스 1993년 5월 28일 4,500엔 2M ROM

▶ 등장하는 선수는 총 360명. 전원에 각자 이름과 개성을 부여했다.

월드컵을 소재로 삼은 축구 게임. 세계 정상을 노리는 '월드컵', 등장하는 24개국 중 하나를 골라 CPU와 대전하는 '엑시비션', 통신 케이블을 이용하여 대인전을 즐기는 '링크 게임', CPU끼리의 대전을 관전하는 '워치'까지, 총 4가지 게임 모드를 제공한다.

샤이닝 포스 외전 II : 사신의 각성

GAME GEAR 세가 1993년 6월 25일 5,500엔 4M ROM

▶ 전작 주인공들은 새로운 싸움이 시작된 3개월 전에 이옴으로 떠났기에, 시작 시엔 남아있던 신참병사들만으로 싸우게 된다.

▶ 적을 꼭 물리치지 않아도 전투만 하면 경험치를 얻으므로, 리턴 마법으로 언제든 시나리오를 재시작할 수 있어 편리하다.

「샤이닝 포스 외전」의 속편인 총 4장 구성의 시뮬레이션 RPG. 전작의 2년 후, 사신 부활을 꾀하는 이옴 군이 빼앗아간 파사의 검을 되찾기 위해 사이프레스 국의 신참병 부대가 여행에 나선다. 전투 시스템은 시리즈 전작들과 동일하며, 적·아군 관계없이 민첩성 순으로 유닛 행동순서가 결정되는 식이다. 파노라마 화면식 전투 신과 애니메이션 연출 등 전작에서 호평 받았던 요소는 이번 작품에도 여전하며, 카지야마 히로시가 그린 캐릭터들이 신나게 활약한다.

 1인용  1~2인용  메모리 백업  대전 케이블 지원 게임

HARDWARE 1983 1984 1985 1986 1987 1988 1989 1990 1991 1992 1993 1994 1995 1996 OVERSEA

톰과 제리

GAME GEAR 세가 1993년 6월 25일 3,800엔 2M ROM

1 PLAYER

▶ 톰은 몸집이 큰지라, 제리와는 다른 루트로 가야 하는 경우도 있다. 참고로 스테이지 구성은 마스터 시스템판과 크게 다르다.

▶ 스테이지 마지막에는 강적들의 맹공이 기다리고 있으나, 톰은 공격 수단이 없다. 어떻게든 상대의 자멸을 유도해야 한다.

미국의 인기 TV 애니메이션이 소재인 라이프제 액션 게임. 타 기종판은 보통 생쥐 '제리'가 플레이어 캐릭터인 경우가 많았으나, 이 작품은 드물게도 고양이 '톰'이 단독 주인공이다. 제리가 훔쳐간 보물 지도를 되찾기 위해 톰이 쫓아간다는 스토리로서, 다양한 장애물을 피하며 도망가는 제리를 잡는 데 성공하면 스테이지 클리어다. 총 5스테이지 구성이며, 스테이지 막간에는 라이프를 늘릴 수 있는 도트 먹기 게임풍의 보너스 스테이지도 수록했다.

아아 하리마나다

GAME GEAR 세가 1993년 7월 2일 3,800엔 4M ROM

1 PLAYER

▶ 하리마나다의 승리를 축하하듯, 방석이 이리저리 날아오는 장면도 인상적이다.

일본의 국기(國技)인 스모가 테마인 인기 만화 '아아 하리마나다'를 게임화한 작품. 씨름판에 오른 주인공 하리마나다로, 여러 라이벌 리키시(선수)와 맞서 싸우자. 본래의 스모엔 없는 필살기도 여럿 나오며, 하리마나다는 박치기가 최대 무기다. 모든 리키시를 이겨보자.

베어 너클 II : 사투로의 진혼가

GAME GEAR 세가 1993년 7월 23일 3,800엔 4M ROM

1·2 PLAYERS

▶ 대전 케이블을 이용하면 2인 동시 플레이도 가능하다.

미스터 X의 복수에 의해 납치된 아담을 구출하기 위해, 액셀과 블레이즈는 아담의 동생 새미와 함께 싸움에 나선다. 메가 드라이브판의 이식작으로서, 플레이어 캐릭터 중 맥스가 삭제되었고 초필살기 시스템과 새로운 적 캐릭터·BGM이 추가되는 등의 변경점이 있다.

퍼즐뿌요

GAME GEAR 세가 1993년 7월 23일 15,800엔 (게임 기어+1 퍼즐뿌요에 동봉) 1M ROM

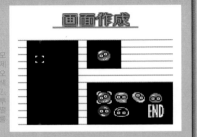

1 PLAYER

▶ 다음에 떨어질 뿌요의 색을 확인하면서, 빠른 계산으로 뿌요들을 배치해야 한다. 문제는 점차 어려워진다.

▶ '에디트' 모드의 문제 제작 화면. 나오는 뿌요의 색을 결정하고, 초기 배치 뿌요와 이후 떨어질 뿌요를 설정한다.

기존 시리즈 작품에서는 'MISSION' 혹은 '퍼즐 뿌요뿌요' 등의 형태로 수록되었던 모드를 단독 게임화한 작품. 시스템은 게임 기어판 「뿌요뿌요」 기반이라, 뿌요의 색수도 공통이다. 룰은 바둑의 묘수풀이와 비슷해, 미리 배치된 뿌요와 떨어지는 뿌요를 바탕으로 계산해 제시되는 조건에 따라 뿌요를 없애면 퀘스트가 클리어된다. 소프트에 수록된 총 100문제에 도전할 수 있으며, 이 작품에 처음 나오는 '에디트' 모드를 이용하면 오리지널 문제도 제작 가능하다.

 슈팅 게임  액션 게임  퍼즐 게임  롤플레잉 게임 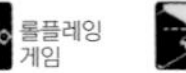 시뮬레이션 게임 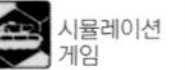 스포츠 게임  드라이브 게임  어드벤처 게임  교육 및 기타  홈 게임 

쥬라기 공원

GAME GEAR 세가 1993년 7월 30일 3,800엔 4M ROM

▶ 슈팅 게임 파트에서는 재빠른 공룡들에 쫓겨 도망치게 된다. 차량이 파괴되기 전에 모두 쏴 맞히자.

▶ 공격범위가 다른 3종류의 무기는 일시정지 화면에서 교체할 수 있다. 체력이 회복되는 구급상자도 임의 사용 가능.

같은 제목의 영화가 소재인 액션 게임. 쥬라기 공원의 펜스를 부수고 미관리구역으로 달아난 공룡을 포획하기 위해 곳곳을 돌아다닌다는 스토리다. 총 5스테이지 구성으로서, 각 스테이지는 펜스가 파괴된 구역 각 4곳으로 이동하는 횡스크롤 슈팅 게임 파트, 미관리구역에서 공룡과 싸우는 액션 게임 파트로 나뉜다. 맵이 광대해 처음 즐기는 사람이 클리어하기는 어려운 편이나, 출현하는 공룡 종류가 많은지라 공룡 팬에게는 꽤 재미있는 게임이 될지도.

GG 알레스터 II

GAME GEAR 세가 1993년 10월 1일 3,800엔 2M ROM

▶ 서브웨폰은 네오 네이팜건, 해머 호크, 델타 폼, 라이징 매셔의 총 4종류가 제공된다.

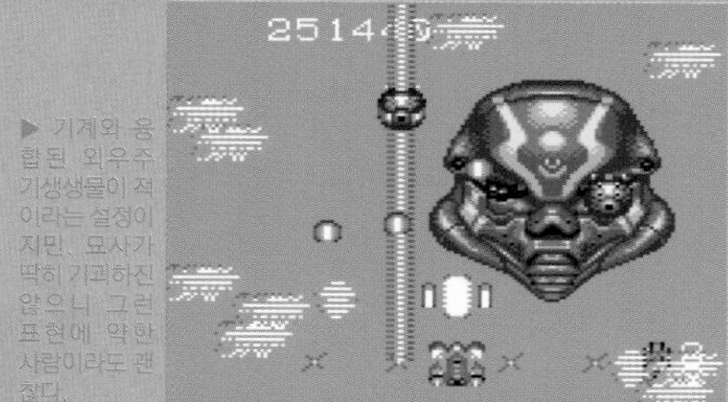

▶ 기계와 융합된 외우주 기생생물이 적이라는 설정이지만, 묘사가 딱히 기괴하진 않으니 그런 표현에 약한 사람이라도 괜찮다.

「GG 알레스터」의 5년 후를 그린 속편으로서, 지구 최강의 군사위성 아르고가 기생생물에 탈취당하는 사건에 직면한 앨리스가, 테스트 도중의 신예 전투기 'GG ALESTE Ⅱ LANCE BIRD'를 타고 적진으로 뛰어든다는 스토리다. 전작과 함께 게임 기어 굴지의 명작으로 꼽힐 만큼 호평 받은 작품으로서, 부드러운 고속 스크롤과 치밀한 게임 밸런스 등 전작의 장점을 충실하게 계승했다. 이번 작품에도 유사 3D 화면의 보너스 스테이지가 수록돼 있다.

ULTIMATE SOCCER

GAME GEAR 세가 1993년 10월 29일 3,800엔 2M ROM

▶ 당시 기준으로는 속도감이 대단했던, 전형적인 탑뷰 축구 게임이다.

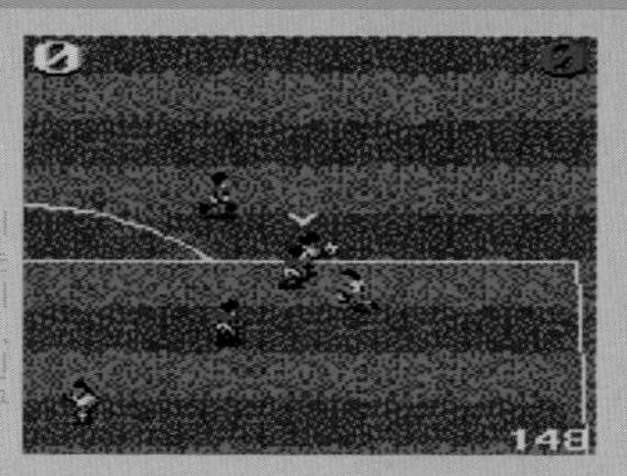

영국에서 제작된 축구 게임. 월드컵이 모티브로서, 플레이어는 잉글랜드·프랑스·독일·이탈리아·스페인 5개국 중에서 하나를 고른다. 게임 모드는 '1P/2P'를 비롯해 '컵 전'·'리그전'·'페널티 킥'·CPU간 대전인 '매치 관전'까지 6개 모드 중에서 선택할 수 있다.

소닉 & 테일즈

GAME GEAR 세가 1993년 11월 19일 3,800엔 4M ROM

▶ 각 캐릭터별로 전용 액션 및 신규 아이템이 등장한다.

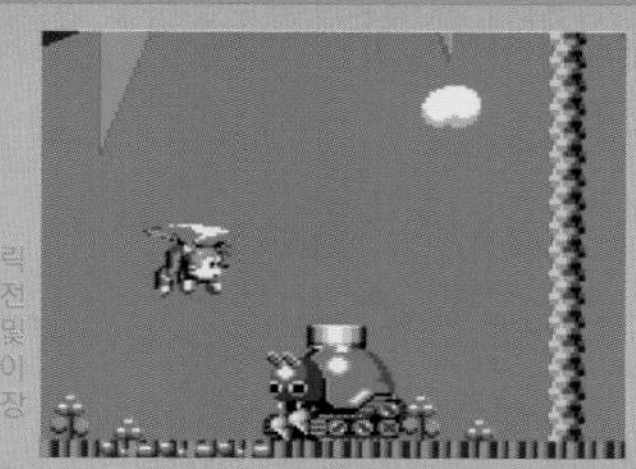

게임 기어의 「소닉」 시리즈 3번째 작품이자, 시리즈 최초의 게임 기어 오리지널 작품. 플레이어 캐릭터로 테일즈도 등장한다. 테일즈는 소닉에 비해 스피드가 느리지만, 꼬리를 프로펠러 삼는 '헬리테일'로 하늘을 날 수 있다. 전작보다 난이도를 낮춰 즐기기 쉬워졌다.

 1인용
 1~2인용
 메모리 백업
 대전 케이블 지원 게임

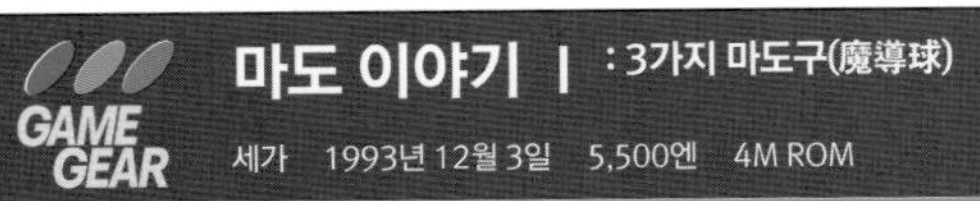

마도 이야기 I : 3가지 마도구(魔導球)

GAME GEAR 세가 1993년 12월 3일 5,500엔 4M ROM

▶ 던전은 총 10층 규모. 8×8칸 크기이며 2D 맵도 존재한다.

「마도 이야기」와 「뿌요뿌요」의 주인공인 아르르 나쟈가 마도 유치원 졸업시험 통과를 위해 탑에 도전하는 3D 던전 RPG. MSX2판 「마도 이야기 1-2-3」의 이식작이다. 능력치를 수치로 직접 보여주지 않고, 화면 우상단에 항상 표시되는 아르르의 표정과 '좋아!'·'큰일이야' 등의 대사로 표현하는 게 특징.

퍼즐뿌요 2

GAME GEAR 세가 1993년 12월 10일 4,500엔 2M ROM

▶ 직접 문제를 만드는 에디트 모드는, 총 30문제까지 저장 가능하다.

「뿌요뿌요」에 수록된 묘수풀이 스타일의 '퍼즐 뿌요뿌요' 모드만을 독립시킨 게임의 제 2탄. 전작은 게임 기어 본체 동봉으로만 판매했으므로, 단독 발매한 작품으로는 최초의 「퍼즐뿌요」인 셈이다. 퀘스트 모드에는 유저들로부터 투고 받은 문제 200종을 수록했다.

대전마작 하오파이 II

GAME GEAR 세가 1993년 12월 17일 3,800엔 4M ROM

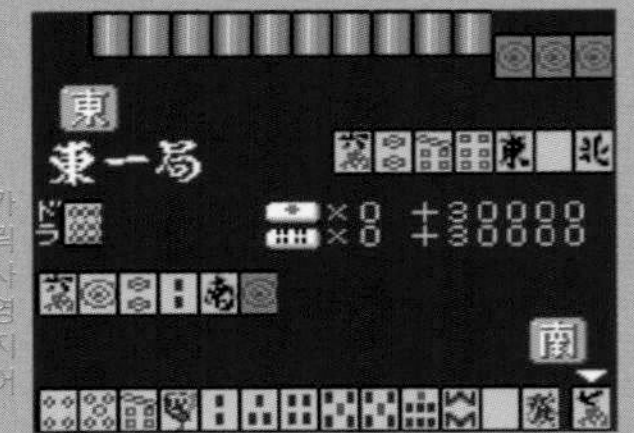

▶ 선택 가능한 캐릭터는 여사원부터 영주님까지 버라이어티하다!

과거 발매했던 「대전마작 하오파이」의 속편으로서, 일본에서는 휴대폰 게임으로도 발매되었던 인기작. '하오파이'는 '호패(好牌)'의 중국어 발음이다. 2인 대국 마작으로서, 토너먼트전·리그전이 기본이며 세부 룰 설정도 가능하고, 승부가 유리해지는 아이템도 쓸 수 있다.

도널드 덕의 4가지 보물

GAME GEAR 세가 1993년 12월 17일 3,800엔 4M ROM

▶ 펜던트를 되돌리려면 4가지 보물을 모두 모아야만 한다.

저주가 걸린 펜던트에 의해 풍선처럼 변해버린 스크루지를 되돌리기 위해, 펜던트를 원래 있던 장소로 되돌려놓는 게 목적이다. 도널드는 넘겨받은 일기를 참조하여, 스크루지가 펜던트를 입수한 궤적을 되짚어나간다. 난이도도 적당해, 누구라도 재미있게 즐길 수 있을 작품이다.

페이스볼 2000

GAME GEAR 리버힐 소프트 1993년 12월 17일 4,500엔 2M ROM

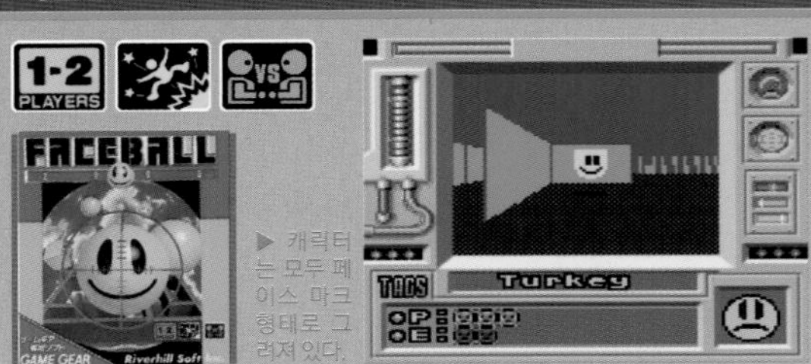

▶ 캐릭터는 모두 페이스 마크 형태로 그려져 있다.

통신 케이블을 사용하면 대인전도 가능한, 1인칭 시점의 슈팅 게임. 게임 모드는 골인을 다투는 '사이버스케이프', 적을 물리치는 '아레나' 2종류가 있다. '사이버스케이프'는 진행할수록 미로가 복잡해지고 장치가 교묘해지거나 적이 늘어나는 등, 난이도가 높은 편이다.

모탈 컴뱃

GAME GEAR 어클레임 재팬 1993년 12월 17일 4,800엔 4M ROM

▶ 조작법은 좌우이동과 점프 등, 당시 격투 게임의 표준을 따르고 있다.

일본에서 일대 붐이었던 대전격투 게임이 서양에서도 유행을 맞아, '서양 게임'이라는 형태로 역수입되었다. 이 작품의 개성은 역시 픽셀로 그려진 캐릭터가 아니라 실사영상을 디지털화해 만든 리얼한 게임 화면. 잔혹한 격투 묘사 때문에 등급제를 탄생시킨 작품 중 하나다.

 슈팅 게임  액션 게임  퍼즐 게임  롤플레잉 게임  시뮬레이션 게임  스포츠 게임  드라이브 게임  어드벤처 게임  교육 및 기타 HOME 홈 게임

1994

GAME GEAR SOFTWARE ALL CATALOGUE

1994년에는 작년에서 일거에 2배로 늘어난 46종의 타이틀이 발매되었다. 서양판 마스터 시스템의 역수입 이식작이 많다는 경향성은 여전했는데, 서양권에서 수많은 마스터 시스템 타이틀을 히트시킨 미국 퍼블리셔의 일본지사인 어클레임 재팬이 이에 크게 공헌했다. 일본에서는 세가 마크 Ⅲ 시장이 일찍이 막을 내렸기에, 대신 게임 기어로 마스터 시스템용 작품을 적극 이식한 것이다.

한편, 이 시기부터 늘어난 것이 '유☆유☆백서'를 비롯한 캐릭터 판권물 타이틀이다. 이 계열 게임들의 성공으로, 게임 기어가 없는 원작 팬을 겨냥한 게임 기어 본체·소프트 동봉 패키지인 '게임 기어 캐릭터 팩'이 발매되기에 이른다.

배틀토드

GAME GEAR 세가 1994년 1월 14일 3,800엔 2M ROM

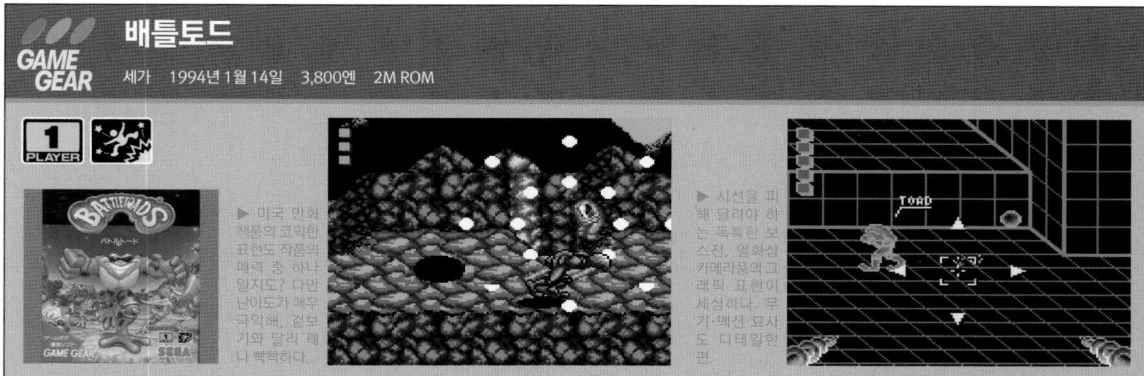

▶ 미국 만화책풍의 코믹한 표현도 작품의 매력 중 하나일지도? 다만 난이도가 매우 극악해, 겉보기와 달리 꽤나 빡빡하다.

▶ 시선을 피해 달려야 하는 독특한 보스전. 열화상 카메라풍의 그래픽 표현이 세심하다. 무기·액션 묘사도 디테일한 편.

근육빵빵 개구리 우주인이 달리고 때리고 차내며 싸우는 개성적인 횡스크롤 액션 게임. 코믹한 캐릭터와 다채로운 스테이지가 특징으로서, 에어 바이크를 타고 질주하는 고속 스크롤 스테이지에 수중 스테이지, 빙결 스테이지도 있는 등 전개가 다채로워 플레이어가 지루할 틈이 없다. 게임을 개발한 영국 레어 사의 뛰어난 기술력이 느껴지는 작품. 패밀리 컴퓨터로 처음 발매된 작품이며, 서양에서는 큰 인기를 누려 속편은 물론 아케이드판까지도 나왔다.

리딕 보우 복싱

GAME GEAR 마이크로네트 1994년 1월 21일 3,800엔 2M ROM

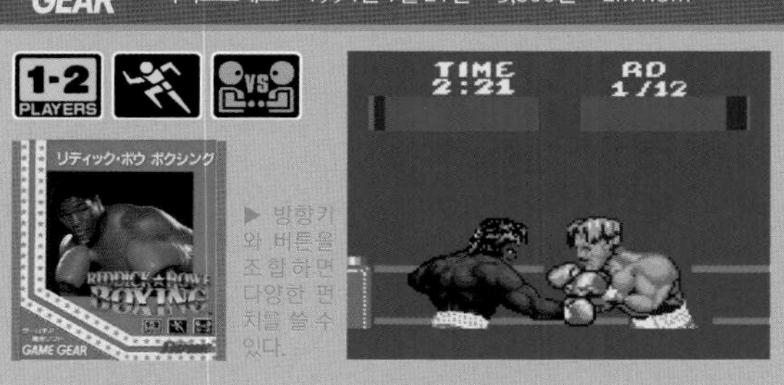

▶ 방향키와 버튼을 조합하면 다양한 펀치를 쓸 수 있다.

통신 케이블이 있으면 대인전도 즐길 수 있는 복싱 게임. 타이틀명의 '리딕 보우'는 WBA·WBC·IBF를 모두 제패했던 전 헤비급 세계 챔피언이다. '커리어 모드'에서는 순위를 올려 리딕 보우를 물리치고 챔피언이 되는 게 목적이다. 패스워드로 컨티뉴도 가능하다.

윈터 올림픽

GAME GEAR 세가 1994년 2월 11일 3,800엔 4M ROM

▶ 개회식에서 성화를 점화하고, 폐회식에서는 성화대의 불을 끄는 연출도 재미있다.

1994년의 릴레함메르 동계올림픽을 소재로 삼은 스포츠 게임. '풀 올림픽'·'미니 올림픽'·'트레이닝'의 3가지 모드가 있으며, '스키 점프'·'봅슬레이'·'바이애슬론'·'자이언트 슬라롬' 등 총 10종목의 경기를 수록했다.

 1인용  1~2인용  메모리 백업  대전 케이블 지원 게임

버스터 파이트

GAME GEAR 세가 1994년 2월 11일 3,800엔 2M ROM

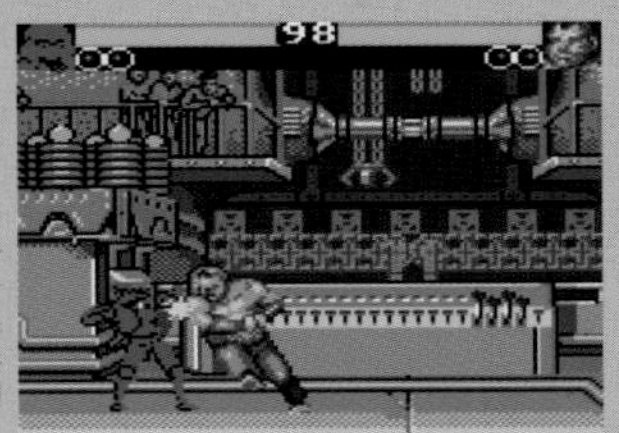

▶ 숨겨진 커맨드는 클리어하고 나면 스탭롤 이후에 표시된다.

통신 케이블로 대인전도 가능한 대전격투 게임. 등장 캐릭터는 기본 4명이며, 숨겨진 커맨드로 출현하는 EXTRA 난이도에선 라스트 보스도 사용 가능하다. 스토리를 따라가는 모드와 대전 모드의 2종류가 제공된다. 스테이지는 적지만 난이도가 높아 파고드는 맛이 있다.

T2 : THE ARCADE GAME

GAME GEAR 어클레임 재팬 1994년 2월 25일 4,800엔 4M ROM

▶ 총 7스테이지로 구성돼 있으며, 도중엔 여러 섹션을 진행하기도 한다.

영화 '터미네이터' 시리즈를 모티브로 삼은 건 슈팅 게임. 스카이넷이 지배하는 미래에서 T 시리즈 등의 안드로이드와 총으로 싸운다. 엔딩은 2종류가 있는데, 스테이지 5의 사이버다인에 도착한 단계에서 격파율을 얼마까지 기록했느냐로 엔딩이 바뀌게 된다.

맥도날드 도날드의 매지컬 월드

GAME GEAR 세가 1994년 3월 4일 3,800엔 4M ROM

▶ 파라솔을 펼치면 공중을 활공할 수 있다. 일반 점프로는 도달할 수 없는 장소로 가기 위한 필수 액션이다.

▶ 서양판이 없고 일본에만 발매된 작품이다 보니, 스토리 메시지도 전부 일본어로 나온다.

맥도날드의 이미지 캐릭터 '도날드'가 주인공인 점프 액션 게임. 마법의 지도 안으로 빨려 들어가 버린 그리마스 일행을 구출하러 간다는 스토리로서, 신비한 마법사가 있는 매지컬 월드가 게임의 무대다. 아이템도 포테이토·드링크 등의 맥도날드 상품이 등장하는 등, 그야말로 맥도날드 일색의 게임. 각 스테이지에 놓인 열쇠를 입수해 출구로 향하는 전형적인 스타일의 액션 게임이지만, 그래픽이 깔끔하고 퀄리티가 높다.

에코 더 돌핀

GAME GEAR 세가 1994년 3월 11일 3,800엔 4M ROM

▶ 스피드를 올려 수면에서 뛰어 오르면 빅 점프! 서양 게임답게 난이도가 높지만, 바다를 자유로이 헤엄치는 매력이 있다.

▶ 돌고래는 포유류이므로 계속 바다 속에 있으면 질식해 죽는다. 물건을 옮기는 데 열중하다 호흡을 깜박하지 않도록.

회오리에 휘말려 사라진 친구를 찾기 위해 넓은 대양을 여행하는 돌고래 '에코'가, 지구를 침략해온 외계인과의 싸움에 나서는 라이프제 액션 게임. 플레이어 캐릭터가 '돌고래'라는 것과, 이 특성을 살려 구현한 리얼한 액션이 특징으로서, 바다 속을 자유로이 헤엄칠 수 있는 것은 물론 초음파로 친구와 대화하거나 수면 위로 점프할 수도 있다. 원작인 메가 드라이브판 때부터 격찬 받았던 미려한 그래픽을 전부 옮겨오진 못했지만, 독특한 액션의 재미는 원작에 손색이 없다.

소닉 드리프트

GAME GEAR 세가 1994년 3월 18일 4,800엔 4M ROM

▶ 본체와 이 소프트를 동봉한 '게임 기어 +1'도 동시 발매되었다.

「소닉」 시리즈의 캐릭터들이 달리는 레이싱 게임. 플레이어는 소닉·테일즈·닥터 에그맨·에미 중에서 선택하며, 각각 장점과 단점이 있다. 6번의 레이스로 포인트를 겨루는 '카오스 그랑프리'와 '타임 어택' 모드는 물론, 통신 케이블로 친구와 대전을 즐기는 모드도 있다.

유☆유☆백서 : 멸망한 자의 역습

GAME GEAR 세가 1994년 3월 18일 3,800엔 4M ROM

▶ 졸개 전투는 벨트스크롤 액션 식이지만, 보스전은 3D 턴제로 바뀐다.

인기 만화 '유☆유☆백서'를 소재로 삼은 액션 게임. 4명의 캐릭터 중 하나를 골라 게임을 진행한다. 캐릭터별로 능력치가 설정돼 있어, 능력치에 따라선 갈 수 없는 장소도 나온다. 난이도 HARD로 클리어해야만 라스트 보스가 진짜 모습을 드러내는 등, 난이도가 높다.

알라딘

세가 1994년 3월 25일 3,800엔 4M ROM

▶ 총 9스테이지. 퍼즐도 나오고 강제 스크롤 스테이지도 있는 등, 다양성이 풍부하다.

미국에선 게임 기어 최고의 액션 게임으로 호평 받는 타이틀. 기기 성능을 최대한도로 살려, 부드러운 캐릭터 모션을 구현했다. 원 타이틀명은 「Disney's Aladdin」으로서, 서양에선 더 고난이도인 마스터 시스템판도 발매됐다. 각 스테이지 막간엔 이벤트 신이 자막과 함께 나온다.

스크래치 골프

GAME GEAR 빅 토카이 1994년 3월 25일 4,800엔 2M ROM

▶ 간신히 그린에 볼을 올려도, 컵인까지의 길은 꽤나 난관이다!

수많은 골프 게임 중에서도, 탑뷰 시점을 채택하면서 코스에 제대로 고저차 개념을 도입한 작품. 볼이 놓인 지형을 확인하면서 신중하게 샷을 날려 컵인을 노려라! 경쾌한 BGM이 일품이며, 타구가 훌륭할 경우 음성합성 출력으로 플레이어를 응원해주기도 한다.

GP 라이더

GAME GEAR 세가 1994년 4월 22일 3,800엔 4M ROM

▶ S자 커브나 헤어핀도 속출하므로, 반복 플레이해 코스를 외우자!

같은 제목 아케이드 게임의 이식작으로서, 게임 기어판은 세가의 명작 「행온」의 연장선상에 있는 3D 시점의 레이싱 게임. 주행 BGM이 나오지 않고, 업다운 없는 온로드 코스로 구성했지만, 속도감이 일품인 꽤나 만만찮은 작품이다. 4가지 게임 모드가 있고, 통신대전도 지원한다.

탄트알

GAME GEAR 세가 1994년 4월 22일 3,800엔 4M ROM

▶ 타이틀명의 의미는 '(미니게임이) 잔뜩 있다'라는 일본어 속어다.

홈즈와 왓슨을 모델로 삼은 탐정 2인조가, 다양한 미니게임에 도전하며 탈옥범을 쫓는다. 이른바 '미니게임 모음집'형 게임의 선구자격인 타이틀로서, 게임 기어판은 용량 관계상 원작인 아케이드판의 미니게임을 전부 담지 못하고 몇 가지를 삭제했다.

 1인용  1~2인용  메모리 백업 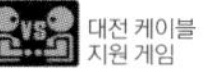 대전 케이블 지원 게임

여신전생 외전 : 라스트 바이블

GAME GEAR 세가 1994년 4월 22일 5,500엔 4M ROM

▶ 악마를 동료로 삼으면 전투가 발생하지 않는다. 레벨 업이 필요하다면 주의.

게임보이의 같은 제목 타이틀을 이식한 작품. 이식하면서 풀 컬러화하여, 멋진 그래픽으로 즐길 수 있게 되었다. 대시 이동도 추가하여 플레이 감각이 쾌적해졌다. 기존의 「여신전생」과 달리, 현대가 아니라 판타지 세계를 모험하는 것도 이 작품의 특징이다.

NBA JAM

GAME GEAR 어클레임 재팬 1994년 4월 29일 3,800엔 4M ROM

▶ 과장된 모션 표현 덕에, 비현실적인 점프나 덩크 슛이 마구 터진다.

NBA의 공인을 받은 2-on-2 농구 게임. 미드웨이 게임즈 사가 개발한 같은 제목 아케이드 게임의 이식작으로서, 선수는 전부 실명으로 등장한다. 이니셜 입력 화면에서 특정 이니셜과 커맨드를 입력하면 숨겨진 캐릭터를 사용할 수 있게 된다. 참고로 숨겨진 캐릭터는 총 12명이 존재한다.

마도 이야기 II : 아르르 16세

GAME GEAR 세가 1994년 5월 20일 5,500엔 4M ROM

▶ 다음 층으로 넘어가면 졸개에게도 고전한다. 제대로 레벨을 올려두자.

「마도 이야기 I : 3가지 마도구」의 속편. 전작에선 유치원생이었던 아르르도 성장해 16세가 되었다. 「뿌요뿌요」 시리즈로 친숙한 '셰조'와 '사탄'도 등장한다. 별명 '카 군'으로 유명한 카방클이 처음 등장한 작품이기도 하다. 시스템도 전작과 동일해, 편하게 즐길 수 있다.

월드 더비

GAME GEAR CRI 1994년 5월 27일 4,980엔 4M ROM

▶ 실황이 없고 말들이 나란히 달리는 간이 레이스지만, 상황 파악엔 문제가 없다.

경주마 육성 게임. 마주 겸 브리더로서 경주마를 육성하는 '캠페인 모드', 마권을 구입해 최종 자금 순위를 최대 4명이 겨루는 '파티 모드', 게임 내의 명마들 중에서 출주마를 선출해 레이스를 관전하는 '드림 레이스'로 총 3가지 모드를 즐길 수 있다.

에일리언 3

GAME GEAR 어클레임 재팬 1994년 5월 27일 4,500엔 2M ROM

▶ 맵 내의 곳곳에는 탄약이 떨어져 있다. 게임을 유리하게 진행하려면 최대한 입수해둬야 한다.

▶ 화염방사기 외의 무기는 공격방향을 상하좌우+대각선으로 자유롭게 쓸 수 있다. 무기 변경은 웅크리기+점프 버튼이다.

영화 '에일리언 3'를 소재로 삼은 액션 게임. 영화와는 달리 감옥행성 피오리나 161로 탈출한 동료들은 살아있으며, 피오리나 161 내에 서식중인 에일리언들에 사로잡혀 있는 상태다. 따라서 이 게임의 목적은 동료 전원의 구출과, 행성 어딘가에 있는 퀸 에일리언의 퇴치다. 총 5스테이지이며, 각 스테이지는 3개 에이리어로 나뉜다. 터미널을 확인하면 에일리언 알의 위치도 제대로 표시되므로, 이를 잘 활용할 필요가 있다.

 슈팅 게임
 액션 게임
 퍼즐 게임
 롤플레잉 게임
 시뮬레이션 게임
 스포츠 게임
 드라이브 게임
 어드벤처 게임
 교육 및 기타
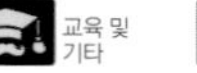 홈 게임

도둑맞곤 못살아!?

GAME GEAR 세가 1994년 6월 3일 3,800엔 4M ROM

▶ 도둑은 수십 명이나 된다. 느긋하게 있을 시간이 없다.

같은 제목의 일본 영화를 게임화한 퍼즐 게임. 강도단을 격퇴하는 게 목적이다. 각 방에 함정을 예고장의 시간 전까지 설치하자. 강도단이 침입해오면 약도와 각 방의 카메라를 적절히 전환하며 아이템과 함정을 활용해 격퇴하도록. 보물을 너무 많이 빼앗기면 게임 오버다.

아담스 패밀리

GAME GEAR 어클레임 재팬 1994년 6월 24일 4,500엔 2M ROM

▶ 최후의 방에 들어가려면 100만 달러가 필요하다. 돈은 최대한 모아두자.

미국에서는 원작 영화의 분위기를 매우 잘 재현했다고 호평 받았던, 방들을 탐색해 가족을 찾아내는 필드 탐색형 액션 어드벤처 게임. 무대인 아담스 저택의 괴이한 분위기를 잘 살려냈다. 다만 그래픽이 세밀하다보니 배경에 아이템이 묻혀 안 보이는 등 난이도도 높아졌다.

로보캅 3

GAME GEAR 어클레임 재팬 1994년 6월 24일 4,500엔 2M ROM

▶ 시작하자마자 수많은 적에 포위당하는 상황이 된다. 앞에만 주의하다보면 뒤에서 적이 나오기도.

▶ 탄약은 한정돼 있어, 난사하면 금방 바닥난다. 효율적인 전진방법을 모색하는 것도 이 게임의 재미다.

영화 '로보캅 3'를 소재로 삼은 횡스크롤 액션 게임. 전년에 유럽에서 발매된 마스터 시스템용 게임의 이식작이다. 로보캅을 조작해, 옴니 사의 델타 시티 계획을 저지하는 게 목적이다. 로보캅은 총기로만 공격 가능하며, 그 대신 공격방향을 상하좌우+대각선으로 자유롭게 바꿀 수 있다. 다만 로보캅의 이동속도가 느리기에, 제대로 적을 물리치며 신중하게 전진하는 게 중요하다. 서양 게임답게 난이도가 높은 편이라, 숙련된 게이머에게 알맞은 작품이다.

J리그 GG 프로 스트라이커 '94

GAME GEAR 세가 1994년 7월 22일 4,800엔 4M ROM

▶ '게임 기어+1' 형태로, 본체 동봉판도 14,800엔에 발매되었다.

J리그 공인을 받은 축구 게임. J리그 12개 팀과 선수 전원이 실명으로 등장한다. 리그전·컵전·프리시즌 매치 모드가 있으며, '선수 카드'라는 모드에서는 선수들의 프로필을 볼 수도 있다. 통신 케이블이 동봉돼 있어 대전 플레이도 즐길 수 있다.

줄의 꿈 모험

GAME GEAR 인포컴 1994년 7월 29일 3,800엔 2M ROM

▶ 소닉과 마리오를 의식한, 개성적인 캐릭터를 내세운 액션 게임이다.

전년 미국에서 발매된 타이틀의 일본 이식판으로서, 원제는 「ZOOL : Ninja of the "Nth" Dimension」이다. 주인공인 닌자 '줄'을 조작해, 제한시간 내에 메달을 모아 스테이지 어딘가에 있는 골로 향하자. 적 캐릭터의 출현율이 높고 제한시간도 빡빡해, 난이도가 극악하다.

 1인용  1~2인용  메모리 백업  대전 케이블 지원 게임

스매시 TV

GAME GEAR 어클레임 재팬 1994년 7월 29일 4,500엔 2M ROM

1 PLAYER

▶ 종종 출현하는 강력한 파워업 장비로 적을 일망타진하라!

전방향으로 자유롭게 샷을 발사할 수 있는 상쾌한 액션 슈팅 게임. 인기 TV프로 '스매시 TV'에서 펼쳐지는 살인 게임이란 설정이다. 원작이 아케이드 게임이다 보니 이식되면서 하드웨어에 최적화했고, 원작에선 8방향 레버 2개를 조작했으나 간단한 조작계로 변경했다.

퍼즐뿌요 : 아르르의 루

GAME GEAR 세가 1994년 7월 29일 3,800엔 2M ROM

1 PLAYER

▶ 차분히 생각해 화면상의 뿌요를 없애자. 연쇄가 제대로 터지면 상쾌하다!

익숙한 「뿌요뿌요」의 룰을 바탕으로 출제된 문제를 풀어, 화면에 배치된 '뿌요'를 없애는 것이 목적이다. 화려한 연쇄로 화면상의 뿌요를 전부 없애보자! 스토리 모드에서는 등장하는 라이벌 캐릭터로부터 카레 재료를 빌리는 과정에서 '퍼즐뿌요'가 출제된다.

바트 월드

GAME GEAR 어클레임 재팬 1994년 7월 29일 4,500엔 2M ROM

1 PLAYER

▶ 심플한 게임들뿐이지만, 개중엔 설명 부족 탓에 이해가 어려운 경우도 있다.

미국의 인기 애니메이션 '심슨 가족'의 캐릭터인 '바트'가 주인공인 미니게임 모음집으로서, 아이템 수집형 액션 게임, 15피스를 맞추는 퍼즐 게임, 트럼프 짝맞추기 게임 등 15종류의 게임을 즐길 수 있다. '심슨 가족'의 팬 아이템에 가까운 느낌의 작품이다.

다이너마이트 헤디

GAME GEAR 세가 1994년 8월 5일 3,800엔 4M ROM

1 PLAYER

▶ 아이템을 얻으면 공격방법이 다양해져 공략의 효율도 올라간다.

세가 게임기 유저라면 친숙할 명가인 트레저 사가 개발한 횡스크롤 액션 게임. 주인공은 자신의 머리를 던져 공격하며, 도중의 배경을 움직이거나 퍼즐을 풀며 진행한다. 개성 넘치는 적 캐릭터들과 스테이지 최후의 보스 등 볼거리가 많아, 많은 유저들이 꼽는 명작이다.

코카콜라 키드

GAME GEAR 세가 1994년 8월 5일 3,800엔 4M ROM

1 PLAYER

▶ 사이드뷰 화면 내를 돌아다니는 '코키'. 움직임이 매우 다이내믹하고 부드럽다. 속도감도 있어 조작이 재미있다.

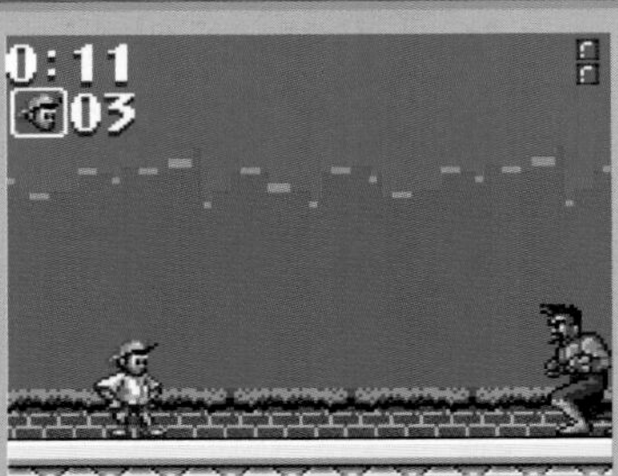

▶ 코카콜라를 대대적으로 어필하는 타이틀 화면은 적색·백색 디자인으로 시선을 끈다. 픽셀 그래픽도 공들여 그렸다.

코카콜라와 전면적으로 제휴해 제작한 게임 기어 오리지널 액션 게임. 주인공 '코키'는 사로잡힌 사쿠라코 선생님을 구하기 위해 '사악단'의 아지트로 달려간다. 사이드뷰로 묘사된 스테이지 내를 뛰어다니며, 공중제비 점프와 벽 붙기 등의 기술로 골까지 전진하자. 손에 든 코카콜라 마크의 프리스비로 적을 공격하고 벽을 파괴해 아이템을 찾는 등, 풍부한 액션 요소와 경쾌한 조작감이 본격적이다. 당시 특제 게임 기어 및 소프트 증정 캠페인도 개최했다.

 슈팅 게임  액션 게임  퍼즐 게임  롤플레잉 게임  시뮬레이션 게임  스포츠 게임  드라이브 게임  어드벤처 게임  교육 및 기타  홈 게임

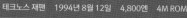

뽀빠이의 비치발리볼

GAME GEAR 테크노스 재팬 1994년 8월 12일 4,800엔 4M ROM

▶ 친숙한 뽀빠이 캐릭터들을 오리지널 애니메이션 마냥 코믹하게 그려낸 픽셀 그래픽이 따뜻하고 정겹다.

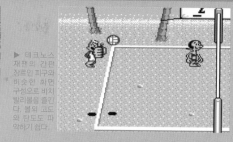

▶ 테크노스 재팬의 간판 장르인 피구와 비슷한 화면 구성으로 비치발리볼을 즐긴다. 볼의 고도와 탄도도 파악하기 쉽다.

뽀빠이와 브루터스가 비치발리볼로 승부한다는 내용의 스포츠 게임. 해변 주변의 맵에서 스테이지를 선택해, 각각 디자인이 다른 코트에서 시합을 펼친다. 리시브와 스파이크가 확실히 구분되고, 특히 강력한 스파이크는 불꽃 슛이 되어 맞은 캐릭터가 날아가 버리는 등의 호쾌한 연출이 나온다. '뽀빠이'다운 요소로는 시금치가 담긴 P캔이 나오는데, 뽀빠이는 이것을 얻으면 파워 업하여 강력한 서브를 날린다. 스테이지 막간의 미니 게임도 재미있다.

검용전설 YAIBA

GAME GEAR 세가 1994년 9월 9일 3,800엔 4M ROM

▶ 원작의 '팔귀 편'~'지하세계 편'을 재현했다. 야이바는 원작처럼 선풍검→벼락치기→십자베기로 파워 업 된다.

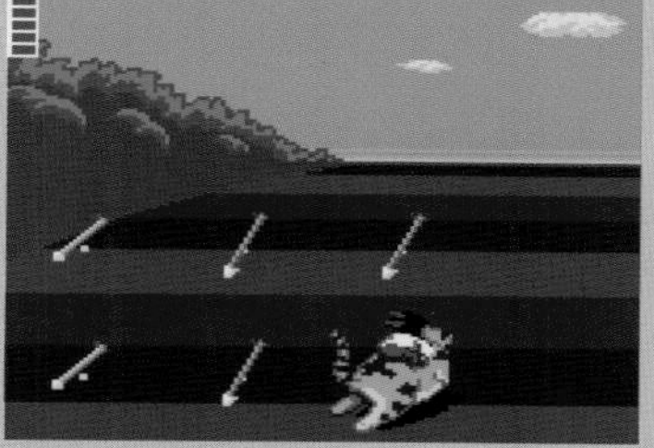

▶ 대부분의 보스전을 버튼 연타만으로 클리어 가능해, 액션성은 낮다. 스토리도 명장면이 대체로 생략됐다.

원작은 주간 소년 선데이에서 연재하던 아오야마 고쇼의 인기 만화. 같은 작가의 '명탐정 코난'에 비해 덜 유명한 작품이긴 하나, 애니메이션화도 된 인기작이었다. 기본적으로는 전형적인 액션 게임으로서, 32색 컬러를 활용한 선명한 그래픽이 최대 특징. 픽셀 캐릭터부터 이벤트 CG까지 원작을 충실히 재현했고, 조작성도 좋다. 총 4스테이지라 볼륨은 작은 편이나, 원작의 주요 에피소드를 대체로 망라하고 있어 원작의 팬들을 만족시켰다.

모탈 컴뱃 II : 궁극신권

GAME GEAR 어클레임 재팬 1994년 9월 9일 4,800엔 4M ROM

▶ 꾸준히 공격을 히트시켜 최후의 결정타를 먹일 때의 쾌감이 일품이다.

서양의 대전격투 게임 팬들 사이에서 큰 인기를 누렸던 시리즈의 제 2탄. 전작처럼 실사를 스캔해 묘사한 캐릭터들이 대전하며, 상대를 연속기와 초필살기로 물리쳐야 한다. 원작인 아케이드판의 경우, 과격하고 잔혹한 묘사 덕분에 일본보다는 본토인 서양에서 큰 호평을 받았다.

덩크 키즈

GAME GEAR 세가 1994년 9월 16일 3,800엔 4M ROM

▶ 토너먼트 이외의 모드는, 통신 케이블로의 2인 대전도 지원한다.

농구를 좋아하는 소년들이 팀을 결성해 국내 대회를 제패한 후, 세계 각지를 순회하며 시합하는 3-on-3 형식의 농구 게임. 일반적인 농구와는 달리, 게임 기어의 성능에 맞춰 원활하게 즐길 수 있도록 심플한 3인 1팀제의 변칙적인 룰을 채용했다.

 1인용
 1~2인용
 메모리 백업
 대전 케이블 지원 게임

T2 : 저지먼트 데이

GAME GEAR 어클레임 재팬 1994년 9월 30일 4,500엔 2M ROM

▶ 게임의 진행 템포가 빠르고 조작성도 우수해, 완성도 높은 양질의 액션 게임이 되었다.

▶ 스테이지에 따라서는 무기로 대량의 적들을 물리칠 수도 있다. 영화의 스토리를 재현한 마지막 장면은 꼭 보자.

영화 '터미네이터 2'를 테마로 제작한 액션 게임. 플레이어는 영화에서 아놀드 슈워츠네거가 연기한 구식 터미네이터 'T-800 모델 101'이 되어, 앞을 가로막는 요원들을 물리치며 최후에는 사이버다인 사의 최신형 터미네이터 'T-1000'을 쓰러뜨린다. 잽싼 움직임과 경쾌한 액션이 특징인 게임으로서, T-800은 펀치와 점프로 적들을 쓸어버릴 수 있다. 엔딩에서는 용광로에 잠겨 사라져가는 T-800의 CG가 나오기도 한다.

크래시 더미 : 슬릭의 대도전

GAME GEAR 어클레임 재팬 1994년 9월 30일 4,500엔 2M ROM

▶ 난이도는 'EASY'부터 'VERY HARD'까지 4단계. 난이도 조정은 메뉴엔 없으며, 직접 클리어해야만 한다.

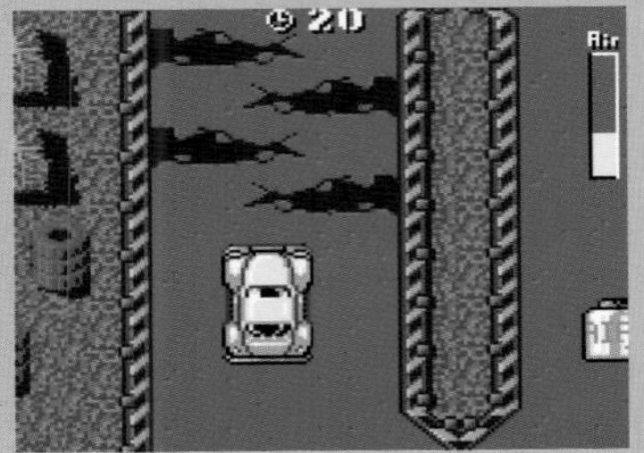

▶ 게임을 클리어하면 돈을 받지만, 인형은 반드시 박살난다. 처음엔 지상에서 시작하지만, 최후엔 우주까지도 간다.

충돌시험용 더미 인형 형제인 '스핀'과 '슬릭', 즉 '크래시 더미즈'가 활약하는 미니게임 모음집. 일만 하다가 스트레스가 잔뜩 쌓인 그들이, 바캉스 비용을 벌기 위해 아르바이트에 나선다는 스토리다. 수록된 미니게임은 총 5종류로서, 전반적으로 80년대에 서양에서 인기였던 아케이드 게임들을 모델로 삼았다. 모두 룰이 간단하고 단시간에 가볍게 즐길 수 있는 게임들로서, 'EASY'로 모든 게임을 클리어하면 난이도가 'NORMAL'로 올라가 2주차 플레이가 시작되는 식이다.

프로야구 GG 리그 '94

GAME GEAR 세가 1994년 9월 30일 3,800엔 4M ROM

▶ 페넌트레이스 모드를 삭제하고, 대신 토너먼트 모드를 추가했다.

게임 기어용으로는 4번째 작품인, 심플한 야구 게임. 당시의 센트럴·퍼시픽 리그 선수 전원을 실명으로 조작할 수 있다. 시점도 투수 측·타자 측 2종류의 시점을 임의 전환 가능해, 비주얼도 호화로워졌다. 구장도 4종류로 늘어, 이 시대의 야구게임으로선 완성형에 가깝다.

유☆유☆백서 2 : 격투! 7강의 싸움

GAME GEAR 세가 1994년 9월 30일 3,800엔 4M ROM

▶ 캐릭터는 말끔하게 잘 그렸지만, 캐릭터 대사는 커녕 스토리성도 전혀 없다.

게임 기어용으로는 2번째 작품에 해당하는, 같은 제목 인기 만화의 게임판. 시스템은 전작과 동일한 프론트 뷰 형식의 비주얼 노벨로서, 메인 캐릭터 4명 외에 토구로·이츠키·센스이가 등장한다. 수시로 나오는 애니메이션 파트는 확실히 진화했고, 박력도 더욱 늘어났다.

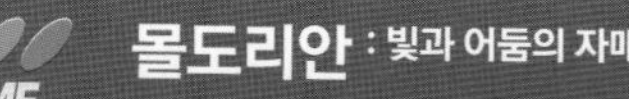

몰도리안 : 빛과 어둠의 자매

세가 1994년 10월 30일 4,800엔 4M ROM

▶ 전투 시스템은 당시엔 드물었던 실시간제 커맨드 입력을 채용했다. 커맨드 입력 방법도 독특해서 방심할 수 없다.

▶ 파티는 기본 3명으로 구성된다. 주인공 2명은 고정이며, 나머지 1명이 시나리오 전개에 맞춰 교체되는 식이다.

게임 기어용으로는 몇 안 되는 RPG 중 하나. 「드래곤 퀘스트」 등을 연상케 하는 전형적인 2D 필드형 RPG로서, 성에서 성으로 여행하며 마을에서 사람들과 대화하고, 밖에서 적과 싸워 돈과 경험치를 벌어야 한다. 메뉴는 「샤이닝」 시리즈와 비슷하게 십자 형태로 표시된다. 따돌림당하던 어린 주인공이 모험을 거쳐 성장한다는 왕도적인 스토리로서, 능력치 강화 아이템이나 강력한 무기를 의외로 게임 초반에 얻을 가능성이 있다는 점도 특징이라면 특징이다.

소닉 & 테일즈 2

세가 1994년 11월 11일 3,800엔 4M ROM

▶ 비행기나 잠수함을 타고 진행하는 등, 다채로운 액션이 펼쳐진다.

닥터 에그맨이 빼앗아간 카오스 에메랄드를 회수하려는 소닉과 테일즈 앞을 너클즈와 팽, 심지어는 메탈 소닉까지 막아선다. 전작의 기본 액션 외에도 스노보드·스크류 슈즈·하이 스피드 헬리테일 등의 아이템 액션이 추가되어, 게임이 한층 더 스피디해졌다.

이치단트알 GG

세가 1994년 11월 25일 3,800엔 4M ROM

▶ 마왕의 이름은 「골든 액스」의 보스 '데스 애더'의 패러디다.

미니게임 모음집 「탄트알」의 속편으로서, 플레이어는 이번엔 2명의 기사가 되어 공주를 납치해간 마왕 '보스 애더'를 쫓는다. 아케이드 및 메가 드라이브판의 미니게임 20종류 중 12종류나 미수록되었으나, 그 대신 게임 기어판 오리지널 미니 게임 5종류를 추가 수록했다.

마도 이야기 Ⅲ : 궁극 여왕님

세가 1994년 11월 25일 5,500엔 4M ROM

▶ 전작에 비해 전반적인 난이도가 낮아지고, 샘플링 보이스는 늘어났다.

전작 두 작품이 원작이 있는 이식작인 데 비해, 이 작품의 스토리는 오프닝·엔딩이 공통일 뿐 완전 오리지널이다. 던전은 총 10층 구조. 시스템은 전작들과 거의 공통이지만, 음산한 느낌을 싹 걷어내고 슬랩스틱 코미디물이 되었다. 뿌요 만쥬 '뿌요빵'이 등장하는 첫 작품.

아랑전설 SPECIAL

타카라 1994년 11월 25일 4,800엔 4M ROM

▶ 다양한 기종으로 이식되었으나, 휴대용 게임기로는 게임 기어판이 유일하다.

대전격투 게임 「아랑전설」 시리즈 3번째 작품의 게임 기어 이식판. 캐릭터는 테리·앤디·죠·마이·텅푸루·덕 킹·빌리 칸·기스·료 9명으로 줄어들었고, 기술 커맨드나 성능 등도 게임 기어의 하드웨어에 맞춰 개변되었으나, 제법 재현도가 높은 이식작이라 호평을 받았다.

 1인용  1~2인용  메모리 백업  대전 케이블 지원 게임

사무라이 스피리츠

GAME GEAR 타카라 1994년 12월 9일 4,800엔 4M ROM

▶ 'TAKARA' 로고 표시 중일 때 오른쪽 방향키를 3회 입력하면 아마쿠사도 사용 가능.

SNK가 발매했던 아케이드용 대전격투 게임의 게임 기어 이식작. 각 캐릭터가 지닌 고유의 무기로 공방을 펼친다. 캐릭터는 원작에서 어스퀘이크·왕푸·탐탐 3명이 삭제된 총 9명으로서, 전원을 물리치면 라스트 보스인 아마쿠사 시로 토키사다와 싸우게 된다.

From TV animation 슬램 덩크 : 승리로의 스타팅 파이브

GAME GEAR 반다이 1994년 12월 16일 4,800엔 4M ROM

▶ 시합중에까지 비주얼 신이 풍부하게 나와, 원작 팬들을 즐겁게 한다.

인기 만화 '슬램 덩크'의 TV 애니메이션판을 게임화한 작품으로는 3번째로서, 게임 기어판에는 '승리로의 스타팅 파이브'라는 부제가 붙었다. 예선 리그 4시합을 돌파하여 인터하이 출전을 노리자. 시합은 커맨드 선택식으로 진행되지만, 액션성도 강한 편이다.

마법기사 레이어스

GAME GEAR 세가 1994년 12월 16일 4,800엔 4M ROM

▶ 전투 신은 '슬롯 배틀'이란 오리지널 시스템으로 진행된다. 룰렛을 돌려 공격 순서를 결정하므로 운에 크게 좌우된다.

▶ 펜릴의 캐릭터 설정이 변경되고 일부 마법의 효력이 달라지는 등, 원작과는 다소 차이가 있다.

CLAMP 원작의 같은 제목 인기 애니메이션의 게임판. 이동 화면은 액션 게임과 비슷하지만, 적과 접촉하면 커맨드 선택식으로 전투가 펼쳐진다. 행방불명된 모코나를 찾아 나선다는 오리지널 스토리로서, 이를 원안으로 삼은 외전 만화도 만들어졌다(현재는 설정자료집에서 찾아볼 수 있다). 스페셜 컬러인 붉은색 게임 기어 본체와 이 작품을 합본해 판매한 '게임 기어 캐릭터 팩'에는, 모코나 모양으로 제작한 골드 아뮬렛도 함께 동봉돼 있다.

뿌요뿌요 투[通]

GAME GEAR 컴파일 1994년 12월 16일 3,800엔 4M ROM

▶ 한눈을 팔면 바로 대연쇄 반격이 몰려온다. 타이밍을 노려 기습공격하자!

인기 낙하계 퍼즐 게임 「뿌요뿌요」의 속편. 전작에는 없었던 '상쇄' 시스템을 추가해, 선수필승 일변도였던 전작보다 전략성이 강화됐고 상대에 반격이 가능해져 더욱 재미있어졌다. 게임 기어판은 좁은 화면임에도 불구하고 게임성만큼은 원작을 훌륭히 재현했다.

프레드 커플스 골프

GAME GEAR 세가 1994년 12월 23일 3,800엔 4M ROM

▶ 코스는 총 18종류. 어드바이스를 따르며 좋은 스코어를 내보자!

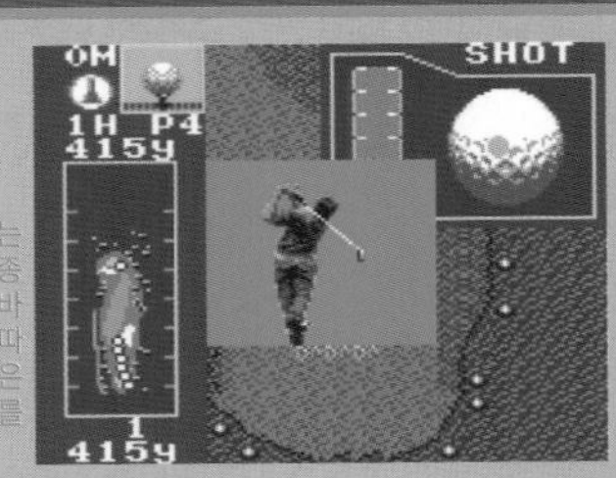

1990년대에 인기였던 미국의 프로 골퍼, 프레드 커플스의 감수하에 발매된 골프 게임. 탑뷰 시점의 심플한 작품으로서, 각 코스 시작 전에 커플스가 적절히 어드바이스를 해준다. 그런 위에서 상쾌한 샷을 날리는 짧은 비주얼 신은 그야말로 일품이다.

 슈팅 게임  액션 게임  퍼즐 게임  롤플레잉 게임  시뮬레이션 게임  스포츠 게임  드라이브 게임  어드벤처 게임  교육 및 기타 홈 게임

1995

GAME GEAR SOFTWARE ALL CATALOGUE

1995년의 소프트 발매 수는 작년보다 조금 밑도는 40종을 기록했다.

전년 말에 세가새턴이 발매된 데다 가정용 게임기 유저의 연령층이 올라가는 와중이었기에, 이 해부터의 게임 기어는 저연령층용 게임기라는 포지션을 맡게 된다. 소프트 역시 「미키 마우스」 등의 디즈니 타이틀을 비롯하여 「미소녀 전사 세일러문 S」, 「짱구는 못 말려」, 「NINKU -닌쿠-」, 「마법기사 레이어스」 등 애니메이션 판권물 타이틀이 다수 발매되어, 시장에서도 저연령용이라는 이미지가 확립되었다.

작년의 「마법기사 레이어스」로 시작된 '게임 기어 캐릭터 팩' 발매 전략도 꾸준히 유지되어, 다음해의 키즈 기어 발매로 이어지게 된다.

미키 마우스 : 전설의 왕국

GAME GEAR 세가 1995년 1월 13일 3,800엔 4M ROM

▶스테이지 후반의 보스들은 저마다 개성적이고 다양한 공격을 펼쳐온다.

디즈니를 대표하는 캐릭터인 미키 마우스가 활약하는 횡스크롤 액션 게임. 보물상자의 보석과 아이템을 모으고 발판을 만들며 전진해, 각 스테이지의 보스를 물리치고 사로잡힌 친구들을 구출해야 한다. 마을·사막·숲 등으로 구성된 총 10스테이지를 모두 클리어해 보자!

라이온 킹

GAME GEAR 세가 1995년 1월 13일 3,800엔 4M ROM

▶대상연령이 낮고 다채로운 액션이 재미있지만, 난이도 자체는 꽤나 높다.

디즈니의 극장판 애니메이션을 소재로 삼은 작품. 총 10스테이지로 구성된 횡스크롤 액션 게임이다. 원작인 마스터 시스템판에 비해 최종 스테이지의 볼륨이 대폭 삭제되었다. 스토리는 영화 내용을 충실히 따라가며, 스토리가 진행됨에 따라 주인공의 외모가 성장한다.

실반 테일

GAME GEAR 세가 1995년 1월 27일 5,500엔 4M ROM

▶그래픽도 시스템도 당시 주류 스타일의 답습이지만, 익숙한 장르를 지나친 개변 없이 쾌적하고 쉽게 다듬어 승화시켰다.

▶시나리오는 살벌하지 않고 온화한 편. 스토리도 그리 길지 않으나, 모험은 제대로 완결된다. 엔딩도 깔끔하다.

게임 기어를 대표하는 액션 RPG. 기본적으로는 이 시대에 흔했던 「이스」풍 탑뷰 스타일로서, 「젤다의 전설」풍의 액션 시스템도 있다. 한편 그래픽엔 상당히 공을 들였고, 조작성도 좋다. 난이도도 누구에게든 부담 없을 만큼 낮췄다. 특징은, 아이템을 입수함에 따라 가능한 액션이 늘어나는 것은 물론 변신까지도 할 수 있게 된다는 점. 휴대용 게임기의 특성을 제대로 살려낸 완성도 높은 게임으로서, 특출한 개성은 없으나 엔딩까지 제대로 탄탄하게 만든 작품이다.

 1인용  1~2인용 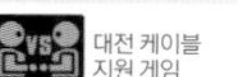 메모리 백업 대전 케이블 지원 게임

갬블 패닉

GAME GEAR 세가 1995년 1월 27일 3,800엔 4M ROM

▶ 패스워드로 게임을 재개할 수 있고, 패스워드 입력으로 발동되는 비기도 있다!

짬짬이 시간이 빌 때 가볍게 즐길 만한 미니게임들로 구성된 작품. 트럼프·슬롯머신 등 카지노에 있을 법한 게임들을 제공하며, '포커'로 돈을 벌거나 '슬롯'으로 일확천금을 노리고 승부를 걸어볼 수도 있다. 그 외에도 다양한 미니게임을 수록했다.

미소녀 전사 세일러문 S

GAME GEAR 반다이 1995년 1월 27일 4,800엔 4M ROM

▶ 미니게임 중 점술이 있는데, 연도의 앞 2자리가 '19'로 고정이라 지금은 무의미하다.

굳이 설명할 필요가 없을 만큼 유명한, 같은 제목 애니메이션의 게임판. 횡스크롤 액션 게임으로서, 메뉴 화면에서 어떤 캐릭터를 고르느냐로 난이도가 달라진다(우사기는 노멀, 꼬마 우사기는 이지). 총 15스테이지 구성이며, 구매자층을 배려해서인지 난이도가 낮다.

에코 더 돌핀 2

GAME GEAR 세가 1995년 2월 3일 3,800엔 4M ROM

▶ 전작과 마찬가지로 난이도는 극악하다. 대신 그래픽이 멋지고 모션도 다채롭다.

돌고래 '에코'가 지구의 존망을 걸고 외계인과 싸우는 액션 게임. 기본적인 시스템은 전작과 변함없지만, 「스페이스 해리어」처럼 입체적으로 스크롤되는 스테이지가 있는가 하면, 게임 전반에 걸쳐 퍼즐성이 강화되었다. 맵 화면을 넓고 보기 편하게 개량해, 플레이가 편해졌다.

리스타 더 슈팅스타

GAME GEAR 세가 1995년 2월 17일 3,800엔 4M ROM

▶ 그래픽이 매우 미려하고 세밀하며, 캐릭터의 표정도 풍부하다.

소닉 팀이 개발한 액션 게임. 별똥별 소년 '리스타'를 조작해, 일곱 별을 왕래하며 '탐욕왕 그리디'를 물리치는 게 목적이다. 「소닉」처럼 스피디한 게임은 아니나, 물체를 붙잡거나 박치기하는 등 신선한 액션이 가득하다. 회전하면서 점프하면 별똥별이 되어 무적 상태로 바뀐다.

NBA JAM : 토너먼트 에디션

GAME GEAR 어클레임 재팬 1995년 2월 24일 4,800엔 4M ROM

▶ 아케이드판은 NBA가 처음으로 공인한 본격적인 농구 게임이다.

시리즈 제 2탄. 동부·서부 양대 컨퍼런스의 총 27개 팀에서 2명씩을 선발하여 토너먼트전을 치른다. 각 기종판별로 선발된 선수가 다르며, 숨겨진 커맨드를 입력하면 당시 미국 대통령이었던 빌 클린턴이 등장한다. 선수들의 동작에 과장이 심하며, 특히 슬램 덩크가 압권이다.

NFL 쿼터백 클럽 '95

GAME GEAR 어클레임 재팬 1995년 2월 24일 4,800엔 4M ROM

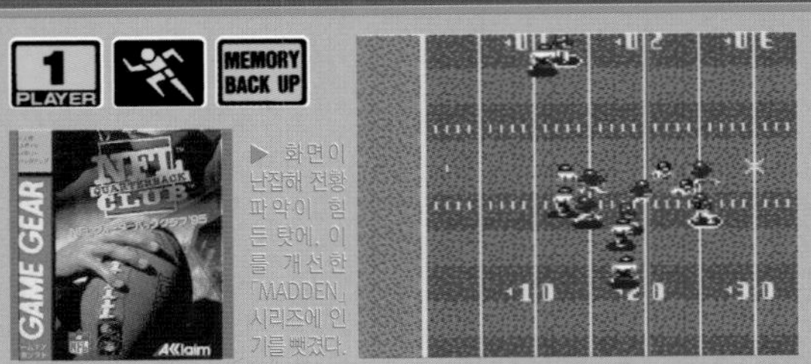

▶ 화면이 난잡해 전황 파악이 힘든 탓에, 이를 개선한 'MADDEN' 시리즈에 인기를 뺏겼다.

원작은 1993년 발매된 게임보이판. 질주력과 투구력을 테스트하는 경기력 측정 모드인 'QB 챌린지', 일반 모드인 'NFL 플레이', 특정 시추에이션을 클리어하는 '시뮬레이션'의 3가지 게임 모드를 즐길 수 있다. 'NFL 플레이' 모드에서는 NFL의 모든 팀을 선택 가능하다.

슈팅 게임  액션 게임  퍼즐 게임  롤플레잉 게임 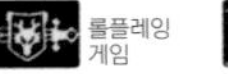 시뮬레이션 게임  스포츠 게임  드라이브 게임  어드벤처 게임  교육 및 기타 홈 게임

짱구는 못 말려 : 대결! 칸탐 패닉!!

GAME GEAR 반다이 1995년 2월 24일 4,800엔 4M ROM

▶ 게임에서 이기면 칸탐로보를 강화시켜주는 파워업 포인트를 받는다.

짱구네 가족이 게임 기어로도 등장했다. '혼자서 놀기'·'스토리 모드'·'둘이서 놀기'의 3가지 모드가 있다. 총 9종의 미니게임이 제공되며, '혼자서 놀기'에선 자유롭게 고를 수 있고, '스토리 모드'에선 시나리오 진행에 맞춰서 적절한 미니게임을 플레이하게 된다.

로열 스톤 : 열리는 시간의 문

GAME GEAR 세가 1995년 2월 24일 4,800엔 4M ROM

▶ 전투 신은 유사 3D풍으로 진화했다. 동료는 죽으면 부활이 불가능.

1991년 발매되었던 「아리엘 : 크리스탈 전설」의 연장선상에 있는 시뮬레이션 RPG. 시스템 자체는 전작을 답습했으나 스토리성이 대폭 향상되어, 중후한 이야기가 펼쳐진다. 그래픽도 진화되어, 게임 기어용 타이틀 중에서도 최상급. 스토리성과 함께 BGM도 강화했다.

타마 & 프렌즈 : 3번가 공원 타마림픽

GAME GEAR 세가 1995년 3월 3일 3,800엔 2M ROM

▶ 타이밍을 맞추거나 버튼을 연타하는 등, 비교적 단순한 게임들이다.

잡지 연재와 극장판 애니메이션으로 전개했던 인기작 '우리집 타마를 모르시나요?'가 원작. 직장인 여성·여고생들에 인기였던 작품이나, 이 게임은 유아용이다. 원작에도 등장했던 3번가 공원이 무대로서, 미끄럼틀을 거슬러오르거나 양동이에 모래를 담는 등의 간단한 미니게임 4종으로 구성돼 있다.

소닉 드리프트 2

GAME GEAR 세가 1995년 3월 17일 3,800엔 4M ROM

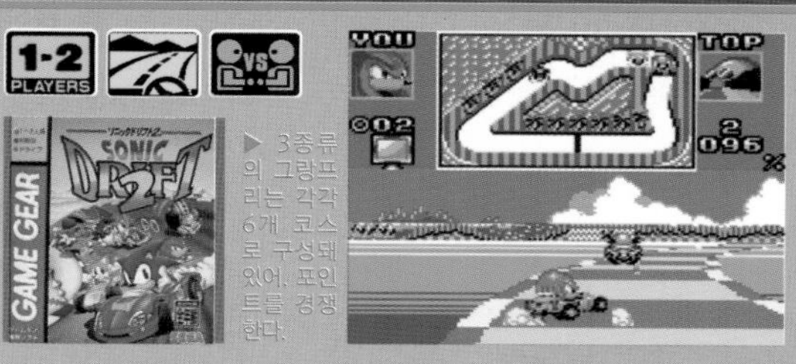

▶ 3종류의 그랑프리는 각각 6개 코스로 구성돼 있어, 포인트를 경쟁한다.

전작에서 너클즈·메탈 소닉·팽이 추가된 총 7명의 캐릭터가 달리는 레이싱 게임. 3종류로 늘어난 그랑프리 모드의 경우, 루프형 코스 외에 외길 코스도 등장한다. 각 코스 1위가 되면 받는 카오스 에메랄드를 모으면, 파이널 레이스에 도전할 수 있게 된다.

건스타 히어로즈

GAME GEAR 세가 1995년 3월 24일 3,800엔 4M ROM

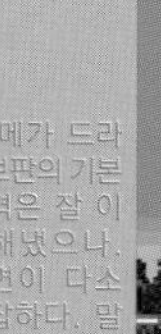

▶ 메가 드라이브판의 기본 골격은 잘 이식해냈으나, 화면이 다소 난잡하다. 말판놀이와 슈팅 스테이지도 삭제됐다.

▶ 원작처럼 쾌적한 플레이를 위해 테어링과 느려짐을 최대한 억제하는 기능도 넣었으나, 그만큼 난이도가 대폭 올라갔다.

원작은 1993년 메가 드라이브로 발매했던 같은 제목의 타이틀. 다채로운 웨폰과 경쾌한 액션으로 찬사 받은 작품을, 핵심적인 골격만 취사선택해 과감히 이식해냈다. 아무래도 16비트 소프트를 8비트 게임기로 하향이식한지라 발매 전에는 상당한 열화판이 될 것이란 예상이 많았으나, 1인 플레이 전용에다 원작의 7스테이지를 6스테이지로 줄이는 등 하드웨어 한계에 맞춰 크게 개변한 결과, 뛰어난 이식도를 인정받아 당시 매니아들로부터 상당한 호평을 얻어냈다.

 1인용  1~2인용  메모리 백업 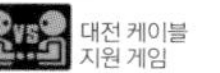 대전 케이블 지원 게임

여신전생 외전 : 라스트 바이블 스페셜

GAME GEAR 세가 1995년 3월 24일 5,500엔 4M ROM

▶ 기독교의 종교관을 믹스하여, 기존 「여신전생」 시리즈와는 색다른 분위기를 자아낸다.

▶ 별매품인 통신 케이블을 사용하면 파티 간 대전 플레이는 물론, 육성한 캐릭터를 상대에게 전송해줄 수도 있다.

게임 기어 전용 소프트로 발매된 「여신전생」 시리즈 작품. 특징은 「라스트 바이블」 시리즈로는 유일하게 3D 던전 시스템을 도입했다는 점이다. 덕분에 전작 대비로 게임성·난이도가 한층 올라갔다. 또한 동료 캐릭터의 육성 요소를 강화시켜, 파고드는 맛도 깊어졌다. 악마 동료화 시스템과 일부 마법의 유사성 정도를 제외하면, 타 「여신전생」 작품과는 관계성이 거의 없는 편. 전반적인 분위기는 오히려 「위저드리」에 훨씬 더 가까운 작품이다.

SD건담 WINNER'S HISTORY

GAME GEAR 반다이 1995년 3월 24일 4,800엔 4M ROM

▶ 전투가 액션 게임 스타일인 것이 이 시리즈의 특징이다.

패미컴으로 발매되었던 「SD건담 가챠퐁 전사」 시리즈의 게임 기어용 오리지널 타이틀. SD화된 건담 캐릭터를 사용한 워 시뮬레이션 게임이다. '싱글 맵'·'캠페인'·'대전'의 3가지 게임 모드가 있고, 대전 케이블이 없어도 대전이 가능하도록 해 유저를 배려했다.

THE 퀴즈 : 기어 파이트!

GAME GEAR 세가 1995년 4월 7일 3,800엔 4M ROM

▶ 퀴즈 외에도 디테일한 연출 등에 상당히 공을 들여, 플레이어가 재미있는 작품.

게임 기어 본체를 의인화한 캐릭터가 진행자를 맡는 독특한 설정의 퀴즈 게임. 플레이어가 대전 상대와 퀴즈 대결로 정답을 겨룰 뿐만 아니라 상대에게 대미지를 입히는 공격 등도 가능해, 마치 RPG같은 느낌이다! 문장형, 일러스트를 고르는 선택형 등, 문제 유형도 다양하다.

테일즈의 스카이패트롤

GAME GEAR 세가 1995년 4월 28일 3,800엔 2M ROM

▶ 스테이지마다 다양한 아이템이 존재한다. 캔디는 파워 게이지가 회복되고, 크리스탈은 클리어시 득점이 추가된다.

▶ 게임 내내 테일즈는 항상 움직여야 하며, 역방향으로는 이동할 수 없다. 바닥이나 벽에 닿으면 미스로 처리된다.

게임 기어 전용으로 발매된 오리지널 액션 게임. 「소닉」 시리즈의 캐릭터인 '테일즈'가 주인공인 작품으로서, 강제 스크롤되는 스테이지를 진행한다. 트레이닝 에리어를 포함해 총 5가지 스테이지가 있다. 각 스테이지 마지막에는 보스전이 있으며, 물리치면 다음 스테이지로 넘어간다. 액션 게임이라기보다 슈팅 게임 쪽에 더 가까우며, 링을 손에 들고 적을 물리치거나, 물체를 매달고 올라가거나 내려가는 등의 다양한 액션이 가능해 재미를 준다.

 슈팅 게임  액션 게임  퍼즐 게임  롤플레잉 게임  시뮬레이션 게임  스포츠 게임  드라이브 게임  어드벤처 게임  교육 및 기타  홈 게임

TEMPO Jr.

GAME GEAR 세가 1995년 4월 28일 3,800엔 4M ROM

▶ 스테이지 상에 있는 금색 음표를 찾아 얻으며 골까지 이동하는 액션 게임이다.

1995년 슈퍼 32X로 발매되었던 「TEMPO」의 이식판. 횡스크롤 액션 게임으로서, 손가락 튕기기부터 밟기, 킥, 호버링, 대시까지 다채로운 액션을 즐길 수 있다. 총 4스테이지이며, 각 스테이지는 3개 에리어로 나뉜다. 보스전 후엔 미니게임도 있고, 음표를 소비해 컨티뉴도 가능하다.

트루 라이즈

GAME GEAR 어클레임 재팬 1995년 5월 12일 4,800엔 4M ROM

▶ 강인한 마초 남자 '해리'의 문제 해결법을 이 게임으로 체험해보자!

영화계의 거장 제임스 카메론 감독의 같은 제목 영화를 게임화한 작품으로서, 아놀드 슈워츠네거가 연기했던 주인공 '해리'를 조작해 테러리스트와 싸우는 것이 목적인 탑뷰 시점의 액션 게임이다. 진행 도중에 원작 영화의 일부 영상이 나오기도 한다.

슈퍼 컬럼스

GAME GEAR 세가 1995년 5월 26일 3,800엔 2M ROM

▶ 대전시에는 상대의 현황도 살피면서 적절한 타이밍에 연쇄를 걸자.

같은 색깔의 돌을 가로·세로·대각선으로 3개 연결시키면 없어지는, 낙하계 퍼즐 게임의 대표작 「컬럼스」의 속편. 이번엔 연결돼 떨어지는 보석의 순번을 교체할 수 있을 뿐만 아니라, 90도로 회전시키는 것도 가능해졌다. 여러 효과가 있는 마법석 등, 전작엔 없었던 신규 시스템도 있다.

스타게이트

GAME GEAR 어클레임 재팬 1995년 5월 26일 4,500엔 2M ROM

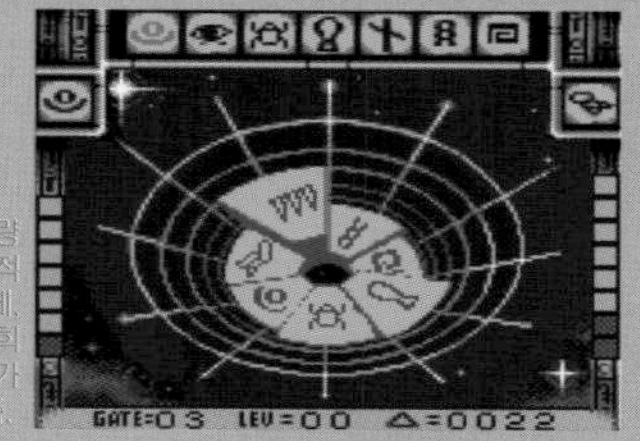

▶ 출시량이 매우 적었던 탓에, 지금은 희소가치가 높은 작품.

같은 제목 영화의 게임판으로서 당시 여러 기종으로 발매되었지만, 게임 기어판은 타 기종판과 달리 낙하계 퍼즐 게임이다. 세로로 같은 문양을 3개 겹치거나, 화면 상단에 표시된 순번대로 패널을 배치하면 없어지는 심플한 게임. 당시엔 출시량이 매우 적었던 작품이다.

샤이닝 포스 외전 : FINAL CONFLICT

GAME GEAR 세가 1995년 6월 30일 5,800엔 4M ROM

▶ 「샤이닝 & 더 다크니스」로 연결되는 복선도 스토리 곳곳에 담겨 있다.

「샤이닝」 시리즈 7번째 작품이자, 게임 기어용 시리즈로는 제 3탄. 「샤이닝 포스 외전 Ⅱ」에서 「샤이닝 포스 Ⅱ : 고대의 봉인」으로 연결되는 스토리다. 파르메키아 대륙을 무대로, 미사엘라가 이끄는 악마군과 새로운 빛의 군대가 대대적인 싸움을 펼친다.

싸워라! 프로야구 트윈 리그

GAME GEAR 세가 1995년 7월 14일 3,800엔 4M ROM

▶ 야구 게임은 1년 간격으로 발매되므로, 이 작품은 94년도 데이터 기반이다.

당시 실존 일본 프로야구 구단·선수들이 실명으로 등장하는 야구 게임. 특징은 타 작품과 달리 게임 도중에 등장하는 선수가 귀엽게 SD화되었고, 리얼한 시합이 아니라 비디오 게임다운 전개로 야구 경기를 펼친다는 것이다. 투수·타자의 2가지 시점으로 게임이 진행된다.

 1인용  1~2인용  메모리 백업  대전 케이블 지원 게임

NINKU -닌쿠-

세가 1995년 7월 21일 4,800엔 4M ROM

▶ 전반적으로 적이 강하고 난이도가 높다. 덕분에 긴장감 넘친다는 평가도 있다.

소년 점프의 인기 만화를 소재로 삼은 게임으로서, 게임기 본체와 이 소프트를 동봉한 '게임 기어+1 닌쿠 팩'도 동시 발매되었다. 기본적으로는 격투 게임과 RPG를 조합한 장르로서, 스토리는 시나리오에 따라 진행된다. 당시 TV CF에서는 '격투 롤플레잉'을 자칭했다.

마법기사 레이어스 2 : making of magic knight

세가 1995년 8월 4일 4,800엔 4M ROM

▶ 전투보다 육성이 중심이며, 서브 캐릭터로 원작 후반의 캐릭터가 나온다.

인기 애니메이션의 게임화 제 2탄. 전작은 RPG였으나, 이번엔 육성 시뮬레이션 게임이 되었다. 주인공은 도사 클레프의 제자가 되어, 히카루·우미·후우 3명을 50일간 단련시켜야 한다. RPG풍의 무사수행 모드와 퀴즈·미니게임 등, 컨텐츠가 충실한 편이다.

귀신동자 ZENKI

세가 1995년 9월 1일 4,800엔 4M ROM

▶ 조작성에 다소 문제가 있긴 하나, 이벤트 대화가 많아 팬들의 만족감이 높다.

같은 제목의 인기 만화가 소재인 게임. 라이프제 액션이며, 스테이지별로 '치아키'와 '동자 젠키'를 선택한다. 총 10스테이지이지만 분기가 있고, 특정 캐릭터만이 진입 가능한 루트도 존재한다. 보스전에선 동자 젠키가 귀신 ZENKI로 변신해, 금강각의 힘을 사용하는 특수한 기술로 싸워나간다.

FIFA 인터내셔널 사커

일렉트로닉 아츠 빅터 1995년 9월 14일 4,980엔 4M ROM

▶ 일반적인 탑뷰 시점의 축구 게임이 아닌지라, 패스 한 번조차도 난이도가 높다.

메가 드라이브와 슈퍼 패미컴으로도 발매되었던 같은 제목 타이틀의 이식작으로서, 국제축구연맹(FIFA)이 공인한 축구 게임. 일본에서 J리그가 인기를 얻기 시작한 1990년대 중반에 발매된 작품으로서, 다른 축구 게임과는 달리 쿼터뷰 시점이다 보니 공략 감각이 특이한 편이었다.

테일즈 어드벤처

세가 1995년 9월 22일 3,800엔 4M ROM

▶ 폭탄을 던져 공격하고, 꼬리로 공중 비행하거나 잠수함으로 이동하는가 하면, 소형 메카닉 '메카테일'까지 나오는 등 액션도 다채롭다.

▶ 맵 화면과 액션 스테이지로 구성된 액션 어드벤처 게임. 패스워드를 입력해 컨티뉴할 수 있다.

「소닉」 시리즈에 등장하는 캐릭터 '테일즈'가 주인공인 스핀오프 작품. 테일즈가 소닉과 만나기 전의 이야기로서, 카오스 에메랄드가 잠들어있다는 신비의 섬 '코코아 아일랜드'에 연구소를 차리고 발명을 벗 삼아 살고 있던 테일즈가, 카오스 에메랄드를 차지하려 침공해온 배틀 쿠쿠 제국군을 상대로 섬을 지키기 위해 대모험을 펼친다는 스토리다. 적을 물리치면 나오는 아이템을 모아 만능 잠수함 '시 테일'을 완성시키고 나면 바다 속도 모험할 수 있게 된다.

 슈팅 게임  액션 게임  퍼즐 게임  롤플레잉 게임  시뮬레이션 게임  스포츠 게임  드라이브 게임  어드벤처 게임  교육 및 기타  홈 게임

기어 스타디움 : 헤이세이 판

남코 1995년 10월 20일 3,500엔 1M ROM

▶ 숨겨진 팀도 전작과 다르며, 12개 구단 선발팀이 최종전에서 등장한다.

1991년 발매되었던 「기어 스타디움」의 데이터를 갱신해 재발매한 마이너 체인지판. 전작과 달리 실존 구단명 및 선수명을 사용했으며, '메이저리거즈' 팀 대신 당시 일본 프로야구 소속이었던 외국인 선수들로 구성된 팀 '올 아메리칸'을 추가했다.

포먼 포 리얼

어클레임 재팬 1995년 10월 27일 4,800엔 4M ROM

▶ 주인공인 포먼은 챔피언답게 매우 강하니, 제대로 각오하자!

당시 미국의 히어로 중 하나로까지 꼽혔던 권투선수 '조지 에드워드 포먼'이 토너먼트 결승전에서 등장하는 권투 게임. 실제 사진을 디지털화해 가공한 느낌의 캐릭터들이 3D 시점으로 리얼한 동작을 보여주며 속도감 넘치는 시합을 펼치는 작품이다.

배트맨 포에버

어클레임 재팬 1995년 10월 27일 4,800엔 4M ROM

▶ 사진으로는 실감하기 어려우나, 화면의 구성요소 전반이 어두침침해 조작이 어렵다.

서양 게임답게 난이도가 높은 작품. 총 8스테이지로서, 전반적으로 배트맨의 다크한 세계관을 표현하고 싶었던지 그래픽이 매우 어둑어둑하다. 음악·조작성 등 여러 방면에서 평가가 그리 좋지 않았지만, 게임 기어 말기 소프트라 출하량이 적었기에 상태 좋은 중고품은 고가로 거래된다.

NINKU -닌쿠- 외전 : 히로유키 대활극

세가 1995년 11월 3일 4,800엔 4M ROM

▶ 적을 얼음 사이에 끼워 물리치면서, 퍼즐성이 강한 스테이지를 클리어하자.

애니메이션 'NINKU -닌쿠-'에 등장하는 펭귄 '히로유키'가 주인공인 액션 퍼즐 게임. 자사의 고전 게임 「펭고」가 원작이지만, 퍼즐 스테이지가 따로 있는 등 원작과는 차별화된 재미를 제공한다. 오리지널 스토리도 있으며, 이에 맞춰 제작한 보스 스테이지도 등장한다.

소닉 래비린스

세가 1995년 11월 17일 3,800엔 4M ROM

▶ 숨겨진 열쇠 3개를 찾아내 골인해야 한다. 3스테이지를 클리어하면 보스전이다.

에그맨의 함정인 '스피드 다운 슈즈' 탓에, 소닉이 달릴 수 없게 되었다! 빼앗긴 카오스 에메랄드를 되찾기 위해 신비한 장치와 수수께끼로 가득한 미궁 '에그맨 랜드'를 스핀 대시로 누비며 탐험한다는 스토리로 진행되는, 쿼터뷰 스타일의 액션 어드벤처 게임이다.

J리그 사커 : 드림 일레븐

세가 1995년 11월 24일 5,500엔 4M ROM

▶ 수많은 시합을 거쳐야겠지만, 리그 우승을 노려보도록!

게임 기어로 다수 발매된 바 있는 축구 게임 중 한 작품. 1995년도 J리그의 실존 팀 및 선수들이 등장하여, 탑뷰 시점으로 시합을 진행한다. 에디트 기능이 매우 충실한 편이어서, 플레이어의 취향에 맞춰 선수들을 편성해 팀을 구성하여 함께 싸울 수 있다.

 1인용  1~2인용  메모리 백업  대전 케이블 지원 게임

GAME GEAR 마도 이야기 A : 두근두근 베이케~이션

컴파일 1995년 11월 24일 5,500엔 4M ROM

1 PLAYER / MEMORY BACK UP

▶ 초반의 적조차도 제법 까다롭다. 방심하지 말고 회복수단을 확보하며 조심스럽게 전투하도록 하자.

▶ 전작 「궁극 여왕님」부터 캐릭터 디자이너가 '네코냥'으로 바뀌었다. 덕분에 전반적인 그림체가 귀엽고 둥글둥글하다.

PC-98용 게임 「마도 이야기 A·R·S」의 '아르르 편'이 기반인 작품. 다만 스토리는 완전 오리지널이다. 아르르는 여름방학을 할머니 댁에서 보내려 요정의 숲을 통과하던 도중, 도망쳐 나온 요정과 만난다. 요정으로부터 숲을 개척해 유원지를 만들려는 일당이 있음을 알게 된 아르르는 그들에게 사로잡혔다가 간신히 도망쳐 나온 후, 숲을 지키고 공사를 저지하기 위해 던전을 탐험하게 된다. 게임 기어로는 시리즈 최종작이며, 시스템도 세련되고 편리해졌다.

GAME GEAR 노모 히데오의 월드 시리즈 베이스볼

세가 1995년 12월 1일 4,800엔 4M ROM

▶ 정작 노모 히데오는 타이틀명과 사진으로만 나오는, 평범한 야구 게임이다.

통신 케이블을 사용하면 대인전이 가능한, 메이저리그가 무대인 야구 게임. 시스템 자체는 매우 전형적이지만, 타자 시점과 투수 시점을 자유롭게 전환할 수 있는 게 특징이다. 등장하는 선수들은 전부 실명으로서, 출시 시점의 최신 데이터를 사용해 제작되었다.

GAME GEAR 고질라 괴수대진격

세가 1995년 12월 8일 5,500엔 4M ROM

1 PLAYER / MEMORY BACK UP

▶ 난이도가 제법 높은데다, 한 시나리오를 클리어하는 데 드는 시간도 길다.

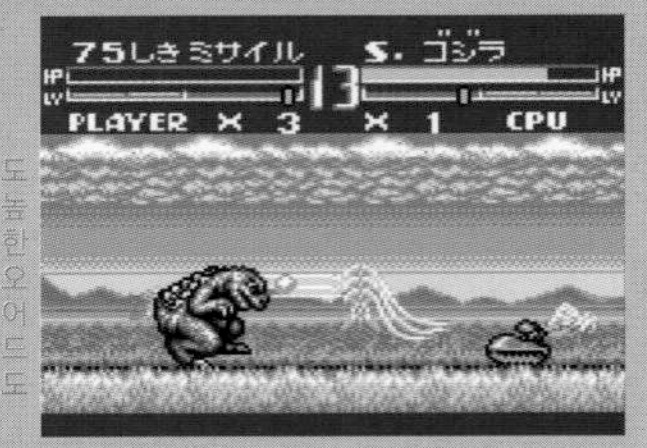

일본에서는 지금도 신작 영화가 계속 발표되는 '고질라'가 주인공인 시뮬레이션 게임. 플레이어가 조작할 유닛을 '고질라 군'과 '지구방위군' 중에서 선택하고, 각기 다른 시점에서 게임을 진행한다. 유닛 수가 적은 편이니, 세심하게 배치하여 시나리오를 클리어해 보자.

GAME GEAR 슈퍼 모모타로 전철 III

허드슨 1995년 12월 15일 5,800엔 4M ROM

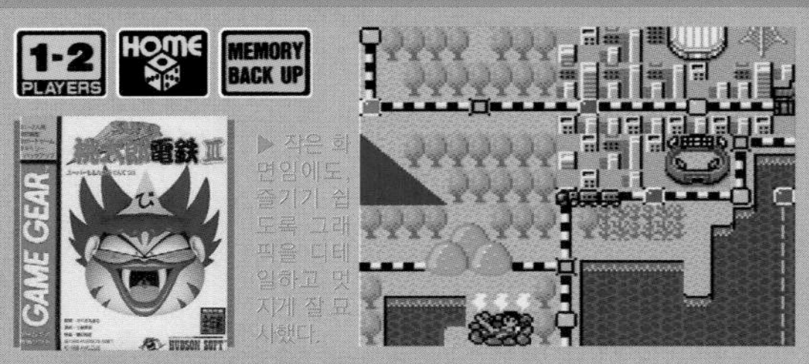

▶ 작은 화면임에도, 즐기기 쉽도록 그래픽을 디테일하고 멋지게 잘 묘사했다.

허드슨 사가 게임 기어로 내놓은 유일한 소프트다. 전철을 타고 목적지로 향하는 보드 게임으로서, 같은 제목의 슈퍼 패미컴용 게임을 이식했다. 1~2인용으로 표기돼 있으나, 시리즈 과거 작품들처럼 최대 4명까지 동시 플레이 가능하다. 기기가 달라도 변함없는 재미를 주는 시리즈다.

GAME GEAR NINKU -닌쿠- 2 : 천공룡으로 가는 길

세가 1995년 12월 22일 4,800엔 4M ROM

1·2 PLAYERS

▶ 캐릭터 간 거리가 멀어지면 축소되고, 가까워지면 확대되는 시스템이다.

통신 케이블을 사용한 대인전도 가능한 대전격투 게임. 이번엔 순수한 대전격투 액션 장르로서, 전작과 달리 RPG풍의 시스템은 전혀 넣지 않았다. 스토리 모드는 원작의 스토리를 따라가며, 장면별로 캐릭터를 골라 대전을 벌인다는 제법 독특한 시스템을 채택했다.

 슈팅 게임
 액션 게임
 퍼즐 게임
 롤플레잉 게임
 시뮬레이션 게임
 스포츠 게임
 드라이브 게임
 어드벤처 게임
 교육 및 기타
HOME 홈 게임

GAME GEAR SOFTWARE ALL CATALOGUE

게임 기어 최후의 해가 된 1996년에 발매된 타이틀 수는 총 12개 작품이다. 이 당시는 게임 기어뿐만 아니라 게임보이도 포함한 휴대용 게임기 전체가 일본 시장에서 고전하던 시기로서, 전년까지의 '플러스원 세트'와 '캐릭터 팩 세트' 전략조차도 효과가 희박해져 갔다.

이 시기부터 게임 기어 사업은 완구사업부 관할로 이관되고, 명칭도 '키즈 기어'로 바뀌는 등 포지션이 재정립되었다. 이 과정에서 당시 TV 애니메이션화되었던 「버추어 파이터」의 캐릭터를 본체 전면 디자인에 넣거나, 「버추어 파이터 Mini」를 번들 판매하기도 하고, 심지어는 소프트 패키지 디자인까지 아예 리뉴얼하는 등 다양한 시도를 펼쳤으나 이런 노력들도 예상만큼의 효과를 거두지 못해, 12월 13일 발매된 「G소닉」을 끝으로 게임 기어의 역사는 막을 내렸다.

루나 : 산보하는 학교

GAME GEAR 게임 아츠 1996년 1월 12일 5,800엔 4M ROM

▶ 적 조우율이 높은 편이므로, 제대로 준비한 후 탐색을 시작하자.

메가 CD로 발매된 명작 「루나」 시리즈의 외전격 작품. 스토리는 완전히 별개이므로 시리즈 이전작들을 플레이한 적이 없어도 괜찮다. 바다를 이동하는 신비한 섬에 있는 마법학교로부터 주인공 '에리'와 '레나' 앞으로 입학허가증이 도착하며 시작되는, 한가롭고도 코믹한 RPG 작품이다.

와구와구 애니멀

GAME GEAR 세가 1996년 1월 26일 3,800엔 4M ROM

▶연쇄 시스템이 다소 복잡한 편이긴 하나, 다른 작품엔 없는 재미가 있다.

'동물'과 '그 동물이 선호하는 사료'가 한 세트로 화면상에 출현하는 낙하계 퍼즐 게임. 같은 블록을 붙이기만 해서는 없어지지 않고, 사료 블록 인근에 대응되는 동물 블록을 배치하면 블록 전체를 먹어치우고 사라진다. 잘 연구하면 연쇄반응을 유도해 대전 상대를 공격할 수 있다.

버추어 파이터 Mini

GAME GEAR 세가 1996년 3월 29일 4,800엔 8M ROM

1-2 PLAYERS

▶ TV 애니메이션의 오프닝도 재현했으며, 스토리 모드에선 애니메이션 내용을 따라 대전과 데모 영상이 펼쳐진다.

▶ 일본에 발매된 게임 기어용 타이틀 중에서 용량이 8M인 게임은, 이 작품과 「G소닉」 둘뿐이다.

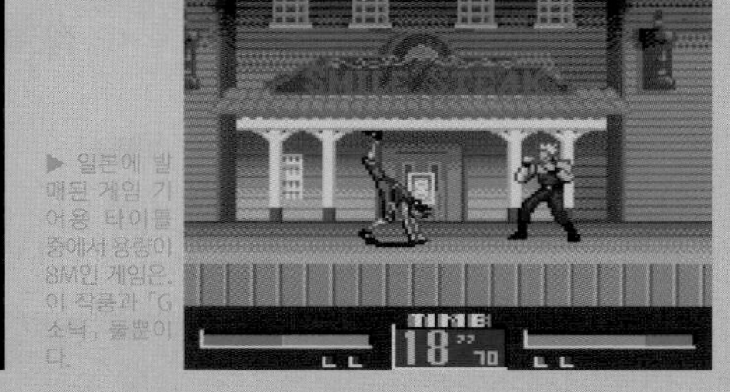

세가가 아케이드용으로 출시했던 3D 대전격투 게임 「버추어 파이터」 시리즈 중 하나로서, 당시 일본에서 방영했던 TV 애니메이션판 '버추어 파이터'를 게임화한 작품. 아케이드판 원작은 3D 폴리곤 그래픽이 최대 특징이었으나, 이 작품은 픽셀 그래픽으로 캐릭터를 묘사하여 스토리성이 강한 2D 격투 게임 형태로 제작했다. 그럼에도 캐릭터의 모션·기술 등은 원작의 분위기를 잘 살려냈다. 통신 케이블이 있다면 대전 플레이도 가능하다.

 1인용  1~2인용  메모리 백업  대전 케이블 지원 게임

천사소녀 네티

GAME GEAR 세가 1996년 3월 29일 4,800엔 4M ROM

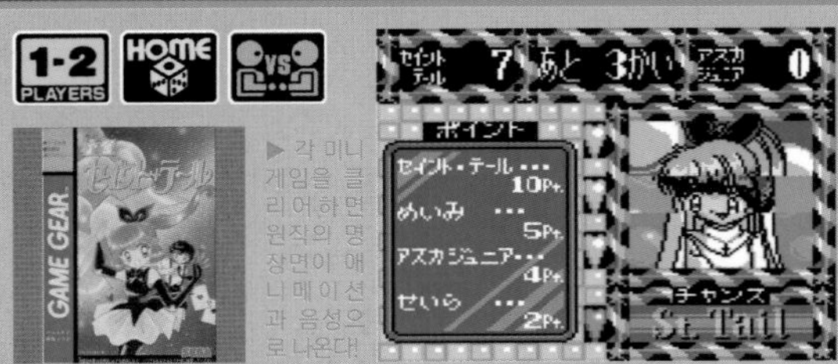

▶각 미니 게임을 클리어하면 원작의 명장면이 애니메이션과 음성으로 나온다!

"주여, 정의로운 도둑이 되는 걸 허락해주세요"라는 명대사가 인상적인 인기 애니메이션(원제는 '괴도 세인트 테일')을 게임화한 작품으로서, 게임 구동시 이 대사의 원어가 음성으로 재생된다. 게임 자체는 여러 미니게임을 수록한 모음집으로서, 누구나 쉽게 즐길 수 있다.

도라에몽 : 두근두근 포켓 파라다이스

GAME GEAR 세가 1996년 4월 26일 4,800엔 4M ROM

▶게임 도중엔 도라에몽을 도와주는 미니도라도 등장한다.

모두가 좋아하는 '도라에몽'에 등장하는 캐릭터들을 로봇이 사로잡아갔다! 진구와 함께 전원을 구출하자! 각 스테이지는 미니게임으로 구성돼 있으며, 4차원 주머니 속의 도구를 사용하거나 도라에몽을 조작하여 퍼즐을 푸는 등으로 재미있게 게임을 즐길 수 있도록 했다.

고양이가 좋아!

GAME GEAR 세가 1996년 7월 19일 4,800엔 4M ROM

▶장난감을 주면 마음대로 갖고 노는 고양이가 귀엽기 그지없다.

1990년대에 유행했던 '동물 육성 시뮬레이션' 장르의 초기 작품. 플레이어는 최초에 제공되는 여러 마리의 새끼고양이 중 마음에 드는 하나를 골라, 밥을 주거나 화장실을 청소하는 등 다양하게 돌봐준다. 가끔 친구가 기르는 고양이도 등장해 함께 놀기도 하는 등, 고양이의 성장을 지켜본다.

퍼즐 보블

GAME GEAR 타이토 1996년 8월 2일 4,800엔 2M ROM

▶대전 플레이 시엔, 거품을 많이 없애면 상대에 고정 거품을 보내 방해할 수 있다.

타이토 사의 액션 게임 「버블 보블」의 캐릭터를 활용한 대인기 액션 퍼즐 게임. 화면 하단의 발사대를 조작해 거품을 발사하여, 화면 상단에 배치된 거품과 같은 색이 3개 이상 붙도록 하면 소멸한다. 버블이 좌우의 벽에 부딪치면 궤도가 반사되는 시스템도 잘 이용해보자.

GG 포트레이트 : 유키 아키라

GAME GEAR 세가 1996년 11월 1일 3,800엔 4M ROM

▶「버추어 파이터」 팬용 상품으로서 발매된 디지털 사진집이다.

세가의 「버추어 파이터 키즈」에서 아키라를 소재로 삼은 CG 모음집. 아키라가 싸움에 나설 때를 이미지화한 다양한 포즈 사진을 보거나, 버튼을 눌러 화면을 바꾸며 사운드가 나오도록 하여 인형극처럼 즐길 수도 있다. 아키라가 주인공인 미니게임도 여럿 수록했다.

GG 포트레이트 : 파이 첸

GAME GEAR 세가 1996년 11월 22일 3,800엔 4M ROM

▶게임 원작에 등장하는 캐릭터에 초점을 맞춘 이색적인 소프트

「버추어 파이터 키즈」에 등장하는 중국 권법의 달인 '파이 첸'을 소재로 삼은 CG 사진집. 아버지 '라우'와 싸운 후 가출하는 디지털 인형극 느낌의 사진집과, 화면 내의 파이와 함께 즐기는 미니게임이 수록돼 있다. 어디까지나 「버추어 파이터」 팬을 노린 상품이란 느낌이다.

 슈팅 게임  액션 게임  퍼즐 게임  롤플레잉 게임  시뮬레이션 게임  스포츠 게임  드라이브 게임  어드벤처 게임  교육 및 기타  홈 게임

판처 드라군 Mini

GAME GEAR 세가 1996년 11월 22일 4,800엔 4M ROM

▶ 「판처 드라군」 시리즈 특유의 좌우 시점이동과 록온 공격 등은 하드웨어 한계상 간략화해 표현했다.

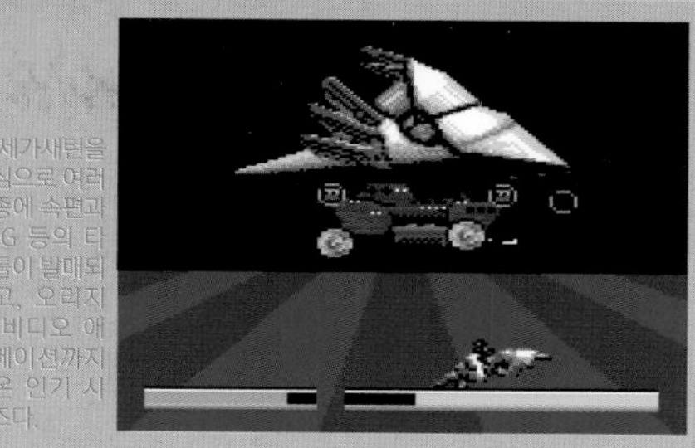

▶ 세가새턴을 중심으로 여러 기종에 속편과 RPG 등의 타이틀이 발매되었고, 오리지널 비디오 애니메이션까지 나온 인기 시리즈다.

세가새턴으로 발매되었던 「판처 드라군」 시리즈를 게임 기어용으로 개변 이식한 타이틀. 서양에는 발매되지 않았다. 고대 문명이 남긴 산물인 생물병기 '공성생물'로 인해 인류가 멸망해가는 세계에서, 최강이자 전설의 존재로만 전해지던 '드래곤'을 조종하며 모험을 펼치는 3D 슈팅 게임이다. 이 작품에선 오리지널 주인공인 '블루 드래곤'을 포함해 '블랙 드래곤'과 '레드 드래곤'까지, 총 3종류 중에서 플레이어 기체를 선택하여 진행할 수 있다.

애완동물 클럽 : 강아지가 좋아!

GAME GEAR 세가 1996년 12월 6일 4,800엔 4M ROM

▶ 멀티 엔딩 시스템이 있다. 1년간의 육성 결과에 따라 엔딩 시의 후일담이 바뀌게 된다.

▶ 스케줄을 결정하면 그에 따라 능력치가 증감한다. 결정 후 선택 가능한 커맨드는 '산보'와 '재롱 보기' 정도로 적은 편.

호평을 받았던 애완동물 육성 게임의 제 2탄. 전작 「고양이가 좋아!」처럼, 이번엔 생일에 선물 받은 강아지를 기르는 육성 시뮬레이션 게임이다. 기간은 4월부터 다음해 3월까지의 1년간. 견종은 치와와·시바견·골든 리트리버·세인트 버나드·셰틀랜드 쉽독의 5종류 중에서 선택하며, 고른 개의 성별·이름도 임의로 결정 가능하다. 스케줄은 1주일 단위로 정하며, 별매품인 통신 케이블을 사용하면 자신이 육성한 개를 상대와 교환할 수도 있다.

G소닉

GAME GEAR 세가 1996년 12월 13일 4,800엔 8M ROM

▶ 각 ZONE의 ACT 1과 ACT 2에 숨겨진 스페셜 링을 얻으면 3D형 스페셜 스테이지로 갈 수 있다.

▶ 너클즈는 하늘을 나는 '활공'과 수직 벽을 오를 수 있는 '벽타기', 소닉은 새로운 액션 '더블 점프'가 가능하다.

5개의 보석이 되어 세계 각지로 흩어져버린 카오스 에메랄드를 되찾기 위해 소닉과 너클즈가 모험한다는 스토리의 횡스크롤 액션 게임으로서, 게임 기어용 오리지널 「소닉」 시리즈로는 제 5탄에 해당한다. 플레이어는 소닉 외에, 신규 캐릭터로서 '너클즈'를 추가로 골라 플레이할 수 있다. 8메가라는 대용량 ROM을 채용한 게임은 이 작품과 「버추어 파이터 Mini」 단 둘뿐이며, 이 작품이 일본에서의 마지막 게임 기어용 소프트가 되었다.

 1인용  1~2인용  메모리 백업 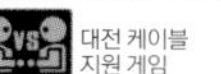 대전 케이블 지원 게임

세계 각국에 발매되었던 게임 기어

게임 기어는 처음부터 전 세계 판매를 전제로 삼은 유니버설 디자인으로 설계되었기에, 기본적으로는 어느 지역에서든 동일한 디자인으로 제품이 유통되었다. LCD 패널을 내장한 휴대용 게임기인 덕분에 지역별로 달랐던 당시 TV 수상방식에 영향을 받지 않아, 현지에 맞춰 설계를 변경할 필요가 없었다는 점도 유효했다.

세가는 세계 각지에서 대대적인 프로모션을 전개했고, 이 과정에서 일본처럼 '컬러 LCD'와 '소형 TV로 활용 가능'하다는 점을 어필함으로써 제법 성공을 거뒀으나, 훨씬 저렴하고 건전지 소모량도 낮은 게임보이의 아성까지는 무너뜨리지 못하고 세계 2위의 시장점유율(3위는 아타리 링스, 4위는 PC엔진 GT의 서양판인 TurboExpress였다)이라는 결과에 머무른 채 수명을 끝냈다.

1997년 즈음부터는 대부분의 국가에서 게임 기어 시장이 막을 내렸으나, 후일 머제스코 사가 북미 판매권을 다시 취득해 1999년 $29.99라는 염가로 재발매했다. 이 신형 게임 기어는 외관만으로는 구형과 거의 구별되지 않으나 LCD 패널과 건전지 수명을 개선한 모델이며, 염가 게임기로서 나름 일정 수요를 획득했던 듯하다. 다만, 내부설계 변경 탓에 구형 게임 기어의 TV 튜너는 신형에서 사용 불가능하다.

Game Gear : Sports Edition

미국　1994년 발매

시원한 블루 컬러가 멋진, 미국에서만 한정 판매된 모델. 패키지는 2종류가 존재했다.

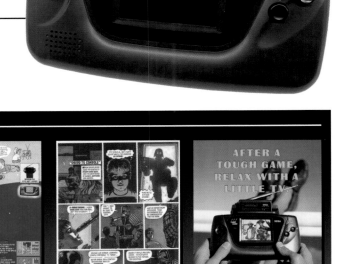

핸디 겜보이

한국　1991년 발매

삼성전자가 발매했던 한국판 게임 기어. 명칭은 다르나, 하드웨어 사양은 동일하다.

ADVERTISING

북미에서 발매된 전용 캐링 백 세트

Deluxe Carry-All Case

일본의 GG-WHITE(126p)와 비슷한 스타일의 세트가 미국에도 존재했었다. 유럽에서도 파우치를 세트화해 판매한 적이 있었다 하니, 휴대용 게임기의 상품전개 방법은 만국공통이었나 보다.

Game Gear 미국 1991년 4월 26일 발매

Super Sonic Sports Pack 미국 1993년 발매

Game Gear EU 전역 1991년 발매

Game Gear Fun 프랑스 1991년 발매

Sega Sports System 미국 1994년 발매

Multi-TV-Set 독일 1993년 발매

The Core System 미국 1991년 발매

The Core System (머제스코 판) 미국 1999년 발매

HARDWARE 1983 1984 1985 1986 1987 1988 1989 1990 1991 1992 1993 1994 1995 1996 OVERSEA

일본 미발매 소프트 중에서 선정하여 소개하는

서양 소프트 픽업 카탈로그

GAME GEAR OVERSEAS SOFTWARE CATALOGUE

게임 기어는 세가 마스터 시스템처럼, 서양에서도 호평을 받아 수많은 일본 미발매 타이틀을 배출했다. 기본적으로는 공통 개발기반인 마스터 시스템용 게임을 이식해 판매한 업체가 많았고, 유저도 플레이할 장소와 보유한 기기에 맞춰 게임 기어나 마스터 시스템 중 한쪽 기종판을 골라 사곤 했다.

게임 기어용으로 서양에서 독자 개발한 타이틀 중 주목할 만한 작품은 181p에서 소개한 「Micro Machines 2: Turbo Tournament」로서, 놀랍게도 게임 기어를 두 사람이 한쪽씩 잡고 즐기도록 하여 1P 쪽은 방향키 상하, 2P 쪽은 START와 B 버튼으로 스티어링을 조작하는 방식이었다. 이런 자유로운 발상의 과감한 상품화야말로 서양 게임의 매력이 아닐까.

GAME GEAR World Class Leaderboard Golf

U.S.Gold 1991년 9월 2M ROM

▶코스는 3D로 표시되며, 전략성을 요구한다.

APPLE Ⅱ 등으로 출시되었던 골프 게임의 이식작. 이식하면서 그래픽을 대폭 강화하여 화면을 보기 쉽도록 개량했다. 실존하는 골프장인 도랄 컨트리클럽, 세인트 앤드류스, 사이프레스 크릭의 3가지 코스에다 게임 오리지널 코스인 '건틀릿'까지 수록하는 등, 볼륨도 충분하다.

GAME GEAR The Chessmaster

Sega 1991년 12월 1M ROM

▶말이 움직일 수 있는 다음 위치를 보여주는 기능도 있다.

체스를 소재로 삼은 비디오 게임. 16단계의 난이도를 제공하여, 플레이어의 기량에 맞춰 초보자부터 숙련자까지 즐길 수 있다. '힌트'라는 시스템으로 가장 좋은 수를 알려주는 등, 체스 입문용으로 안성맞춤인 타이틀이다. 1인용·2인용·관전 모드까지 게임 모드도 충실하다.

GAME GEAR Spider-Man vs. The Kingpin

Flying Edge 1992년 6월 2M ROM

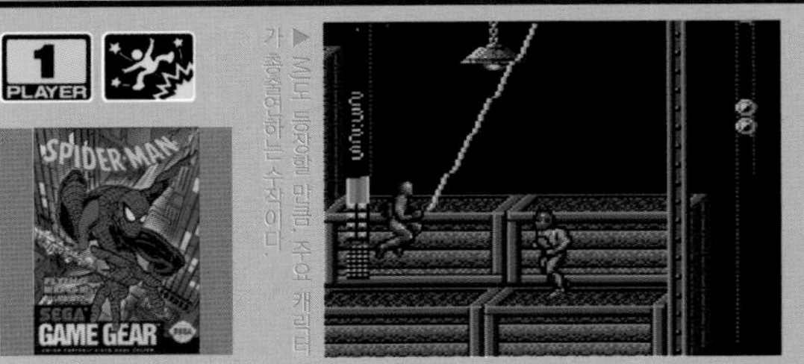

▶MJ나 등장할 만큼, 주요 캐릭터가 총출연하는 수작이다.

킹핀이 설치해둔 핵폭탄을 무력화시키기 위해, 스파이더맨이 슈퍼 빌런들과 싸우는 액션 게임. 폭탄을 무력화하려면 키 6개가 필요하며, 키는 스파이더맨의 숙적 6명이 나눠 갖고 있다. 거미줄은 탄수 제한이 있기에 보충하려면 사진을 찍어 돈을 벌어야 하는 등, 팬들이 좋아할 원작의 설정도 잘 살리고 있다.

GAME GEAR Marble Madness

Tengen 1992년 9월 24일 2M ROM

▶원작은 트랙볼로 즐기는 게임이었다.

3D로 묘사된 맵 상에서, 큼직한 구슬을 잘 굴려가며 골인하는 게 목적인 게임. 맵에는 다양한 장치나 함정이 배치돼 있고, 함정에 빠지거나 코스에서 이탈하거나 너무 높은 곳에서 떨어져 구슬이 깨지면 이전 지점에서 부활한다. 제한시간 초과 외엔 게임 오버가 없는 것도 작품의 특징.

 슈팅 게임
 액션 게임
 퍼즐 게임
 롤플레잉 게임
 시뮬레이션 게임
 스포츠 게임
 드라이브 게임
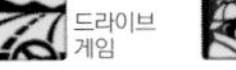 어드벤처 게임
 교육 및 기타

 홈 게임

Prince of Persia

GAME GEAR Tengen (US), Domark (EU) 1992년 9월 2M ROM

▶성 내에는 잔혹한 함정이 숱하게 장치되어 있다.

아라비안나이트풍의 세계관과, 캐릭터의 부드러운 모션으로 유명한 액션 게임. 주인공인 왕자의 목적은 통치자인 자파에게 사로잡힌 사랑하는 공주를 구출하는 것이다. 공주는 60분 후 자파와의 결혼이냐 죽음이냐의 택일을 강요받게 되므로, 60분 내에 자파를 물리쳐야 한다.

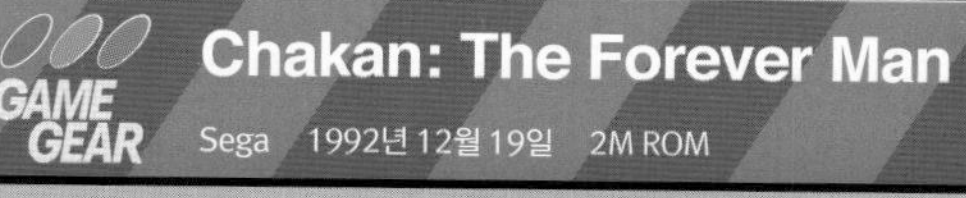

Chakan: The Forever Man

GAME GEAR Sega 1992년 12월 19일 2M ROM

▶다크한 분위기가 일품인 대인기 액션 게임이다.

사신과 승부하여 이김으로써 영원한 생명을 얻은 죄악의 남자 '차칸'이 주인공인 액션 게임. 영원한 생명의 대가로 4곳의 포탈을 찾아내 모든 사악을 물리쳐야 하는 숙명을 짊어졌기에, 차칸은 검 2자루를 쥐고 싸움에 나선다. 전형적인 액션 게임으로서, 난이도도 적절한 편이다.

F1

GAME GEAR Domark 1993년 2M ROM

▶FOCA의 라이선스를 얻은 레이싱 게임이다.

F1이 소재인 레이싱 게임. 게임 기어판은 북미에서만 발매되었다. 대전 플레이도 가능. 서킷은 산마리노·프랑스·영국·독일·이탈리아·포르투갈·일본·오스트레일리아가 수록되어 있고, '아케이드'는 선호하는 순서대로, '그랑프리'는 정해진 순서대로 서킷을 돌게 된다.

Fantastic Dizzy

GAME GEAR Codemasters 1993년 9월 21일 2M ROM

▶시작점은 디지의 집이다. 일단 밖으로 나가 보자.

평화로웠던 요크포크는 어느 날 나타난 악의 마법사 잭스에 의해 마법에 걸려버린다. 게다가 주인공 '디지'의 여자친구인 데이지도 납치되고 만다. 잭스를 물리치고 데이지를 구출하러 여행을 떠나자. 맵에 떨어진 아이템을 이용해 퍼즐을 풀며 전진하는, 퍼즐성 강한 작품이다.

Star Wars

GAME GEAR U.S.Gold 1993년 10월 4M ROM

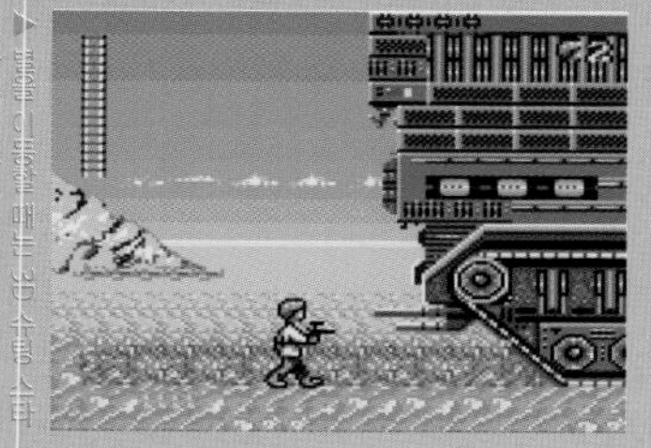

▶행성 이동할 때는 3D 슈팅 스타일로 진행된다.

굳이 설명이 필요 없는 유명 SF 영화를 소재로 삼은 액션 게임. '스타워즈 에피소드 4 : 새로운 희망'의 스토리를 따라가는 내용이다. 영화의 중요 장면을 멋진 비주얼 신으로 압축해내, 상황을 이해하기 쉽도록 했다. 난이도는 높지만, 팬이라면 구비해 둘 만한 작품.

Dr.Robotnik's Mean Bean Machine

GAME GEAR Sega 1993년 12월 2M ROM

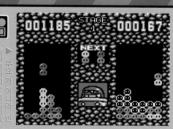

▶뿌요가 아니라 빈들이 떨어지는 게임이다.

「소닉 더 헤지혹」에 등장하는 닥터 에그맨의 서양판 이름을 붙인 낙하계 퍼즐 게임. 실은 「뿌요뿌요」에 소닉 시리즈의 캐릭터를 교체 삽입하여 서양판으로 제작한 것이다. 닥터 로보트닉이 행성 모비우스를 지배하기 위해, 사로잡은 주민 '빈'들을 내보낸다는 설정이다.

 1인용  1~2인용  메모리 백업  대전 케이블 지원 게임

Desert Strike

GAME GEAR

Domark 1993년 4M ROM

▶헬기는 건물에 부딪쳐도 추락하지 않는다.

세계대전의 위기에 직면한 상황에서, 미국이 이를 피하기 위해 원흉인 군사국가의 지도자 킬바바 장군의 암살을 지령한다는 스토리의 작품. 헬기의 조작이 다소 까다로워 익숙해지기가 어렵지만, 요령을 터득하면 제법 합리적인 조작법이다. 그래픽도 멋지고, 완성도도 훌륭하다.

Ms. Pac-Man

GAME GEAR

Namco 1993년 1M ROM

▶플레이어 캐릭터는 여성인 미즈팩맨이다.

원작은 매사추세츠 공대의 학생 2명이 「팩맨」을 기반으로 만든 클론 게임에서 출발했으며, 이후 정식 라이선스 승인을 받아 출시되자 본가 「팩맨」을 능가하는 히트작이 되었다. 게임 기어판은 통신 케이블을 사용하는 협력 플레이 등의 추가요소도 있어 호평을 받았다.

Super Off Road

GAME GEAR

Graftgold Creative Software 1993년 1M ROM

▶조작감각은 RC카를 조종하는 느낌과 비슷하다.

4륜구동 몬스터 머신들이 질주하는 오프로드 레이스를 소재로 삼은 탑뷰 형 레이싱 게임. 레이스가 끝나면 상금을 받으며, 이를 사용해 머신을 강화할 수 있다. 통신 케이블을 이용하면 통신대전으로 대인전을 즐길 수도 있는 등, 오래 플레이할 수 있는 소프트다.

Sensible Soccer : European Champions

GAME GEAR

Renegade Software, Sony Imagesoft 1994년 2월 1M ROM

▶게임 진행의 템포가 빨라 플레이가 경쾌하다.

유럽에 존재하는 여러 다양한 리그에 소속된 팀들이 한 자리에서 겨루는 축구 게임. 탑뷰 시점으로서, 간단한 조작과 빠른 패스 덕에 속도감 넘치는 전개가 펼쳐진다. 팀을 커스터마이즈하는 것은 불가능하나, 룰을 변경하여 독자적인 토너먼트를 개최할 수는 있다.

Road Rash

GAME GEAR

U.S.Gold 1994년 3월 4M ROM

▶라이벌을 때리고 걷어차 날려버리는 폭력적인 게임이다.

14명의 라이벌과 함께 불법 로드 레이스를 달리는 바이크 레이싱 게임. 차량·소·기름·진창·모래 등 다양한 장애물이 플레이어를 방해한다. 이를 잘 피해 라이벌을 말 그대로 때리고 차내며 1위를 노린다. 이식되면서 프레임레이트가 낮아졌지만, 그럼에도 쾌감이 남다른 수작.

Pac-Attack

GAME GEAR

Namco 1994년 6월 1M ROM

▶퍼즐 모드에서는 100문제의 퍼즐이 기다리고 있다.

일본에서는 「팩 패닉」이란 타이틀명으로 유명한 낙하계 퍼즐 게임. 블록을 가로 일렬로 붙이면 없어진다. 방해 블록으로 몬스터가 등장하며, 몬스터는 팩맨으로 없앨 수 있다. 게임 기어판은 제한된 수의 팩맨으로 모든 몬스터를 없애야 하는 '퍼즐 모드'가 수록되었다.

슈팅 게임

액션 게임

퍼즐 게임

롤플레잉 게임

시뮬레이션 게임

스포츠 게임

드라이브 게임

어드벤처 게임

교육 및 기타

홈 게임

Mighty Morphin Power Rangers

Sega 1994년 4M ROM

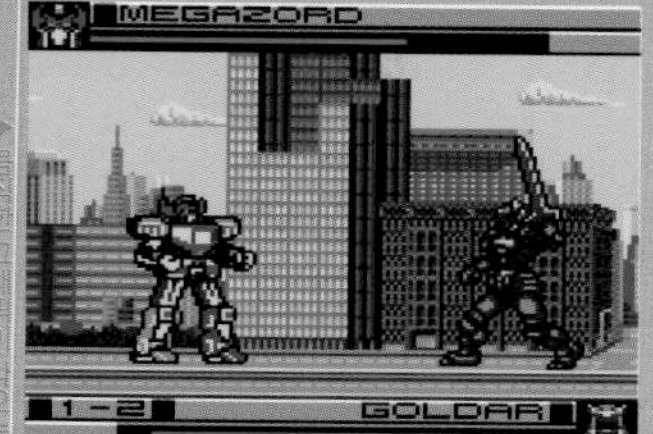

▶ 큼직한 그래픽이 나오는 연출과, 거대한 적과의 싸움이 피가 끓는다.

슈퍼 전대 시리즈의 영어 현지화판 TV 드라마를 소재로 삼은 액션 게임. 스토리 모드는 각 레벨당 2스테이지로 나뉘며, 화면 내에 나타난 적과 격투전을 펼치는 전반전, 메가조드에 탑승해 거대한 적과 싸우는 후반전으로 구성된다. 대 CPU전과 대인전 모드도 수록했다.

NHL Hockey

Electronic Arts 1995년 4월 4M ROM

▶ 시합시간, 키퍼, 페널티 등을 설정할 수 있다.

High Score Productions 사가 개발한 NFL 공인 아이스하키 게임. 실존 선수들 및 팀이 등장하는 호화 작품으로서, 선수의 리얼한 동작과 스피디하게 빙판을 질주하는 퍽의 움직임을 묘사한 그래픽도 볼거리다. 플레이어 대 CPU, CPU 대 CPU, 대전 케이블을 통한 2인 대전을 지원한다.

Micro Machines 2 : Turbo Tournament

Codemasters 1995년 5월 4M ROM

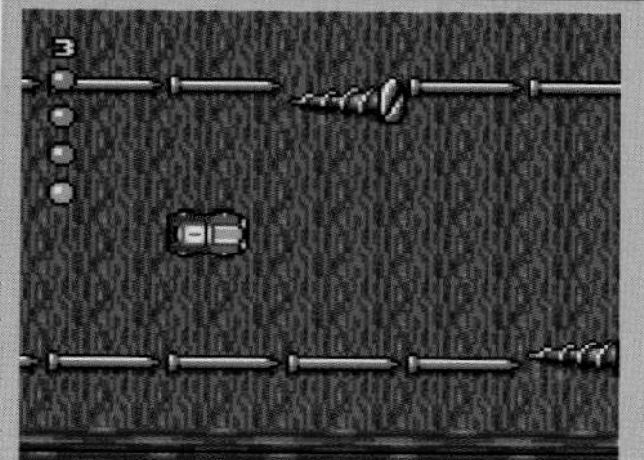

▶ … 서킷의 풍경도 재미있다.

못보다 크기가 작은 마이크로 카가 달리는 레이싱 게임. 널빤지를 잇댄 책상 서킷 등, 장난감 차다운 세계관을 유머러스하게 그렸다. 대전 케이블을 쓰는 2인 대전은 물론이고 게임 기어 본체를 두 명이 좌우 한쪽씩 잡고 즐기는 '2 ON 1' 모드가 있어, 다인 플레이의 장벽을 낮췄다.

Mega Man

U.S.Gold 1995년 10월 4M ROM

▶ 패스워드 컨티뉴 기능을 지원한다.

캡콤과 라이선스 계약을 맺고 북미에서 독자 개발한 「록맨」(Mega Man은 서양권에서 쓰이는 명칭이다). Dr.와일리가 이끄는 로봇 군단과 정의의 로봇 Mega Man의 싸움을 그렸다. 구성요소 전체가 오리지널은 아니며, 일부 스테이지·BGM은 일본판 작품들에서 가져다 썼다.

FIFA Soccer '96

Black Pearl Software 1995년 4M ROM

아스날 FC 등 각국의 프로 축구 클럽들이 등장하는, FIFA 공인 축구 게임. 한 시합만 즐기는 모드부터 '리그전', '토너먼트전', '플레이오프'까지 총 4개 모드를 수록했다. 팀 전략과 포메이션, 스타팅 멤버, 기후, 경기장 상태 등을 디테일하게 설정하여 즐길 수 있다.

Jungle Strike

Black Pearl Software 1995년 4M ROM

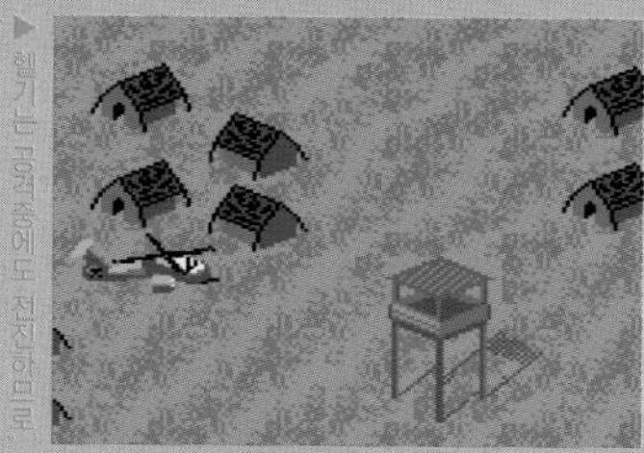

▶ 헬기는 공중에서 전진하므로 잘 노리려면 요령이 필요하다.

일본에서는 「정글 스트라이크 : 이어지는 광기」라는 타이틀명으로 발매된 메가 드라이브/제네시스용 게임의 이식판. 독립 특수부대의 싸움을 그린 쿼터뷰 시점의 슈팅 게임으로서, 플레이어의 메인 기체는 헬리콥터이고 그 외에도 호버크래프트 등을 타고 싸우게 된다.

 1인용  1~2인용  메모리 백업  대전 케이블 지원 게임

일본 및 세계의 게임 기어 전 게임 소프트 370종을 발매일 순으로 게재

전 세계 게임 기어 소프트 리스트

LIST OF WORLD GAME GEAR SOFTWARE

이 페이지부터는 일본 및 여러 국가에서 발매된 게임 기어용 게임 소프트를 리스트화하였다. 각국의 사정에 의해 타이틀명이 변경돼 발매된 경우나, 판매사(퍼블리셔)가 다른 경우도 여럿 있기 때문에, 이런 타이틀은 주석을 달아 설명했다.

또한 발매일 쪽은 각 지역별 발매일을 개별적으로 게재하기가 지면 관계상 어렵기에, 부득이하게 '가장 처음 발매된 지역의 발매연월일'을 기준으로 하였다. 아무쪼록 양해를 바란다.

범례

발매일 국가별로 발매일이 다른 경우엔 가장 처음 발매된 시기를 표기한다.

발매사 국가별로 타이틀명·발매사가 다른 경우엔 각주에서 해설한다. 일본에 발매된 타이틀은 일본 발매사만을 표기한다.

발매국 발매국의 상세는 오른쪽에 표기한 바와 같다.

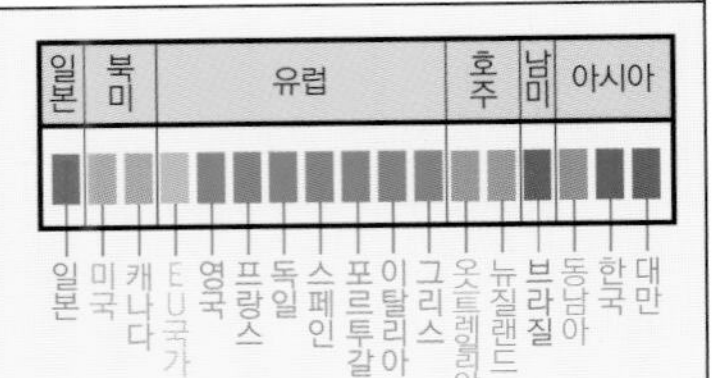

발매일	페이지	한국어 타이틀명	서양 타이틀명	발매사
1990.10.6	134	컬럼스	Columns	세가
1990.10.6	134	펭고	Pengo	세가
1990.10.6	134	슈퍼 모나코 GP	Super Monaco GP	세가
1990.10.27	134	참(斬) GEAR		울프 팀
1990.11.10	135	대전마작 하오파이		세가
1990.12.8	135	원더 보이	Wonder Boy	세가
1990.12.15	135	G-LOC : AIR BATTLE	G-LOC: Air Battle	세가
1990.12.15	135	창고지기		리버힐 소프트
1990.12.22	135	드래곤 크리스탈 : 츠라니의 미궁	Dragon Crystal	세가
1990.12.27	135	상하이 II		선 소프트
1991.1.26	136	THE 프로야구 '91		세가
1991.1.29	136	팩맨	Pac-Man	남코
1991.2.2	136	사이킥 월드	Psychic World	세가
1991.2.23	137	팝 브레이커		마이크로캐빈
1991.2.24	137	정션	Junction	마이크로네트
1991.3.1	137	우디 팝	Woody Pop	세가
1991.3.8	137	타로 점술관		세가
1991.3.8	137	타이토 체이스 H.Q.	Chase H.Q.	타이토
1991.3.15	137	헤드 버스터		메사이야
1991.3.21	138	미키 마우스의 캐슬 일루젼	Castle of Illusion Starring Mickey Mouse	세가
1991.3.29	138	데빌리시	Devilish	겐키
1991.3.29	138	키네틱 커넥션		세가
1991.4.5	138	기어 스타디움	Batter Up	남코
1991.4.19	138	슈퍼 골프	Super Golf	시그마 상사
1991.4.26	138	자금성		선 소프트
1991.4.26	139	스퀵	Slider	빅터음악산업
1991.4.26	139	The GG 시노비	The GG Shinobi	세가

발매일	페이지	한국어 타이틀명	서양 타이틀명	발매사	일본	북미	유럽	호주	남미	아시아
1991.5.24	139	매피		남코						
1991.5.31	139	류큐	Solitaire Poker	페이스						
1991.6.21	140	힘내라 고르비!	Factory Panic	세가						
1991.6.21	139	핼리 워즈	Halley Wars	남코						
1991.7.5	140	마법동자☆타루루토		츠쿠다 아이디얼						
1991.7.19	140	판타지 존 Gear : 오파오파 Jr.의 모험	Fantasy Zone Gear	심스						
1991.7.21	140	매지컬 퍼즐 포필즈	Magical Puzzle Popils	텐겐						
1991.7.26	140	와갼랜드		남코						
1991.7.26	141	그리폰		니혼 텔레네트						
1991.8	142	펏 & 퍼터	Putt & Putter	세가						
1991.8.9	141	라스턴 사가		남코						
1991.8.9	141	이터널 레전드 : 영원의 전설		세가						
1991.8.9	141	아웃런	OutRun	세가						
1991.9	178		World Class Leaderboard Golf	U.S. Gold						
1991.9.28	142	대전형 대전략 G		시스템소프트						
1991.10	146	조 몬태너 풋볼	Joe Montana Football	세가						
1991.10	143	도널드 덕의 럭키 다임	The Lucky Dime Caper Starring Donald Duck	세가						
1991.10.25	142	갤러그 '91	Galaga '91	남코						
1991.11	144	스페이스 해리어	Space Harrier	세가						
1991.11.1	142	액스 배틀러 : 골든 액스 전설	Ax Battler: A Legend of Golden Axe	세가						
1991.11.1	142	닌자 가이덴	Ninja Gaiden	세가						
1991.11.22	143	쿠니짱의 게임 천국		세가						
1991.11.29	143	베를린 장벽		카네코						
1991.12	178		The Chessmaster	세가						
1991.12			Clutch Hitter	세가						
1991.12.13	143	아리엘 : 크리스탈 전설	Crystal Warriors	세가						
1991.12.27	144	헤비 웨이트 챔프	Heavyweight Champ	심스						
1991.12.27	143	프레이 : 수련 편		마이크로캐빈						
1991.12.29	144	GG 알레스터		컴파일						
1991.12.29	144	소닉 더 헤지혹	Sonic the Hedgehog	세가						
1992.2.7	145	포켓 마작장		남코						
1992.3.13	145	판타지 스타 어드벤처		세가						
1992.3.19	145	에일리언 신드롬	Alien Syndrome	심스						
1992.3.20	145	버스터 볼		리버힐 소프트						
1992.3.27	146	몬스터 월드 II : 드래곤의 함정	Wonder Boy III: The Dragon's Trap	세가						
1992.4.24	146	하이퍼 프로야구 '92		세가						
1992.5			Super Kick Off	U.S. Gold						
1992.5.22	146	표주박섬 표류기 : 표주박섬의 대항해		세가						
1992.6			OutRun Europa	U.S. Gold						
1992.6	147	올림픽 골드	Olympic Gold	세가						
1992.6	178		Spider-Man vs. The Kingpin	Flying Edge						
1992.6.5	146	에어리얼 어설트	Aerial Assault	세가						
1992.6.12	147	갬블러 자기중심파	Gambler Jiko Chuushinha	세가						
1992.7			Paperboy	Tengen						
1992.8	150	윔블던	Wimbledon	세가						
1992.8.7	147	피구왕 통키		세가						
1992.8.28	147	아이르톤 세나 : 슈퍼 모나코 GP II	Ayrton Senna's Super Monaco GP II	세가						
1992.9	148	척 락	Chuck Rock	세가						
1992.9	148	배트맨 리턴즈	Batman Returns	세가						

발매일	페이지	한국어 타이틀명	서양 타이틀명	발매사	일본	북미	유럽	호주	남미	아시아
1992.9	160	스매시 TV	**Smash T.V.**	어클레임 재팬						
1992.9	179		**Prince of Persia**	Domark 주1						
1992.9			**Klax**	Tengen						
1992.9.18	147	샤담 크루세이더 : 머나먼 왕국	**Defenders of Oasis**	세가						
1992.9.24	178		**Marble Madness**	Tengen						
1992.10			**Double Dragon**	Virgin Games						
1992.10			**Indiana Jones and the Last Crusade**	U.S. Gold						
1992.10			**The Terminator**	Virgin Games						
1992.10			**Taz-Mania**	세가						
1992.10.16	147	판타지 스타 외전		세가						
1992.10.23	148	인 더 웨이크 오브 뱀파이어	**Master of Darkness**	심스						
1992.11	150	레밍스	**Lemmings**	세가						
1992.11			**Super Space Invaders**	Domark						
1992.11	158	에일리언 3	**Alien 3**	어클레임 재팬						
1992.11.17	148	소닉 더 헤지혹 2	**Sonic the Hedgehog 2**	세가						
1992.11.27	149	베어 너클 : 분노의 철권	**Streets of Rage**	세가						
1992.12			**Predator 2**	Arena						
1992.12			**Arch Rivals**	Flying Edge						
1992.12			**Sega Game Pack 4 in 1**	세가						
1992.12			**The Majors: Pro Baseball**	세가						
1992.12			**The Simpsons: Bart vs. the Space Mutants**	Acclaim						
1992.12.11	149	The GG 시노비 2	**Shinobi II: The Silent Fury**	세가						
1992.12.18	149	쿠니쨩의 게임 천국 파트 2		세가						
1992.12.19	179		**Chakan: The Forever Man**	세가						
1992.12.25	149	샤이닝 포스 외전 : 원정, 사신의 나라로		세가						
1992.12.26	149		**Ariel the Little Mermaid**	세가						
1992			**Captain America and the Avengers**	Mindscape						
1993.1.5			**Evander Holyfield's "Real Deal" Boxing**	세가						
1993.2			**R.C. Grand Prix**	세가						
1993.2			**Andre Agassi Tennis**	TecMagik						
1993.2			**Home Alone**	세가						
1993.3			**Krusty's Fun House**	Flying Edge						
1993.3			**TaleSpin**	세가						
1993.3.19	150	뿌요뿌요		세가						
1993.3.26	151	미키 마우스의 마법의 크리스탈	**Land of Illusion Starring Mickey Mouse**	세가						
1993.4.29	151	프로야구 GG 리그		세가						
1993.4.29	151	도라에몽 : 노라노스케의 야망		세가						
1993.5	162	크래시 더미 : 슬릭의 대도전	**The Incredible Crash Dummies**	어클레임 재팬						
1993.5.26			**Strider II**	U.S. Gold						
1993.5.26	160	바트 월드	**The Simpsons: Bart vs. the World**	어클레임 재팬						
1993.5.26			**Superman: The Man of Steel**	Virgin Interactive 주2						
1993.5.26			**Mick & Mack as the Global Gladiators**	Virgin Games						
1993.5.28	151	Kick & Rush	**Kick & Rush**	심스						
1993.6			**Spider-Man: Return of the Sinister Six**	Flying Edge						
1993.6			**WWF WrestleMania: Steel Cage Challenge**	Flying Edge						
1993.6			**Paperboy 2**	Tengen						
1993.6.25	152	톰과 제리	**Tom and Jerry: The Movie**	세가						
1993.6.25	151	샤이닝 포스 외전 II : 사신의 각성	**Shining Force: The Sword of Hajya**	세가						
1993.7			**Hook**	Sony Imagesoft						

※주1 : 북미판 발매사는 Tengen　※주2 : 북미판 발매사는 Sunsoft

발매일	페이지	한국어 타이틀명	서양 타이틀명	발매사	일본	북미	유럽	호주	남미	아시아
1993.7.02	152	아아 하리마나다		세가	■					
1993.7.23	152	퍼즐뿌요		세가	■					
1993.7.23	152	베어 너클 II : 사투로의 진혼가	Streets of Rage 2	세가	■	■	■		■	■
1993.7.30	153	쥬라기 공원	Jurassic Park	세가	■	■	■		■	■
1993.8			Jeopardy!	GameTek		■				
1993.8			Wheel of Fortune	GameTek		■				
1993.8			Tesserae	GameTek		■				
1993.8			Surf Ninjas	세가		■	■		■	
1993.8			Bram Stoker's Dracula	Sony Imagesoft		■	■			
1993.9	156	T2 : THE ARCADE GAME	T2: The Arcade Game	어클레임 재팬	■	■	■			
1993.9.13	154	모탈 컴뱃	Mortal Kombat	어클레임 재팬	■	■	■			
1993.9.21	179		Fantastic Dizzy	Codemasters		■	■			
1993.10	179		Star Wars	U.S. Gold		■	■			
1993.10	156	에코 더 돌핀	Ecco the Dolphin	세가	■	■	■		■	
1993.10			Cool Spot	Virgin Games		■	■			
1993.10			Chuck Rock II: Son of Chuck	Core Design 주3		■	■		■	
1993.10.1	153	GG 알레스터 II	Power Strike II	세가	■		■		■	■
1993.10.29	153	ULTIMATE SOCCER	Ultimate Soccer	세가	■		■		■	
1993.11	159	로보캅 3	RoboCop 3	어클레임 재팬	■	■	■			
1993.11			Desert Speedtrap Starring Road Runner and Wile E. Coyote	세가		■	■		■	
1993.11			Quest for the Shaven Yak Starring Ren Hoëk & Stimpy	세가		■	■		■	
1993.11			World Series Baseball	세가		■				
1993.11			Micro Machines	Codemasters		■	■			
1993.11			Last Action Hero	Sony Imagesoft		■				
1993.11.2			Cosmic Spacehead	Codemasters		■	■			
1993.11.19	153	소닉 & 테일즈	Sonic Chaos	세가	■	■	■		■	■
1993.12	155	배틀토드	Battletoads	세가	■	■	■			
1993.12	162		Terminator 2: Judgment Day				■			
1993.12	155	윈터 올림픽	Winter Olympics	세가	■	■	■			
1993.12			Gear Works	Sony Imagesoft		■				
1993.12	179		Dr. Robotnik's Mean Bean Machine	세가		■	■			
1993.12			Cliffhanger	Sony Imagesoft		■				
1993.12			The Jungle Book	Virgin Interactive		■	■			
1993.12.3	154	마도 이야기 I : 3가지 마도구(魔導球)		세가	■					
1993.12.10	154	퍼즐뿌요 2		세가	■					
1993.12.17	154	페이스볼 2000		리버힐 소프트	■					
1993.12.17	154	도널드 덕의 4가지 보물	Deep Duck Trouble Starring Donald Duck	세가	■	■	■		■	■
1993.12.17	154	대전마작 하오파이 II		세가	■					
1993	180		Desert Strike: Return to the Gulf	Domark		■	■			
1993	180		Super Off Road	Virgin Games		■	■			
1993	179		F1	Domark		■	■			
1993			The Ottifants	세가			■		■	
1993			Greendog: The Beached Surfer Dude!	세가		■			■	
1993			Astérix and the Secret Mission	세가			■			
1993			PGA Tour Golf	Tengen		■	■			
1993			F-15 Strike Eagle	MicroProse		■	■			
1993			Battleship: The Classic Naval Combat Game	Mindscape		■				
1993	180		Ms. Pac-Man	Namco		■				
1993			Wolfchild	Virgin Games			■			

※주3 : EU판 발매사는 Sega

발매일	페이지	한국어 타이틀명	서양 타이틀명	발매사	일본	북미	유럽	호주	남미	아시아
1993			**James Pond II: Codename RoboCod**	U.S. Gold		■	■			
1993			**Telstar Double Value Games: The Simpsons: Bart vs. the Space Mutants/Batman Returns**	Telstar Electronic Studios			■			
1993			**Telstar Double Value Games: The Lucky Dime Caper Starring Donald Duck/Talespin**	Telstar Electronic Studios			■			
1994.1			**James Bond 007: The Duel**	Domark			■			
1994.1			**Pinball Dreams**	GameTek		■				
1994.1			**X-Men**	세가		■				
1994.1.21	155	리딕 보우 복싱	**Riddick Bowe Boxing**	마이크로네트	■	■				
1994.2	157	알라딘	**Disney's Aladdin**	세가	■	■	■		■	
1994.2	180		**Sensible Soccer**	Sony Imagesoft			■			
1994.2			**The Simpsons: Bartman Meets Radioactive Man**	Flying Edge		■				
1994.2.11	156	버스터 파이트		세가	■					
1994.3	159	줄의 꿈 모험	**Zool**	인포컴	■	■	■			
1994.3	180		**Road Rash**	U.S. Gold		■	■			
1994.3	157	GP 라이더	**GP Rider**	세가	■					
1994.3			**Poker Face Paul's Blackjack**	Adrenalin Entertainment		■				
1994.3			**Caesars Palace**	Virgin Interactive		■				
1994.3			**NBA Action Starring David Robinson**	세가		■			■	
1994.3			**Poker Face Paul's Poker**	Adrenalin Entertainment		■				
1994.3			**CJ Elephant Fugitive**	Codemasters		■	■			
1994.3			**RoboCop Versus The Terminator**	Virgin Games		■	■			
1994.3			**Spider-Man and the X-Men in Arcade's Revenge**	Flying Edge		■				
1994.3.4	156	맥도날드 도날드의 매지컬 월드		세가	■					
1994.3.4	158	NBA JAM	**NBA Jam**	어클레임 재팬	■	■	■			
1994.3.18	157	유☆유☆백서 : 멸망한 자의 역습		세가	■					
1994.3.18	157	소닉 드리프트		세가	■					
1994.3.25	157	스크래치 골프	**Scratch Golf**	빅 토카이	■	■				
1994.4			**Choplifter III**	Extreme Entertainment Group		■				
1994.4.22	157	탄트알		세가	■					
1994.4.22	158	여신전생 외전 : 라스트 바이블		세가	■					
1994.5.20	158	마도 이야기 II : 아르르 16세		세가	■					
1994.5.27	158	월드 더비		CRI	■					
1994.6			**The Incredible Hulk**	U.S. Gold		■	■			
1994.6	180		**Pac-Attack**	Namco		■				
1994.6.03	159	도둑맞곤 못살아!?		세가	■					
1994.6.24	159	아담스 패밀리	**The Addams Family**	어클레임 재팬	■	■	■			
1994.7			**Ernie Els Golf**	Codemasters			■			
1994.7.22	159	J리그 GG 프로 스트라이커 '94		세가	■					
1994.7.29	160	퍼즐뿌요 : 아르르의 루		세가	■					
1994.8.5	160	다이너마이트 헤디	**Dynamite Headdy**	세가	■	■	■		■	
1994.8.5	160	코카콜라 키드		세가	■					
1994.8.12	161	뽀빠이의 비치발리볼		테크노스 재팬	■					
1994.8.19			**Pete Sampras Tennis**	Codemasters		■	■			
1994.9			**Sonic Spinball**	세가		■	■		■	
1994.9.9	161	검용전설 YAIBA		세가	■					
1994.9.9	161	모탈 컴뱃 II : 궁극신권	**Mortal Kombat II**	어클레임 재팬	■	■	■			
1994.9.16	161	덩크 키즈		세가	■					
1994.9.30	162	프로야구 GG 리그 '94		세가	■					
1994.9.30	162	유☆유☆백서 2 : 격투! 7강의 싸움		세가	■					
1994.10			**S.S. Lucifer: Man Overboard!**	Codemasters			■			

발매일	페이지	한국어 타이틀명	서양 타이틀명	발매사	일본	북미	유럽	호주	남미	아시아
1994.10			World Series Baseball '95	세가		■				
1994.10			Star Trek: The Next Generation: The Advanced Holodeck Tutorial	Absolute Entertainment		■				
1994.10			The Berenstain Bears' Camping Adventure	세가		■				
1994.10.28	163	몰도리안 : 빛과 어둠의 자매		세가	■					
1994.11			Taz in Escape from Mars	세가		■	■		■	
1994.11			X-Men: GamesMaster's Legacy	세가		■	■			
1994.11	165	라이온 킹	The Lion King	세가	■	■	■		■	
1994.11	166	에코 더 돌핀 2	Ecco: The Tides of Time	세가	■	■	■			■
1994.11			PGA Tour Golf II	Time Warner Interactive		■	■			
1994.11.11	163	소닉 & 테일즈 2	Sonic the Hedgehog Triple Trouble	세가	■	■	■		■	
1994.11.15			NFL '95	세가		■				
1994.11.19			Rise of the Robots	Time Warner Interactive		■	■			
1994.11.25	163	아랑전설 SPECIAL	Fatal Fury Special	타카라	■	■	■			
1994.11.25	163	이치단트알 GG		세가	■					
1994.11.25	163	마도 이야기 Ⅲ : 궁극 여왕님		세가	■					
1994.12			Star Trek Generations: Beyond the Nexus	Absolute Entertainment		■				
1994.12			Madden NFL '95	Electronic Arts		■				
1994.12.16	164	뿌요뿌요 투[通]		컴파일	■					
1994.12.16	164	사무라이 스피리츠	Samurai Shodown	타카라	■	■				
1994.12.16	164	마법기사 레이어스		세가	■					
1994.12.16	164	From TV animation 슬램덩크 : 승리로의 스타팅 파이브		반다이	■					
1994.12.23	164	프레드 커플스 골프	Fred Couples Golf	세가	■	■				
1994			Bubble Bobble	Taito		■				
1994			5 in One Fun Pak	Interplay		■				
1994			Daffy Duck in Hollywood	세가			■		■	
1994			Mickey's Ultimate Challenge	Hi-Tech Expressions		■				
1994			Side Pocket	Data East		■				
1994			World Cup USA 94	U.S. Gold		■	■		■	
1994			Dragon: The Bruce Lee Story	Virgin Interactive 주4		■	■			
1994			Bonkers Wax Up!	세가		■	■			
1994			Astérix and the Great Rescue	세가		■	■			
1994			Hurricanes	U.S. Gold			■			
1994	181		Mighty Morphin Power Rangers	세가		■	■			
1994			Dropzone	Codemasters			■			
1994			Monster Truck Wars	Acclaim Entertainment		■	■			
1994			Jeopardy! Sports Edition	GameTek		■				
1994			Beavis and Butt-Head	Viacom New Media		■	■			
1994			Casino FunPak	Interplay		■				
1994			Poker Face Paul's Gin	Adrenalin Entertainment		■				
1994			Poker Face Paul's Solitaire	Adrenalin Entertainment		■				
1994			Tarzan: Lord of the Jungle	GameTek			■			
1994			WWF Raw	Acclaim		■	■			
1994	169	스타게이트	Stargate	어클레임 재팬	■	■	■			
1994			Marko's Magic Football	Domark			■			
1994			R.B.I. Baseball '94	Time Warner Interactive		■				
1994	166	NFL 쿼터백 클럽 '95	NFL Quarterback Club	어클레임 재팬	■	■	■			
1994	170	FIFA 인터내셔널 사커	FIFA International Soccer	일렉트로닉 아츠 빅터	■	■	■			
1994			The Itchy & Scratchy Game	Acclaim Entertainment		■	■	■		
1994			The Excellent Dizzy Collection	Codemasters			■			

※주4 : 북미판 발매사는 Acclaim Entertainment

발매일	페이지	한국어 타이틀명	서양 타이틀명	발매사	일본	북미	유럽	호주	남미	아시아
1995.1.13	165	미키 마우스 : 전설의 왕국	Legend of Illusion Starring Mickey Mouse	세가						
1995.1.27	165	실반 테일		세가						
1995.1.27	166	갬블 패닉		세가						
1995.1.27	166	미소녀 전사 세일러문 S		반다이						
1995.2.17	166	리스타 더 슈팅스타	Ristar	세가						
1995.2.23	166	NBA JAM : 토너먼트 에디션	NBA Jam Tournament Edition	어클레임 재팬						
1995.2.24	167	로열 스톤 : 열리는 시간의 문		세가						
1995.2.24	167	짱구는 못 말려 : 대결! 칸탐 패닉!!		반다이						
1995.3			Kawasaki Superbike Challenge	Domark 주5						
1995.3			NHL All-Star Hockey	세가						
1995.3	169	슈퍼 컬럼스	Super Columns	세가						
1995.3.3	167	타마 & 프렌즈 : 3번가 공원 타마림픽		세가						
1995.3.17	167	소닉 드리프트 2	Sonic Drift 2	세가						
1995.3.24	168	여신전생 외전 : 라스트 바이블 스페셜		세가						
1995.3.24	168	SD건담 WINNER'S HISTORY		반다이						
1995.3.24	167	건스타 히어로즈		세가						
1995.4	181		NHL Hockey	Electronic Arts						
1995.4.7	168	THE 퀴즈 : 기어 파이트!		세가						
1995.4.28	169	TEMPO Jr.	Tempo Jr.	세가						
1995.4.28	168	테일즈의 스카이패트롤		세가						
1995.5	181		Micro Machines 2: Turbo Tournament	Codemasters						
1995.5.26	169	트루 라이즈	True Lies	어클레임 재팬						
1995.6			Power Drive	U.S. Gold						
1995.6			James Pond 3: Operation Starfish	Electronic Arts						
1995.6			Judge Dredd	Acclaim						
1995.6			The Adventures of Batman & Robin	세가						
1995.6.30	169	샤이닝 포스 외전 : FINAL CONFLICT		세가						
1995.7			Earthworm Jim	Playmates						
1995.7.14	169	싸워라! 프로야구 트윈 리그		세가						
1995.7.21	170	NINKU -닌쿠-		세가						
1995.8.04	170	마법기사 레이어스 2 : making of magic knight		세가						
1995.8.25			Primal Rage	Time Warner Interactive						
1995.9.1	170	귀신동자 ZENKI		세가						
1995.9.7	171	배트맨 포에버	Batman Forever	어클레임 재팬						
1995.9.22	170	테일즈 어드벤처	Tails Adventures	세가						
1995.10	181		Mega Man	U.S. Gold						
1995.10			Frank Thomas Big Hurt Baseball	Acclaim						
1995.10			Phantom 2040	Acclaim						
1995.10			Super Star Wars: Return of the Jedi	Viacom New Media						
1995.10			Sonic 2 in 1	세가						
1995.10.20	171	기어 스타디움 : 헤이세이 판		남코						
1995.10.27	171	포먼 포 리얼	Foreman for Real	어클레임 재팬						
1995.10.27			NFL Quarterback Club 96	Acclaim						
1995.11			Arena: Maze of Death	세가						
1995.11			Garfield: Caught in the Act	세가						
1995.11			Cutthroat Island	Acclaim						
1995.11.3	171	NINKU -닌쿠- 외전 : 히로유키 대활극		세가						
1995.11.17	171	소닉 래비린스	Sonic Labyrinth	세가						
1995.11.24	171	J리그 사커 : 드림 일레븐		세가						

※주5 : 북미판 발매사는 Time Warner Interactive

발매일	페이지	한국어 타이틀명	서양 타이틀명	발매사	일본	북미	유럽	호주	남미	아시아
1995.11.24	172	마도 이야기 A : 두근두근 베이케~이션		컴파일	■					
1995.12.1	172	노모 히데오의 월드 시리즈 베이스볼		세가	■					
1995.12.08	172	고질라 괴수대진격		세가	■					
1995.12.15	172	슈퍼 모모타로 전철 III		허드슨 소프트	■					
1995.12.22	172	NINKU -닌쿠- 2 : 천공룡으로 가는 길		세가	■					
1995			Wizard Pinball	Domark			■■■■ ■			
1995			F1: World Championship Edition	Domark			■■■■ ■			
1995			Cheese Cat-Astrophe Starring Speedy Gonzales	세가		■	■■■■ ■		■	
1995			MLBPA Baseball	Electronic Arts		■				
1995			The Smurfs	Infogrames			■■■■ ■			
1995			Championship Hockey	U.S. Gold			■■■■ ■			
1995			Striker	세가			■■■■■■			
1995			Solitaire FunPak	Interplay		■				
1995			Sports Illustrated: Championship Football & Baseball	Black Pearl Software		■				
1995			Sports Trivia: Championship Edition	세가		■				
1995			Mighty Morphin Power Rangers: The Movie	세가		■	■■■■ ■		■	
1995		카 라이선스 역주1		나유타	■					
1995			Chicago Syndicate	세가		■			■	
1995			Shaq Fu	Electronic Arts		■				
1995			Zoop	Viacom New Media		■				
1995	181		FIFA Soccer 96	Black Pearl Software		■	■■■■ ■			
1995			Urban Strike	Black Pearl Software		■				
1995			PGA Tour 96	Black Pearl Software		■	■■■■ ■			
1995	181		Jungle Strike	Black Pearl Software		■	■			
1995			Madden NFL 96	Black Pearl Software		■	■■■■ ■			
1995			VR Troopers	세가		■	■■■■ ■		■	
1995			Sports Trivia	세가		■				
1996.1.12	173	루나 : 산보하는 학교		게임 아츠	■					
1996.1.26	173	와구와구 애니멀	Baku Baku Animal	세가	■	■	■■■■ ■			
1996.3.29	174	천사소녀 네티		세가	■					
1996.3.29	173	버추어 파이터 Mini	Virtua Fighter Animation	세가	■	■	■■■■ ■			
1996.4.26	174	도라에몽 : 두근두근 포켓 파라다이스		세가	■					
1996.7.19	174	고양이가 좋아!		세가	■					
1996.8.2	174	퍼즐보블	Bust-A-Move	남코	■	■				
1996.11	175	G소닉	Sonic Blast	세가	■	■	■■■■ ■			
1996.11.1	174	GG 포트레이트 : 유키 아키라		세가	■					
1996.11.14			Iron Man/X-O Manowar in Heavy Metal	Acclaim Entertainment		■				
1996.11.22	175	판처 드라군 Mini		세가	■					
1996.11.22	174	GG 포트레이트 : 파이 첸		세가	■					
1996.12.06	175	애완동물 클럽 : 강아지가 좋아!		세가	■					
1996			Mortal Kombat 3	Acclaim Entertainment			■■■■ ■			
1996			Arcade Classics	세가		■				
1996			Bugs Bunny in Double Trouble	세가		■	■■■■ ■			
1996			X-Men: Mojo World	세가		■				
1996			The Smurfs Travel the World	Infogrames			■■■■ ■			
1996			Tintin in Tibet	Infogrames		■	■■■■ ■			
1997.8.26			The Lost World: Jurassic Park	세가		■				
2001			Garry Kitchen's Super Battletank: War in the Gulf	Majesco						
			Telstar Double Value Games 주6	Telstar Electronic Studios			■			

※주6 : 정식 타이틀명은 Telstar Double Value Games: The Lucky Dime Caper Starring Donald Duck / Castle of Illusion Starring Mickey Mouse
※역주1 : 1995년 나유타 사가 일본 내 운전학원을 대상으로 보급한 운전교습자 대여용 비매품 소프트. 일반 판매되지 않았다.

일본 발매 게임 기어 소프트 전체를 가나다순으로 게재

일본 내 게임 기어 소프트 색인

GAME GEAR SOFTWARE INDEX

이 페이지는 일본 내에서 발매된 게임 기어용 게임 소프트 총 196개 타이틀을 가나다순으로 정리한 색인이다. 이 책에 수록된 해당 게재 페이지도 소개하였으므로, 당시 갖고 있었던 게임을 회고한다거나, 컬렉션 수집을 위해 타이틀을 조사한다거나…… 등등의 이유로 추억의 게임을 찾는 데 참고자료로 활용해준다면 감사하겠다.

Chapter 4

한국의 세가 초기 게임기 이야기

GAMBOY
GAMBOY II / ALADDIN BOY
HANDY GAMBOY

해설 한국의 세가 초기 게임기 이야기

COMMENTARY OF GAMBOY

한국오크스의 수입 판매부터, 삼성전자의 겜보이 발매에 이르기까지

제 4장은 원서인 일본판에는 없는 한국어판의 독자적인 추가 지면으로서, 원서 감수자인 마에다 히로유키 씨의 허락 하에 한국어판 역자가 추가 집필하였음을 먼저 밝혀둔다.

한국에서의 세가 게임기 사업은 1989년부터 대기업인 삼성전자가 겜보이 브랜드를 앞세워 전개한 것으로 유명하나, 사실 그보다 이전에 이미 세가 마크 Ⅲ가 한국에 시판되었던 적이 있었다는 점은 의외로 그리 알려져 있지 않다.

업무자동화 소프트웨어 개발 전문 업체인 한국오크스(OACS)(※) 사가 일본판 세가 마크 Ⅲ를 기반으로 라이선스 생산해 1988년 11월 128,000원(본체 단품)에 시판을 시작한 기록이, 한국의 세가 초기 게임기 정식발매 역사의 발단에 해당한다. 당시 언론기사와 광고지면 등을 보면 한국오크스 측은 '게임기'보다는 '게임도 되는 저렴한 8비트 컴퓨터'라는 포지션을 노렸던 듯해, 별매품인 전용 키보드(89년 출시)를 함께 구입하면 자녀에게 컴퓨터 교육을 시킬 수 있음을 은연중에 어필했다. 다만 애플 Ⅱ 호환기종과 대우전자의 MSX가 이미 이 시장을 선점하고 있었던 데다, 당시 한국 가정의 인식상 '게임기'는 거부감이 심했고 '컴퓨터'조차 대중화되지 않았던지라, 발매 사실만 남아있을 뿐 당시 실제 구매자는 매우 적었던 듯해 현재는 해당 기기의 소장자조차 찾기 힘든 것이 현실이다.

▲ 월간 '컴퓨터학습' 1988년 12월호의 국내 뉴스 지면에 실린, 한국오크스 사의 세가 마크 Ⅲ 발매 정보 기사. 당시 시점엔 국내 미발매였던 전용 키보드를 굳이 어필하는 등, '컴퓨터'로 포지셔닝하는 데 안간힘을 쓰고 있음이 엿보인다. 키보드를 동시발매하지 않은 것은, BASIC 및 키보드의 한글화가 완료되지 않아서였기 때문이 아닐까.

▲ 월간 '컴퓨터학습' 1989년 5월호의 세가 마크 Ⅲ 지면광고. BASIC 및 키보드도 발매한 듯해, 광고 좌하단에 키보드 실물 사진이 보인다. 기성품 키보드를 바탕으로 인터페이스를 독자 개발해, 세가 마크 Ⅲ에 연결 가능하도록 제작한 것으로 추정된다. 이 시점에서는 본체 가격이 115,000원으로 인하되었다(조이패드 2개 포함).

실질적으로 세가 초기 게임기가 한국에서 존재감을 발휘하게 된 것은 널리 알려진 대로 삼성전자의 '겜보이' 출시(1989년 4월)부터로서, 이 시기를 전후해 대만제 염가 패미컴 호환기들의 국내 상륙(88년 12월~), 현대전자의 '컴보이'(한국판 NES) 발매(89년 10월), 대우전자의 '재믹스 수퍼V' 발매(89년 12월) 등 대기업과 중소기업을 막론하고 수많은 회사들이 가정용 게임기 시장 석권을 위해 기기를 투입하여 본격적인 시장경쟁체제가 형성된다.

▲ 한겨레신문 1989년 5월 3일자 지면에 게재된 삼성전자의 겜보이 컬러광고. 겜보이 국내 출시 극초기의 광고지면으로서, 실제로는 내장되지 않은 'FM음원 탑재'를 장점으로 내세웠다. 당초에는 일본판 설계를 준수하려 했으나, 단가절감 등의 이유로 양산 단계에서 FM음원 기능이 삭제된 것이 아닐까 추측할 따름이다.

◀ 한국오크스는 삼성전자의 겜보이 출시 이후엔 세가 마크 Ⅲ에서 손을 뗀 것으로 보이나, 세가 마크 Ⅲ부터 시작해 삼성전자 제품의 총판을 꾸준히 맡아온 하이콤을 통하여 소프트웨어 제작·유통에 일부 참여하기도 했던 듯하다. 사진은 한국오크스 로고가 붙은 한글판 「알렉스키드」로서, 'SEGA MARK Ⅲ / 겜보이 공용'이란 표기도 있다.

(※) 월간 '마이크로소프트웨어' 1987년 4월호 등에 실린 바에 따르면, 일본 오노다 시멘트 사의 자회사로서 사무자동화·공장자동화 시스템 등을 개발했던 일본 오크스(주)와 합작해 87년 2월 14일 설립된 한국 현지법인이었다. 세가 마크 Ⅲ는 당초엔 사업다각화 과정에서 홈 컴퓨터 사업 진출의 교두보로서 선택했던 아이템이 아니었을까 추측된다.

삼성전자에 의한, '겜보이' 브랜드 제품군의 폭넓은 시장 전개

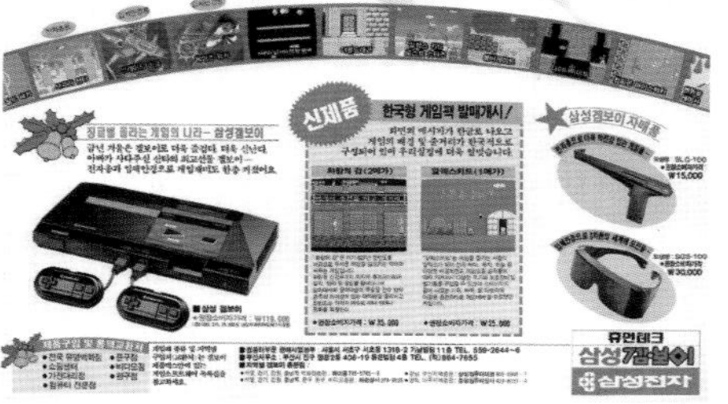

▲ 1989년 크리스마스 시즌의 겜보이 관련 잡지광고. 「알렉스키드」와 「화랑의 검」의 발매가 공지되어 있다. 이 두 작품은 한국 비디오 게임 역사상 최초의 외국 게임 공식 한국어화에 해당하는 기념비적인 사례라 당시의 게이머들에게 깊은 인상을 남겼다.

재믹스를 앞세워 한국에 '가정용 게임기'라는 시장을 개척하고 유의미한 성공을 거둔 대우전자에 이어 금성(현 LG)·삼성·현대 등의 대기업들도 물밑에서 시장 진입을 다각도로 모색하였는데, 결과적으로는 세가 엔터프라이지스와 제휴하여 1989년 4월부터 '겜보이' 출시를 개시한 삼성전자 쪽이 가장 발 빠른 움직임을 보여주었다. 특히 겜보이 발매 당시 시점에서 (실질적으로는 MSX1 규격인) 재믹스는 스펙과 표현력 면에서 시대에 뒤처져 있었고, 파격적인 염가를 앞세운 대만제 패미컴 호환기들이 그 틈을 파고들며 침투하고 있던 시점이었기에, 재믹스보다 훨씬 표현력이 높고 세가의 인기 게임 라인업이 풍부했던 겜보이는 삼성전자의 제조역량과 강력한 유통망·홍보력에 힘입어 당대 어린이들에게 강한 인상을 심어주며 보급률을 끌어올릴 수 있었다.

겜보이의 성공을 발판으로 삼성전자는 당시 세가의 게임기 라인업을 한국에도 동일하게 전개하여 메가 드라이브의 한국판인 수퍼겜보이(1990년 9월, 185,000원), 게임기어의 한국판인 핸디 겜보이(1991년 1월 초, 198,000원), 서양에만 발매된 세가 마스터 시스템 II의 한국판인 삼성 겜보이II(1992년 4월, 119,000원)까지 지속적으로 하드웨어를 발매했고, 93년 1월부터는 브랜드명을 '알라딘보이'로 바꾸면서 각각 '알라딘보이'·'수퍼알라딘보이'·'핸디 알라딘보이'로 상품명을 재정립하기도 했다. 겜보이는 저렴한 입문용 게임기 포지션으로서 폭넓게 보급되며 1997년경 삼성전자가 게임기사업에서 철수하기 이전까지 꾸준히 생산·판매되었고, 삼성전자가 제작해 공식 발매한 한국어판 게임 3종(플랫폼 홀더가 직접 발매한 한국어화 콘솔 게임으로는 국내 최초에 해당한다)을 비롯해 다수의 국산 게임도 배출해내는 등, 90년대 전반에 걸쳐 한국 게임계에 여러 방면으로 큰 영향을 끼쳤다고 정리할 수 있겠다.

삼성겜보이 증권정보 서비스 시스템

조작방법을 따로 익힐 필요가 없습니다.
화면의 지시대로 리모콘만 누르면 원하는 정보가 좌르륵!
초보자도 손쉽게 모든 정보를 얻을 수 있습니다.

일반 투자정보는 물론 고객계좌정보까지!
- 시 세 정 보 : 주가/지수/등락/상, 하한가/관심종목 등 12화면
- 분 석 정 보 : 주, 월간 주가등락율/거래량 급증, 급강 급감종목 등 9화면
- 그래프정보 : 일봉/주봉/투자심리도/역시계곡선 등 15화면
- 투 자 정 보 : 유무상일전표/기업공시/시황/기업동향 등 7화면 유무상일정표
- 고 객 정 보 : 잔고현황/매매체결정보/거래내역등 5화면

한신투자정보시스템의 이용절차는 아주 간단합니다.
한신증권 본지점에 신청하시면 가정으로 배달 설치하여 드립니다.
문의처 : 한신증권 정보사업팀
Tel : (02)768-5790~2

삼성 겜보이 회원모집

1. 모집기간 : 년중 (기간없음)
2. 모집회원 : 선착순 10,000명
3. 가입자격 : 중학생 이하
4. 신청방법 : 겜보이 제품 박스에 있는 그림이나 2메가 또는 1메가 게임팩 (소프트웨어) 박스에 있는 그림을 오려 우편엽서에 붙여 보내시면 됩니다.
5. 회원특전
1. 회원카드 증정
2. 회원가입 기념품 증정
3. 겜보이 게임팩 목록집 및 각종 자료 정기우송
4. 용인 자연농원 입장시 50% 할인
5. 년1회 삼성라이온즈, 프로야구경기 입장권 2매 우송
6. 회원 생일시 축하엽서 우송
7. 겜보이 행사 개최시 우선 초청

※ **기념품도 받고 푸짐한 혜택도 받으세요.**

▲ 1991년경의 대리점용 공식 카탈로그 뒷면에 게재된, 겜보이를 이용한 증권정보 서비스 제공 및 겜보이 회원제 멤버십 안내문. 한신증권과 제휴하여 모뎀 카트리지를 통해 온라인 증권정보를 제공하거나, 겜보이 구입자에게 자사 관련 유원지·야구팀 경기 초청 등의 혜택을 주는 등, 그룹 차원에서도 다양한 지원을 모색했음을 엿볼 수 있다.

◀ 1993년 1월부터 삼성전자는 겜보이 제품군을 '알라딘보이' 계열로 전면 리브랜딩하고 모든 기기의 상품명을 교체했는데, 사업부 조직개편 과정에서 자사의 PC 및 게임기명 전체를 '알라딘' BI에 맞춰 재정립했기 때문이었다. 이 리브랜딩 탓에, 출시된 지 1년도 되지 않았던 겜보이II가 '알라딘보이'로 갑작스레 바뀌는 등 다소간의 혼란이 생기기도 했다. 사진은 리브랜딩 초기의 잡지광고.

▲ 겜보이는 90년대 초두 전성기에는 재믹스와 함께 당대 어린이들의 가정용 게임 입문기로서 상당한 인기와 인지도를 확보하여, 삼성전자의 공식 소프트 외에도 수많은 회사들이 제작한 해외 게임의 무단복제 카트리지부터 국산 오리지널 게임까지 다양한 소프트가 범람했다. 특히 하드웨어 구성상 MSX1(즉 재믹스)과 유사한 SG-1000의 하위호환 모드가 있었던 탓에 MSX1 게임을 겜보이로 구동되도록 이식하는 것이 비교적 간단하여, 이를 이용해 동일한 소프트를 재믹스·겜보이용으로 별도 발매하는 케이스가 허다하게 많았다.

HARDWARE | 1983 | 1984 | 1985 | 1986 | 1987 | 1988 | 1989 | 1990 | 1991 | 1992 | 1993 | 1994 | 1995 | 1996 | OVERSEA

세가 마스터 시스템이 한국에 상륙했다!

삼성 겜보이 GAMBOY

SPC-100　삼성전자　1989년 4월　119,000원

◀ 겜보이의 외장 패키지. 겜보이는 생산시기가 길었기에 모델 간에 미묘한 차이가 있는 경우가 있는데, 대표적인 것이 본체의 로고가 영문(GAM☆BOY)으로 인쇄된 케이스다. 영문 로고가 초기 생산판이고, 한글 로고가 중기 이후의 생산판이 아닌가 추측된다.

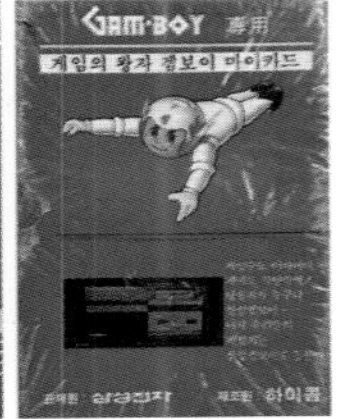

◀ 겜보이 발매 극초기에는 '겜보이 마이 카드'라는 명칭으로 세가 마이 카드 마크 Ⅲ 형태의 소프트도 함께 유통되었다. 하지만 유통량이 적었던 듯해 발매 사실조차 잘 알려지지 않았으며, 현재는 남아있는 소프트가 극히 드물다.

게임을 잘해서 겜보이! 게임이 많아서 겜보이!

삼성 겜보이는 1989년 4월 삼성전자가 세가 엔터프라이지스 사와의 기술제휴 하에 국내에서 생산·판매한 한국판 세가 마스터 시스템이다. 첫 발매 시점에서는 한국에 소개된 가장 고성능의 8비트 게임기였던 데다, 가전 대기업의 제품답게 세가의 핵심 칩만을 수입하고 실질적으로는 자사 공장에서 제조하는 방식으로 생산했고, 확실한 AS를 보장했으며 TV광고를 비롯한 대대적인 홍보전략을 펼치는 등으로 큰 주목을 받아, 이미 스펙이 낙후되어 있던 대우전자의 재믹스를 경쟁에서 밀어내고 대만제 패미컴 호환기들의 파고에 맞서 수년에 걸쳐 꾸준히 보급되며 당대 저연령층 아이들의 게임 입문기이자 국산 8비트 게임기의 대명사로 발돋움했다.

출시 초기부터 일본과 동일하게 전자총과 3차원 입체안경을 옵션품목으로 제공하고, 마이 카드(발매 극초기에 다수가 발매되었으나, 고가에 생산비용도 비쌌기 때문인지 오래 가지 못했다)와 카트리지로 다양한 소프트 라인업을 갖추는 등 다각도의 노력을 기울여, 가정용 게임기 수요가 막 형성되던 당시 한국 시장에 순조롭게 정착하는 데 성공했다.

ADVERTISING

CATALOGUE

SOFTWARE

TOP VIEW

BOTTOM VIEW

FRONT VIEW

REAR VIEW

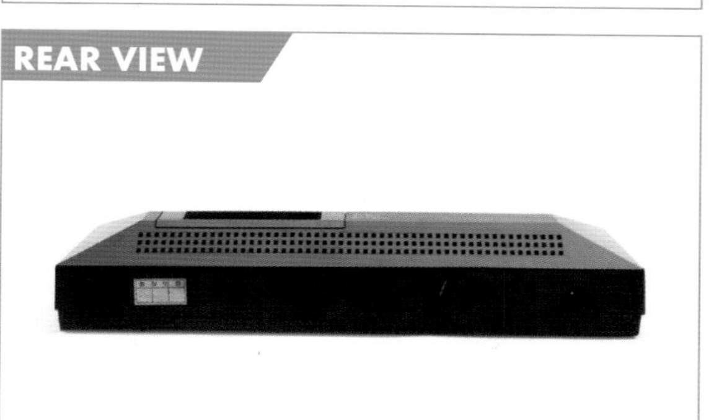

하드웨어적으로는 'FM음원 없는 일본판'

겜보이는 기본적으로는 세가 마스터 시스템의 한국판이지만, 내부적인 디테일을 살펴보면 서양 등 타국의 마스터 시스템에 비해 독특한 부분이 여럿 발견된다.

외적 기능 측면에서는 일본판과 동등해, 서양판에는 없는 연사 기능 추가(RAPID) 버튼과 3-D 글래스 단자가 내장되어 있다. 카트리지 규격 역시 일본판 기준으로서, 일본판 세가 마크 Ⅲ / 마스터 시스템용 마이 카드 및 카트리지까지 그대로 구동 가능하다. 심지어 마스터 시스템 특유의 카트리지 미삽입 구동시 안내 화면도 일본판 그대로라 일본어 메시지가 출력되는데, 일본대중문화가 엄격히 규제받던 당시 사회상을 감안하면 대담한 느낌도 있다.

반면 정작 일본판 마스터 시스템의 중요한 추가기능이었던 FM음원 칩은 빠져, 사운드가 세가 마크 Ⅲ와 동등하게 PSG로만 연주된다는 아쉬운 점도 있다. 겜보이 극초기 광고에서는 FM음원 내장을 시사하는 문구가 있었음을 볼 때, 당초에는 일본판과 동일한 사양일 예정이었으나 양산 과정에서 불명의 이유로 FM음원 칩이 빠진 것이 아닌가 추측될 따름이다.

그 외에도 기본 조이패드 역시 삼성전자의 독자 설계로서 잡기 쉬운 타원형의 오리지널 디자인인데, 이것도 전 세계의 마스터 시스템 중에서 유일하고도 독특한 특징이라 할 수 있다.

▲ 겜보이의 전용 컨트롤 패드. 전 세계의 세가 마스터 시스템을 통틀어, 컨트롤 패드가 독자 설계의 라운드형인 것은 겜보이가 유일하다. 버튼도 고무 재질이다.

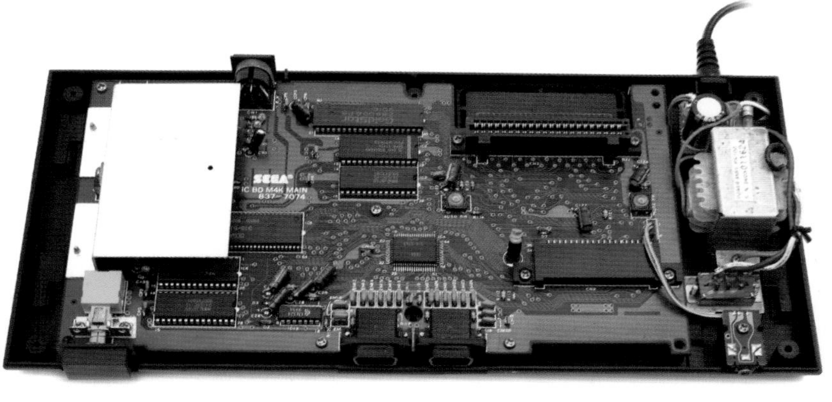

▲ 겜보이의 내부 기판. 초기형의 경우 110/220V 전환회로도 내장했다. 메인보드는 세가가 제작 공급했으며, 마스터 시스템의 개발 코드명인 '세가 마크 Ⅳ'의 한국판 리비전을 의미하는 것으로 보이는 'M4K'라는 마킹이 보인다.

더욱 간편하고, 더욱 부담 없어진 겜보이

삼성 겜보이 Ⅱ / 알라딘보이

SPC-100N 삼성전자 1992년 4월 119,000원

GAMBOY II / ALADDIN BOY

▲ 삼성 겜보이Ⅱ의 외장 패키지. 생산 초기의 귀중한 버전이다.

'삼성 겜보이Ⅱ'에서 '알라딘보이'로

삼성 겜보이Ⅱ는 1992년 4월부터 기존 삼성 겜보이를 대체하는 형태로 신규 출시된 모델로서, 본체 가격은 동일하나 외장 디자인을 간소화하고 부품을 통합·삭감하는 방식으로 생산단가를 절감한 것이 특징이다. 전자총 및 전자총 지원 게임 카트리지 1개를 동봉한 별도 세트 모델(SPC-100NG, 135,000원)을 준비하기도 하였다.

하드웨어 자체는 기본적으로 겜보이와 동등하나, 연사 기능·3-D 입체안경 지원 기능·마이 카드 슬롯 등 활용도가 낮았던 기능을 삭제했고 AV 출력을 제거했으며 카트리지 커버도 수동으로 여닫는 형태가 되는 등, 전반적으로 단가절감에 주력한 디자인이 되었다. 또한 겜보이 초기 발매작이었던 한글판 「알렉스키드」가 본체에 내장돼 있어, 카트리지 없이 전원을 켜면 이 게임이 자동 실행되도록 하였다. 겜보이Ⅱ를 통해 「알렉스키드」를 처음 접한 유저도 적지 않았으리라.

▲ 1993년 초부터 '알라딘보이'로 리브랜딩되어 발매된 중기 모델. 기본 기능 자체는 동등하다.

ADVERTISING

CATALOGUE

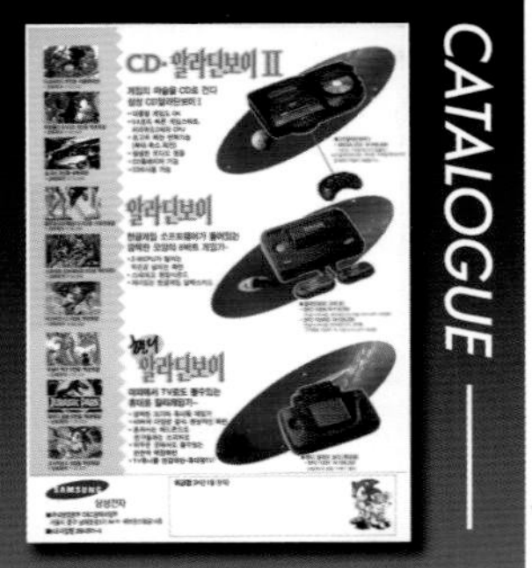

◀ 컨트롤 패드는 겜보이와 동일한 오리지널 디자인의 라운드형을 유지하고, 방향키와 배색만 살짝 바꾸었다. 버튼도 플라스틱 재질이 되었다.

TOP VIEW

BOTTOM VIEW

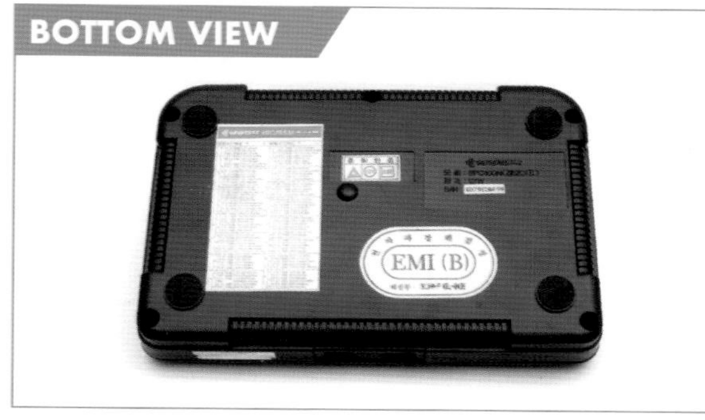

FRONT VIEW

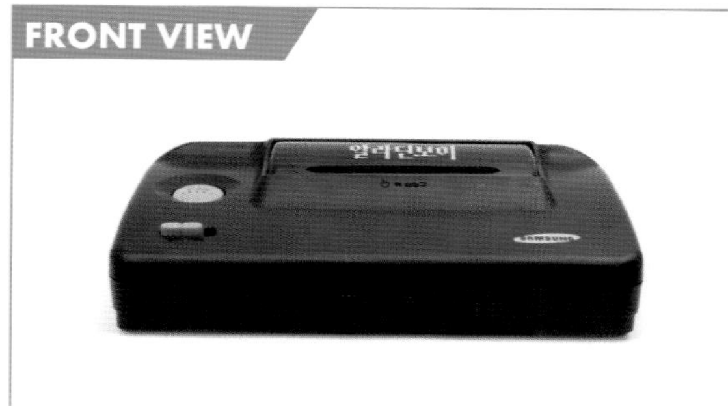

REAR VIEW

유일한 일본판 기반 마스터 시스템 II

삼성 겜보이Ⅱ의 하드웨어 자체는 서양권에서 1990년부터 출시되었던 염가형 모델인 세가 마스터 시스템 Ⅱ 기반으로서, 외형부터 내부구조까지 대동소이하다. 하지만 결정적인 차이로서, 이전 겜보이와의 호환성을 위해 카트리지 슬롯이 일본판 규격이 되었는데, 이렇다보니 삼성 겜보이Ⅱ는 전 세계의 세가 마스터 시스템 Ⅱ계 기기를 통틀어 유일한 일본판 규격 모델이라는 특징도 갖게 되었다.

이후 1993년 초를 기점으로 삼성전자의 전사적 BI 및 사업부 개편에 따라 컴퓨터 및 게임기 브랜드가 '알라딘' BI 하에 통일되면서 제품명이 '알라딘보이'로 바뀌어 재출시되었으며, 1995년 2월 10일에는 본체 색상을 알록달록하게 변경하고 3버튼 컨트롤 패드 변경, AV/RF 변환기 일체화, AC 어댑터의 과전압 보호 기능 등의 개선사항을 추가하고 가격을 인하한 신모델(SPC-100P, 99,000원)을 출시하는 등, 삼성전자가 게임기 사업에서 철수하는 97년경까지 비교적 장기간 현역으로 활약한 모델이기도 하다.

▲ 한글판 「알렉스키드」가 본체에 기본 내장되어, 카트리지 없이 전원을 켜면 이 게임이 바로 구동된다. 본체 설명서 내에도 이 게임의 기본적인 설명을 함께 수록했다.

◀ 전자총 동봉 모델에 포함된 전자총(SLG-100). 사진의 제품은 명우전자가 제조하고 삼성전자가 판매했으며, '알라딘보이용'이란 표기로 볼 때 후기 생산품으로 추정된다.

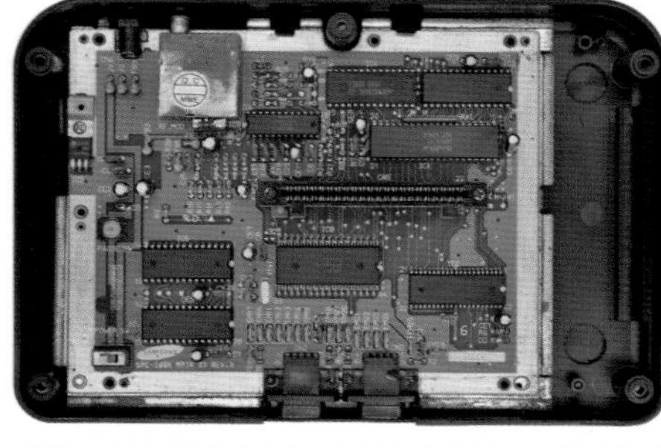

▲ 알라딘보이의 내부 기판 구성(중기형 기준). 메인보드는 삼성전자 자체 설계로 보이며, 부품의 디테일이 서양판과 차이가 있다. 전자파장해검정(EMI) 기준이 강화된 시기인지라, 철판으로 내부가 실딩 처리되었다.

▶ 후기의 염가판인 알라딘보이(SPC-100P). 컨트롤 패드는 초기 수퍼겜보이(메가 드라이브)의 디자인을 유용한 것으로 보이는 3버튼 사양이며, 영상출력단을 개선해 AV 출력도 가능하도록 하였다. 보라색·청색을 사용한 눈에 띄는 투톤 바디 컬러도 특징이다.

게임 기어의 한국 발매판

핸디 겜보이 HANDY GAMBOY

SPC-150V 삼성전자 1991년 1월 초 198,000원

◀ 핸디 겜보이의 외장 패키지. 수퍼겜보이의 극초기 외장 패키지와 일러스트·디자인이 유사한 것으로 보아, 생산 초기에 가까운 버전으로 보인다.

게임 기어, 한국에 상륙

핸디 겜보이는 1991년 1월 초 삼성전자가 첫 출시한 게임 기어의 한국 발매판으로서, 국내에 정식 발매된 최초의 컬러 휴대용 게임기이기도 하다. 삼성전자가 내놓은 겜보이 제품군 중에서는 일본과의 최초 발매기간 갭이 대략 3개월로서 가장 짧은 편이기도 하니, 당시 대중에게는 상당한 첨단 게임기로 받아들여지지 않았을까 싶다.

당시는 휴대용 게임기라는 카테고리 자체가 어린이와 대중에게 매우 생경했던 데다 기기 자체의 가격도 20만 원에 달해 당시 한국 가정 입장에서는 상당한 고가였던지라(게임기라는 상품 자체에 대한 대중과 언론의 인식도 적대적인 편이었다), 삼성전자도 이런 악조건을 타파하기 위해 적극적인 홍보전략과 함께 'TV 튜너 팩' 등의 주변기기도 함

CATALOGUE

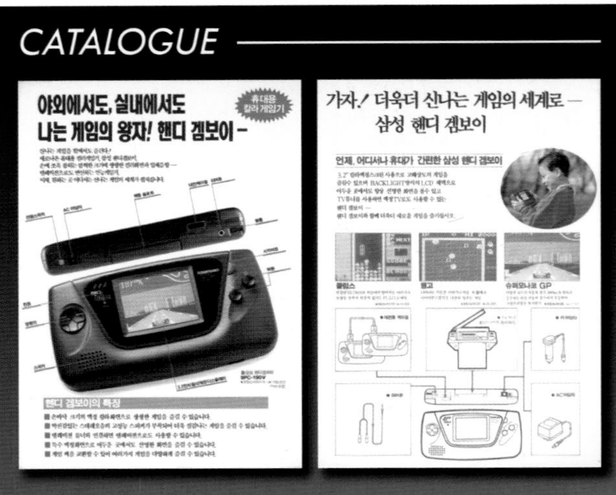

SOFTWARE

께 발매해, '휴대용 TV'로도 사용할 수 있음을 어필했다.

다만 휴대용 게임기가 서서히 대중에 침투해가는 와중에도, 해외와 마찬가지로 한국 역시 압도적인 저렴함과 풍부한 소프트웨어로 무장한 닌텐도의 게임보이 쪽이 밀수와 병행수입 등으로 시장에서 선호되었기에, 본체부터가 수퍼겜보이보다도 고가인데다 소프트웨어도 입수가 힘든 핸디 겜보이 쪽은 아무래도 매우 불리한 구도일 수밖에 없었다. 삼성전자 역시 겜보이와 수퍼겜보이만으로도 홍보와 지원에 힘이 벅찼던지 핸디 겜보이까지는 제대로 서포트하지 않았기 때문에, 판매기간은 비교적 길었으나 실질적인 판매량 자체는 그리 많지 않았던 것으로 추측된다. 핸디 겜보이 역시 1993년 초부터 BI 재정립에 따라 '핸디 알라딘보이'로 개칭되었다는 기록이 남아있으나, 이 명칭의 모델 소장자가 거의 발견되지 않는 것으로 보아 실제로는 그 시점에서 사실상 판매가 중단된 상태이지 않았을까 여겨진다.

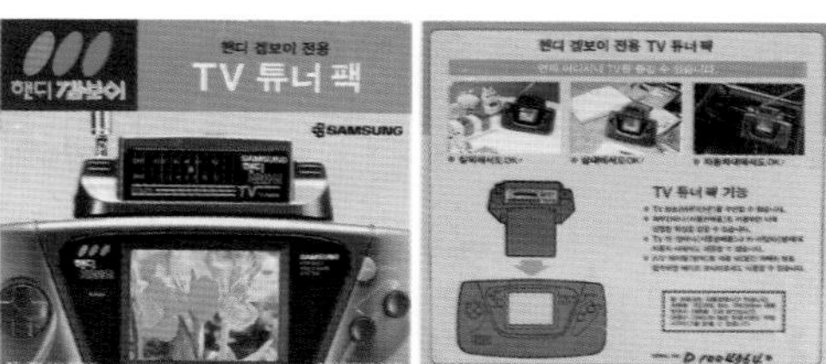

▲ 핸디 겜보이용 TV 튜너 팩의 외장 패키지 앞뒤 사진. 본체부터가 고가여서 인기가 많지 않았던지라 TV 튜너 팩까지 구입한 사람은 더더욱 적어서여서인지, 소장자는 매우 드문 편.

▲ 제품 패키지의 전체 내용물. 번들 팩이 하나 포함돼 있다. 본체와 팩 모두 단순 수입된 일본판을 자사 상표로 리마킹한 형태로서, 겜보이·수퍼겜보이처럼 직접 국내에서 생산한 형태까지는 아니었던 듯하다.

◀ TV 튜너 팩의 본체 및 내용물. 일본판 튜너 팩과는 UHF/VHF 숫자 표기에 차이가 있는데, 당시의 국내 지상파 수신 사정을 반영한 듯하다. 아날로그 지상파 방송이 종료된 현재는 이용할 수 없다.

삼성전자가 발매한 공식 한글화 소프트들을 한데 모은

삼성 겜보이 정규 한글화 소프트 카탈로그

이 페이지에서는, 삼성전자가 정규 발매한 겜보이용 소프트 중 한글화되어 소개된 소프트 총 3타이틀을 원서와 동일한 카탈로그 형식으로 소개한다. 이 세 작품은 세가 게임의 첫 공식 한국어화 발매이자, 한국 비디오 게임 역사상 최초의 해외 게임 정규 한국어화 출시 사례이므로, 한국 게임의 역사 측면에서도 커다란 의미가 있다.

세 작품 모두 세가의 양해 하에 삼성전자 게임기사업부 내에서 자체 한국어화한 것으로 추정되며, 게임기용 소프트 개발 및 한국어화 노하우가 전혀 없었을 터인데도 과감히 도전한 것이니만큼, 작업과정부터 완성과 출시에 이르기까지 어려움이 많았을 것이다. 그런 만큼, 당시 한국 게임계 역사에 놓인 중요한 디딤돌이라 하겠다.

1M 메가 알렉스키드

삼성전자 1989년 12월 25,000원 1M ROM

1
PLAYER
너의 형은 잡혀 있단다. 구할
수 있는 사람은 너뿐이란다.

▶ 당시의 액션 게임으로는 드물게, 스토리가 확고하고 대사도 제법 나온다.

「화랑의 검」과 함께 삼성전자의 첫 한글화 소프트로서, 「알렉스키드의 미라클 월드」(80p)를 현지화했다. 겜보이의 한글판 게임 3종 중에서는 가장 유저들에게 친숙했던 작품으로서 삼성전자판 외에도 여러 회사가 제작 유통했던 듯하며, 후일 삼성 겜보이II·알라딘보이에 내장 게임으로도 제공된다.

4M 메가 환타지 스타

삼성전자 1991년 12월(추정) 가격 미상 4M ROM

▶ 메시지량이 많은 RPG의 한글화라는 기념비적인 시도를 최초로 완수해냈다.

「판타지 스타」(88p)의 자막을 완전 한글화한 작품. 「알렉스키드」 등과 같은 시기에 한글화 작업이 시작된 것으로 추정되나 훨씬 뒤늦게 발매된 데다 해당 시기는 이미 수퍼겜보이가 주력이었기에, 그 의미만큼의 주목을 받지 못한 비운의 작품이기도 하다. 시대를 감안하면 번역 퀄리티가 상당히 높은 편이었다.

2M 메가 화랑의 검

삼성전자 1989년 12월 35,000원 2M ROM

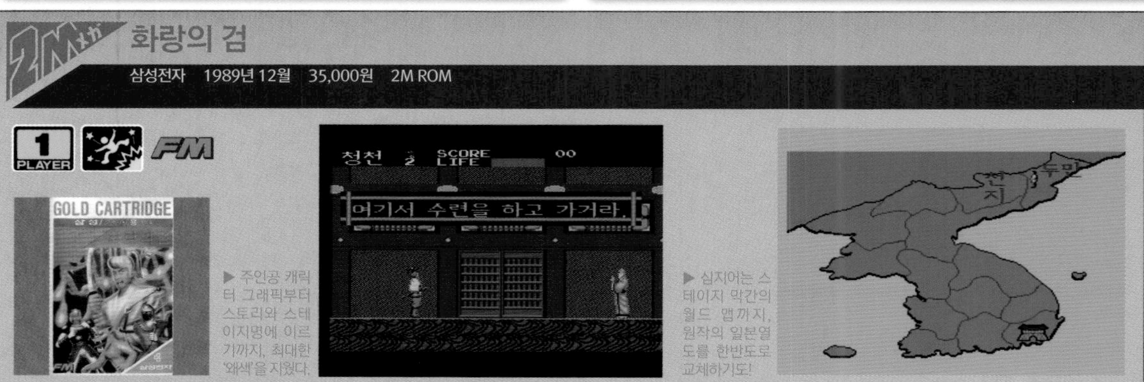

▶ 주인공 캐릭터 그래픽부터 스토리와 스테이지명에 이르기까지, 최대한 '왜색'을 지웠다.

▶ 심지어는 스테이지 막간의 월드 맵까지, 원작의 일본열도를 한반도로 교체하기도!

기본적으로는 「검성전」(91p)의 완전 한글판이나, 스토리와 플레이어 캐릭터 그래픽부터 월드 맵까지, '중세 일본풍 게임'이었던 원작을 '삼국시대 한반도' 배경에 '화랑'을 주인공으로 하여 크게 개변시킨 '현지화' 게임(당시는 일본대중문화 규제가 엄격했으므로, 일본풍 게임을 그대로 발매할 수 없었다). 서기 627년의 한반도를 배경으로, 신검무파의 마지막 후계자인 화랑 '웅'이 팔도의 땅을 돌며 무술을 전수받아, 경주의 마귀성에 있는 흑혈대마왕을 물리치러 간다는 스토리로 진행된다.

 슈팅 게임
 액션 게임
 퍼즐 게임
 롤플레잉 게임
 시뮬레이션 게임
 스포츠 게임
 드라이브 게임
 어드벤처 게임
 교육 및 기타
HOME 홈 게임

국내 개발사가 제작한 국산 게임 소프트들을 한데 모은

삼성 겜보이 국산 게임 소프트 카탈로그

이 페이지에서는, 1989~95년까지 겜보이용으로 발매된 국산 게임 소프트들 중에서 총 37개 타이틀을 추정 발매년도 순으로 정렬해 원서와 동일한 형식으로 카탈로그화하였다. 92년까지는 재믹스로도 함께 발매된 케이스가 많으니, 별도 출간된 'MSX & 재믹스 퍼펙트 카탈로그' 제 4장의 'MSX 국산 게임 소프트 카탈로그'도 참조하자.

여기 실린 게임들은 2023년 3월 시점에서 디지털 파일로 추출·공개되어 존재가 확인된 작품으로 한정하였다(외산 게임의 이식작 등은 제외). 또한 거의 대부분이 이제는 정확한 발매시기를 특정할 수 없기에, 게임 타이틀 화면의 판권표기 연도나 게임잡지 등으로 발매시기를 추정하여 표기한 소프트가 다수 있음을 아울러 밝힌다.

겜보이 슈퍼 바블 바블

재미나 1989년 가격 미상 256K ROM

▶ 타이틀에는, 89년 1월 컴퓨터프로그램저작물 등록을 신청했음을 시사하는 문구가 있다.

타이토의 인기작 「버블 보블」을 독자적으로 무단 이식한 작품. 원래는 재믹스(MSX1)용이며, 세가 마스터 시스템 내에 MSX1과 하드웨어 구성이 유사한 SG-1000의 하위호환 모드가 있는 것을 이용해 겜보이로도 이식·판매했다. 1992년까지의 겜보이용 국산게임은 거의 전부가 이런 케이스다.

겜보이 뉴 보글 보글

재미나 1989년 10,000원 256K ROM

▶ 역시 재미나(새한상사) MBiTM 팀의 작품. 어째선지 게임 내 타이틀명엔 '2'가 붙었다.

마찬가지로 재믹스판을 기반으로 이식한 작품. 기본적인 골격과 기반은 「슈퍼 바블 바블」과 거의 동일하고, 스테이지 교체 등으로 일부 개선한 정도의 게임이다. 당시의 재믹스·겜보이용 국산 게임은 대부분, 당대에 오락실 등에서 인기가 있었던 유명 작품을 무단 이식하는 형태였다.

겜보이 슈퍼보이 I

재미나 1989년 가격 미상 384K ROM

▶ 그래픽만큼은 데드카피 수준인 문제작. 실제로 닌텐도와의 소송전도 벌어졌다고 한다.

패미컴을 대표하는 명작 「슈퍼 마리오브라더스」의 무단 이식작. 당시 이미 원작이 어린이들 사이에서도 유명했기에, '재믹스와 겜보이로 마리오가 나왔다고?!'라는 소식 자체는 큰 충격이었다. 당연히 닌텐도도 재미나에 10억 원의 소송을 제기했으나, 결국 유야무야되었다고 한다.

겜보이 용의 전설

재미나 1989년 가격 미상 256K ROM

▶ 이 시점의 재미나 게임 대부분은 재믹스·겜보이판을 함께 발매한 경우가 많았던 듯하다.

1988년 MSX로 「대마성」 등 다수의 게임을 제작했던 이규환 씨와 이상헌 씨가 개발하고 재미나가 발매한 작품. 당시 한국 재믹스 유저들에게 인기였던 「마성전설」의 시스템과 스타일을 차용했다. 후일 이규환 씨는 펜타그램 사의 공동창립자가 되고, 이상헌 씨는 「컴온 베이비」를 히트시킨다.

 1인용  1~2인용  메모리 백업 FM FM 음원 지원 게임

겜보이 에프에이 테트리스

에프에이소프트 1990년 12,000원 256K ROM

▶ 당시의 국산 '테트리스' 계 모방작 중에서는 제일 수준급의 만듦새로 꼽힌다.

당시 MSX용 주변기기 제작으로 유명했던 업체인 에프에이소프트의 유일한 자사 발매작. 실제 개발은 박성철·박태준 씨가 주축인 'FRESH FISHES' 팀이 맡은 것으로 보이며, 역시 MSX1용으로 개발한 후 겜보이용으로 컨버전한 형태이다. 그래픽과 퀄리티가 같은 시기의 국산게임 중에선 매우 우수했다.

겜보이 수퍼보이 II

재미나 1990년 가격 미상 384K ROM

▶ 1편과 시스템 및 구조가 동일해, 속편이라기보다는 확장편에 가까운 느낌.

앞서 소개한 「슈퍼보이 I」의 속편. 마찬가지로 재믹스판을 겜보이용으로 컨버전한 형태이며, 스테이지 구성을 제외하면 전반적으로 1편과 구조가 동일해 속편이라기보다 마치 상하편이라는 느낌이다. 그래픽은 「슈퍼 마리오브라더스」의 해적판에 가까우나, 조작감 등의 디테일은 크게 다르다.

겜보이 마이크로 제비우스

재미나 1990년 가격 미상 256K ROM

▶ 시작시 버튼 1·2 중 어느 쪽을 누르느냐로 BGM이 바뀐다. 타이틀상의 표기는 정반대.

역시, 딱 보면 알 수 있듯 남코의 명작 「제비우스」를 무단 이식한 작품. 딱딱한 스크롤과 지나친 스프라이트 깜박임, 원작보다 확연히 낮은 이식도, 뒤에서도 적탄이 날아오는 부조리한 난이도 등이 특징이다. 제작은 「슈퍼 바블 바블」 등을 개발했던 MBiTM 팀이 맡았다.

겜보이 독수리 5형제

재미나 1990년 가격 미상 256K ROM

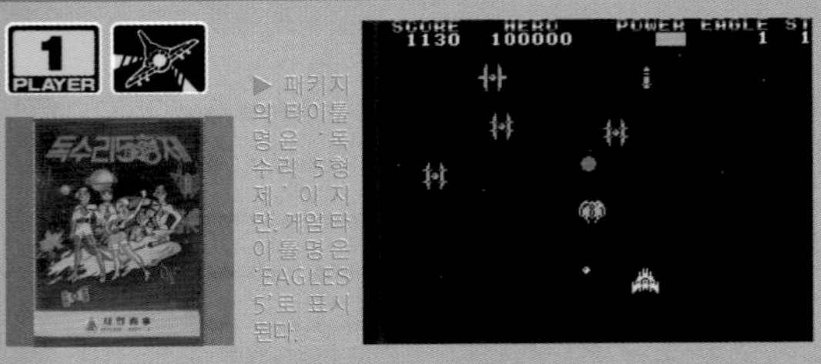

▶ 패키지의 타이틀명은 '독수리 5형제'이지만, 게임 타이틀명은 'EAGLES 5'로 표시된다.

5단계 파워업 시스템이 있는 전형적인 종스크롤 슈팅 게임. 컴파일 사의 MSX용 게임 「파이널 저스티스」의 코드를 일부 도용한 게 아닌가 싶은 흔적이 있고, 스프라이트나 사운드 등도 여러 타사 게임에서 가져왔다. 해외 게임의 저작권이 제대로 보호받지 못하던 시대를 상징하는 듯한 작품.

겜보이 PUZNIC

재미나 1990년(추정) 가격 미상 256K ROM

▶ 패키지의 타이틀명은 그저 'PUZZLE'인데, 상표권 소송을 피하기 위해서가 아니었을까?

타이토 사의 1989년작 아케이드용 퍼즐 게임 「퍼즈닉」을 재믹스·겜보이용으로 무단 이식한 모방작. 블록을 움직이고 떨어뜨려 같은 무늬끼리 붙이면 없어진다는 시스템은 원작과 그대로다. 이 작품도 게임 내 타이틀명과 패키지 타이틀명이 다르며, 본서에서는 게임 내 표기를 따랐다.

겜보이 스카이 화이터

크로바소프트 1990년 12,000원 256K ROM

▶ 패키지상의 타이틀명은 '보라매 전사'이지만, 본서에선 게임 내 표기를 따랐다.

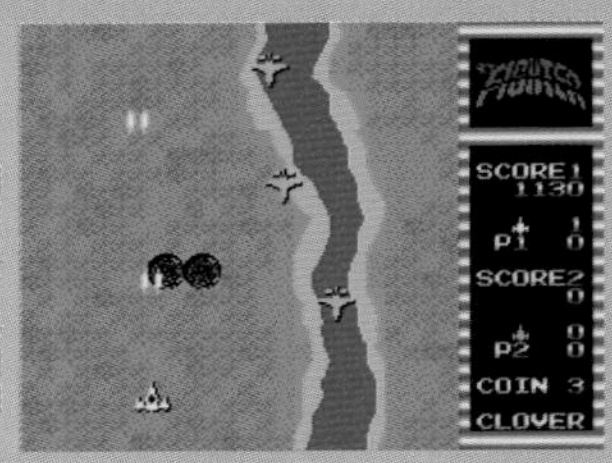

재믹스와 겜보이로 여러 국산게임 타이틀을 제조·유통했던 크로바소프트 사의 종스크롤 슈팅 게임. 당대의 전형적인 슈팅 게임 스타일이기는 하나, 당시 국산 겜보이 게임 중에서는 비교적 오리지널리티가 있는 편이라고 평할 만하다. 「자낙」 등의 인기작을 모방한 흔적도 있다.

겜보이 보글보글

크로바소프트 1990년 15,000원 256K ROM

▶「버블 보블」은 워낙 인기작이어서였는지, 무단 이식작도 여럿 존재한다.

앞서 실린 재미나 버전과는 달리, 크로바소프트가 개발·판매한 「버블 보블」의 무단 이식작. 재미나판보다는 그래도 이식도가 원작의 감각에 약간이나마 더 가까운 편이다. 산업 초창기의 기획력·기술력 부재 탓에 해외 인기 게임의 무단 이식작·모방작 일색이었던 당시의 풍경을 보여준다.

겜보이 GUN.SMOKE

프로소프트 1990년 가격 미상 256K ROM

▶ 재믹스판의 패키지 커버아트는 NES판 원작(?)의 그림을 그대로 복제 사용했다.

캡콤의 같은 제목 아케이드판 게임을 무단 이식한 작품. 전반적인 스타일이 패미컴판과 유사한 편이라 이식시 패미컴판 쪽을 참고한 게 아닐까 생각되는데, 패미컴 쪽엔 정규 이식작이 있으나 재믹스·겜보이로는 발매되지 않았던 게임을 이식작으로 고르는 풍조도 당시 있었던 탓이 아닐까 추측된다.

겜보이 슈퍼 컬럼스

하이콤 1990년 12,000원 256K ROM

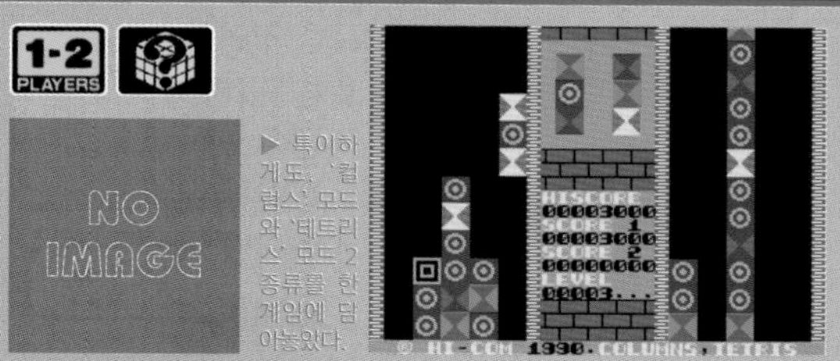

▶ 특이하게도, '컬럼스' 모드와 '테트리스' 모드 2종류를 한 게임에 담아놓았다.

스크린소프트 사가 MSX용으로 발매했던 게임 「L.3.W」를, 하이콤이 겜보이·재믹스용으로 재발매하면서 타이틀명을 교체한 작품. 타이틀명과 제작사 텍스트 등이 교체되었고 테트리스 모드가 추가되었으나, 컬럼스 모드 자체는 「L.3.W」와 동일. 판매사가 바뀐 이유는 불명이다.

겜보이 아기공룡 둘리

다우정보시스템 1991년 가격 미상 1M ROM

▶ 재믹스판과 겜보이판이 각각 존재하지만, 두 게임이 사실상 별개인 흔치 않은 케이스.

다우정보시스템의 게임사업부 브랜드 '잼잼크럽'이 제작한, 국산 겜보이 게임 중 몇 안 되는 정규 판권물. 원작자인 김수정 화백의 허가를 받아 게임화했으며, 재믹스·겜보이 두 기종으로 발매했는데 단순 이식이 아니라 별개 작품이다. 영문화까지 마쳐 북미에 수출되었지만, 끝내 출시되지는 못했다고.

겜보이 사각의 비밀

재미나 1991년(추정) 가격 미상 256K ROM

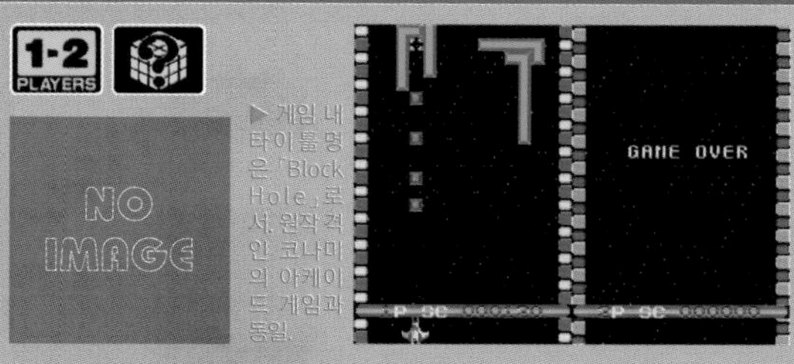

▶ 게임 내 타이틀명은 「Block Hole」로서, 원작격인 코나미의 아케이드 게임과 동일.

코나미의 같은 제목 아케이드 게임의 무단 이식작으로서, 이를 코나미가 MSX2로 이식 발매한 「쿼스」와 룰이 동일하다. 해당 작품은 다우정보시스템이 정규 라이선스하여 「사각의 비밀」이란 타이틀명으로 당시 한국에 발매한 적이 있는데, 이 제목을 그대로 가져다 패키지 타이틀명에 사용했다.

겜보이 사이보그Z

재미나 1991년 가격 미상 1M ROM

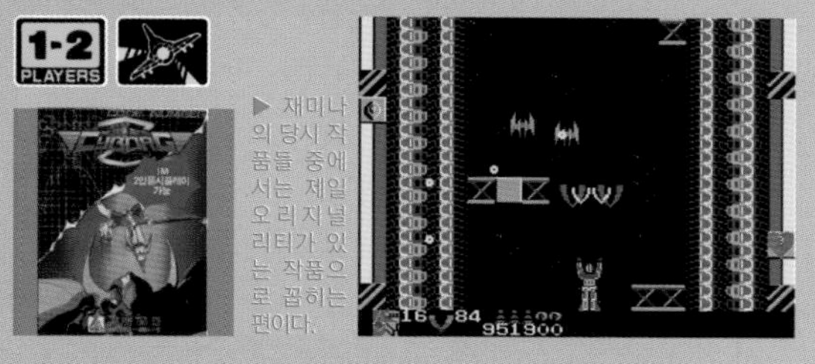

▶ 재미나의 당시 작품들 중에서는 제일 오리지널리티가 있는 작품으로 꼽히는 편이다.

재미나의 첫 메가 ROM 작품 중 하나로서, 마찬가지로 겜보이·재믹스용으로 함께 발매되었다. 특이하게 플레이어 기체가 비행하는 인간형 로봇 형태인 종스크롤 슈팅 게임으로서, 무기 교체 버튼이 별도로 배정되어 있어 플레이 도중에 샷의 성질을 바꿀 수 있도록 하였다.

 1인용  1~2인용  메모리 백업  FM 음원 지원 게임

7깜보이 수퍼보이 III

재미나 1991년 가격 미상 1M ROM

1 PLAYER

▶ 「슈퍼 마리오브라더스 3」 이후의 시스템과 요소를 부분부분 차용한 것도 특징이다.

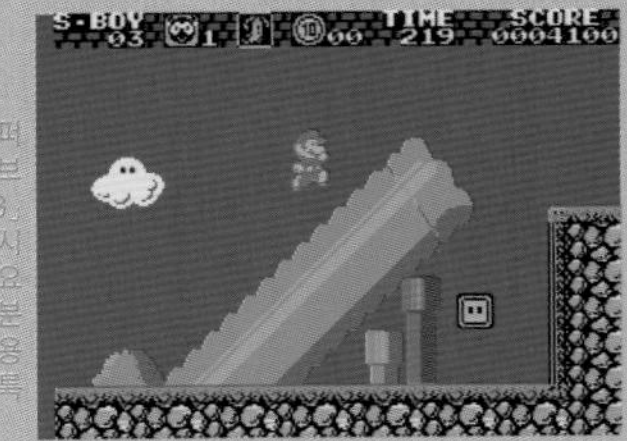

「수퍼보이」 시리즈 3번째 작품. 이전의 1·2편이 그래픽만큼은 사실상 데드카피였던 데 비해, 이번엔 파워업 아이템을 인삼으로 묘사하는 등 부분적으로 조금씩이나마 오리지널리티와 차별화를 시도한 것이 특징. 「슈퍼 마리오브라더스 3」와 「슈퍼 마리오 월드」의 요소도 일부 도입했다.

7깜보이 원시인

재미나 1991년(추정) 가격 미상 1M ROM

1 PLAYER

▶ 게임잡지의 소개기사 등에 따르면, 개발 당시의 임시 타이틀명은 '고인돌'이었던 듯.

「마성전설」 풍의 종스크롤 강제진행형 액션 게임으로서, 허드슨 사가 개발했던 87년작 패미컴용 게임 「신인류」를 크게 참고해 만든 듯하다. 선사시대의 꼬마 원시인 '토토'가 엄마의 원수를 갚기 위해 길을 떠난다는 스토리의 게임. 타이틀 화면에서 스탭 롤이 나오는 것도 이색적이다.

7깜보이 후레쉬 포인트

재미나 1991년 가격 미상 256K ROM

1-2 PLAYERS

▶ 총 90종의 스테이지를 준비했고, 임의의 스테이지를 선택할 수도 있다.

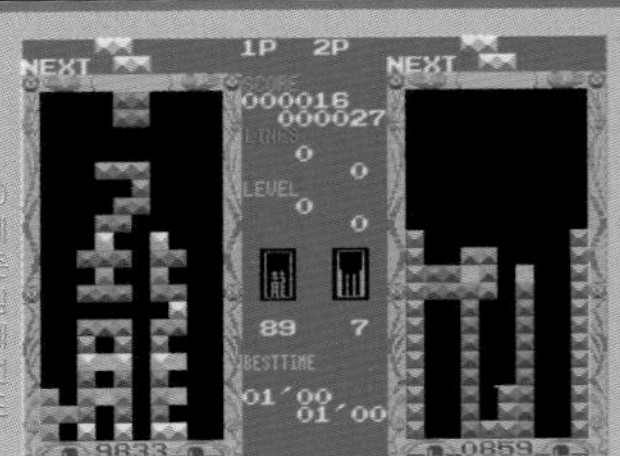

기본적으로는 당시 흔했던 「테트리스」의 아류작. 타이틀명이나 전반적인 구성을 볼 때, 세가의 1988년작 아케이드 게임 「플래시 포인트」를 모방하여 이식한 게 아닌가 추정된다. 반짝이는 플래시 블록을 모두 없애야 스테이지가 클리어된다는 룰도 동일하게 적용했다.

7깜보이 닥터 헬로

GENIUS SOFT 1991년 18,000원 256K ROM

1-2 PLAYERS

▶ 딱 보면 알 수 있듯, '닥터 마리오'의 무단 이식작. 룰도 동일하다.

패키지의 제작사 표기와 게임 내 타이틀명의 제작사 표기가 불일치하는 등, 정확한 제작사명이 불분명한 게임 중 하나. 타이틀명과 게임 스타일에서 알 수 있듯, 패미컴판 「닥터 마리오」의 모방 이식작이며 기본적인 룰도 거의 동일하다. 역시 재믹스·겜보이로 함께 발매되었다.

7깜보이 홍길동

크로바소프트 1991년 15,000원 384K ROM

1 PLAYER

▶ 당시의 화두였던 '한국적인 게임'에 대한 고민과 시행착오가 엿보이는 작품.

1990년 초 새론시스템이 재믹스용으로 개발하던 신작으로 광고되었으나, 실제로는 다음해 크로바소프트를 통해 재믹스·겜보이용으로 발매된 작품. 당시로선 드물게 '홍길동전'을 소재로 잡은 오리지널 신작 액션 게임으로서, '국산 게임'으로서의 방향성을 나름대로 고심한 흔적이 역력하다.

7깜보이 슈퍼 바이오맨 1

하이콤 1992년(추정) 가격 미상 512K ROM

1 PLAYER

▶ 재믹스 등으로, 동일한 그래픽 구성에 스테이지만 교체한 버전이 다수 등장했다.

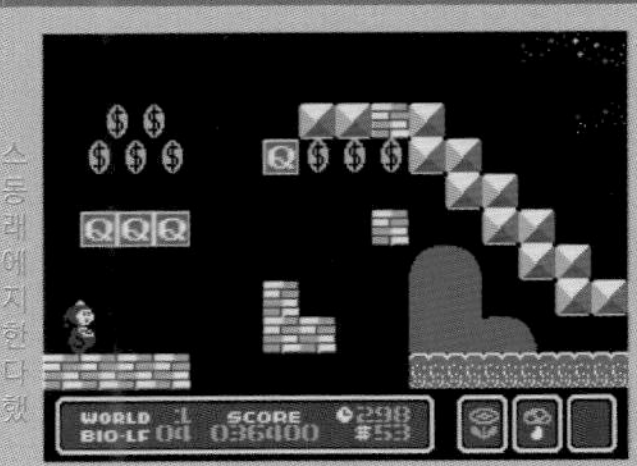

정확한 개발사가 불명인 작품 중 하나. 전반적으로 패미컴의 「슈퍼 마리오브라더스 3」를 재믹스·겜보이 스펙 내에서 흉내내는 느낌이 강한 작품으로서, 재믹스 쪽의 「슈퍼 브로스 월드 1」이나 「슈퍼 바이오맨 4」 등 그래픽·구성이 거의 동일하고 스테이지만 바뀐 작품들이 다수 존재한다.

슈팅 게임

액션 게임

퍼즐 게임

롤플레잉 게임

시뮬레이션 게임

스포츠 게임

드라이브 게임

어드벤처 게임

교육 및 기타

홈 게임

겜보이 강철 로보캅

씨에코 1992년 가격 미상 512K ROM

▶ 재믹스·겜보이로 동시 출시된 거의 마지막 시기의 국산 게임 중 하나다.

당대 어린이들 사이에서 큰 인기를 누렸던 영화 '로보캅'에서 모티브를 따온 느낌의 오리지널 작품이다(패키지 커버아트에 아예 영화 포스터를 가져다 썼다). 복잡하고 원색적인 배경그림 상에서 가혹한 히트 판정을 헤치고 전진해야 하는, 고난이도의 플랫포머 액션 슈팅 게임.

겜보이 수퍼 펭귄

씨에코 1992년(추정) 가격 미상 256K ROM

▶ 스크롤되지 않고, 구름을 발판으로 쓸 수 있는 등, 게임 감각이 독특하다.

얼핏 「슈퍼 마리오브라더스」 스타일처럼 보이는 게임이지만, 이 작품은 펭귄이 주인공. 게다가 스크롤 없이 화면 단위로 진행되며, 파워 업 상태가 아닐 경우 적을 밟아 없앨 수 없고, 구름 위에 올라설 수 있는 등 의외로 독특한 개성이 있는 이색작이다. 개발사가 불분명한 작품이기도 하다.

겜보이 스트리트 마스터

재미나 1992년 가격 미상 1M ROM

▶ MSX1 상당의 스펙이라는 제약 하에서, 대전격투 게임 제작에 도전한 의욕작.

재미나가 재믹스·겜보이 공통 제작으로 발매한 최후의 작품. 캡콤의 초대 「스트리트 파이터」를 참고하여 제작한 듯하며, MSX1의 열악한 스펙에도 불구하고 대전격투 장르에 도전했다는 점만큼은 평가할 만하다. 1인용 모드는 플레이어가 KEN으로 고정되며, 2인 대전도 지원한다.

겜보이 수퍼보이 IV

재미나 1992년 가격 미상 2M ROM

▶ 재믹스를 버리고 겜보이 스펙에 맞춰 개발한, 재미나의 처음이자 마지막 게임.

「수퍼보이」 시리즈의 마지막 작품. 이전작과 달리 겜보이(즉 세가 마크 III) 전용으로 제작하여, 그래픽 색감과 플레이 감각 등이 전작들과 차이가 크다. 재미나의 마지막 출시작으로 알려져 있으며, 하위호환 기능을 이용해 구동되는 수퍼겜보이(메가 드라이브)용 카트리지로도 발매되었다.

겜보이 장군의 아들

다우정보시스템 1992년 12월 27,000원 4M ROM

▶ 실질적인 스토리 연출이나 전개 등은 소설보다는 동명의 영화 쪽을 연상케 한다.

▶ 스탭들 개개인의 자화상 아이콘을 넣은 이색적인 엔딩 크레딧도 한 번 봐둘 만하다.

당시 임권택 감독의 영화로도 유명했던, 소설가 홍성유의 장편소설 '장군의 아들'을 원작으로 삼은 오리지널 벨트스크롤 액션 게임. 패미컴판으로도 발매되었으나 두 작품의 구성 및 컨텐츠는 완전히 별개다(패미컴판은 대전격투 장르). 종로 거리에서 시작하여 하야시의 본거지까지, 적들을 물리치며 전진해간다. 「Street Hero」라는 타이틀명으로 영문화되어 북미에 게임 기어판으로 발매될 예정이었으나 무산되어, 리뷰용 카트리지에서 추출된 데이터만이 남아있다.

 1인용  1~2인용  메모리 백업  FM 음원 지원 게임

겜보이 토토 월드 3

다우정보시스템 / 열림기획　1993년 5월　가격 미상　2M ROM

1 PLAYER

▶「원더키드」(머블매직)·「코코 어드벤쳐」에 이은 열림기획의 3번째 액션 게임이다.

재미나의 핵심 개발자였던 김을석·구은중 씨가 독립해 설립한 회사인 열림기획이 개발하고, 다우정보시스템이 발매한 오리지널 플랫포머 액션 게임. 패미컴용 게임「코코 어드벤쳐」와 같은 시기에 개발되어 함께 발매되었기에, 두 작품이 당시 잡지광고에서 자매작처럼 선전되기도 하였다.

겜보이 장풍 II

씨에코　1993년 12월　32,000원　4M ROM

1·2 PLAYERS

▶「스트리트 파이터 II」를 겜보이로 이식해 보았다…라는 느낌의 작품이다.

딱 보기에도「스트리트 파이터 II」를 크게 참고해 개발한 겜보이 전용 격투액션 게임. 실제 개발사는 열림기획으로 알려져 있다. 6명의 캐릭터를 선택 가능하며, 후일 이 작품을 게임 기어로 하위 이식한「Street Blaster」가 해외에서 발매되기도 했다. 타이틀명에 'II'가 붙어있으나, 1편은 없다.

겜보이 개구쟁이 까치

하이콤　1993년 8월 21일　가격 미상　4M ROM

1 PLAYER

▶원작자 이현세 씨의 허락하에 제작한 작품. 음악은「쪽스 레인저」의 남상규 씨가 맡았다.

▶아이템 개념과 상점 시스템을 도입하고, 게임 내 모든 텍스트를 한국어로 표시하는 등의 공을 들였다.

게임 유통업체인 하이콤이 직접 내놓은 첫 내부개발 오리지널 작품. 89년부터 R&D를 시작했고, 15명의 인원으로 92년부터 본격 개발해 완성했다고 한다. 만화가 이현세 씨의 대표 캐릭터 '까치'의 사용허락을 받고 주인공으로 삼아, 카엘에게 납치된 '엄지'를 구하러 여행한다는 스토리로 진행한다. 큼직한 비주얼 신과 초등학생 눈높이의 스토리·연출, 9종의 스테이지가 특징. 하이콤은 '까치' 캐릭터를 사용한 패미컴용 노래방 소프트「까치와 노래친구」도 개발·발매했다.

겜보이 '94 슈퍼 월드컵 축구

다우정보시스템 / 열림기획　1994년 7월 1일　32,000원　2M ROM

1·2 PLAYERS

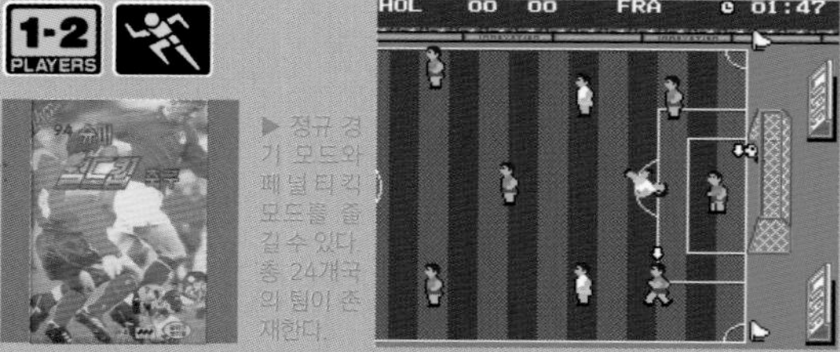

▶정규 경기 모드와 페널티킥 모드를 즐길 수 있다. 총 24개국의 팀이 존재한다.

당시 국산 게임 중에서는 매우 드문 스포츠 장르 작품. 1994년 미국 월드컵을 연상케 하는 소재로서, SD 형태로 묘사된 선수들이 필드를 누비는 탑뷰 횡스크롤 형태의 축구 게임이다. 페널티킥은 골키퍼와 맞서는 키커 시점으로 진행된다. 실제 개발사는 열림기획으로 추정된다.

겜보이 수호전사

다우정보시스템 / 열림기획　1994년 6월　32,000원　4M ROM

1·2 PLAYERS

▶변칙적인 블록깨기 게임. 라운드의 블록을 모두 깬 후엔 보스를 물리쳐야 한다.

'24악마의 손아귀에 들어간 수호판을 되찾아 지상의 평화를 이룩하자!'라는 선전문구가 기재된, 왼쪽 모서리에서 패들을 움직여 볼을 쳐내는 변칙적인 스타일의 블록깨기 장르 게임. 2P의 난입이나 동시 플레이도 가능하며, 이 경우 좌우 모서리에서 각각 플레이한다. 총 24라운드로 구성돼 있다.

 슈팅 게임  액션 게임  퍼즐 게임  롤플레잉 게임  시뮬레이션 게임   스포츠 게임  드라이브 게임  어드벤처 게임 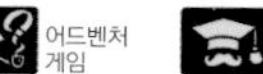 교육 및 기타 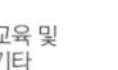  홈 게임

겜보이 장풍 3

씨에코 / 열림기획　1994년 10월　36,000원　8M ROM

1·2 PLAYERS

▶ 겜보이 말기 작품이기도 하고, 완성도도 동시대 국산 게임 중에선 즐길 만한 편.

「장풍 II」의 속편이지만, 실질적으로는 오리지널 신작. 8M의 대용량에 12명의 캐릭터, 세계 각국의 도시가 모델인 스테이지 등 전작보다 크게 발전된 만듦새를 보여주었다. 수퍼알라딘보이(메가 드라이브)로도 동시 발매됐지만, 실은 하위호환 구동인지라 게임 자체는 알라딘보이판과 동일하다.

겜보이 삼국지 III : 천하쟁패

게임라인 / 열림기획　1994년 12월　38,000원　8M ROM

1·2 PLAYERS

▶ 심의일자가 「장풍 3」의 3개월 뒤인지라, 사실상 동시 제작된 작품이 아닐까 싶다.

'삼국지연의'의 인기 캐릭터들 7명이 대전하는 대전격투 게임으로서, 실질적으로는 「장풍 3」를 기반으로 삼아 캐릭터 및 그래픽 등을 전면 교체한 작품. 당시 꽤 인기가 있었던 대만제 PC 게임 「삼국지 무장쟁패」와 캐릭터 그래픽 등이 꽤나 유사해, 일종의 모방작인 것으로 보인다.

겜보이 달려라 피구왕

게임라인　1995년 12월　35,000원　4M ROM

1·2 PLAYERS

▶ 실제 개발사는 불명이나, 다른 게임라인 발매작처럼 열림기획으로 추정된다.

피구를 소재로 한 2인용 스포츠 게임으로서, 전반적으로 1992년작 메가 드라이브용 게임 「피구왕 통키」를 크게 참고하여 제작된 느낌의 작품. 8개 팀 중 하나를 선택해 플레이하며, 팀마다 내야에 3명, 외야에 3명이 배치된다. 필살 슛을 쏠 때는 스페셜 컷인이 등장하기도 한다.

겜보이 피구왕 7합

게임라인　1995년 12월　58,000원　16M ROM

1·2 PLAYERS

▶ 「버그트리스」는 패미컴용으로는 발매된 적이 있다. 개발사가 어디인지는 알려지지 않았다.

특이하게도 국산게임 7종으로 구성된 합팩이라, 따로 소개한다. 앞서 소개했던 단독 발매작인 「달려라 피구왕」·「장풍 II」·「토토 월드 3」·「'94 슈퍼 월드컵 축구」·「아기공룡 둘리」·「수호전사」와 미발매작인「버그트리스」를 합본했다. 수록작 대부분이 열림기획 개발작인 것도 특징.

겜보이 4 Pak All Action

Home Entertainment Suppliers(호주)　1995년(추정)　가격 미상　16M ROM

1 PLAYER

▶ 「Adventure Kid」는 재믹스·겜보이 공용으로서, 게임잡지에 광고까지 실렸으나 결국 미발매된 작품.

▶ 「Twin Mouse」는 이 합팩에만 수록된 작품으로서, 국내 타이틀명 등의 정보는 밝혀지지 않았다.

호주에서 제작·발매된 합팩 소프트이나, 수록작 4작품이 모두 열림기획 개발작인데다 2개 작품은 국내 미발매작이기도 해, 역시 특별히 소개한다. 「Adventure Kid」(「원더키드」, 미발매작)·「Power Block」(「수호전사」)·「Cave Dude」(「토토 월드 3」)·「Twin Mouse」(미발매작)를 합본했다. 타이틀명·텍스트가 모두 영어로 교체되어 있어, 열림기획이 직접 영문화하여 판권을 판매하는 형태로 수출한 것이 아닐까 추정될 따름이다.

 1인용　 1~2인용　 메모리 백업　 FM 음원 지원 게임

한국 발매 겜보이(알라딘보이)·핸디 겜보이 소프트를 제품번호 순으로 게재

삼성 겜보이·핸디 겜보이 정식발매 소프트 리스트

GAMBOY·HANDY GAMBOY KOREAN SOFTWARE LIST

이 페이지에서는 삼성전자 및 하이콤·한국오크스가 겜보이(알라딘보이) 및 핸디 겜보이용으로 정규 발매한 카트리지 소프트 총 113타이틀(겜보이 94타이틀, 핸디 겜보이 19타이틀. 일부 중복 포함)을 제품번호 순으로 정렬해 리스트화하였다. 본서에 이미 소개된 타이틀의 경우 해당 게재 페이지와 타이틀명도 함께 기재해 두었다.

본 리스트의 기본 뼈대는 역자가 보유한 '삼성 알라딘보이 게임 소프트웨어 목록집'(1994년 8월 기준)으로서, 여기에 네이버 카페 '추억의 게임 여행' 상의 자료를 허락 하에 취합하여 다듬었다. 다만 시간·자료의 한계로 누락이나 오류가 다수 있을 것으로 추측되므로, 이 점은 독자의 양해를 구하고자 한다. 겜보이 극초기에 마이 카드 형태로 발매된 타이틀도 여럿 있고, 삼성전자 외에 타사에서 비공식 발매된 타이틀도 다수 있으나, 역시 자료의 미비로 이들도 본 리스트에서는 제외했다.

삼성전자에서 발매된 모든 타이틀에는 특유의 제품번호가 붙어 있다. 일반적으로는 공통 코드인 'GB'(겜보이)·'GH'(핸디 겜보이)를 시작으로 4~5자리의 숫자(※ 1)와 영문 2글자의 코드(※ 2)로 구성된다(다만 겜보이 초기에는 유통 과정에 난맥상이 많았던 듯해, 제품번호가 다른 동일 소프트가 있거나 독자적인 제품번호가 존재하는 등 다소 난잡함이 엿보인다). 제품번호 중간의 숫자 코드는 93년경부터 메가 용량 구분을 없애고 발매년도 2글자+일련번호의 5자리로 바뀌어(※ 3), 삼성전자가 게임기 사업에서 철수하는 시점까지 지속된다.

(※ 1) 앞의 1자리는 카트리지의 메가 용량, 나머지 자리는 등록 일련번호로 보인다. 다만 'GB-xxxx' 형식도 다수 있는데 이 타이틀들은 대부분 유통 초기의 별개 넘버링(하이콤 혹은 한국오크스 관련)으로 추측되므로, 별도로 맨 앞에 배치했다. 양자에는 중복 타이틀이 상당수 있어, 후일 삼성전자가 재발매하며 편입시킨 것으로 보인다.
(※ 2) KS는 한국판이며, 그 외의 해외판 소프트는 대개 JG로 분류되어 있다(후기 발매작에 주로 붙는 것으로 보인다). 이 기호의 정확한 의미도 현재는 불명.
(※ 3) 수퍼 알라딘보이 쪽에서 소프트 일련번호가 100번을 넘어가고 16M 이상의 대용량 게임이 늘어나는 등 초기 제품번호 규격을 개정할 필요성이 있었고, 알라딘보이와 핸디 알라딘보이도 이를 따라 통일했기 때문으로 추측된다.

※ 본 리스트의 소프트명 표기는 게임 소프트웨어 목록집 및 실제 표기 기준이다. 소프트명이 확인되지 않아, 추정하여 기재한 경우도 일부 있다.
※ 국내 발매 시기는 불명확한 부분이 많아 생략했으며, 제품번호 순서이므로 실제 출시 시기와는 다를 수 있다. 또한, 94년 발매예정작으로 카탈로그에 실렸으나 실제 발매 여부가 확인되지 않은 타이틀은 리스트에서 제외하였다.
※ '본서 소개 정보' 란의 푸른색 문자는 본서에 소개되지 않은 타이틀의 영문 원제이다.
※ 기본적으로 거의 대부분의 소프트는 영문판이지만, 특이한 사항이 있을 경우 따로 비고에 명시했다.
※ 겜보이 극초기에 '겜보이 마이 카드'란 명칭으로 마이 카드 소프트가 다수 발매된 것을 확인하였으나, 전체 목록을 파악하기 어려웠기에 부득이하게 본 리스트에서는 제외했다.

겜보이(알라딘보이)용

제품번호	소프트명	장르	용량	본서 소개 정보	비고
GB-1001	컬럼스	퍼즐	1M	Columns (101p)	
GB-1002	농구	스포츠	1M	그레이트 바스켓볼(83p)	
GB-1003	수퍼원더보이	액션	1M	슈퍼 원더 보이 : 몬스터 월드 (89p)	
GB-1004	파워스트라이크	슈팅	1M	알레스터 (90p)	서양판
GB-1005	블랙벨트	액션	1M	북두의 권 (79p)	서양판
GB-1006	배구	스포츠	1M	그레이트 발리볼 (83p)	
GB-2001	수왕기	액션	2M	Altered Beast	
GB-2002	대마계촌	액션	2M	Ghouls'n Ghosts (102p)	
GB-2003	문워커	액션	2M	Michael Jackson's Moonwalker	
GB-2004	원더보이 III	액션	2M	Wonder Boy III : The Dragon's Trap (100p)	
GB-2005	바블보블	액션	2M	파이널 버블 보블 (92p)	
GB-2006	더블드래곤	액션	2M	더블 드래곤 (94p)	

제품번호	소프트명	장르	용량	본서 소개 정보	비고
GB-2007	미키마우스	액션	2M	Land of Illusion Starring Mickey Mouse (105p)	
GB-2008	잃어버린 세계	액션	2M	Forgotten Worlds (102p)	
GB-7015	람보 III	액션	2M	Rambo III	전자총 전용
GB-7032	싸이코폭스	액션	2M	Psycho Fox(101p)	
GB-1301	환타지죤	슈팅	1M	판타지 존 (79p)	
GB-1304	더 써키트	레이싱	1M	더 서킷 (80p)	
GB-1305	액션화이터	슈팅	1M	액션 파이터 (79p)	
GB-1306KS	알렉스키드	액션	1M	알렉스키드 (202p)	한글화 소프트
GB-1308	인자	액션	1M	닌자 (81p)	
GB-2310	스페이스 해리어	슈팅	2M	스페이스 해리어 (81p)	
GB-1312	아스트로워리어	슈팅	1M	아스트로 워리어 (81p)	
GB-1313	그레이트 골프	스포츠	1M	그레이트 골프 (81p)	
GB-1314	더블 타케트	액션	1M	더블 타깃 : 잠든 신시아 (82p)	
GB-1316	슈퍼원더보이	액션	1M	슈퍼 원더 보이 : 몬스터 월드 (89p)	
GB-2319	록키	스포츠	2M	록키 (83p)	
GB-2322	엔듀로 레이서	레이싱	2M	엔듀로 레이서 (84p)	
GB-1324	마계열전	액션	1M	마계열전 (84p)	
GB-2326	아우트 런	레이싱	2M	아웃런 (84p)	
GB-1327	월드 사커	스포츠	1M	월드 사커 (84p)	
GB-2329	환타지죤 II	슈팅	2M	판타지 존 II : 오파오파의 눈물 (85p)	
GB-1334	우주 대모험	액션	1M	두근두근 펭귄 랜드 : 우주 대모험 (85p)	
GB-1335	아즈텍 어드벤처	액션	1M	나스카 '88 (85p)	
GB-1336	잭슨 3D	슈팅	1M	잭슨 3D (87p)	입체안경 전용
GB-1338	에스 디 아이	슈팅	1M	SDI (87p)	
GB-2339	에이리언 신드롬	액션	2M	에일리언 신드롬 (86p)	
GB-4340	애프터버너	슈팅	4M	애프터 버너 (87p)	
GB-1342	패밀리 게임	스포츠	1M	패밀리 게임즈 (88p)	
GB-1343	오파오파	액션	1M	오파오파 (88p)	
GB-1344	트리포메이션	액션	1M	트라이포메이션 (88p)	
GB-1345	메이즈 워커	액션	1M	메이즈 워커 (89p)	입체안경 전용
GB-2347	알렉스키드 로스트스타즈	액션	2M	알렉스 키드 : 더 로스트 스타즈 (90p)	
GB-1351	브레이드 이글	슈팅	2M	블레이드 이글 (90p)	입체안경 전용
GB-1352	알레스테	슈팅	1M	알레스터 (90p)	
GB-2353	시노비	액션	2M	SHINOBI (92p)	
GB-2356	캡틴실버	액션	2M	캡틴 실버 (92p)	
GB-2357	슈퍼레이싱	레이싱	2M	슈퍼 레이싱 (92p)	
GB-2358	화랑의 검	액션	2M	화랑의 검 (202p)	한글화 소프트
GB-2360	썬더브레이드	슈팅	2M	선더 블레이드 (93p)	
GB-2362	파이널 바블보블	액션	2M	파이널 버블 보블 (92p)	
GB-4364	알-타이프	슈팅	4M	R-TYPE (93p)	
GB-2369	더블드래곤	액션	2M	더블 드래곤 (94p)	
GB-2373	봄버레이드	슈팅	2M	봄버 레이드 (95p)	
GB-1400	그레이트 베이스 볼	스포츠	1M	그레이트 베이스볼 (77p)	
GB-1401	특명	슈팅	1M	아슈라 (80p)	
GB 1002 JG	컬럼스	퍼즐	1M	Columns (101p)	
GB 2003 JG	마법의 성	액션	2M	Castle of Illusion Starring Mickey Mouse (102p)	
GB 2004 JG	문워커	액션	2M	Michael Jackson's Moonwalker	
GB 2005 JG	잃어버린 세계	액션	2M	Forgotten Worlds (102p)	
GB 2006 JG	대마계촌	액션	2M	Ghouls'n Ghosts (102p)	
GB 2007 JG	보난자	액션	2M	Bonanza Bros. (103p)	
GB 2008 JG	에이리언 스톰	액션	2M	Alienstorm	
GB 2009 JG	지-락	슈팅	2M	G-LOC : Air Battle	
GB 4010 JG	섀도우 댄서	액션	4M	Shadow Dancer	
GB 4011 JG	라인 오브 파이어	슈팅	4M	Line of Fire	
GB 2012 JG	바람돌이 소닉	액션	2M	Sonic the Hedgehog (102p)	
GB 4014 KS	환타지 스타	롤플레잉	4M	환타지 스타 (202p)	한글화 소프트

제품번호	소프트명	장르	용량	본서 소개 정보	비고
GB 1015 KS	행온 / 사파리 헌트	합본	1M	행온(76p)·Safari Hunt	전자총 전용
GB 2016 JG	특수범죄수사대 (S.C.I)	액션	2M	Special Criminal Investigation : S.C.I.	
GB 1017 JG	퍼트 앤드 퍼터	스포츠	1M	Putt & Putter	
GB 2018 JG	에어 레스큐	슈팅	2M	Air Rescue	
GB 2019 JG	닌자외전	액션	2M	Ninja Gaiden (104p)	
GB 4020 JG	수퍼 모나코 GP2	레이싱	4M	Super Monaco GP 2	
GB 4021 JG	원더보이 (몬스터월드)	액션	4M	Wonder Boy in Monster World	
GB 2022 JG	톰과 제리	액션	2M	Tom & Jerry	
GB 2023 JG	올림픽 골드	스포츠	2M	Olympic Gold	
GB 1024 JG	고스트 바스터스	액션	1M	Ghostbusters	
GB 2025 JG	도날드 덕	액션	2M	The Lucky Dime Caper Starring Donald Duck (103p)	
GB 2026 JG	미키마우스	액션	2M	Land of Illusion Starring Mickey Mouse (105p)	
GB 4027 JG	골든액스	액션	4M	Golden Axe (100p)	
GB 4028 JG	스트라이더 비룡	액션	4M	Strider (103p)	
GB 2029 JG	타즈메니아	액션	2M	Taz-Mania	
GB 4030 JG	바람돌이 소닉 2	액션	4M	Sonic the Hedgehog 2 (105p)	
GB 4031 JG	미키마우스 2	액션	4M	Land of Illusion Starring Mickey Mouse (105p)	
GB 2032 JG	레밍스	퍼즐	2M	Lemmings	
GB 4033 JG	스트리트 오브 레이지 (베어너클)	액션	4M	Streets of Rage	
GB 2037 JG	윔블던 2	스포츠	2M	Wimbledon II	
GB 2038 JG	토너먼트 골프	스포츠	2M	Sega Tournament Golf	
GB 93006 JG	캘리포니아게임2	스포츠	2M	California Games 2	
GB 94001 JG	알라딘	액션	4M	Disney's Aladdin	
GB 94002 JG	베어너클 2	액션	4M	Streets of Rage 2 (107p)	
GB 95001 JG	알라딘 스페셜 I : 파이팅 3 IN 1	액션	4M	SHINOBI(92p)·닌자(81p)·마계열전(84p)	3종 합팩
GB 95002 JG	알라딘 스페셜 II : 레이싱 3 IN 1	레이싱	4M	Super Monaco GP(101p)·더 서킷(80p)·엔듀로 레이서(84p)	3종 합팩

핸디 겜보이용

제품번호	소프트명	장르	용량	본서 소개 정보	비고
GH 0001 JG	컬럼스	퍼즐	256K	컬럼스 (134p)	
GH 0002 JG	펭고	액션	256K	펭고 (134p)	
GH 1003 JG	수퍼 모나코 GP	레이싱	1M	슈퍼 모나코 GP (134p)	
GH 0004 JG	우디팝	퍼즐	256K	우디 팝 (137p)	
GH 1005 JG	고르비	퍼즐	1M	힘내라 고르비! (140p)	
GH 1006 JG	아우트 런	레이싱	1M	아웃런 (141p)	
GH 1007 JG	KINETIC CONNECTION (조각그림 맞추기)	퍼즐	1M	키네틱 커넥션 (138p)	
GH 1008 JG	퍼트 앤드 퍼터	스포츠	1M	펏 & 퍼터 (142p)	
GH 2009 JG	도날드 덕	액션	2M	도널드 덕의 럭키 다임 (143p)	
GH 1010 JG	스페이스 해리어	슈팅	1M	스페이스 해리어 (144p)	
GH 2011 JG	바람돌이 소닉	액션	2M	소닉 더 헤지혹 (144p)	
GH 4013 JG	바람돌이 소닉 2	액션	4M	소닉 더 헤지혹 2 (148p)	
GH 2014 JG	베어너클	액션	2M	베어 너클 : 분노의 철권 (149p)	
GH 93001 JG	톰과 제리	액션	2M	톰과 제리 (152p)	
GH 93002 JG	베어너클 2	액션	4M	베어 너클 II : 사투로의 진혼가 (152p)	
GH 93003 JG	쥬라기 공원	액션	4M	쥬라기 공원 (153p)	
GH 93004 JG	알레스테 2	슈팅	2M	GG 알레스터 II (153p)	
GH 93005 JG	도날드 덕 2	액션	4M	도널드 덕의 4가지 보물 (154p)	
GH 93006 JG	소닉카오스	액션	4M	소닉 & 테일즈 (153p)	

Special Thanks To

게임샵 트레더	
꿀딴지곰	고전게임 컬럼니스트, 유튜브 채널 '꿀딴지곰의 게임탐정사무소' 운영
라판	레트로 게임 수집가
오영욱	게임잡지의 DB를 꿈꾸는 게임개발자
이승준	'레트로장터' 행사 주최자
정세윤	http://blog.naver.com/plaire0
조덕훈	네이버 카페 '레트로카페' 운영자
조학동	게임기자, '레트로장터' 행사 주최자, 아마추어 게임기 제작팀 '네오팀' 소속
좐킴	공무원
최준스	게임 유튜버/컬렉터, 유튜브 채널 '최준스' 운영
타니	네이버 카페 '구닥동' 회원
타잔	레트로 게임 컬렉터, 네이버 카페 '추억의 게임 여행' 운영자
홍성보	월간 GAMER'Z 수석기자

세가 초기 게임기&겜보이 퍼펙트 카탈로그

1판 1쇄 | 2023년 5월 29일
감 수 | 마에다 히로유키
옮 긴 이 | 조기현
발 행 인 | 김인태
발 행 처 | 삼호미디어
등 록 | 1993년 10월 12일 제21-494호
주 소 | 서울특별시 서초구 강남대로 545-21 거림빌딩 4층
www.samhomedia.com
전 화 | (02)544-9456(영업부) (02)544-9457(편집기획부)
팩 스 | (02)512-3593

ISBN 978-89-7849-684-1 (13690)